Buddhismus

Lehren – Praxis – Meditation

Fred von Allmen

Buddhismus

Lehren – Praxis – Meditation

In Zusammenarbeit mit Renate Seifarth

Theseus Verlag

Besuchen Sie Theseus im Internet: www.Theseus-Verlag.de

Bibliografische Information der Deutschen Bibliothek
Die Deutsche Bibliothek verzeichnet diese Publikation in der Deutschen Nationalbibliografie; detaillierte bibliografische Daten sind im Internet über http://dnb.ddb.de abrufbar.

ISBN 978-3-89620-335-9

Originalausgabe

Umschlaggestaltung: Morian & Bayer-Eynck, Coesfeld, www.mbedesign.de
unter Verwendung eines Fotos von: © Hildegard Morian
Abbildungen: Zeichnungen ›Sammlungsmeditation‹ und ›Avalokiteśvara‹: © Charles Genoud
Grafiken: © Entwurf Fred von Allmen
Ausführung: Hansi Lebrecht typ-o-graph, CH-3018 Bern.
Gestaltung und Satz: Grafikstudio Scheffler, Berlin
Druck: Westermann Druck Zwickau
Printed in Germany

Gedruckt auf alterungsbeständigem Papier mit chlorfrei gebleichtem Zellstoff.

Meinen Lehrern
gewidmet, die mir als Erste
die Tür zu ihrer Tradition öffneten,
mir das Abc der Meditation beibrachten
und mich für Buddha-Dharma begeisterten:
Ehrw. Geshe Rabten, S. H. XIV. Dalai Lama,
Nyoshul Khen Rinpoche, Anagārika Munindra,
und Joseph Goldstein.

Inhalts- und Themenverzeichnis

Die harten Tatsachen: Die erste edle Wahrheit – vom Leiden

Die Wurzel aller Mühsal: Die zweite edle Wahrheit – von der Ursache des Leidens

Die große Befreiung: Die dritte edle Wahrheit – vom Ende des Leidens

Unterwegs: Die vierte edle Wahrheit – vom Pfad, der zum Ende des Leidens führt

Vorwort von Jack Kornfield

Unsere Welt ist voller Schönheit – sie umgibt uns rundum, zeigt sich in jedem Baum, in jedem neugeborenen Kind. Jedoch: Die moderne Welt ist auch voller Leid, das von Menschen verursacht ist. Als Individuen erfahren wir Stress, Krankheit, Entfremdung, Depression, Konflikte und Ängste. Als Gesellschaft hören wir nicht auf, die Leiden von Krieg und Rassismus, von Klimaveränderung und ökologischer Verwüstung zu schaffen. Doch wir spüren auch, dass es für die Menschen einen besseren Weg gibt: einen mit mehr Fürsorglichkeit und Achtsamkeit, mit einem gütigeren und freieren Herzen.

Das Buch, das Sie in Ihren Händen halten, kann helfen, diesen besseren Weg zu gehen. Es ist ein Schatz buddhistischer Lehren, die – mit Weisheit und Mitgefühl als Heilmittel – für die heutige Zeit angeboten werden. Lehren, die einen Pfad der Praxis aufzeigen, der uns als Einzelne wie als Kollektiv vom Leiden befreien kann. Die Lehren führen hin zu liebevoller Güte, Freiheit des Geistes, einem offenen Herzen und einem weisen Umgang mit dem Körper und mit der Erde. Fred von Allmen hat diesen umfassenden Reiseführer auf dem Weg zur Befreiung verfasst, nachdem er fast vier Jahrzehnte unter buddhistischen Meistern und Meisterinnen unterschiedlicher Traditionen praktiziert und viele Jahre selbst gelehrt hat.

Der Inhalt ist eine Fundgrube an Themen: buddhistische Geschichte und Psychologie, die Lehren von Karma und weisem Handeln, systematische Praxis und Übung des Geistes sowie der inspirierende Pfad mit dem Ziel, das Mitgefühl eines Bodhisattva und die Weisheit eines Buddha zu entfalten.

Ganz besonders wichtig: Dieses Buch lädt Sie ein, liebe Leserin und lieber Leser, sich diese Praktiken zu Herzen zu nehmen und dadurch Ihr Leben zu verändern. Die Lehren, die Sie auf diesen Seiten finden, sind wahre Juwelen. Die Beschreibungen, Erklärungen und Methoden sind ein Angebot, frei zum Gebrauch. Und das sollten Sie tun: die Lehren ausprobieren; sie in Ihrem Leben anwenden; einen Lehrer oder eine Lehrerin finden; einen Meditationskurs besuchen; Belehrungen anhören oder an einer Gemeinschaft teilhaben.

Den Lehren Buddhas zu folgen kann Ihr Herz leicht, Ihren Geist weit werden lassen und Ihnen die Gaben der Befreiung und der Liebe schenken.

Mögen Sie den Segen des Weges erfahren.

With loving kindness

Dr. Jack Kornfield
Spirit Rock Meditation Center
Woodacre, Kalifornien, 2006

Dank

Ich möchte all jenen meinen tiefsten Dank bekunden, die in verschiedenster Weise zum Entstehen dieses Buches beigetragen haben: Als Erstes meiner Kollegin Renate Seifarth. Ohne sie wäre das Buch gar nicht entstanden. Sie war es, die den Wunsch einiger Kursteilnehmerinnen meines Studienseminars nach einer schriftlichen Aufzeichnung aufnahm und begann, aus dem auf Band aufgenommenen Material ein Buch zu schreiben.

Mit seinem Vorwort hat Jack Kornfield ein weiteres Zeichen seiner fortwährenden Unterstützung und Freundschaft gesetzt.

Urs Haller wirkte auch an meinem dritten Buch wieder als Lektor sowie durch klärende Kommentare und hilfreiche Verbesserungsvorschläge mit.

Dank geht auch an Susanne Schüle für das Lektorieren der ersten Kapitel sowie an jene, die in mühsamer Kleinarbeit die unzähligen Tonbänder des Kursmaterials transkribiert haben.

Unschätzbar war die Hilfe von Tom Tillemans, Akincano Weber, Stephen Batchelor, Guy Armstrong und Charles Genoud in Bezug auf die Pāli- und Sanskrit-Rechtschreibung, das Finden von Zitatquellen sowie die Erlaubnis für den Abdruck von Zeichnungen.

Für die aufwändige und sorgfältige Umsetzung der abgebildeten Grafiken weiß ich mich Hansi Lebrecht typ-o-grafik zu Dank verpflichtet.

Mir ist klar, dass ich für meine Frau Ursula Flückiger in all den Zeiten der Arbeit an diesem Buch äußerlich und innerlich besetzt und abwesend war. Ich schätze ihre unermüdliche Unterstützung und Nachsicht und hoffe, dass dies dem Inhalt und der Bedeutung des Buches zugute kam.

Margrit West und allen im Meditationszentrum Beatenberg Mitwirkenden verdanke ich großzügige Unterstützung mannigfacher Art, die ich während meiner Meditations- und meiner Schreib-Retreats im ›Chalet Meieli‹ erhalten habe.

Eine Wertschätzung besonderer Art möchte ich dem Theseus Verlag aussprechen: Ursula Richard für ihre schon lange dauernde Unterstützung meiner Arbeit und dafür, dass aus dieser Fülle von Material ein gedrucktes Werk wurde.

Meine grenzenlose Wertschätzung und Hochachtung gilt all den Übersetzern und Interpreten buddhistischer Texte und Lehren; jenen der Vergangenheit, wie Nyānatiloka und Nyānaponika Mahāthera, Nārada Mahāthera, Karl E. Neumann, Lama Govinda, Herbert Guenther und vielen weiteren – zu viele, um sie hier alle erwähnen zu können –, und jenen der Gegenwart, wie Lama Lhündrup, Stephen Batchelor, Hellmuth Hecker, Vimalo Kulbarz, Christoph Spitz, Marcia Binder Schmidt, Kay Zumwinkel, Erik Pema Künsang, Alexander Berzin, Andreas Kretschmar, Munisch Schiekel und zahlreichen anderen. Sie haben durch ihre unermüdliche Arbeit die ursprünglichen Quellen des Buddha-Dharma für uns Menschen des Westens überhaupt erst zugänglich gemacht.

Mit einschließen möchte ich die Teilnehmenden meiner buddhistischen Studienseminare. Die Tatsache, dass sie diese mitgetragen haben, und ihr Interesse an diesen befreienden Lehren erlaubte mir, solche Kurse durchzuführen, und manches von ihren Diskussionsbeiträgen ist auch in dieses Buch eingeflossen.

Zu guter Letzt möchte ich der Bäume gedenken, die für Bücher wie dieses gefällt werden.

*

Möge das Buch für viele von Nutzen sein, zu einem tieferen Verständnis der Lehre und zu größerer Klarheit auf dem Weg führen. Möge es Anstoß zu vertiefter Praxis sein. Möge unsere Praxis der befreienden Weisheit und des engagiertem Mitgefühls Früchte tragen und zur vollen Reife gelangen.

Mündliche Quellen

Dieses Buch erhebt keinen Anspruch darauf, ein gelehrtes Werk zu sein. Ziel ist es vielmehr, die buddhistischen Lehren so darzulegen, dass sie Praktizierenden eine Übersicht über die Entwicklung und die Zusammenhänge der Lehre bieten und ihnen auf ihrem Weg Unterstützung und Klarheit der Ausrichtung vermitteln.

Das meiste hier präsentierte Material und viele der zitierten Aussagen beruhen auf mündlichen Belehrungen, weshalb oft keine Quellenangaben vorhanden sind.

Belehrungen aus der Theravāda-Tradition stammen von den asiatischen Lehrern Sri Anagārika Munindra, S. N. Goenka, Sayadaw U Pandita und den westlichen Lehrenden Joseph Goldstein, Sharon Salzberg, Jack Kornfield, Christina Feldman und Christopher Titmuss. Starke Inspiration empfing ich ferner von Bhante Gunaratana, Taungpulu Sayadaw, Luang Por Sumedho und anderen.

Belehrungen aus der tibetischen Gelug-Tradition erhielt ich von meinen Lehrern Ehr. Geshe Rabten, Geshe Champa Lodrö, S. H. XIV. Dalai Lama, Kyabje Zong Rinpoche, Geshe Ngawang Dhargye, Lama Thubten Yeshe und anderen.

Von S. H. Dudjom Rinpoche, S. H. Dilgo Khyentse Rinpoche, Tulku Urgyen Rinpoche, Nyoshul Khen Rinpoche, Drubwang Tsoknyi Rinpoche und anderen wurde ich in die Lehren und in die Praxis des Dzogchen eingeführt.

Kalu Rinpoche, Ayang Rinpoche, Khenpo Könchok Gyaltsen und andere erteilten mir Belehrungen aus der Kagyü-Tradition.

Ihnen allen fühle ich mich zu allergrößtem Dank verpflichtet. Sie sind es, die mir während der letzten nahezu 40 Jahre aus Mitgefühl und mit großer Geduld die Lehren Buddhas in ihren mannigfachen Formen offenbart, erläutert und vorgelebt haben.

Vieles lernte ich von meinen Freunden, Kolleginnen und Kollegen Stephen Batchelor, Carol Wilson, Charles Genoud, Lama Surya Das, Sharda Rogell und anderen. Ihnen möchte ich ebenfalls meine große Wertschätzung für ihr Wissen und ihre Freundschaft ausdrücken.

Sämtliche Fehler und Mängel in diesem Buch sind auf mein beschränktes Wissen und Verständnis der Lehre zurückzuführen, und ich bitte dafür um Nachsicht.

Zur Aussprache der Begriffe in Pāli, Sanskrit und Tibetisch

In der Theravāda-Tradition der buddhistischen Länder Südostasiens und Sri Lankas wird auf die Schriften des Pāli-Kanons zurückgegriffen; daher sind die Textverweise hauptsächlich in der Pāli-Sprache gehalten.

Die Traditionen des nördlichen Buddhismus basieren vorwiegend auf den in Sanskrit niedergeschriebenen Lehren und Schriften. Deshalb werden Textverweise, die auf nördliche Traditionen Bezug nehmen, zum größten Teil in Sanskrit wiedergegeben.

In den vier Hauptteilen des Buches, die sich an den vier edlen Wahrheiten orientieren und deren Themen zum großen Teil beiden, der Theravāda- und der Mahāyāna-Tradition, entsprechen, werden vorwiegend die Pāli-Begriffe beigefügt, außer dort, wo es sich um spezifische Mahāyāna-Belehrungen handelt (wie z. B. die Geistesfaktoren nach dem Mahāyāna-System von Asaṅga). Wo beide Begriffe erwähnt werden, erscheint erst der Pāli-, dann der Sanskrit-Begriff: (pāli/sanskrit).

In den spezifisch den tibetischen Buddhismus betreffenden Kapiteln ›Stufenpfad‹ und ›Vajrayāna‹ sind die Sanskritbegriffe aufgeführt. Gelegentlich werden auch die tibetischen Begriffe beigefügt. Um solche handelt es sich überall dort, wo Worte in Klammern kursiv erscheinen, wie zum Beispiel (*bar-do*). Sie werden nicht nach dem Wylie-System, sondern phonetisch dargestellt und folgen der unten beschriebenen Aussprache. Dies soll der Wiedererkennung von Begriffen dienen, die bei Praktizierenden des tibetischen Buddhismus oft verwendet werden. Gelegentlich werden beide, der Sanskrit- und der tibetische Begriff, aufgeführt. Dort erscheint erst der Sanskrit-, dann der (*kursive*) tibetische Begriff: (vidyā/*rig-pa*).

Wo die Pāli-, Sanskrit- oder tibetischen Wörter im Text gebraucht werden, sind sie entsprechend der deutschen Groß- oder Kleinschreibung gehalten. Dort, wo sie in Klammern stehen, sind sie immer kleingeschrieben, weil diese Sprachen keine Groß- oder Kleinschreibung kennen.

Rechtschreibung und Aussprache

Für Pāli und Sanskrit wird die international gebräuchliche Schreibweise verwendet.

Buchstabe	Wortbeispiel	Deutsche Aussprache
ā = aa	samādhi	samaadhi
ī = ii	sīla	siila
ū = uu	rūpa	ruupa
c = tsch	citta	tschitta
j = dsch	dor-je	dordsche (wie im engl. ›joy‹)
ñ = ny	prajñā	pradschnyaa (wie in sp. mañana)
ś = sch	śraddhā	schraddhaa (sch mit gesenkter Zungenspitze)
ṣ = sch	kṣānti	kschanti (wie in Schuh)
y = j	indriya	indrija
v = w	vedanā	wedanaa
ṛ	suhṛllekha	wie ›er‹ in Bäcker
ṃ ṅ	Asaṅga	nasal, wie in Ring
ṭ ḍ ṇ ḷ ḍh ṭh		Zunge gegen den Gaumen gepresst.
dh th kh ch ḍh ṭh ch		aspiriert, wie in Rathaus, Bankhaus usw.

Die Pāli- und Sanskrit-Rechtschreibung wurde mit den folgenden Werken verglichen:

Nyanātiloka Mahāthera, *Buddhistisches Wörterbuch*, Beyerlein und Steinschulte, Stammbach, 1999.

Damien Keown, *Lexikon des Buddhismus*, Patmos Verlag, Düsseldorf, 2003.

Lexikon der östlichen Weisheitslehren, O. W. Barth, Bern – München – Wien, 1994.

Bhadanta Anuruddhacāriya, *A Manual of Abhidhamma*, Abhidhammatha Sangaha, transl. Nārada Mahā Thera, Buddhist Publication Society, Kandy, Sri Lanka, 2000.

Diese Quellen stimmen in den Schreibweisen nicht immer überein. Für zahlreiche Einzelinformationen war das Internet von großem Nutzen.

Die tibetischen Begriffe sind phonetisch dargestellt.

Chinesische Namen und Termini werden gemäß der Wade-Giles-Umschrift transkribiert.

Einleitung: Auf dem Weg zur Befreiung – ein Reiseführer

Wir sind unterwegs auf dem Weg zur Befreiung;
wer kümmert sich da noch um Sehenswürdigkeiten.
(Rumi)

Dieses Buch wurde für Menschen geschrieben, die sich auf den Weg der inneren Entwicklung und der Entdeckung der inneren Freiheit machen möchten. Es soll Führer und Landkarte sein für einen praktisch begehbaren spirituellen Weg, entsprechend der jahrtausendealten und doch immer noch aktuellen buddhistischen Traditionen. Es wurde versucht, die Lehre so darzustellen, dass sie für alle, die bestrebt sind, sie in der Meditation und in ihrem Leben umzusetzen, von unmittelbarem praktischem Nutzen ist. Das Buch entstand aus dem Lehrmaterial eines buddhistischen Studienseminars, das der Autor seit einigen Jahren für interessierte, meditationserfahrene Teilnehmerinnen und Teilnehmer anbietet. Dabei geht es darum, die Lehren des Buddhismus zu ergründen und ihre Zusammenhänge zu verstehen, um den Aufbau einer soliden Grundlage des Wissens und das Erarbeiten einer klaren, umfassenden Übersicht über die wichtigsten Aspekte der Praxis.

Das Leben in unserer westlichen Gesellschaft ist über alle Maßen geschäftig, vollgepfropft mit äußeren und inneren Erwartungen, Überforderungen, Zwängen und Druck. Wenn wir als Menschen, die ständigem Stress ausgesetzt sind, der buddhistischen Lehre und Meditationspraxis zum ersten Mal begegnen, ist einer der bedeutsamsten Aspekte meist der, dass wir endlich einmal innehalten, uns hinsetzen, zu Sinnen kommen und eben – meditieren. Wir kommen vom Kopf in den Körper, kommen zur Ruhe und finden inneren Raum und Weite. Damit wir nicht zu viel Zeit verlieren und gleich wieder zu unserer Geschäftigkeit zurückkehren können, werden manche der Gewohnheit entsprechend versuchen, dieses Ziel möglichst schnell zu erreichen – ein widersprüchliches, zum Scheitern verurteiltes Unterfangen. Versprechungen in Buchtiteln wie ›Friede und Erleuchtung in sieben Tagen‹ können da nichts wirklich verändern. Mit tieferem Engagement ist es aber möglich, Klarheit, innere Freiheit und Frieden in sein Leben zu bringen. Dieses Buch soll die Mittel dazu aufzeigen.

Unser Leben ist von Wünschen und Ansprüchen geprägt. Vor allem die Begierde nach immer mehr Besitz, mehr Spaß, intensiveren Erlebnissen treibt uns an. Eine Werbefläche zeigt einen gut aussehenden jungen Mann, umgeben von allen erdenklichen Besitztümern und Geräten, von PC-TV-Stereo-DVD-Anlagen bis hin zu Yacht und Jaguar. Der Text dazu lautet: »Eine alte Weisheit in moderner Fassung: Wenn du eins sein willst mit allem, dann musst du von allem und jedem eines besitzen.«

Im Grunde genommen ist es der tiefe Wunsch nach Sinn und Erfüllung im Leben, der uns antreibt, immer mehr zu wollen. Dieser Wunsch ist völlig berechtigt und kann auch tatsächlich realisiert werden. Anstatt aber einen wirksamen Weg dazu zu finden, wird oft auch im spirituellen Bereich nach ›schneller, mehr und höher‹ gesucht. Charismatische Gurus, intensive emotionale Erfahrungen, Versprechen von im Handumdrehen erreichbaren Dauer-Highs sind nach wie vor sehr gefragt. Neben ›Erlebnis-Shopping‹, ›Erlebnis-Ferien‹, ›Erlebnis-Parks‹ wird nun auch ›Erlebnis-Meditation‹ angeboten. Der Wunsch nach einem erfüllenden Leben ist berechtigt – die angewendeten Mittel sind jedoch meistens ungeeignet. Ein innerlich freies und sinnerfülltes Leben ist möglich – nicht aber auf die Schnelle. Gipfelerfahrungen sind aufregend und spannend und können aufwecken oder die Richtung weisen, doch sie haben kaum je die Kraft, unser alltägliches Leben ein für allemal zu transformieren. Wir müssen dies selbst vollbringen. Dieses Buch soll dafür einen gangbaren Weg weisen.

Eine erfreuliche Entwicklung ist die Entdeckung und Erforschung des vielfältigen Nutzens der Meditation. Vor allem Achtsamkeit, eine der Grundlagen vieler Meditationsformen, wird heute schon recht häufig im Gesundheitswesen eingesetzt. Im Umgang mit Stress, chronischen Schmerzen und gewissen psychosomatischen Symptomen kann sie eine große Hilfe und Unterstützung sein. Forschern ist es mittlerweile gelungen, die heilende Wirkung der Achtsamkeitsmeditation wissenschaftlich zu belegen, und große Krankenversicherungen interessieren sich bereits für diese Methoden.[1] In manchen Bereichen der Psychotherapie hat innere Achtsamkeit längst Einzug gehalten, und viele haben sie bereits zu einer der Grundlagen ihrer therapeutischen Arbeit gemacht.

Bei aller Freude über diese nutzbringenden Entdeckungen wird manchmal gar nicht wahrgenommen, dass Meditation im Sinne eines Weges zur Befreiung, wie ihn der Buddha gelehrt hat, weit über die Zielsetzung der körperlichen und psychischen Gesundheit hinausgeht. Es ist ein radikaler Weg, der zur inneren Befreiung von allen täuschenden und quälenden Gefühlen, Emotionen und Geisteszuständen führt und ein erfülltes Leben in Weisheit, Heiterkeit und tiefer Verbundenheit ermöglicht. Hier im Westen, wo die Abkehr vom Materiellen hin zu einer echten Hingabe an spirituelle Werte nicht besonders hoch im Kurs steht und Beispiele von vollständig befreiten Menschen Seltenheitswert haben, ist es recht schwierig, solche Lehren glaubhaft und überzeugend zu vermitteln. Dieses Buch soll den Weg aufzeigen zu den Möglichkeiten vollständiger innerer Befreiung und der Transzendenz, wie sie Menschen seit alter Zeit verwirklicht haben.

Das Leben in unserer Gesellschaft ist von intellektuellem und wissenschaftsgläubigem Denken geprägt. Was uns dabei aber fehlt, ist die Umsetzung von hilfreichem, befreiendem Wissen in erfahrene, gelebte Weisheit. Dazu brauchen wir eine Praxis des Innehaltens, der Sensibilität und der inneren Entwicklung. Genau das bietet die buddhistische Meditation. Wollen wir aber eine spirituelle Praxis längerfristig betreiben, müssen wir der Tatsache, dass wir eine ausgesprochen intellektuelle Kultur sind, trotzdem Rechnung tragen. Deshalb ist es für die Mehrzahl von uns auf die Dauer auch wichtig zu verstehen, zu wissen, worum es bei dieser Übung wirklich geht und wohin der Weg letztlich führen soll.

Viele der spirituellen Traditionen aus dem Osten haben den Weg zu uns gefunden. Für westliche Menschen scheint der buddhistische Praxisweg besonders geeignet zu sein. Über die Jahre wurde dabei immer klarer, dass es nicht einen einzigen, einheitlichen buddhistischen Weg gibt. Vielmehr haben sich in Asien, entsprechend der Zeit und der Kultur, aus der sie stammen, viele ›Buddhismen‹ entwickelt. Deshalb kennen wir heute im Westen eine recht unübersichtliche Vielzahl von buddhistischen Lehren, Zugängen zur Praxis und Meditationssystemen. Obschon die meisten davon nützlich und wirkungsvoll sind, machen sie oft scheinbar widersprüchliche Aussagen, was recht verwirrend sein kann. Hier soll das Gewicht vor allem auf jene Aspekte der Meditation und der Praxis gelegt werden, die essenziell, unabdingbar und wirklich transformierend sind und nicht auf äußere Formen, wie Rituale, Brauchtum und kulturelle Eigenarten.

Aber das wesentliche Kriterium ist hier nicht so sehr die Frage nach richtig oder falsch oder danach, ob es sich bei einer Aussage um den authentischen Wortlaut Buddhas handelt. Vielmehr geht es darum, ob das Gesagte für unsere Praxis klärend und unterstützend ist. Wir brauchen die Vision eines inneren Weges zur Befreiung. Wir brauchen einen Führer, der uns hilft, uns auf dem Weg durch unbekanntes Terrain zurechtzufinden.

Ein Hauptanliegen dieses Buches ist es, Praktizierenden des buddhistischen Weges, welche die verschiedensten Informationen, Anleitungen und Belehrungen zur Praxis erhalten haben, eine kohärente Übersicht über die Lehre und ihre vielseitigen Aspekte zu geben. Dabei wird hier versucht, das Wissen des indischen Buddhismus, so wie er sich in den Süden über die Länder Süd- und Südostasiens und in den Norden nach Tibet verbreitete, in Überblick und Synthese wiederzugeben. Zum einen geht es um die verschiedenen Entwicklungen in der Darlegung der Lehre, wie sie im Verlauf der Entwicklung des menschlichen Denkens durch die Jahrhunderte entstand, beeinflusst von den vielfältigen Bedürfnissen und den kulturellen Eigenheiten der Völker. Zum anderen sollen gerade durch das Aufzeigen der verschiedenen Zugänge und Interpretationen die wesentlichen, unveränderlich gültigen Grundlagen der buddhistischen Lehren und ihre praktische Bedeutung für unser Leben sichtbar werden.

Wir haben heute im Westen die außergewöhnliche Gelegenheit, dass uns viele verschiedene Aspekte und Traditionen der buddhistischen Lehre und Praxis als lebendige Überlieferung präsentiert werden. In Asien hingegen kannten die Menschen nur ihre eigene Tradition, in der sie aufgewachsen waren. Dabei nahmen sie andere Überlieferungen, wie sie vielleicht im nächsten Tal oder im benachbarten Land existierten, kaum wahr. Ihre Lehre war für sie hilfreich und befreiend und daher ›richtig‹. Es war nicht nötig, sich mit anderem auseinanderzusetzen.

Uns Menschen des Westens werden diese Lehren von Asiaten genau im gleichen Geiste präsentiert: als hilfreich, befreiend und richtig, was für Asiaten auch immer bedeutet, dass sie genau dem Wort Buddhas entsprechen. Da wir nun viele ›richtige‹ Lehren haben, die aber in der äußeren Form und Darstellung oft stark variieren, kann es leicht geschehen, dass wir unbemerkt in die Haltung des Sektierertums gedrängt werden: »Wenn die wunderbare Lehre meines Meisters, meiner Meisterin richtig ist, muss die der anderen falsch oder zumindest minderwertig sein.« Dieser unglücklichen Entwicklung möchte dieses Buch entgegenwirken, indem bisweilen variierende Modelle zur Erklärung derselben Wirklichkeit vorgestellt werden.

Der Weg wurde beispielsweise zu verschiedenen Zeiten mit verschiedenen Modellen beschrieben: als Achtfacher Pfad oder als Stufenpfad. Beide Modelle sind höchst inspirierend und wirkungsvoll, entsprechen aber einer verschiedenen Gewichtung und variierenden Absichten. Man kann sie als widersprüchlich betrachten oder aber als ergänzende und bereichernde Anleitungen und Wegweiser auf dem Pfad sehen und hochschätzen. Aus diesen Darstellungsweisen entstanden auch verschiedene Arten, den Fortschritt auf dem Pfad zu beschreiben. Auch diese Modelle sind aufschlussreich, zeigen auf, was essenziell ist in der Entwicklung und Befreiung des Geistes.

Dadurch dass wir hier verschiedene Modelle kennen lernen, werden wir etwas befreit vom Zwang des in Asien zum Teil recht starken Anspruchs, uns genau in dieser, vom einen Modell vorgegebenen Art und Weise zu entwickeln. Dadurch können wir sowohl an Verständnis als auch an Flexibilität und Freiheit im Umgang mit unserem eigenen Weg gewinnen. Dies kann Praktizierenden, die in der einen Tradition zu Hause sind, auch ermöglichen, den Reichtum der anderen kennen und schätzen zu lernen. Das heißt nicht, dass wir unsere eigene Praxis zu einem Gemischtwarenladen verkommen lassen müssen. Wir können einfach besser beurteilen und auswählen, welche Formen der Praxis wann für uns angemessen und unterstützend sind.

In den 45 Jahren, in denen der Buddha nach seiner Erleuchtung durch die Lande wanderte und seine Lehre verkündete, soll er 84 000 – das heißt zahllose – Lehrreden gehalten haben. Seine Erklärungen waren von genialer Präzision und Aussagekraft. Immer ging es ihm darum aufzuzeigen, was in Herz und Geist Täuschung, Qual, Disharmonie und Leiden verursacht und was es ist, das Klarheit, Freude, Verbundenheit und Freiheit ermöglicht. Es ging – und geht – also um mehr als um ein Mittel zur Entspannung, als das Meditation heute oft verstanden wird; um mehr als eine romantisch verklärte Wohlfühlmeditation mit Kerzen, Räucherstäbchen und sphärischer Musik. Tatsächlich geht es um nicht weniger als die vollständige Auflösung all unserer Probleme! Der Buddha betonte: »Früher wie heute lehre ich nur das eine: Leiden und das Ende des Leidens – die unerschütterliche Befreiung des Herzens.«

Was damit gemeint ist, hat er in seiner ersten Lehrrede klar umrissen. Es sind die sogenannten vier edlen Wahrheiten oder vielleicht einfach die ›höchst relevanten Fakten des Daseins‹: die Tatsache, dass es Leiden gibt, dass seine Ursachen in unserem eigenen Herzen und Geist liegen, dass wir vom Leiden völlig frei sein können und dass wir diese innere Freiheit verwirklichen können, wenn wir den Weg dorthin beschreiten – oder dass wir diese uns bereits innewohnende Freiheit neu entdecken können. Deshalb wurde diesem Buch auch die Struktur dieser vier Wahrheiten zugrunde gelegt: Zuerst wird das Problem dargelegt, dann die Mittel zu seiner Lösung.

Natürlich reicht ein intellektuelles Verständnis des Praxisweges allein nicht aus, um dessen Früchte tatsächlich kosten zu können. Der Finger, der auf den Mond zeigt, darf nicht mit dem Mond verwechselt werden. Bei dem japanischen Meister Dai-o Kokushi[2] heißt es:

> »(…) Als er die Blinden zu verlocken wünschte,
> ließ Buddha Worte spielerisch seinem gold'nen Mund entschlüpfen.
> Himmel und Erde sind seither angefüllt mit verstrickendem Rosengestrüpp.
> Meine guten und werten Freunde hier,
> wenn ihr der donnernden Stimme des Dharma zu lauschen wünscht,
> lasst eure Worte versiegen und leert euren Geist;
> dann wird es möglich, die eine Essenz zu erkennen.«

In diesem Sinne war es mir ein großes Anliegen, die Erläuterungen in diesem Buch so zu formulieren, dass sie immer wieder direkt auf eine gelebte Praxis Bezug nehmen.

In einer so stark vom Intellekt und vom Wissen geprägten Kultur wie der unseren kann es trotzdem klärend, unterstützend und inspirierend sein, eine gut verständliche, nachvollziehbare Landkarte des Weges zur inneren Befreiung zur Verfügung zu haben. Wir lernen so zu verstehen, auf welche Weise wir am direktesten zum Ziel kommen. Den Weg gehen müssen wir aber letztlich selbst. Niemand kann es für uns tun.

Wenn dieses Buch eine lebendige spirituelle Praxis anregt, unterstützt und voranbringt, dann ist die Absicht des Autors in Erfüllung gegangen.

Mögen Mañjuśrī, Buddha der tiefen Weisheit, und Avalokiteśvara, Buddha des grenzenlosen Mitgefühls, alle segnen, die dieses Buch lesen. Mögen alle Wesen vollständige Befreiung erlangen!

Buddhas Lehre: Wandelbare Form – zeitloser Kern

1

Vom Indien Buddhas zum heutigen Westen: Die geschichtliche Entwicklung des Buddhismus

Wenn der eiserne Vogel fliegt, zieht der Dharma nach Westen.
(Padmasambhava)

Was die Geschichte uns lehren kann

Bevor wir uns mit der Lehre und den verschiedenen Formen der buddhistischen Praxis auseinandersetzen, ist es sinnvoll, sich ein Bild von der Entstehungsgeschichte des Buddhismus zu machen. Dadurch gewinnt man nicht nur einen Überblick über die historischen Gegebenheiten, sondern vermeidet auch Stolpersteine, über die manche Buddhisten aus dem Westen gerne fallen.

Geschichtliches Verständnis erlaubt uns zudem, unsere bevorzugte oder ›eigene‹ Tradition historisch und geographisch einzuordnen und ihren kulturellen Hintergrund zu verstehen. Dadurch erkennen und begreifen wir ihre spezifischen äußeren und inneren Formen in ihrem Kontext, was uns erlaubt, ihre äußere Form von ihrer Essenz zu unterscheiden. Gleichzeitig lernen wir auch zu verstehen, warum andere Traditionen so sind, wie sie sind. Wir sehen dann, dass auch sie eine Essenz von Lehre und Praxis verkörpern, wenn auch eingebettet in eine andere äußere Form als die Unsere. Daraus folgt, dass sämtliche Überlieferungslinien, einschließlich unserer eigenen, bedingt durch geschichtliche und kulturelle Gegebenheiten, also ›abhängig entstanden‹ sind – eine Tatsache, die eigentlich allen Praktizierenden des Buddhismus klar sein müsste.

Das geschichtliche Verständnis der ersten Jahrhunderte buddhistischer Geschichte – ebenso wie das tiefere Verständnis der menschlichen Tendenz, Dinge zu manipulieren und den eigenen Bedürfnissen anzupassen – lässt uns schließlich begreifen, dass keine der heute existierenden Traditionen und Schulen das absolut originalgetreue, unveränderte, wahre Wort Buddhas lehrt und damit die einzige ›richtige‹ Tradition ist – obwohl manche Schulen genau das mit Vehemenz behaupten. Vielmehr sehen wir, dass die meisten Traditionen auch heute noch die ›richtigen‹ sind und – wenn konsequent praktiziert – auch tatsächlich transformierend und befreiend wirken. Aufgrund dieser Einsicht können wir daran arbeiten, einfältige Tendenzen zu Sektierertum und Besserwisserei abzubauen, und dadurch ein sinnvolles, unterstützendes, harmonisches Zusammenwirken der verschiedenen spirituellen Traditionen fördern.

Die verschiedenen Formen des Buddhismus, die wir heute im Westen kennen, entwickeln sich im Lauf der Zeit und im Zuge seiner Verbreitung. In den Jahrhunderten nach Buddhas Tod entstehen viele Untergruppierungen mit verschiedenen Lehrmeinungen. Manche davon verschwinden wieder, während andere sich bis in die heutige Zeit erhalten. Hinter Begriffen wie Mahāyāna, Mādhyamika, Vajrayāna, Theravāda, Vipassanā, Ch'an, Zen und anderen stehen philosophische Strömungen, kulturelle Eigenheiten und persönliche Auslegungen der Lehre sowie wichtige, der Erneuerung dienende Impulse.

Indien und Sri Lanka: Entstehung und erste Ausbreitung der Lehre

Der Begründer

Der Buddhismus nimmt seinen Anfang mit der Erleuchtung von Prinz Siddhārtha Gautama, dem Buddha, in Indien. Sein Leben wurde lange auf etwa 560 bis 480 v. u. Z. datiert. Neuere Forschungen ergeben bis zu 100 Jahre spätere Daten.[3] Buddhistischer Sichtweise zufolge ist die Entstehung des Buddhismus alleiniger Verdienst des Buddha: Er ist der Begründer des Ordens der Mönche und Nonnen. Dabei sollte klar sein, dass er keine neue Religion, keinen ›Buddhismus‹ gründete. Worum es ihm ging, was er zeitlebens verbreitete, ist Dhamma oder Dharma, die Lehre und die Praxis, die zur Befreiung von Geist und Herz führt. Studiert und praktiziert man Buddhas Lehrreden eingehend, so ist man von seinem außerordentlich tiefen Verständnis von Geist und Psyche des Menschen überzeugt.

Dem heutigen Verständnis gesellschaftlicher Entwicklungen entsprechend ebenso wichtig für das Gedeihen seiner neuen spirituellen Bewegung ist aber auch die kulturelle und geistige Atmosphäre seiner Zeit, die von großer spiritueller Aktivität geprägt ist, eine Zeit, die für eine neue, tiefgründige und bedeutende Lehre reif ist.

Als Buddha geboren wird, besteht Indien aus zahlreichen Fürstentümern. Viele spirituell suchende Männer leben – durch die herrschende Kultur begünstigt – als heimatlose Asketen, Wanderer und Mönche. Nonnen gibt es zu dieser Zeit kaum, der Platz der Frauen in der patriarchalisch strukturierten Gesellschaft ist eindeutig im Haus. Unter den spirituell Suchenden findet man eine große Vielfalt an Sekten und zum Teil auch heute noch verbreiteten Weltanschauungen.

Die religiöse Grundströmung dieser Zeit ist jene der Veden, die man, vereinfacht ausgedrückt, eine Opferreligion nennen kann. Das Schicksal der Menschen liegt in der Hand der Götter, und diese müssen durch Opfergaben freundlich gestimmt werden. Auf diesem Hintergrund wird das spirituelle Umfeld sehr stark von den Lehren der Upanishaden geprägt, mit ihrem Glauben an eine unsterbliche Identität oder Seele (attā/ātman), die von Inkarnation zu Inkarnation wandert und mittels meditativer Praxis erlöst und mit dem ›universellen Göttlichen‹ (brahman) vereint werden kann.

Doch es gibt auch andere Strömungen, zum Beispiel die der Materialisten, die nichts anderes akzeptieren als das, was man berühren, sehen und überprüfen kann. Zu Letzteren im Widerspruch stehen die Vertreter des Eternalismus mit verschiedenen Vorstellungen von einem Gott oder vielen, ewig existierenden Göttern. Andere wiederum glauben an eine Gesetzmäßigkeit von Ursache und Wirkung ihres Handelns über mehrere Leben hinweg und praktizieren deshalb vor allem Ethik. Radikales Beispiel einer solchen Anschauung sind jene, die den Weg vor sich mit Besen kehren, um sicher zu sein, keine Lebewesen zu zertrampeln, und Masken vor Mund und Nase tragen, um nicht versehentlich Insekten einzuatmen und dadurch zu töten.

Andere Formen religiöser Aktivität erscheinen uns noch weitaus fremder:

Befreiung durch Selbstkasteiung; Hunde- oder Kuhpraktizierende, die wie Hunde oder Kühe leben; Praktizierende, die ohne Unterbrechung in kaltem Wasser stehen; solche, die sich nie hinsetzen oder -legen, und Fastende. Es gibt auch Feueranbeter und viele andere Praktizierende, die man zum Teil auch im heutigen Indien noch antreffen kann. Die Menschen, die in den neu gegründeten Orden Buddhas eintreten, haben oft schon viele Jahre innerhalb bestimmter Traditionen praktiziert.

Als Meditation werden vor allem Sammlungspraktiken geübt, die bis zu tiefen Versenkungsstufen entwickelt sind. Zu Beginn seiner sechs Jahre andauernden intensiven Praxiszeit – kurz nachdem er den Palast seines Vaters verlassen hat – übt und meistert der Buddha diese Methoden. Danach gibt er sich vor allem asketischen Praktiken hin. Unter anderem übt er sich im Luftanhalten, wobei er versucht, das Verlangen nach Atemluft zu unterdrücken, um völlige Beherrschung über die Kräfte des Begehrens zu gewinnen. Es heißt, es sei ihm bis zu einem Punkt gelungen, an dem ihm die Luft zu den Ohren und Augen eindrang – und bis zur Bewusstlosigkeit. Auch der Praxis des Fastens widmet er sich, bis er sich nur noch von einem Sesamkorn pro Woche ernährt. Gewisse Aussagen in Buddhas Lehre müssen vor diesem Hintergrund betrachtet werden. Er betont in seiner Lehre den ›Mittleren Weg‹, das heißt, seine Praxisempfehlung liegt nicht im Extremen – weder im Schwelgen in Sinnenlust noch in übertriebener Askese. Buddha kennt das Extrem des Sinnengenusses aus seiner Jugend im königlichen Palast, das Extrem der Askese aus seinen Praxisjahren. Seiner Ansicht nach ist keines dieser Extreme anzustreben. Dabei ist zu beachten, dass die ›Mitte‹ ziemlich weit auf jener Seite liegt, die wir als Angehörige der Wohlstands- und Konsumgesellschaft bereits als asketisch ansehen.

Was Buddha schließlich unter dem Baum der Erleuchtung entdeckt, ist die endgültige Aufhebung allen Leidens durch das vollständige Erlöschen von Unwissenheit und Verlangen – die wahre Befreiung des Herzens. Daraufhin gründet er den Orden der Mönche. Seine Hauptschüler sind Sāriputta und Moggallāna. Bekannt ist auch Mahākassapa, der in späteren Jahrhunderten, vor allem im Zen, als Buddhas direkter Nachfolger gesehen wird. Angesehen ist auch Buddhas Vetter und langjähriger Diener Ānanda. Nachdem Buddhas Mutter, die Königin Māyādevi, kurz nach seiner Geburt gestorben ist, wird ihre Schwester Mahāpajāpatī, die spätere ›Älteste‹ des Nonnenordens, zu seiner Ziehmutter.

Bereits während der ersten Jahrhunderte entwickeln sich innerhalb des Buddhismus verschiedene Schulen. Ein Hauptgrund für diese Entwicklung liegt darin, dass die Mönche und Nonnen ausziehen, um zu lehren, und danach durch die beschränkten Möglichkeiten zur Kommunikation den Kontakt zueinander verlieren. Im Laufe der Zeit entwickeln sie jeweils ihren eigenen Lehr- und Praxisstil. Dieser ist sowohl durch die verschiedenen Charaktere als auch durch die Bedürfnisse der Zeit und die unterschiedlichen kulturellen Einflüsse geprägt.

Kaiser Aśoka

Ungefähr 300 Jahre nach dem Tod des Buddha herrscht Kaiser Aśoka[4] über große Teile des heutigen Indien. Sein Machthunger treibt ihn dazu, die umliegenden Reiche zu erobern. Er führt viele Kriege und schlägt grausame Schlachten. Die Legende erzählt von einer transformierenden Erfahrung, als er sich eines Tages nach einem großen Kampf auf das Schlachtfeld begibt, das von Toten und Verwundeten übersät ist, die unter Schmerzen sterben. Während er um sich blickt, spürt er, wie unglücklich er trotz all seiner Macht ist und wie ihn die Verantwortung für das Geschehene bedrückt. In diesem Augenblick fällt sein Blick auf einen Wandermönch, einen Besitzlosen, der das Schlachtfeld überquert und dabei tiefen Frieden ausstrahlt. Während Aśoka den Mönch betrachtet, steigen in ihm Zweifel an seinem Handeln auf. Hier steht er, Kaiser Aśoka, mächtig und reich, auf dem Höhepunkt seines Erfolgs, aber innerlich zutiefst unglücklich. Dort steht ein Besitzloser, der in tiefstem Frieden weilt. Aśoka wendet sich an den Mönch, um von ihm zu lernen.

In den folgenden Jahren ist Kaiser Aśoka maßgeblich dafür verantwortlich, dass der Buddhismus sich von einer der vielen kleineren Sekten dieser Zeit zu einer bedeutenden Religion entwickelt. Als Buddhist neigt man zu der Annahme, dass die Verbreitung des Buddhismus allein der Genialität Buddhas zu verdanken ist, die es ihm ermöglicht hat, befreiende Mittel und Wege zu erkennen und diesen zum Durchbruch zu verhelfen. Die Geschichte zeigt jedoch, dass nicht einfach die Fähigkeit einer einzelnen Person entscheidet, sondern dass unzählige Faktoren für Wachstum und Verbreitung einer Lehre ebenso wichtig sind. Kaiser Aśoka ist ein entscheidender Faktor.

Aśoka errichtet zahlreiche Klöster und Tempel und lässt überall im Land große Steinsäulen mit eingemeißelten Lehrsätzen aufstellen. Er versucht, die soziale Situation in seinem Land zu verbessern, lässt Herbergen für Reisende und Wanderer erbauen und Vorräte für Hungersnöte anlegen. Straßen werden mit schattenspendenden Bäumen bepflanzt, und Tierspitäler werden eingerichtet. Selbst für heutige Zeiten gilt er in dieser Hinsicht als vorbildlich.

Sri Lanka

Sri Lanka ist nach Indien das erste Land, das buddhistisch wird. Aśokas Kinder, Sohn Mahinda und Tochter Saṅghamittā lassen sich ordinieren, ziehen nach Sri Lanka und führen etwa im Jahr 250 v. u. Z. den Buddhismus dort ein. Saṅghamittā gründet den Nonnenorden, Mahinda ordiniert die ersten Mönche. Seither sind Teile Sri Lankas ohne Unterbrechung – also seit 2 200 Jahren – buddhistisch. Im 5. Jahrhundert reist der indische Gelehrte Buddhaghosa dorthin. Er schreibt viele Kommentare zu den Pāli-Texten, wie zum Beispiel *Pfad der Reinigung* [5] (visuddhimagga), und prägt den Theravāda-Buddhismus entscheidend. Anuruddha (ca. 12. Jh.) schreibt den bekannten Kommentar *Abhidhammattha Saṅgaha* (Sammlung der Bedeutungen des Abhidhamma).[6]

Bis ins 13. Jahrhundert existieren in Sri Lanka die Schulen des Mahāyāna und des Theravāda nebeneinander. Vom 11. bis zum 14. Jahrhundert übt die dortige Theravāda-Tradition einen starken Einfluss auf den Buddhismus in Burma und Thailand aus. Die schwierigsten Zeiten für den dortigen Buddhismus sind die Jahrhunderte unter der Herrschaft der europäischen Kolonialmächte Portugal, Holland und schließlich Großbritannien. Die lebendige Tradition der Vipassanā-Meditation wird im letzten Jahrhundert aus Burma wieder eingeführt. Im singhalesischen Teil Sri Lankas blüht der Buddhismus auch heute noch.

Schulen und Lehrtraditionen

Die verschiedenen Schulen

In den Jahrhunderten nach Buddhas Tod entstehen in Indien 18 verschiedene Schulen buddhistischer Prägung: Sthaviravāda, Sarvāstivāda, Vaibhāṣika, Mahāsāṃghika, Sautrāntika und andere.[7] Die Lehrsysteme und Sichtweisen einiger dieser Schulen werden in bestimmten Traditionen auch heute noch studiert. Keine dieser Schulen trägt in dieser Zeit den Namen Theravāda oder Mahāyāna, und noch heute ist man uneinig darüber, welche dieser frühen Formen sich schließlich zu den Schulen des Theravāda und des Mahāyāna entwickelt haben.

Der Begriff Theravāda setzt sich zusammen aus den Worten Thera (die Ältesten, die Erfahrenen und Weisen) und Vāda (Schule). Theravāda bedeutet also die ›Schule der Ältesten‹. Mahāyāna besteht aus Mahā (groß) und Yāna (Fahrzeug). ›Groß‹ bezieht sich hier auf eine große innere Motivation, zum Segen aller Lebewesen die Buddhaschaft zu erlangen. Mahāyāna, das ›große Fahrzeug‹, versteht sich als Gegensatz zum ›kleinen Fahrzeug‹, dem Hīnayāna. Hīna bedeutet ›klein‹ und bezieht sich auf die Motivation jener, die vorwiegend mit der Absicht praktizieren, die eigene Freiheit zu erlangen.

In den ersten Jahrhunderten unserer Zeitrechnung entstehen vor allem die beiden gerade genannten Richtungen. Zweige der älteren Schulen haben sich unter dem Namen Theravāda zunächst in Sri Lanka und später in den Ländern Südostasiens Burma, Thailand, Kambodscha und Laos etabliert, während in Indien die Strömung des Mahāyāna stark wird. Aber auch die oft unter dem Begriff Hīnayāna laufenden älteren Schulen bestehen in Indien weiter. Genau genommen sind sie wahrscheinlich sogar weiterhin in der Mehrzahl. Der chinesische Reisende Hsüan-tsang berichtet im Jahr 640, dass von der Viertelmillion damaliger Mönche nur etwa siebzig- bis hunderttausend dem Mahāyāna angehören. Der Buddhismus blüht in Indien bis zur Invasion der islamischen Völker um das 12. Jahrhundert.

Die älteren Schulen bauen vor allem auf der vom Buddha begründeten monastischen Grundlage auf. Eine nach innen gerichtete, unmittelbar auf die eigene Befreiung abzielende Praxis ist die Essenz der Lehre. Dem Zeitgeist entsprechend (im Nahen Osten und im Mittelmeerraum breitet sich inzwischen das Christentum aus) wird nun im Mahāyāna das Augenmerk vom Individuum auf das Allgemeinwohl der Menschen verschoben. Es geht nicht nur um die eigene Befreiung, sondern um das Wohl aller. Damit einher geht eine neuere Sichtweise, nach der es nicht wünschenswert, aber auch nicht notwendig ist, vollständig aus dem Dasein zu erlöschen, um Freiheit vom Leiden zu erlangen. Vielmehr geht es nun darum, die vollständig substanzlose, nicht-selbstexistente Natur allen Daseins zu erkennen und zu verwirklichen. Es entwickelt sich auch eine neue Kosmologie, in welcher das Universum von zahllosen Buddhas und Bodhisattvas bevölkert ist, die zum Segen der Lebewesen wirken und von diesen auch um Beistand angerufen werden können. Anstatt nur einer Elite von Ordinierten soll der Segen der buddhistischen Lehre allen zugänglich gemacht werden. Der Begriff Hīnayāna – das ›kleinere Fahrzeug‹ zur individuellen Befreiung – markiert den Gegensatz zu dieser Sichtweise.

Leider werden diese Begriffe später – gerade auch durch die frühen westlichen Erforscher des Buddhismus – eher auf ganze Traditionen angewendet als auf die Motivation eines Praktizierenden und auf gewisse Aspekte der Lehre und des Pfades. Vor allem die Schulen des Theravāda werden oft als Hīnayāna-Buddhismus betitelt, obschon es auch in diesen Traditionen den Bodhisattva-Weg zur Buddhaschaft gab und gibt. Umgekehrt spricht man bei den Schulen des nördlichen und fernöstlichen Buddhismus von Mahāyāna, ganz ungeachtet der Motivation, die den individuellen Praktizierenden tatsächlich eigen ist. Aus diesen Missverständnissen entsteht eine heute noch vielfach spürbare Rivalität. Gewisse Anhänger des Mahāyāna glauben sich dank der von ihnen angestrebten ›großen‹ Motivation überlegen, während sich manche Theravāda-Praktizierende als die einzigen Bewahrer der authentischen, befreienden Lehre Buddhas sehen.

Die überlieferten Texte

Erst drei- bis fünfhundert Jahre nach Buddhas Tod werden seine bis dahin mündlich überlieferten Lehrreden schriftlich aufgezeichnet. Konzile entscheiden, was tatsächlich Teil von Buddhas Lehre ist und was nicht. Die Lehrreden werden bis dahin auswendig gelernt und mündlich an die nächste Generation weitergegeben – etwas, das auch heute noch in manchen Ländern Asiens üblich ist. Aus heutiger Beobachtung dieser Methode lässt sich schließen, dass die Überlieferung wortgetreu und einigermaßen unverändert geblieben ist. Das Gewicht, welches manchen Belehrungen zugemessen wird und anderen nicht, sowie die Interpretationen dieser Lehren variieren aber stark, entsprechend der Zeit, der Kultur und den Bedürfnissen einer Gesellschaft. Im 1. Jh. v. u. Z. wird in Sri Lanka der Pāli-Kanon aufgezeichnet.

Die Lehrreden der alten Schulen, aus denen sich der Theravāda ableitet, sind in Pāli niedergeschrieben. Es ist unwahrscheinlich, dass Pāli jemals wirklich gesprochen wurde. Das Wort Pāli bedeutet ›Zeile‹ oder ›(autorisierter) Text‹. Pāli soll dem Māgadhī ähneln, das zur Zeit Buddhas in Magadha, einem Königreich im südlichen Teil des heutigen nordindischen Bundesstaates Bihar, gesprochen wurde. Bihar und der Norden und Osten des heutigen Uttar Pradesh bedecken ungefähr das Gebiet, in dem Buddha den größten Teil seines Lebens verweilte und lehrte.

Die Pāli-Texte sind in den Ländern des Theravāda vollständig erhalten geblieben. Der Pāli-Kanon umfasst die sogenannten drei Körbe (tipitaka/tripiṭaka): die Lehrreden (sutta/sūtra), die Ordensregeln (vinaya) und das Kompendium der Phänomenologie oder, verständlicher gesagt, der buddhistischen Psychologie und Philosophie (abhidhamma/abhidharma). Die Lehrreden sind in fünf Sammlungen (nikāya) aufgeteilt. Das ganze Werk entspricht ungefähr der Größe von zwanzig durchschnittlich umfangreichen Buchbänden.

Im gleichen Zeitraum entsteht eine andere Gruppe von Texten in Sanskrit. Sanskrit ist ursprünglich die Sprache der aus dem Norden eingedrungenen arischen Volksstämme, wurde aber, ähnlich dem Latein des Abendlandes, zu einer religiösen und philosophischen Kultursprache. Die Texte des Mahāyāna werden vor allem in Sanskrit niedergeschrieben. Mit dem Untergang des Buddhismus in

Indien geht ein großer Teil dieser Sanskrit-Texte verloren, überlebt aber teilweise in Form von tibetischen, chinesischen oder japanischen Übersetzungen.

Für die Entwicklung des Theravāda von großer Bedeutung ist Buddhaghosa, ein Mönch aus Indien, der im 5. Jahrhundert nach Sri Lanka zieht. Er ist der Verfasser der *Visuddhimagga*[8], eines Kommentars, der für gewisse Theravādins bis heute als das wichtigste Kompendium der ganzen Lehre gilt. Für viele andere gibt dieser Kommentar nur einen von vielen möglichen Blickwinkeln auf die Lehre wieder. Das Wort Visuddhi bedeutet ›Reinigung‹, Magga heißt ›Pfad‹; also der ›Pfad der Reinigung‹. Mit seinem Werk versucht Buddhaghosa, aus den zahlreichen Lehrtexten die Essenz der Lehre Buddhas zu destillieren und diese möglichst umfassend und übersichtlich darzustellen.

Derartige Synthesen der Lehre findet man oft als Grundlage ganzer Schulen. So wird zum Beispiel Dogen Zenjis *Shobogenzo*[9] zur Grundlage des Soto-Zen in Japan. Gampopas *Der kostbare Schmuck der Befreiung*[10] ist ein Grundlagenwerk der tibetischen Kagyü-Schule. Je Tsongkhapas *Der große Stufenpfad* (*lam-rim chen-mo*)[11] ist ein Basiswerk der Gelugpa. Solche Meister und Gelehrte destillieren aus der unüberblickbaren Fülle der bestehenden Texte und Belehrungen das, was ihnen entsprechend ihrer Zeit und Kultur am bedeutungsvollsten erscheint, und präsentieren es in einer übersichtlichen und praktisch anwendbaren Form.

Die Lehrreden des Mahāyāna

Herkunft und Entstehung vieler bedeutender Schriften und Lehrreden, die erst Jahrhunderte nach Buddhas Lebzeiten erschienen, sind von Sagen umwoben, in denen es darum geht, den Ursprung dieser Texte auf Buddha selbst zurückzuführen, um ihnen die nötige Autorität zu verleihen. Diesen Darstellungen entsprechend hat Buddha viele Lehrreden der Mahāyāna-Schulen schon zu Lebzeiten gehalten, allerdings nur hörbar für die großen Bodhisattvas, die im Universum in verschiedenen Existenzformen leben. Die ehemaligen Anhänger Buddhas, selbst wenn es seine erleuchteten Hauptschüler waren, betrachtete man rückblickend als nicht genügend begabt, diese Lehren zu verstehen. Vielleicht war diese unschmeichelhafte Darstellung zweckdienlich oder gar notwendig, um die Überlegenheit der neueren Lehren zu bekräftigen. Dabei wurde wohl bei der

Geschichtsschreibung ein wenig nachgeholfen. Das stellt aber den großen Wert dieser Mahāyāna-Sūtras in keiner Weise in Frage.

Bekannte Lehrreden dieser späteren Zeit sind die *Prajñāpāramitā-Sūtras*, das *Laṅkāvatāra-Sūtra*[12], das *Saddharma-puṇḍarīka* (Lotos der guten Lehre, kurz Lotos-Sūtra)[13], das *Avataṃsaka-Sūtra* (Sūtra der Buddha-Girlande)[14] und andere. Immer wieder gibt es unter den Buddhisten Diskussionen darüber, ob die Legenden über die Entstehung solcher Texte wörtlich zu nehmen sind oder ob man Texte geschichtlich neueren Ursprungs einfach als Weiterentwicklungen innerhalb der buddhistischen Lehre betrachten sollte. Dabei treiben manche Traditionen viel Aufwand, um die Authentizität ihrer Texte zu beweisen.

Manchen traditionellen Darstellungen entsprechend sind alle existierenden Lehrreden angeblich 2 500 Jahre alt, und jede Schule sieht sich im Besitz der ursprünglichen Lehre. Dies hat unter anderem dazu geführt, dass es heute eine ganze Anzahl verschiedener ›richtiger‹ Aussagen darüber gibt, was Buddha unter dem Bodhi-Baum vor seiner Erleuchtung praktiziert haben soll. Waren es Reflexionen, Versenkungsstufen, Zazen, Vipassanā, Nicht-Dualität, oder war er gar die Manifestation eines längst erleuchteten Wesens? Darüber gibt es viele widersprüchliche Aussagen. Zu unserem Glück führen die meisten dieser Beschreibungen, genau wie die verschiedenen Texte, zum richtigen Ziel – wenn man sie tatsächlich praktiziert.

Große Meister: Nāgārjuna, Asaṅga, Śāntideva

Nāgārjuna

Die Persönlichkeit, die den Mahāyāna-Buddhismus in Indien etwa im 2. Jahrhundert entscheidend prägt, ist der Meister und Gelehrte Nāgārjuna aus Südindien. Er wird als der größte indische Denker aller Zeiten betrachtet. Aufgrund seiner großen Bedeutung werden ihm unzählige Texte zugeschrieben, von denen man nicht immer weiß, woher sie tatsächlich stammen. Wäre er wirklich der Autor aller ihm zugewiesenen Texte, hätte er ungefähr 600 Jahre leben müssen, was viele auch als Tatsache betrachten. Manche Geschichtsforscher nehmen aber an, dass ungefähr im 8. Jahrhundert ein tantrischer Meister gelebt hat, der ebenfalls den Namen Nāgārjuna trug und der Verfasser der tantrischen Texte ist.

Auf den berühmten Nāgārjuna des 2. Jahrhunderts geht unter anderem die Verbreitung der Prajñāpāramitā-Lehrreden zurück. Die Legende sagt, er habe diese Texte – Lehrreden des Buddha – aus dem Ozean geborgen. Dort seien sie von den Nāga, schlangenähnlichen Weisheitshütern, aufbewahrt worden, bis die Zeit für die Menschheit reif war, sie zu verstehen.

Bekannt unter Nāgārjunas Werken sind der *Brief an einen Freund* (suhṛllekha) und *Schmuckkette der guten Ratschläge an einen König* (rājaparikathā-ratnāmāla), in dem er einem König ausführliche Anweisungen zum Leben, zum Regieren und zur Lehre erteilt, sowie *Fundamentale Weisheit* (prajñā-mūla) und viele andere. Zur Entstehung des Mādhyamika, der wichtigsten und tiefgründigsten Sichtweise des Mahāyāna-Buddhismus, haben seine *Wurzelverse über die Sichtweise der Mitte* (mūla-madhyamaka-kārikā) entscheidend beigetragen.[15] Das Wort Mādhyamika bezeichnet eigentlich die Anhänger, Madhyamaka die Lehre. Es handelt sich um eine Philosophie und ein Meditationssystem, das mit logischer Konsequenz aufzeigt, dass sämtliche Aussagen über die letzte Natur der Wirklichkeit unhaltbar sind. Damit soll den Praktizierenden auf radikale Art vor Augen geführt werden, dass die eigentliche Natur aller Dinge des Daseins ›śūnyatā‹ ist, das heißt ›leer von unabhängiger Selbstexistenz‹. Alle Dinge des Daseins entstehen in Abhängigkeit von Ursachen und Bedingungen, woraus folgt, dass sie in ihrer wahren Natur leer sind von unabhängiger Selbstexistenz. Dank dieser Erkenntnis kann der Praktizierende sich von allen Formen der Identifikation und des Haftens befreien und letztlich die Befreiung vom Leiden erfahren. Gleichzeitig erlaubt diese Erkenntnis der leeren Natur aller Dinge den Praktizierenden auch, sich durch die Ausübung der ›Vollkommnungen‹ (pāramitā) über lange Zeitspannen hin zur Verwirklichung eines Buddha zu entwickeln und für alle Lebewesen von größtmöglichem Nutzen zu sein. Nāgārjuna wird besonders von den tibetischen Buddhisten als zweiter Buddha verehrt.

Die bekanntesten Vertreter der Mādhyamika-Sichtweise in den Jahrhunderten nach Nāgārjuna sind sein Schüler Āryadeva sowie – ab dem 5. Jahrhundert – Buddhapālita und (mit Anlehnung an die Yogācāra-Schule) Bhāvaviveka. Candrakīrti fungiert als Erneuerer und Vertreter von Buddhapālitas Linie. Sein *Führer zum Mittleren Weg* (madhyamakāvatāra), ein Kommentar zu Nāgārjunas

Texten über Mādhyamika, zählt für manche tibetischen Schulen zu den wichtigsten Werken überhaupt.

Asaṅga und Vasubandhu

Ähnlich essenziell für die Mahāyāna-Tradition sind auch die Werke der Brüder Asaṅga und Vasubandhu (4. Jahrhundert). Asaṅgas *Schmuck der klaren Verwirklichung* (abhisamaya-alaṃkāra) ist eine Präsentation der Prajñāpāramitā, eine typische Mahāyāna-Abhandlung über die Praxis der Pāramitās, der Vervollkommnungen eines Buddha.

Asaṅga ist der wichtigste Vertreter der Mahāyāna-Schule des Yogācāra, die auch als ›Nur-Geist-Schule‹ (cittamātra) oder ›Bewusstseins-Schule‹ (vijñānavāda) bekannt ist. Diese Sichtweise geht davon aus, dass alles Wahrnehmbare ›nur Geist‹ (cittamātra) ist. Die Dinge bestehen nur als Wahrnehmungsprozesse und nicht als reale Objekte außerhalb des wahrnehmenden Geistes. Sowohl die innere Welt wie die sogenannte Außenwelt sind demnach reiner Geist. Entsprechend existiert auch kein reales Subjekt. Es ist der Wahrnehmungsprozess, der die Erfahrung erschafft, so dass dabei eine vermeintliche Welt zu entstehen scheint. Dieser Prozess wird ermöglicht durch das Speicher-Bewusstsein (ālaya-vijñāna), das achte Bewusstsein. Hier sind alle Erfahrungseindrücke sowie die karmischen Keime – Potenzial für karmische Wirkung – gespeichert. Ālaya-vijñāna ermöglicht die Kontinuität von diesem Leben zum nächsten. Zwischen Ālaya-vijñāna und den sechs Arten von Sinnesbewusstsein agiert ›Manas‹, das siebte Bewusstsein. Es lässt die getäuschte Wahrnehmung eines unabhängig existierenden Ich oder Selbst entstehen, wo in Wirklichkeit keines ist. Aus dieser falschen Wahrnehmung entstehen die unheilsamen Geistesfaktoren (kilesa/kleśa) und entsprechendes Karma, Ursache des Kreislaufs von Geburt und Tod (saṃsāra). Das Durchschauen dieser (scheinbaren) Dualität und das Erkennen des irrealen (nicht-selbstexistenten) Charakters dieses Prozesses befreien Geist und Herz.

Mehr oder weniger eindeutige Einflüsse der Yogācāra-Sichtweise sind bis heute in buddhistischen Traditionen Chinas und Indochinas und selbst in gewissen Schulen Thailands zu finden, ebenfalls im Zen wie auch in tibetischen Vajrayāna- und Dzogchen-Traditionen.

Den Brüdern Asaṅga und Vasubandhu verdanken wir auch zwei große Werke über Abhidharma, die buddhistische Philosophie und Psychologie. Von Asaṅga stammt das *Kompendium der Phänomenologie* (abhidharma-samuccaya). Die Abschnitte über die Funktionen der Geistesfaktoren entsprechend dem Mahāyāna (s. Kap. 13) stammen aus diesem Text. Von Vasubandhu stammt die *Schatztruhe der Phänomenologie* (abhidharma-kośa), ein Werk über Abhidharma aus der Sicht der Sarvāstivāda-Vaibhāṣika-Schule, der Vasubandhu angehörte, bevor ihn sein Bruder von der Mahāyāna-Sichtweise überzeugen konnte.

Ebenfalls erwähnenswert sind die zwei großen Meister der Logik, Dignāga (5. Jh.) sowie Dharmakīrti (7. Jh.), dessen *Erklärung der Beweise* (pramāṇavārttika) in Tibet ebenfalls zu den bedeutendsten Werken zählt.

Śāntideva

Im 8. Jahrhundert lebt Śāntideva (685 – 763), ein Dichter und Gelehrter, dessen Schriften die Blütezeit des indischen Mahāyāna markieren. Sein wichtigstes Werk ist die *Bodhicaryāvatāra* (Einstieg in die Praxis der Erleuchtung). Bodhi heißt ›Erleuchtung‹, Caryā ›Verhalten‹ oder ›Praxis‹, Avatāra bedeutet ›sich in etwas hineinbegeben‹. Dieses Werk enthält eine komplette Anleitung zur Entwicklung von Bodhicitta, dem Entschluss, zum Nutzen aller Lebewesen zum vollständig erleuchteten Buddha zu werden, sowie eine Darlegung des weiteren Weges zur Buddhaschaft. Śāntideva ist uns heute noch ein Begriff, weil viele der Meister, die den Buddhismus von Indien nach Tibet brachten, seine Lehre dort verbreiteten. Seither ist die *Bodhicaryāvatāra* wohl das am meisten verehrte und am häufigsten zitierte Werk in allen tibetischen Traditionen.[16]

Vom Aufkommen des Vajrayāna bis zum Niedergang des Buddhismus in Indien

Buddhistisches Tantra

Nach der Verbreitung der Lehre durch den Buddha und nach der Entwicklung des Mahāyāna ist die Entstehung des buddhistischen Tantrismus die dritte und letzte kreative Entwicklung des indischen Buddhismus. Buddhismus und Hinduismus existieren eng nebeneinander, im gleichen Land, in den gleichen Städten und Dörfern. Die Hindu-Tantras gewinnen an Einfluss auf den Buddhismus, und neben scharfer Konkurrenz kommt es auch zu Vermischung und gegenseitigem Austausch. Die Integration des Tantra in den Buddhismus begründete den Vajrayāna-Buddhismus in Indien zwischen den Jahren 200 und 500, mehr als 700 Jahre nach Buddha. Vajrayāna ist heute in Tibet und in einer Schule Japans vertreten. Vajra heißt ›Diamant‹ oder auch ›unzerstörbar‹, Yāna bedeutet ›Fahrzeug‹, zusammen ergeben sie das ›Diamantfahrzeug‹. Der Begriff wird synonym zu Mantrayāna und auch zu buddhistischem Tantra verwendet. Dem tibetischen Vajrayāna zufolge lehrte Buddha viele der tantrischen Lehren in der Form von Vajradhara. Vajradhara ist die Dharmakāya-Form, das heißt eine ›mystische‹ Manifestation Buddhas. (Die Bedeutung des Begriffs Dharmakāya wird im 12. Kapitel unter ›Die Stufen der Erleuchtung nach dem tibetischen Mahāyāna-Modell‹, S. 183 f. näher beschrieben.)

Die Methoden der buddhistischen Tantras sind Zugangsweisen zur Befreiung des Geistes, die sich grundlegend von denen des Buddhismus der Sūtras unterscheiden. Anstatt durch äußere Schulung des Verhaltens und innere Schulung des Geistes Befreiung zu bewirken, wird – vor allem in den höheren Tantras – mittels Kontrolle der subtilen psycho-physischen Energien (prāṇa) des Körpers eine befreiende Transformation des Geistes ermöglicht. Von den tantrischen Meditationsmethoden wird gesagt, sie würden sehr viel schneller zum Ziel der Buddhaschaft führen als die Methoden der Sūtra-Lehren. Ein grundlegendes Prinzip des Tantra heißt ›das Ziel als Weg nehmen‹, wobei die Praktizierenden sich von Anbeginn als erleuchtete Buddhas sehen und die Welt um sich herum als reines Land – und sich auch entsprechend verhalten.

Die tantrische Bewegung gibt der damals vielerorts zu institutioneller Starre verkommenen buddhistischen Religion neue Impulse und fungiert dadurch als Erneuerungsbewegung. Das Ideal des Tantrismus sind die Mahāsiddhas, auf unkonventionelle Weise lebende Meditierende; Yogis und Yoginīs, die oft in der Wildnis oder auf Friedhöfen leben und praktizieren. Bekannt sind ›die 84 Mahāsiddhas‹ (wie zum Beispiel Saraha), die vom 8. bis ins 12. Jahrhundert als eine Art Gegenbewegung zur institutionalisierten Klosterkultur wirken. Von großem Einfluss ist der tantrische Adept Padmasambhava aus dem Lande Orgyen im Norden des heutigen Indien, der im 8. Jahrhundert den Buddhismus nach Tibet bringt.

Ebenfalls von außerordentlicher Bedeutung (besonders auch für den tibetischen Buddhismus) sind die großen Meister Tilopa und Nāropa (1016 – 1100)[17], Nāropas Gefährtin Niguma und andere. Niguma ist eine der ganz wenigen praktizierenden Frauen im Buddhismus, denen ein historischer Platz eingeräumt wurde. In der tibetischen Tradition gibt es eine Praxis-Überlieferungslinie, die ausdrücklich auf sie zurückgeführt wird. Bis heute im tibetischen Vajrayāna weit verbreitet und viel praktiziert sind Tantras der ›unteren Tantra-Klassen‹ wie Avalokiteśvara, Tārā, Mañjuśrī, Vajrasattva und zahllose andere. ›Hohe Tantra-Klassen‹, die damals und auch heute noch praktiziert werden, sind Guhyasamāja, Cakrasaṃvara, Vajrabhairava, Kālacakra, Vajravarāhi, Hevajra, Vajrayoginī, Vajrakilaya, die Sechs Yogas von Nāropa und viele andere.

Das Ende des Buddhismus in Indien

Einer der letzten großen buddhistischen Meister Indiens, der den Mahāyāna- und Vajrayāna-Buddhismus nach Tibet bringt und dort bis zu seinem Lebensende lehrt, ist Dīpaṃkāra Śrījñāna, bekannt als Atīśa, ein Zeitgenosse Nāropas. Mit der Invasionswelle der Muslime aus dem Norden im 12. Jahrhundert wird der Buddhismus in Indien ausgelöscht. Indien wird Teil der großen muslimischen Kaiserreiche. Berühmte Bauwerke wie das Taj Mahal und das Red Fort in Agra oder das Red Fort in Delhi werden von den Kaisern des Mogulreiches errichtet. Nun existiert der Buddhismus in Indien nur noch sehr randständig. Vor seinem Niedergang floriert er in einer sehr strukturierten, institutionalisierten Form. Er wird vor allem von den Ordinierten, die in riesigen Klöstern leben, praktiziert und erhalten. Mit der Zerstörung der Klöster werden diese zentralen

Strukturen vernichtet, und die Elite und mit ihr das Wissen über die Lehre verschwinden. Nur im Osten und Südosten des heutigen Bangladesch leben bis heute noch etwa eine Million Buddhisten, Volksstämme der Baruas, Chakmas und andere. Der Hinduismus dagegen ist damals schon in das Familienleben integriert und damit widerstandsfähiger, so dass er die folgenden Jahrhunderte islamischer Herrschaft überlebt. In den fünfziger Jahren des letzten Jahrhunderts (und auch heute wieder) konvertieren einige Millionen der kastenlosen ›Unberührbaren‹ unter der Führung des sozial engagierten Politikers B. R. Ambedkar zum Buddhismus.

Südostasien

Thailand

Spätestens ab dem 4. und 6. Jahrhundert verbreitet sich der Buddhismus auch in Südostasien und Indochina. Vermischt mit der Hindu-Religion gelangen Einflüsse sowohl des Mahāyāna wie auch der Schulen, die wir heute als Theravāda kennen, in diese Länder. Letztere werden vor allem vom 11. bis zum 14. Jahrhundert durch anhaltende Einflüsse aus Sri Lanka geprägt, und Theravāda ist heute die Hauptschule in Burma, Thailand und Kambodscha.

In Thailand ist der Einfluss des Mahāyāna bis ins 14. Jahrhundert sehr stark. Dann wird er vermehrt durch den aus Sri Lanka eingeführten Theravāda ersetzt. Die historischen Hauptstädte Ayuthia (ab 1330) und Bangkok (ab 1770) sind Orte mit zahlreichen buddhistischen Tempeln und Kulturschätzen. Das heutige Thailand entsteht etwa um den Beginn des 20. Jahrhunderts. Um den Prozess der Integration dieses großen Landes zu fördern, wird zu diesem Zeitpunkt der Staatsbuddhismus eingeführt. Dies bewirkt eine Einigung und Stärkung, aber auch eine zunehmende Institutionalisierung und Sterilität.

Mit der Waldkloster-Tradition entsteht eine Gegenbewegung zu dieser Entwicklung, welche die Einhaltung der Ordensregeln und eine oft rigorose Meditationspraxis ins Zentrum rückt. Maßgebend gestärkt wird die Bewegung durch den berühmten und gestrengen Meister Ajahn Mun (1870 – 1949), populär wird sie in den sechziger und siebziger Jahren. Als bekannte Schüler von Ajahn Mun gelten Ajahn Fun und Ajahn Maha Boowa.[18] Auch Ajahn Chah wird als Schüler von Ajahn Mun gesehen. Ajahn Buddhadasa (1906 – 1993)[19], ein Mönch aus dem Süden Thailands, hoch verehrt und gelegentlich kontrovers beurteilt wegen seiner untraditionellen Ansichten, seinem Interesse an Ökologie, an sozialer Gerechtigkeit, an anderen Religionen, gilt zusammen mit dem Mönchsgelehrten und Unesco-Friedenspreisträger Payutto (Dhammapitaka) als großer Erneuerer der Tradition.

Aus der Waldkloster-Tradition von Ajahn Chah[20] entstammen der amerikanische Mönch Ajahn Sumedho[21] und seine Mönche und Nonnen mit einer Anzahl von Klöstern im Westen[22] sowie Jack Kornfield, der amerikanische Meditationslehrer, Buchautor und Mitbegründer der Meditationszentren IMS (Insight Meditation Society) und Spirit Rock in den USA.[23]

Der Engländer Christopher Titmuss ist ein Schüler der Thai-Meister Ajahn Dhammadharo und Ajahn Buddhadasa und lehrt heute in Europa, den USA und Indien. Auf der Insel Kho Pah Ngan leiten die Australier Steve und Rosemary Weißman regelmäßig Meditationskurse für Besucher aus dem Westen.

Indochina

In Indochina findet man die ersten Spuren des Buddhismus bereits im 3. Jahrhundert, im 7. Jahrhundert erlebt er dort bereits eine Hochblüte. Besonders in Vietnam wird er durch Einflüsse des chinesischen Mahāyāna geprägt. Später ist die Theravāda-Tradition vor allem in Kambodscha einflussreicher. Nach dem Fall der kommunistischen Regime lebt der Buddhismus in Kambodscha[24] und Laos wieder auf, während er in Vietnam weiterhin starken Restriktionen unterliegt.

Der aus Vietnam geflüchtete Mönch Thich Nhat Hanh lebt heute in Frankreich. Er ist Autor zahlreicher Bücher und gehört zu den im Westen bekanntesten buddhistischen Lehrern; außerdem setzt er sich aktiv für den Frieden und die Umwelt ein. In dem von ihm gegründeten Orden Intersein (Tiep-Hien) sind Einflüsse des chinesischen Avataṃsaka (Mahāyāna), des Konfuzianismus und der Lieu-Quan-Schule des vietnamesischen Zen spürbar.

Indonesien und Malaysia

Indonesien (Suvarna-dvipa) und Malaysia erleben eine Blütezeit des Buddhismus vom 7. bis zum 11. Jahrhundert, bis er zum Teil vom Hinduismus und später vielerorts vom Islam verdrängt wird. Eines der großen Zeugnisse der buddhistischen Epoche sind die Bauten von Borobudur auf Java.

In Malaysia ist der Buddhismus heute noch in den chinesischen Bevölkerungsschichten lebendig.

Burma

Schon früh gelangen buddhistische Einflüsse bis nach Burma, das heutige Myanmar. Im 5. Jahrhundert sind dort beide Strömungen vorzufinden, sowohl die der ursprünglichen Schulen Indiens als auch die des Mahāyāna, sogar mit tantrischen Einflüssen. Im 11. Jahrhundert werden Theravāda-Texte aus Sri Lanka eingeführt, und der Theravāda-Buddhismus gewinnt sukzessive an Bedeutung. Pagan wird zu einem der größten Zentren buddhistischer Religion, wovon noch heute 9 000 Pagoden und Tempel Zeugnis ablegen. Ähnlich wie in Sri Lanka haben die 150 Jahre des britischen Kolonialismus auch in Burma einen destruktiven Einfluss auf die buddhistische Kultur des Landes.

Für den heutigen Buddhismus im Westen sind die Entwicklungen, die sich in der ersten Hälfte des 20. Jahrhunderts in Burma abspielen, bedeutend. Der Mönch U Narada Mingun Jetawan Sayadaw sucht nach einer befreienden Meditationspraxis und findet einen Mönch, der in einer Höhle im Norden Burmas meditiert. Dieser lehrt ihn, die Anleitungen anzuwenden, die der Buddha in seiner Lehrrede über achtsames Gewahrsein, dem Satipaṭṭhāna Sutta, gab.

1904 wird der Mönch und Gelehrte Mahasi Sayadaw im Dorf Mahasi geboren. Er lernt die Vipassanā-Meditation von Mingun Jetawan Sayadaw. Mahasi Sayadaw ist in seiner Praxis sehr erfolgreich und beginnt im Jahre 1941 selbst Meditation zu lehren.[25] Zur Zeit der Befreiung von der britischen Kolonialherrschaft erfährt der Buddhismus in Burma eine Wiederbelebung. Er wird zu einem zentralen Aspekt burmesischer Kultur, mit der sich das Volk identifizieren kann. In dieser Atmosphäre – und dank der Tatsache, dass Meditation auch den Laien zugänglich gemacht wird – erfreut sich die Praxis der Vipassanā-Meditation zunehmender Beliebtheit. Seither haben in den Mahasi-Zentren allein in Burma um die 700 000 Personen Vipassanā-Meditation praktiziert.

Der Inder Anagārika Munindra[26], ein Schüler des Mahasi Sayadaw, bringt diese Lehre nach Indien, wo sie von Suchenden aus dem Westen aufgenommen und praktiziert wird. Schüler der beiden indischen Lehrer aus Burma sind unter anderem die Amerikaner Joseph Goldstein[27] und Sharon Salzberg[28], die später zusammen mit Jack Kornfield in Massachusetts die Insight Meditation Society (IMS) gründen. Auch manche der Lehrenden des Meditationszentrums Beatenberg in der Schweiz sind von dieser Übertragungslinie geprägt.[29]

Ein anderer burmesischer Mönch, der Gelehrte Ledi Sayadaw, Autor vieler Bücher, beginnt, Zentren für Vipassanā- oder Erkenntnismeditation zu gründen – im damaligen Burma etwas Ungewohntes. Sein Zugang ist methodisch etwas anders als der von Mahasi Sayadaw. Einer der Nachfolger dieser Überlieferungslinie ist der Laie Sayaji U Ba Khin, welcher Lehre und Praxis der Vipassanā-Meditation seinerseits weitergibt und sie in Burma, vor allem unter den Laien, weithin bekannt macht. S. N. Goenka[30], ein Burmese indischer Abstammung, bringt diese Meditationsmethode etwa zeitgleich mit Anagārika Munindra nach Indien, wo sie auch von vielen westlichen Menschen aufgenommen und praktiziert wird. Daraus entstehen auf der einen Seite die große Bewegung um Goenka und seine sogenannten ›Assistent-teachers‹, die seine klassischen Zehn-Tage-Vipassanā-Kurse vielerorts in Europa und den USA lehren, andererseits die Bewegung um die Burmesin Sayama und ihren Mann U Chit Tin und deren ›Assistent-teachers‹, die ebenfalls in Europa Vipassanā-Kurse leiten.

Ostasien

China

Zur Zeit der Entstehung des Buddhismus besteht ein reger kultureller und wirtschaftlicher Austausch zwischen Indien und Zentralasien. Noch heute zeugen viele Schätze von einer Hochblüte der buddhistischen Religion in Turkestan, Kirgisistan und dem ganzen Westen Chinas sowie nördlich von Tibet. Stationen an der Seidenstraße wie Kothan, Kucha, Turfan sind blühende Kulturzentren. Bereits im 2. Jahrhundert ist der Buddhismus in einigen dieser Gebiete fest etabliert. Die Schulen des Sarvāstivāda und des Mahāyāna sind dort am stärksten vertreten.

Von hier aus gelangt der Buddhismus erstmalig ungefähr zum Beginn unserer Zeitrechnung nach China. Etwa im 4. Jahrhundert wird er dort zu einer bedeutenden Religion neben den Lehren des Taoismus und Konfuzianismus. Der Inder Kumārajīva ist hauptverantwortlich dafür, dass viele der buddhistischen Lehrtexte ins Chinesische übersetzt werden. Um das 6. Jahrhundert entstehen eine Anzahl verschiedener Schulen, so zum Beispiel die Hua-yen-Schule, 630 gegründet von Tu-shun und konsolidiert von Fa-tsang, die sich etwa bis zum Ende des 10. Jahrhundert hält.

Die durch Chih-i (538 – 597) etablierte T'ien-t'ai-Schule wird durch Einbeziehung der Lehren verschiedener Traditionen sowie die Förderung sozialer Ordnung zu einer der wichtigsten buddhistischen Schulen in China. Sie vereint sowohl die Sichtweisen der Leerheit des Mādhyamika wie auch die der gegenseitigen Durchdringung aller Dinge des Avataṃsaka[31] und wird unter anderem auch von der Hua-yen-Schule beeinflusst. Ein wichtiger Text von Chih-i ist das *Mahā-Śamatha-Vipaśyanā.* Die T'ien-t'ai-Schule wird im 9. Jahrhundert nach Japan gebracht, wo sie als Tendai große Bedeutung erreicht.

Die Ching-t'u oder ›Schule des Reinen Landes von Buddha Amitābha‹ entsteht ebenfalls im 6. Jahrhundert. Sie lehrt, dass durch das Rezitieren von Buddha Amitābhas Namen mit tiefem Vertrauen und Hingabe die Befreiung in seinem Reinen Land, dem ›Westlichen Paradies‹, möglich ist. Seine textliche Grundlage ist das *Sukhāvatīvyūha* aus dem 1. Jahrhundert.

Um 520 nimmt mit Bodhidharma auch das Ch'an (jap.: Zen) seinen Anfang. Für den heutigen Buddhismus im Westen sind die Ch'an-Schulen Chinas von größter Bedeutung. Ihr Gründer ist der legendäre Bodhidharma, der 520 aus Indien kommt. Es heißt, er habe sich in einer Höhle vor die Wand gesetzt, wo er während neun Jahren in Meditation saß, bis er die von ihm angestrebte Verwirklichung erlangte. Die Ch'an-Bewegung ist eine der großen kreativen Erneuerungsbewegungen des Buddhismus. Im immerwährenden Konflikt zwischen der Tendenz zu einer Institutionalisierung und Intellektualisierung einerseits und zur Meditationspraxis andererseits entscheidet er sich radikal für Letzteres. Aus der buddhistischen Religion wird, einmal mehr, eine spirituelle Praxis.

Sehr bekannt ist der dritte Ch'an-Patriarch Seng-ts'an, dessen Vers *Der Geist des Vertrauens* (hsin hsin ming) ein Klassiker der buddhistischen Literatur geworden ist. Entscheidend geprägt wird das Ch'an durch Hui-neng (638 – 713), den sechsten Patriarchen, der das Element der ›unmittelbaren Erleuchtung‹ einführt. Aber erst durch Po-chang bzw. Pai-chang Hui-hai (8. Jahrhundert.) wird diese Schule wirklich im Volk etabliert. Die Mönche folgen größtenteils den Regeln des Vinaya, müssen aber auch arbeiten. Seit Po-chang wird das Motto ›Ein Tag ohne Arbeit ist ein Tag ohne Essen‹ im Zen als grundlegend betrachtet. Hierbei handelt es sich um einen Paradigmenwechsel, wenn man bedenkt, dass nach den von Buddha selbst erlassenen Ordensregeln Arbeit auf dem Feld und in der Küche untersagt sind.

Zwei Schulen des Ch'an überleben bis ins 21. Jahrhundert: Die Ts'ao-tung (jap.: Soto), begründet von Tung-shan Liang-chieh und Ts'ao-shan Pen-chi, und die Lin-chi-Schule (jap.: Rinzai), begründet von Lin-chi I-hsüan – beide im 9. Jahrhundert. Beim Ts'ao-tung wird vom ›Ch'an der stillen Erleuchtung‹ gesprochen, da es Erleuchtung mittels stiller Meditation lehrt. Im Kontrast dazu steht die Lin-chi-Schule, die radikaler und kompromissloser in Bezug auf die unmittelbare Praxis bleibt. Sie entwickelt das System des Kung-an (jap.: Koan). Die Praktizierenden müssen sich ununterbrochen mit ganzem Herzen und Geist mit dem Kung-an, einer rational nicht beantwortbaren Frage, auseinandersetzen, bis die Erleuchtung eintritt. Im 12. Jahrhundert werden diese beiden Traditionen des Ch'an nach Japan gebracht. Im China der späteren Jahrhunderte vermischt sich das Ch'an mit den Strömungen der Hua-yen und der T'ien-t'ai und sogar denen des Amitābha-Kultes.

Ein Vertreter des chinesischen Ch'an beider Traditionen – Lin-chi und Ts'ao-tung – ist der auch in den USA lehrende Meister Sheng-Yen[32] aus Taiwan. Der chinesische Meister Hsüan Hua ist der Begründer der City of Ten Thousand Buddhas und anderer Klöster in den USA.

Die bedeutendsten Lehrtexte im chinesischen Buddhismus sind die Mahāyāna-Texte der Prajñāpāramitā mit ihrem *Diamant-Sūtra* (vajracchedikā) und das *Laṅkāvatāra-Sūtra*.

Das *Avataṃsaka-Sūtra* ist der wichtigste Text des Hua-yen (in Japan Kegon). Eigentlich heißt dieser Text *Buddha-Girlande* (buddhāvataṃsaka) und enthält die Lehre, welche die gegenseitige und ungehinderte Durchdringung aller Dinge betont. Es ist eine Sammlung von verschiedenen Texten, unter denen auch das Gaṇḍa-Vyūha und das Daśabhūmika sind. Das Avataṃsaka ist auch für die Ch'an-Schulen von Bedeutung.

Das *Lotos-Sūtra* (saddharmapuṇḍarīka)[33] wird von der T'ien-t'ai-Schule als Grundlage verwendet, deshalb wird diese oft als Lotos-Schule bezeichnet.

Das Vimalakīrtinirdeśa-Sūtra, eine tiefgründige Abhandlung über die Leerheit, taucht im 2. Jahrhundert auf und erfreut sich großer Beliebtheit, unter anderem deswegen, weil es (auf eine gegenüber den erleuchteten Mönchen der alten Zeit eher respektlose Weise) demonstriert, dass auch Laien den Weg – und hier vor allem den Bodhisattva-Weg – gehen können. Im Ch'an und im Zen findet dieser Text große Beachtung.

Korea

Der Buddhismus erreicht Korea 372 u. Z., wird im 6. Jahrhundert zur Staatsreligion und gelangt zur vollen Blüte im Zeitraum vom 12. bis 14. Jahrhundert. Damals sind vor allem die Avataṃsaka-Schule und die von Wonhyo gegründete Popsong-Schule vorherrschend.

Ch'an oder Zen, das in Koreanisch Son heißt, wird um 630 von China nach Korea gebracht. Der erste bedeutende koreanische Zen-Meister ist Toui (9. Jahrhundert), der nach 37 Jahren Praxis aus China nach Korea zurückkehrt. Ihm gelingt es allerdings nicht wirklich, das Zen neben den mächtigen Schulen der Schriftgelehrten zu etablieren. Erst der im 12. Jahrhundert lebende große Meister Chinul erreicht, dass die Schulen des Zen und jene der Schriftgelehrten vereinigt werden. T'aego festigt im 14. Jahrhundert die auch heute noch wichtigste Zen-Schule, die Chogye. Dann folgen relativ schwierige Zeiten, in denen der Buddhismus vom Konfuzianismus verdrängt wird. Die Zen-Tradition lebt erst während der letzten 150 Jahre wieder auf. Die Europäer Stephen Batchelor und vor allem Martine Batchelor[34] haben während vieler Jahre unter Ku San, einem bedeutenden Meister des Chogye-Ordens im 20. Jahrhundert, praktiziert. Sie sind die Verfasser vieler Bücher und leiten heute Meditationskurse vorwiegend in Europa. Der in den USA wirkende koreanische Meister Soen Sahn gründet dort die Zen-Schule Kwan Um, die sich den Gegebenheiten des Westens angepasst hat.

Japan

Um 550 gelangt der Buddhismus von Korea nach Japan. Im 8. Jahrhundert entsteht dort aus der chinesischen T'ien-t'ai-Richtung die Tendai-Schule. Die Shingon-Tradition geht aus einer anderen chinesischen Schule, der Chen-yen, hervor.

Während einer zweiten Blütezeit zwischen 1160 und 1260 erscheinen neue Überlieferungstraditionen im japanischen Buddhismus. Die Reine-Land-Schule, Jodo (begründet von Hōnen), und später die Shin (durch Shinran) werden sehr einflussreich. Die Jodo-Schule besteht bis heute.

Noch bedeutender ist aber das Auftreten des Zen. Die chinesische Ts'ao-tung-Richtung des Ch'an wird von Dogen Zenji (1200 – 1253) eingeführt. Sie floriert als die Soto-Schule des Zen. Die Meditationspraxis des Zazen wird als Ausdruck der bereits allem innewohnenden Erleuchtung betrachtet, wobei Shikantaza als die höchste Form betrachtet wird. Dogen Zenji, der wohl bekannteste Zen-Meister Japans, legt seine Lehre im *Schatzkammer-Auge der wahren Lehre* (shobogenzo)[35] nieder, einem Text, der bis heute von zahllosen Zen-Praktizierenden studiert und angewendet wird. 1243 gründet er das Kloster Eihei-ji, bis heute eines der wichtigsten Klöster der Soto-Schule.

Der Japaner Eisai (1141 – 1215) bringt als Erster eine Linie der Lin-chi-Schule des Ch'an nach Japan, wo sie als Rinzai-Schule des Zen bekannt wird. Wie in der chinesischen Vorgängerschule wird auch hier mehr Gewicht auf die Praxis des Koan gelegt. Zen – und besonders Rinzai – verbreitet sich auch unter der

Kriegerkaste der Samurai. Wie in China stimuliert Zen auch hier die Künste – Architektur, Malerei, Kalligraphie und Poesie.

Während der Periode des Niedergangs des Zen sorgt Meister Hakuin (1689 – 1769) für neues Leben in der Rinzai-Schule. Er führt eine systematische Koan-Praxis ein und ist Autor einiger Koans, mit denen heute noch praktiziert wird.

1253 gründet Nichiren eine neue Schule in Japan. Er erklärt die gesamten Lehren des Buddha als von nun an überflüssig und lehrt, dass allein das Rezitieren des Titels des *Lotos-Sūtra*, ›Nam Myoho Renge Kyo‹, was etwa so viel heißt wie ›Ehre dem Text Lotos der vollkommenen Wahrheit‹ die wahre Praxis des Dharma sei. So entsteht die von den Prinzipien der Buddhalehre etwas entfernte Nichiren-Sekte, die durch eine gewisse nationalistische und missionarische Haltung immer wieder in die Kritik gerät. Eine aus der Nichiren-Sekte entstandene Bewegung ist die Soka Gakkai. Durch das Rezitieren von ›Nam Myoho Renge Kyo‹ werden hier nicht nur religiöse Verdienste angestrebt, sondern auch weltliche Wünsche wie Gesundheit, Besitz, beruflicher Erfolg können dadurch erfüllt werden. Soka Gakkai ist eine hierarchisch organisierte, politisch und finanziell mächtige Organisation. Im Westen ist sie, von den ethnischen Gruppen abgesehen, die ›buddhistische‹ Schule mit der weitaus größten Anhängerschaft. Zu ihren Anhängern zählen bekannte Stars aus der Welt des Fußballs und der Musik.

Ab der Mitte des 2. Jahrtausends wird der Buddhismus in Japan vom Konfuzianismus und später vom Shintoismus verdrängt. Erst im vergangenen Jahrhundert nimmt das Interesse der Japaner an dieser Religion wieder etwas zu.

Zen wird im Westen von Lehrern wie Sokei-an Roshi, Soen Nakagawa Roshi und Yasutani Roshi eingeführt. In Bezug auf das Wissen über Zen waren die Bücher von Daisetzu Teitaro Suzuki bedeutend. Die japanischen Roshis Shunryu Suzuki, Taizan Maezumi, Eido Shimano, Sazaki, Kobun Chino und andere haben die Zen-Praxis in den USA bekannt gemacht. In Europa wurde sie vor allem vom Japaner Taisen Deshimaru verbreitet. Es gibt bereits eine große Zahl autorisierter westlicher Lehrer und Lehrerinnen.

Tibet und die Mongolei

Tibet

Die Anfänge des Buddhismus in Tibet sind, wie so vieles in dieser Kultur, durch Legenden überliefert. Bereits im 5. Jahrhundert soll ein tibetischer König (*Thothori Nyentsen*) geträumt haben, buddhistische Texte seien aus dem Himmel auf seinen Palast gefallen. Im 7. Jahrhundert zieht der legendäre König Songtsen-Gampo mit seinem Heer bis vor den Hof des chinesischen Kaisers T'ai tsung. Seine Krieger sehen wild aus; wegen ihrer mit roter Erde eingeschmierten Gesichter werden sie ›rote Teufel‹ genannt. Der Kaiser bringt den Eroberern Geschenke, um sie zu besänftigen, und zur Verbesserung der Beziehungen zwischen Tibet und China wird eine Ehe der Tochter des Kaisers, Prinzessin Wen Ch'eng, mit dem tibetischen König Songtsen Gampo arrangiert. Die weise Prinzessin wird eine der Königinnen am tibetischen Hof, und dank ihrer Position gelingt es ihr, buddhistisches Gedankengut in ihrem Umfeld zu verbreiten. Sie wird seither als eine Inkarnation der erleuchteten (weißen) Tārā verehrt.

Der eroberungslustige Songtsen Gampo ehelicht auch eine Prinzessin aus Nepal, Bhrikuti. Sie ist ebenfalls Buddhistin und hat durch ihre Stellung am Königshof großen Einfluss auf die anfängliche Entwicklung des Buddhismus in Tibet. Sie wird bis heute als eine Verkörperung der grünen Tārā verehrt.

Nyingmapa: Dank des tantrischen Meisters Padmasambhava (755 – 797), den die Tibeter verehrungsvoll Guru Rinpoche (kostbarer Meister) nennen, und des Abts Śāntarakṣita aus Indien kann der Buddhismus im 8. Jahrhundert erstmals in Tibet Wurzeln fassen. Die Schule, die in ihrer Nachfolge entsteht, wird die ›alte‹ Schule, tibetisch Nyingma, genannt.

Padmasambhava bringt vor allem tantrische Lehren nach Tibet. Die bekannteste Meditationstradition der Nyingma-Schule ist das Dzogpa chenpo oder Dzogchen, die ›Große Vollkommenheit‹. Viele Texte dieser Tradition werden als sogenannte Terma (verborgener Schatz) für spätere Generationen versteckt.

Guru Rinpoche ist auch der Begründer des ersten Klosters, Samye, dessen Gründung (775) bisweilen als der offizielle Beginn des Buddhismus in Tibet betrachtet wird. Der indische Abt Śāntarakṣita ordiniert dort zum ersten Mal tibetische Mönche. Er und sein Nachfolger Kamalaśīla sind auch hauptverantwortlich für die Verbreitung der Mādhyamika-Sichtweise in Tibet.

Padmasambhava war auf Einladung des Königs Trisong Detsen nach Tibet gekommen, und dieser wird sein erster tibetischer Schüler. Seine wichtigste Schülerin ist die Prinzessin und tantrische Yoginī Yeshe Tsogyal (757 – 817).[36] Sie ist, neben den indischen Yoginīs Niguma und Mandāravā sowie der tibetischen Yoginī Machig Labdrön[37] eine der wenigen Frauen, die im tibetischen Buddhismus einen gewissen Bekanntheitsgrad erreichen.

Der Buddhismus erfährt eine kurze, aber bedeutungsvolle Blütezeit bis zur blutigen Unterdrückung durch König Langdarma nur 100 Jahre später – die Buddhisten flüchten in die Grenzregionen Tibets. Erst im 11. Jahrhundert, während der sogenannten zweiten Verbreitung der Lehre, kam es zu einem Wiederaufleben des Buddhismus in Tibet.

Der Meister, der die Dzogchen-Lehren des Padmasambhava und des Vimalamitra zusammenfasst, ist Longchenpa (1308 – 1364). Aus den 270 Texten, die er verfasst, sind die *Sieben Schätze* die bedeutendsten.[38] Im 18. Jahrhundert tritt Jigme Lingpa als Erneuerer dieser Überlieferungslinie auf. Die Dzogchen-Meister Dudjom Rinpoche, Dilgo Khyentse Rinpoche, Dodrup Chen Rinpoche und das Oberhaupt der Nyingma-Schule, Penor Rinpoche, verbreiten diese Lehren im Westen.

Im 19. Jh. gründet der Sakya-Meister Jamyang Khyentse Wangpo die Bewegung der Rimé (›unparteiisch‹), die um ein Zusammenbringen der Lehren der verschiedenen Schulen in nichtsektiererischer Weise bestrebt ist. Sie wird von einigen Nyingma- und Kagyü-Meistern weitergetragen, und ihr Einfluss ist zum Teil noch heute spürbar.

Atīśa kommt nach Tibet: Nachdem der Buddhismus etwa 150 Jahre auf die Randgebiete Tibets beschränkt war, setzt im 10. Jahrhundert wieder ein reger Austausch mit Indien ein, und innerhalb der etwa 200 verbleibenden Jahre bis zum Untergang des Buddhismus in Indien entwickelt sich das, was wir heute als tibetischen Buddhismus kennen. Unzählige tibetische Übersetzer unternehmen die gefährliche und strapaziöse Reise nach Indien, um Dharma-Belehrungen zu erhalten und buddhistische Schriften zu sammeln. Zu ihnen gehören Rinchen

Sangpo und Marpa Lotsawa, der Lehrer von Milarepa, Tibets berühmtem Yogi. Umgekehrt reisen große indische Meister nach Tibet, um dort den Dharma zu lehren. Oft bleiben sie viele Jahre.

Einer von ihnen ist der vielleicht letzte bedeutende buddhistische Meister Indiens, Dipaṃkara Śrī-Jñāna, bekannt als Atīśa (982 – 1054), ein Zeitgenosse Nāropas. Ein Mönch von großer Gelehrtheit und tiefer Verwirklichung, der aber nach langen Jahren der Praxis erkennt, dass ihm wichtige Lehren noch fehlen. So reist er nach Sumatra, wo er über Jahre hinweg unter dem Meister Serlingpa die Lehren von Lo-jong (Geist-Transformation) und Bodhicitta studiert und praktiziert. Später, als Abt der großen Klosteruniversität Vikramaśīla, wird er nach Tibet eingeladen. Dort verbringt er die letzten 13 Jahre seines Lebens, verbreitet die Lehren der drei Yānas, belebt den Buddhismus neu, begründet die tibetische Kadampa-Schule und ist damit auch Mitbegründer der ›neuen Übersetzungsschulen‹ (sar-ma).

Von entscheidender Prägung für die tibetische Kultur und für die vier Haupt-Traditionen des tibetischen Buddhismus (Nyingma, Sakya, Kagyü, Gelug) sind seine Belehrungen über Lo-jong, die Lehren des Geistestrainings mit starker Ausrichtung auf Großes Mitgefühl und Bodhicitta. Sein Werk *Lampe auf dem Pfad der Erleuchtung* (bodhipathapradīpa) wird zu einer Art Vorlage für die sogenannten Lam-rim-Texte, die Belehrungen über den ›Stufenpfad‹. Lam-rim wird in Tibet zu einer weit verbreiteten Darstellungsweise des Praxisweges.

Die aus der Zeit von Atīśa stammenden Texte und Übersetzungen sind in einem anderen Stil gehalten als jene der Nyingma 200 Jahre zuvor. Man bezeichnet die Übersetzungen, die während der zweiten Verbreitungsphase des Buddhismus vor allem durch Rinchen Sangpo entstehen, als die ›neuen Übersetzungsschulen‹, Sar-ma (die ›Neuen‹). Es bestehen einige grundsätzliche Unterschiede zwischen den Nyingma und den neueren Richtungen, wobei sie nun auch schon tausend Jahre nebeneinander existieren und sich im Laufe der Zeit teilweise miteinander vermischt haben. Zu den Sar-ma gehören die Sakya-, die Kagyü- und die Gelug-Schule.

Kagyüpa: Dem tibetischen Übersetzer Marpa (1012 – 1097) und dessen Schülern Milarepa und Gampopa folgend entwickeln sich die Kagyü-Schulen. Milarepas *Hunderttausend Gesänge*[39] sind wohl die bekanntesten Dichtungen. Gampopas *Der kostbare Schmuck der Befreiung*[40] wird zum Inbegriff des Lam-rim der Kagyü. Im Laufe der Zeit entwickeln sich etwa acht verschiedene Kagyü-Schulen, darunter die Shangpa, Dagpo, Karma, Drigung, Drugpa, Barom, Tselpa, Phagdru. Im Westen bekannt sind vor allem die Karma-Kagyü. 1958 entscheidet ihr Oberhaupt, der 16. Karmapa Rangjung Dorje während der chinesischen Invasion relativ frühzeitig zu fliehen, noch bevor die Situation im März 1959 anlässlich der großen Erhebung der Tibeter gegen die chinesischen Besatzer eskaliert und es als Folge zu einem wahren Exodus tibetischer Flüchtlinge kommt. Der 16. Karmapa kann seine Tradition in Indien und später im Westen erfolgreich aufbauen. Die Karmapas stehen in einer ungebrochenen Inkarnationslinie seit dem 1. Karmapa Düsum Khyenpa (1110 – 1193). Heute ist auch die Linie der Drigung-Kagyü im Westen recht bekannt. Die Kagyü sind unter anderem die Linienhalter der Mahāmudrā-Meditationstradition, vieler großer Tantras und der Sechs Yogas von Nāropa.

Chö: Die Überlieferungslinien von Shi-je (Befriedung) und Chö (Durchtrennen) kommen ebenfalls Ende des 11. Jh. durch den indischen Meister Padampa Sangye[41] nach Tibet. Seine Schülerin, die Yoginī Machig Labdrön, ist neben Yeshe Tsogyel wohl die wichtigste Frau im tibetischen Buddhismus.[42] Sie verbringt viele Jahre in yogischer Praxis auf Leichenfeldern und an anderen furchterregenden Orten. Bald findet man die Praxis des Chö in allen Traditionen Tibets. Während oft auf Leichenfeldern stattfindender Meditationen bieten die Yogis und Yoginīs ihren Körper den Dämonen und Geistern als Nahrung dar. Dies ist eine wirkungsvolle Praxis, um die Identifikation und das Anhaften am Selbst zu ›durchtrennen‹ (*chö*).[43]

Sakyapa: Eine andere Schule der Sar-ma ist die der Sakyapa, so benannt nach dem Kloster Sakya in Südtibet. Die Überlieferungslinie der Sakya-Äbte verläuft innerhalb einer einzigen Familie (Khön). Der gelehrteste und dank der Unterstützung des mongolischen Khans einflussreichste unter ihnen ist Sakya Pandita (1182 – 1252). In der Folge gewinnen die Sakya im 13./14. Jahrhundert große politische Macht in Tibet.

Die Sakyapa bringen viele große Gelehrte und Praktizierende hervor. Einer ihrer zentralen Lehrtexte ist *Der Pfad, der das Ziel enthält* (*lam-dre*), ursprünglich vom indischen Mahāsiddha Virupa stammend, sowie auch *Loslösung von den vier Anhaftungen* (*shen-pa shi-drel*). Sie gehen beide auf den ersten Sakya-Meister Sachen Künga Nyingpo (1092 – 1158) zurück. Das heutige Oberhaupt, S. H. Sakya Trizin, lehrt des Öfteren im Westen.

Gelugpa: Die direkteste Folgeschule von Atīśa ist die der Kadampa. Die Meister dieser Tradition, Drom-Tönpa (Atīśas direkter Schüler) und die Kadampa-Geshes Potowa, Chekawa und Langri-Thangpa sind bekannt für ihre radikale Praxis der Lo-jong-Lehren über Bodhicitta; die beiden Letztgenannten besonders für die Belehrungen der *Acht Verse des Geistestrainings* und der *Sieben Punkte der Geist-Transformation.*[44]

Aus der Kadampa-Schule entsteht durch den bedeutenden Meister und Reformator Je Tsongkhapa (1357 – 1419) die Gelugpa-Schule. Tsongkhapa ist der Verfasser wichtiger Texte wie *Die große Belehrung des Stufenpfades* (*lam-rim chen-mo*)[45], *Die große Belehrung über die Stufen des tantrischen Pfades* (*ngag-rim chen-mo*) und von Texten über die Mādhyamika-Sichtweise. Es gelingt ihm, die tantrischen Praktiken mit den ethischen Verhaltensregeln des Mönchsordens in Einklang zu bringen, die zu seiner Zeit durch die Einflüsse tantrischer Praktiken teilweise degeneriert sind. Tibet verdankt Tsongkhapa auch die Gründung der größten Klöster: Drepung, Sera und Ganden. Die Gelugpa sind auf strikte Schulung in Dialektik durch formale Debatten spezialisiert, im Sinne einer Analyse der Wirklichkeit, die vor allem zur Entwicklung der tiefgründigen Sichtweise des Mādhyamika angewendet wird. Sie stehen, wie die anderen Schulen der Sar-ma, in den Praxistraditionen des Mahāmudrā und einer großen Zahl von ›neuen‹ Tantras des Vajrayāna. Vom 17. Jahrhundert bis zur Besetzung durch China hat die Gelugpa-Schule durch die ihr angehörenden Dalai Lamas die politische Vormacht im Land. Der mächtigste Dalai Lama, der ›Große Fünfte‹ (1617 – 1682), lässt den Potala erbauen, den die Hauptstadt Lhasa überragenden Palast der Dalai Lamas. Der Einmarsch der Chinesen 1950 und vor allem die Kulturrevolution sorgen für die weitgehende Zerstörung und Vernichtung von buddhistischer Tradition und Religion, von Kloster- und Tempelbauten und von Kulturschätzen.

Heute lebt der tibetische Buddhismus in Indien, Nepal und im Westen weiter, teilweise aber auch noch in Tibet einschließlich den von China vollständig einverleibten Gegenden mit mehrheitlich tibetischer Bevölkerung. Der in Dharamsala, Indien, lebende Mönch Tenzin Gyatso, der 14. Dalai Lama, ist der wohl bekannteste Vertreter dieser buddhistischen Tradition. Die tragische Tatsache, dass viele Tibeter seit 1959 aus ihrem Land geflüchtet sind, wirkt sich für uns im Westen als Segen aus. Diesem Umstand ist es zu verdanken, dass der tibetische Buddhismus bei uns in solchem Ausmaß zugänglich geworden ist.

Mongolei

Von Tibet aus gelangt der Buddhismus im 13. Jahrhundert durch die Sakyapa und 1577 wieder durch die Gelugpa und den 3. Dalai Lama in die Mongolei. Dort gibt es zeitweise Tausende von Klöstern, in denen mitunter eine Mehrheit der gesamten männlichen Bevölkerung ordiniert ist. Durch die Unterstützung der mächtigen mongolischen Khans kommen in Tibet die Gelugpa an die Macht. Der Titel Dalai Lama (›Lehrer von ozeangleicher Weisheit‹) ist mongolisch und wird dem 3. Dalai Lama durch Altan Khan verliehen.

Von der Mongolei breitet sich der Buddhismus weiter zu den Völkern von Burjatien und Kalmückien in der heutigen Russischen Föderation aus. 1924 muss der Buddhismus in der Äußeren Mongolei dem Kommunismus weichen, 1949 in China und 1959 in Tibet. Mancherorts findet heute ein langsames Wiederaufleben statt.

Buddhismus im Westen

Dem indischen Meister Padmasambhava, der den Buddhismus nach Tibet bringt, wird die folgende Prophezeiung zugeschrieben: »Wenn der eiserne Vogel fliegt, wird der Dharma nach Westen ziehen.« Inzwischen sind viele dieser buddhistischen Traditionen im Westen vertreten. Unter den Praktizierenden westlicher Abstammung sind es heute vor allem drei Haupttraditionen: Zen, der tibetische Buddhismus und Theravāda. Wenn im Folgenden Namen zeitgenössischer Lehrender genannt werden, besteht das Risiko der Einseitigkeit und der Bevorzugung des persönlichen Umfeldes. Manche Namen sind dem Autor unbekannt, andere werden vergessen oder finden keinen Platz. Für Unterlassungen und Versäumnisse wird um Nachsicht gebeten.

Zen

Das Zen der japanischen Traditionen erreicht nach dem zweiten Weltkrieg die USA. Eine zentrale Rolle nehmen dabei der Japaner D. T. Suzuki und auch die Autoren der amerikanischen Beat-Generation ein: Jack Kerouac, Gary Snyder und Allen Ginsberg. Zusätzlich zu japanischen Meistern gibt es inzwischen auch westliche Lehrende und Roshis: Philip Kapleau (1912 – 2004), Robert Aitken, Jiyu Kennett (1924 – 1996), Richard Baker, Reb Anderson, Yvonne Rand, Joko Beck, Bernie Glassman, Gempo Merzel, Bodhin Kjolhede, Daido Loori, Joan Halifax und viele andere.

In Europa etabliert sich das Zen erst später. Sehr einflussreich ist der japanische Meister Taisen Deshimaru (1914–1982). Auch hier gibt es inzwischen viele westliche Lehrende aus den verschiedensten Überlieferungslinien. Im deutschsprachigen Raum sind dies Prabhasa Dharma (1931 – 1999), Genro Seiun Koudela, Missen Michel Bovay, Dorin Gempo Döring, Doko Waskönig, Vanja Palmers, Agetsu Wydler und viele andere. Der japanische Meister Fumon Nakagawa Roshi wirkt vor allem in Deutschland.

Das Zen der koreanischen Tradition wird von Meistern wie Hye Am, Soen Sahn und ihren westlichen Nachfolgerinnen und Nachfolgern in den USA, der Meditationsmeisterin Poep Sunim sowie den Buchautoren und Lehrenden Martine und Stephen Batchelor in den Westen gebracht, wobei Letzterer zuerst viele Jahre als Mönch in der tibetischen Tradition praktiziert hat.

Weltbekannt ist der vietnamesische Mönch Thich Nhat Hanh, der in Frankreich lebt. Er leitet in Frankreich ein großes Zentrum für Mönche, Nonnen und Laienpraktizierende, in dem zu gewissen Zeiten auch Familien mit Kindern willkommen sind. Thich Nhat Hanh ist auch als Friedensaktivist bekannt. Zu den von ihm autorisierten europäischen Dharma-Lehrenden zählen unter anderem Karl Schmied (gest. 2005), Marcel Geisser, Annabelle Zinser, Judith Bossert.

Der tibetische Buddhismus

Der tibetische Buddhismus findet seinen Weg in unsere Kultur vor allem durch die tibetischen Flüchtlinge seit der Besetzung Tibets durch China im Jahre 1950 bzw. seit der Niederschlagung der großen tibetischen Erhebung gegen die chinesischen Besatzer im März 1959. Wegbereitend waren aber bereits frühere Berichte und Übersetzungen, insbesondere die des Engländers Walter Y. Evans-Wentz, der Französin Alexandra David-Neel und des Deutschen Lama Govinda.

Der 16. Karmapa (1924 – 1981), Kalu Rinpoche (1905 – 1989) und Lama Gendün Rinpoche (gest. 1997) verbreiten die Lehre der Kagyü vor allem von Frankreich aus. Heute lehren die Lamas Sönam Lhündrup, Dorje Drölma und viele andere in dieser Tradition. Auch Yesche U. Regel stammt aus der Karma Kagyü-Linie. Recht weit verbreitet ist die Kagyü-Linie des Dänen Ole Nydahl.

In Frankreich wirken zeitweilig auch die großen Meister der Dzogchen-Tradition Dudjom Rinpoche (1904 – 1987) und Dilgo Khyentse Rinpoche (1910 – 1991).

Sogyal Rinpoches Organisation Rigpa findet man vor allem in England, Frankreich und Deutschland. In Frankreich gibt es ein Rigpa-Retreatzentrum. Weit verbreitet in Europa ist auch die vom verstorbenen Kagyü-Lama Chögyam Trungpa Rinpoche (1940 – 1987) gegründete Shambala-Bewegung. Seine heute wohl bekannteste Schülerin ist die amerikanische Nonne und Autorin Pema Chödrön. Der tibetische Dzogchen-Lehrer Namkai Norbu lebt und lehrt in Italien.

Der Gelugpa-Lama Geshe Rabten (1921 – 1986) wirkt von 1974 bis 1986 von der Schweiz aus. Die von ihm gegründeten Zentren werden heute von seinem Nachfolger Gonsar Rinpoche oder anderen Lamas geleitet. Seit den sechziger Jahren besucht der Dalai Lama Europa und besonders die tibetischen Gemeinden in der Schweiz. Geshe Thubten Ngawang (1932 – 2003), Dagyab Kyabgön Rinpoche und andere Lamas wirkten und wirken in Deutschland. Auch die FPMT (Foundation for the Preservation of the Mahāyāna-Tradition) des verstorbenen Lama Thubten Yeshe (1935 – 1984) und seines Nachfolgers Thubten Zopa Rinpoche führt viele Zentren im Westen, an denen sowohl tibetische Lamas als auch westliche Lehrende wie Ani Rita Riniker und andere unterrichten. Die Deutsche Sylvia Wetzel, eine Schülerin von Lama Thubten Yeshe, lehrt in Europa und thematisiert vor allem frauenspezifische Spiritualität.

Mittlerweile wirken viele Lamas in zahlreichen Zentren und Häusern aller tibetischen Richtungen fast überall in Europa.

Die Theravāda-Tradition

Die Theravāda-Tradition wird schon früh durch den Deutschen Nyānatiloka Mahāthera (1878 – 1957) und seinen ebenfalls deutschen Nachfolger Nyānaponika Mahāthera (1901 – 1994) in Deutschland bekannt. Beide leben als Mönche in Sri Lanka und sind die Übersetzer und Autoren ausgezeichneter Texte über den Theravāda-Buddhismus Süd- und Südostasiens. Die bekannte deutsche Nonne Ayya Khema (1923 – 1997) gründet Zentren in Australien, Sri Lanka und in Deutschland. Sie autorisiert als Lehrende unter vielen anderen den Mönch Bhikkhu Nyānabodhi, ihren Nachfolger, sowie Sylvia Kolk, die vor allem Retreats für Frauen anbietet.

Der amerikanische Mönch Ajahn Sumedho ist als Schüler des bekannten Meisters der Thai-Waldkloster-Tradition, Ajahn Chah, in Thailand ausgebildet worden. Er hat eine Anzahl von Klöstern für westliche Männer und Frauen in England gegründet. In der Waldkloster-Tradition gibt es seitdem mehr als ein halbes Dutzend Klöster im Westen – im deutschsprachigen Raum das Kloster Dhammapala in der Schweiz mit Ajahn Khemasiri als Abt. Der ehemalige Bhikkhu Akincano Weber lehrt ebenfalls im deutschsprachigen Raum.

Die Engländer Christopher Titmuss und Christina Feldman gründen 1984 im südwestenglischen Devon das Gaia House, Zentrum für buddhistische Meditation, vor allem für Vipassanā- oder Erkenntnis-Meditation.

In der Tradition von U Ba Khin, einer burmesischen Vipassanā-Schule gibt es heute vor allem die sogenannten Goenka-Kurse, benannt nach dem Inder S.N. Goenka aus Burma (Myanmar), der seit 1970 zuerst in Indien und dann weltweit solche Kurse leitet. Sein Hauptzentrum in Europa befindet sich in Frankreich.

Einige der ersten Vipassanā-Kurse, die im Westen in einem größeren Rahmen stattfinden, werden 1974 von Marcel Geisser und vom Autor dieses Buches, Fred von Allmen, in der Schweiz organisiert.

Eine Pionierin der Vipassana-Meditation ist die Deutsche Ruth Denison, Mitbegründerin des Waldhaus am Laacher See, das von Paul Köppler geleitet wird. Sie lebt und lehrt seit vielen Jahren in Dhamma Dena, ihrem eigenen Meditationszentrum in der kalifornischen Wüste.

1978 wird die Dhamma-Gruppe Schweiz gegründet. Sie veranstaltet in den folgenden 22 Jahren weit über hundert Meditationskurse oder Retreats. Heute ist ihre Nachfolgeorganisation bekannt als Meditationszentrum Beatenberg in den Schweizer Alpen. Einige ihrer Retreatleiter sind von den oben genannten Theravāda-Traditionen beeinflusst (s. die Abschnitte über Burma und Thailand). Aus den amerikanischen Zentren Insight Meditation Society (IMS) und Spirit Rock werden Lehrende wie Joseph Goldstein, Jack Kornfield und Carol Wilson eingeladen. Aus Europa sind es Rewata Dhamma Sayadaw (gest. 2004) sowie Ursula Flückiger, Marie Mannschatz, Catherine Felder, Renate Seifarth und viele andere. Zusätzlich auch mit der tibetischen Tradition verbunden sind Charles und Patricia Genoud sowie Fred von Allmen. Die Schweizer Nonne Ariya Ñani ist eine Schülerin des Sayadaw U Janaka.

In Rom ist der Meditationslehrer und Leiter von A. Me. Co. (Associazzione di Meditazione di Consapevolezza), Professor Corrado Pensa, verantwortlich für ein umfangreiches Programm von Vipassanā-Kursen.

Dank der Tatsache, dass Vipassanā frei von asiatischer Kulturprägung gelehrt und praktiziert werden kann, erfreut sich dieser Zugang heute im Westen steigenden Interesses. Eine große Zahl buddhistischer Zentren bietet Vipassanā-Kurse an.

Sowohl vom Theravāda als auch von der tibetischen Tradition beeinflusst ist die Bewegung des FWBO (Friends of the Western Buddhist Order) um den Engländer Sangharakshita. Es gibt zahlreiche FWBO- und Retreat-Zentren in Großbritannien, anderswo in Europa und auch in Übersee.

In Österreich ist der Buddhismus bereits staatlich anerkannt, dank einer guten Zusammenarbeit der verschiedenen buddhistischen Richtungen.[46] Im Theravāda lehren Seelavansa Mahāthera, Ursula Lyon, Hannes Huber, Christoph Köck und viele andere.

Eine ausführlichere Darlegung der geschichtlichen Entwicklung des Buddhismus und wie er in den Westen, vor allem nach Europa, kam, findet sich in Stephen Batchelors *Awakening of the West.*[47] Die Entwicklung in den USA beschreibt Rick Fields in seinem Buch *How the Swans Came to the Lake.*[48]

Drei Arten von Buddhismus im Westen

In einem 1997 erschienen Artikel von Jan Nattier[49] werden die buddhistischen Strömungen im Westen auf originelle und relevante Weise analysiert. Die Autorin spricht von den ›drei E‹: elitär, evangelisierend und ethnisch. Die meisten der oben genannten Strömungen fallen unter das erste E, ›elitär‹. Sie werden fast ausschließlich von Menschen der gehobenen, gebildeten Mittelschicht praktiziert; Menschen die sich im Leben mit Sinnfragen, mit Religion, Philosophie, Psychologie auseinandersetzen. Diese Gruppe sieht Buddhismus als spirituellen Weg der Selbsterforschung, Meditation und Praxis als die zentralen Aspekte – etwas, das von den anderen zwei Gruppen nicht unbedingt gesagt werden kann.

Dem zweiten E, ›evangelisierend‹, entspricht zum Beispiel die Soka Gakkai. Sie kann mit dem E der amerikanischen Evangelisten verglichen werden, die mit durchaus weltlichen Versprechungen und Anlässen große Mengen interessierter Menschen ansprechen.

Das dritte E, ›ethnisch‹, bezieht sich auf die Asiaten, die sich als Flüchtlinge oder Emigranten im Westen niedergelassen haben. In Europa sind dies vor allem Menschen aus Tibet, Südostasien und Indochina. Sie sind die ›ethnischen‹ Buddhisten, die hier wahrscheinlich immer noch den größten Anteil Buddhismus-Zugehöriger ausmachen. Sie gründen ihre eigenen Tempel und Organisationen und vermischen sich eher selten mit westlichen, einheimischen Buddhisten.

Die Autorin des genannten Artikels bezeichnet diese drei Strömungen auch als ›Import-, Export- und Gepäck-Buddhismus‹. Die ›elitäre‹ Gruppe praktiziert Lehren, die von ihren Anhängern in Asien entdeckt und auf verschiedenste Arten in den Westen ›importiert‹ wurden. Die ›evangelisierende‹ Bewegung ist in ihrer hierarchischen Struktur in Asien (Japan) verankert und wird von dort ganz bewusst in den Westen ›exportiert‹. Die ›ethnischen‹ Buddhisten wiederum brachten ihre Religion bei ihrer Anreise im ›Gepäck‹ mit.

Insgesamt gibt es in Europa heute vielleicht zehn-, zwanzigtausend Buddhisten oder dem Buddhismus ernsthaft zugeneigte Personen. Die Deutsche Buddhistische Union spricht bereits von hunderttausend, wobei hier die Europäer asiatisch-buddhistischer Abstammung mit eingeschlossen sind. In Amerika dürften es mehr sein.

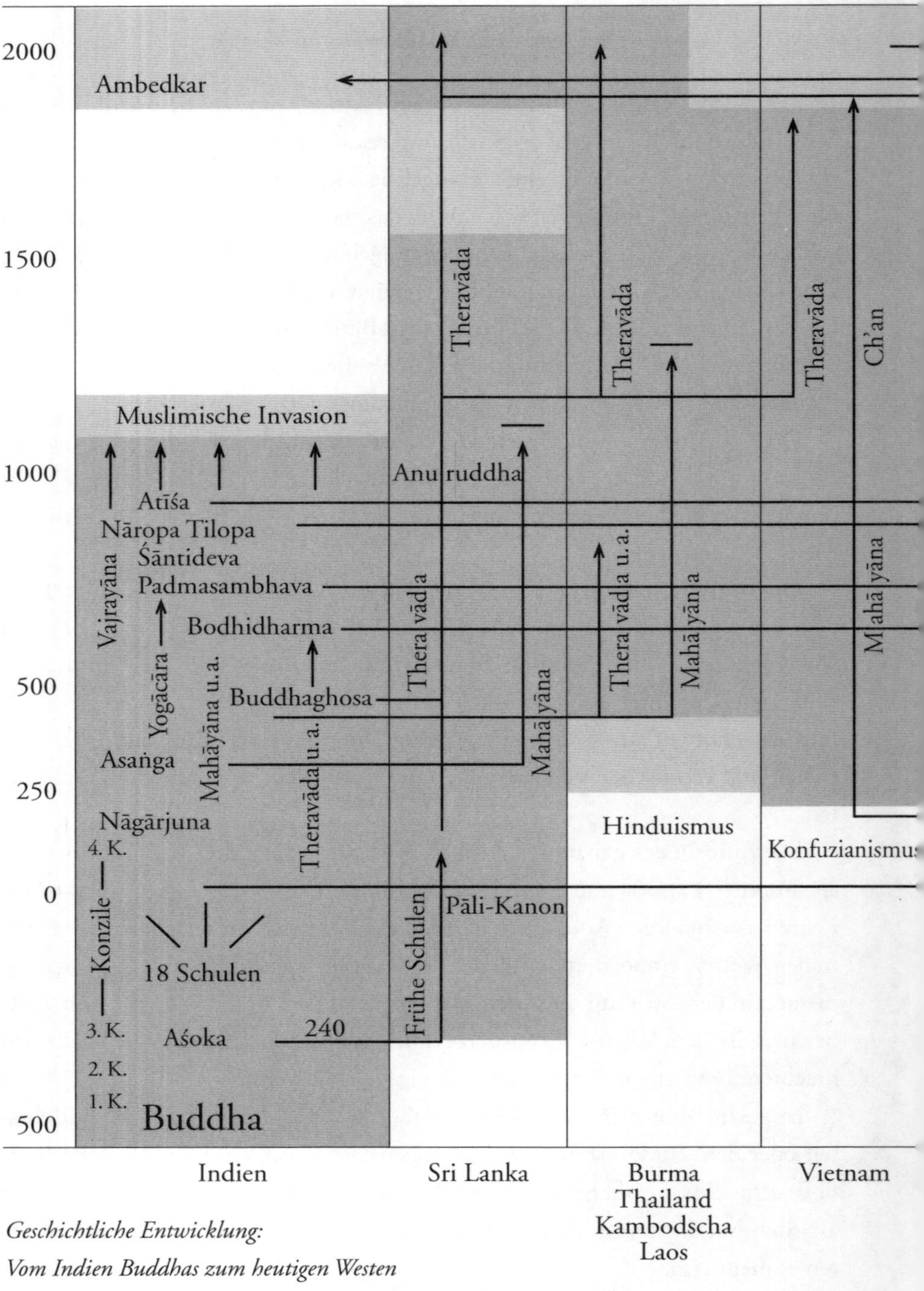

Geschichtliche Entwicklung:

Vom Indien Buddhas zum heutigen Westen

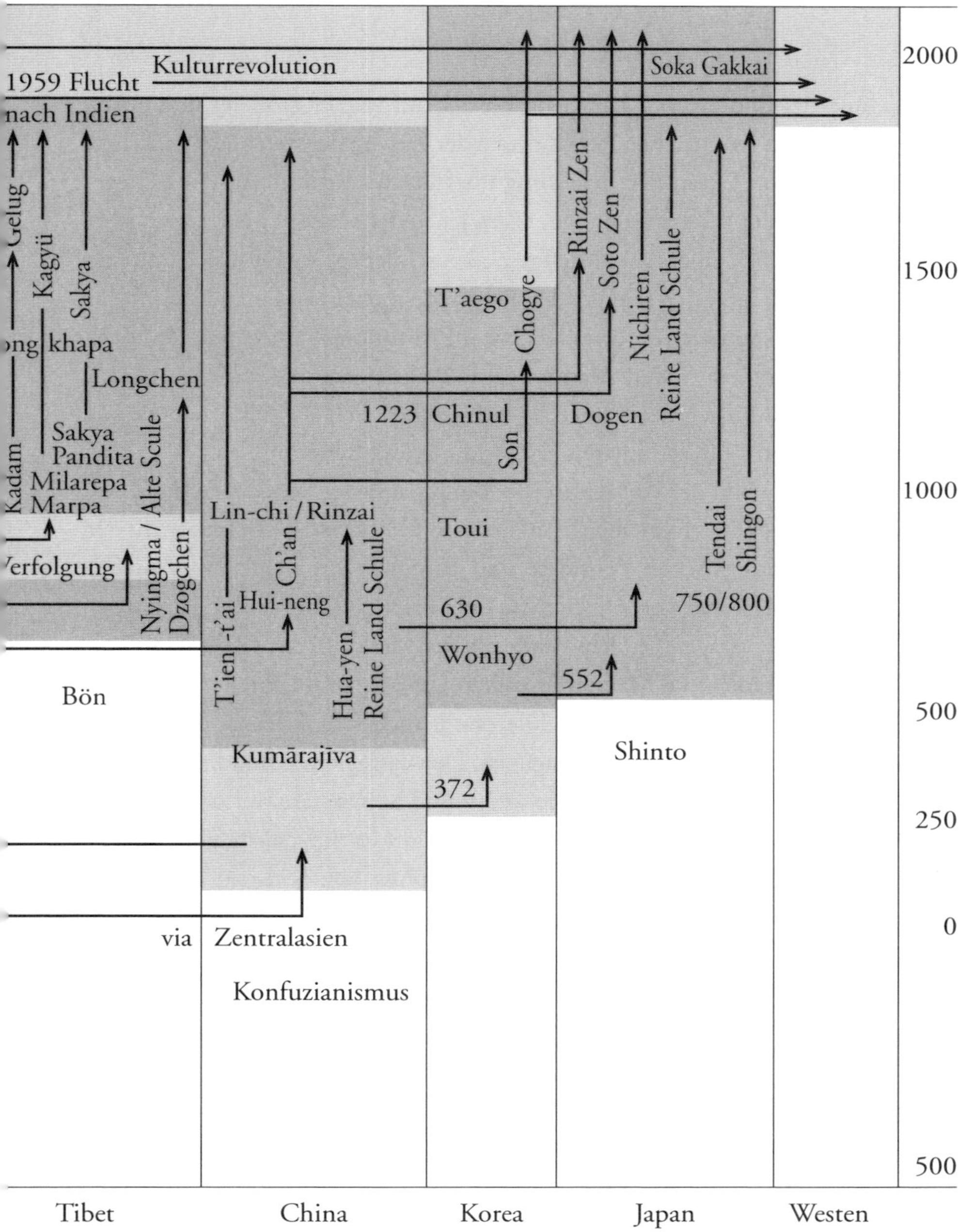
Kulturrevolution
1959 Flucht
nach Indien
Gelug
Kagyü
Sakya
ong khapa
Longchen
Sakya
Pandita
Milarepa
Marpa
Kadam
Verfolgung
Nyingma / Alte Scule
Dzogchen
Bön
T'ien-t'ai
Lin-chi / Rinzai
Ch'an
Hui-neng
Hua-yen
Reine Land Schule
Kumārajīva
via Zentralasien
Konfuzianismus
1223
Chinul
Son
Chogye
T'aego
Toui
630
Wonhyo
372
552
Soka Gakkai
Rinzai Zen
Soto Zen
Nichiren
Reine Land Schule
Dogen
Tendai
Shingon
750/800
Shinto
2000
1500
1000
500
250
0
500
Tibet
China
Korea
Japan
Westen

Ausblick und Vision

Die Lehren des Buddhismus stoßen in Europa auf immer größeres und ernsthafteres Interesse. Es entstehen viele Zentren der verschiedensten buddhistischen Traditionen – von Orten der Belehrung über Studieninstitute bis zu Retreat-Zentren. Vielen der Interessierten, vor allem jenen der ersten ›E‹-Kategorie, geht es nicht darum, sich einer neuen Religion anzuschließen, sondern sich auf eine tiefgründige Weise mit den drängenden Fragen des Lebens auseinanderzusetzen. Diese Funktion kann oft von den etablierten Institutionen einer Religion nicht mehr wahrgenommen werden. Manche der so Praktizierenden würden sich auch gar nicht als Buddhisten bezeichnen, sondern sehen sich als Praktizierende auf einem spirituellen Pfad der inneren Entwicklung und Befreiung.

Ein anderer Aspekt der Verbreitung des Buddhismus im Westen, der noch vor dreißig Jahren unmöglich erschien, wird heute Wirklichkeit: Mehr und mehr der zahllreichen buddhistischen Lehrtexte und Kommentare werden mit zunehmender Kompetenz und Genauigkeit von qualifizierten Übersetzenden in westliche Sprachen übertragen. Zudem werden in der Mehrzahl der Traditionen nun auch westliche Frauen und Männer in vollem Umfang zum Lehren autorisiert.

Besonders bemerkenswert ist das Interesse mancher Buddhisten im Westen, sich aus Mitgefühl in der Welt zu engagieren. Den ›engagierten Buddhismus‹ gibt es ansatzweise auch in Asien,[50] aber die soziale und humanitäre Kultur des christlichen Abendlandes hat hier einen wichtigen Einfluss auf die Praxis mancher buddhistischen Traditionen in Europa, einen Einfluss, von dem man nur hoffen kann, dass er sich in Zukunft noch stärker entwickeln und verbreiten wird.

Wir erleben erst den Anfang einer möglichen neuen Entwicklung. Ob die buddhistischen Praxis-Traditionen sich im Westen verankern und halten können, muss sich erst zeigen. Sollte das der Fall sein, ist zu hoffen, dass daraus nicht eine weitere Religion mit neuen Dogmen wird, die mit den bestehenden religiösen Einrichtungen in Konkurrenz tritt, sondern dass sich daraus ein echter Beitrag zu einem friedvollen, sinnvollen und zutiefst menschlichen Zusammenleben auf diesem so wertvollen und zerbrechlichen Planeten entwickelt.

Es ist eine Zeit der Anfänge: Anfangszeit – beste Zeit. Vieles kann verwirklicht werden. Der Raum für große Visionen ist noch offen. Mögen wir ihn zum Wohle aller bestens nutzen.

2

Das Fundament der buddhistischen Lehre – die vier edlen Wahrheiten

Früher wie heute lehre ich nur das eine:
Leiden und das Ende des Leidens –
die unerschütterliche Befreiung des Herzens.
(Buddha)[51]

Die äußeren Formen und Ausdrucksweisen der buddhistischen Lehre waren durch die Jahrtausende in den verschiedenen Kulturen einem sehr starken Wandel ausgesetzt. Doch in ihrem Kern blieb sie dank Generationen von Menschen, welche die Lehre praktizierten und ihre Ziele verwirklichten, zeitlos und lebendig.

In der ersten Lehrrede nach seiner Erleuchtung zeigte der Buddha die Grundzüge seiner Lehre auf. Diese Grundzüge stellte er als vier edle Wahrheiten dar. Sie bilden das Fundament der buddhistischen Lehre mit all ihren wesentlichen Aspekten.[52] Fragt man die Vertreter der verschiedenen buddhistischen Schulen, welches Kriterium eine Lehre erfüllen muss, um in ihren Augen als buddhistisch zu gelten, lautet ihre Antwort meistens, sie müsse den vier edlen Wahrheiten entsprechen.

Die erste der vier Wahrheiten spricht ein urmenschliches Problem an, nämlich die Tatsache, dass Leben immer auch Leiden, Kummer, Krankheit und Tod einschließt und ein bleibendes, sicheres Glück innerhalb dieses vergänglichen Daseins unerreichbar ist. Nur wenn wir dieses Leiden als einen integralen Bestandteil unserer jetzigen Lebensweise und Existenz anerkennen, werden wir bereit sein, die tieferen Ursachen zu klären und eine Alternative zu suchen. Tun wir das nicht, ist es schwierig, dauerhaften inneren Frieden zu finden. Buddha konfrontiert uns voll und ganz mit der *Tatsache des Leidens*, um uns zu motivieren, dieses Leiden zu überwinden.

Entsprechend Buddhas Lehre liegt die Ursache unseres Leidens in der falschen Wahrnehmung der Dinge des Daseins. Aus dieser Täuschung heraus leben und handeln wir in einer Art, die den Gesetzmäßigkeiten des Lebens und aller Phänomene zuwiderläuft. Unser Leben ist geprägt von selbstsüchtigem Verlangen und Festhalten und, im Falle unangenehmer Erfahrungen, von Ablehnung und Abneigung. Diese selbstbezogene Verhaltensweise ist es, die all unser Leiden verursacht: Konflikte, Neurosen und Ängste im Inneren – Ausbeutung und Kriege im Äußeren. Auf diese falsche Wahrnehmung und die daraus folgenden nicht hilfreichen Verhaltensweisen weist die zweite edle Wahrheit hin, die Wahrheit von den *Ursachen des Leidens.*

Die Entdeckung Buddhas war, dass die Befreiung aus diesen tief in uns verankerten Verhaltensweisen möglich ist. Er erwachte aus dem Zustand der falschen Wahrnehmung, erkannte die wahre Natur aller Dinge und erfuhr die ungeborene, unsterbliche, zeitlose Dimension des Lebens, Nibbāna oder Nirvāṇa. Es ist diese befreiende Erkenntnis und Erfahrung, die zur Folge hat, dass die täuschenden Wahrnehmungen und die quälenden Emotionen reduziert und letztlich entwurzelt werden. Dies ist die dritte edle Wahrheit – die Wahrheit der *Befreiung vom Leiden.*

Dieses Erwachen lässt sich dank der vierten edlen Wahrheit, der Wahrheit des *Pfades, der zum Ende des Leiden führt,* verwirklichen. Der Pfad, so wie ihn Buddha beschrieb, umfasst acht Übungsbereiche, die mit rechter Erkenntnis und rechter Gesinnung beginnen. Unsere Sicht und Wertvorstellungen bestimmen unser Denken, unsere Worte, Handlungen und Arbeit. Diese wiederum sind das Fundament für die Entwicklung von rechtem Bemühen, rechter Achtsamkeit und rechter Sammlung, die unsere Erkenntnis vertiefen. Der Begriff ›recht‹ (sammā/samyak) kann, je nach Kontext, als ›korrekt, hilfreich, heilsam, angemessen, vollkommen‹ übersetzt werden.

Dieser Pfad umfasst alle Bereiche des menschlichen Lebens und bietet daher einen außerordentlich direkten und lebensbezogenen Zugang zur spirituellen Praxis. Mit seiner Hilfe üben wir, auf eine neue Art und Weise in der Welt zu sein – und zwar auf eine Weise, die mit der Wirklichkeit harmoniert, die unsere Leiden schaffenden Verhaltensweisen korrigiert und die ein Erwachen ermöglicht, das zum Ende des Leidens führt. Im Laufe der Jahrhunderte wurde der Pfad zur Befreiung des Leidens auf vielfältige Art interpretiert, und mehrere dieser hilfreichen und inspirierenden Varianten sollen hier – im folgenden Kapitel über den Pfad – dargestellt werden.

Die erste edle Wahrheit weist also auf das Leiden und auf die Unerreichbarkeit bleibenden Glücks hin. Die zweite edle Wahrheit klärt die Ursache des Leidens, die sich in uns selbst und im Herzen und Geist aller Lebewesen befindet. Die Möglichkeit der Befreiung von diesem Leiden wird in der dritten edlen Wahrheit aufgezeigt, und die vierte edle Wahrheit legt den Pfad dar, der zum Ende des Leidens führt. In ihr werden die Mittel und Methoden beschrieben, mit Hilfe derer wir zur Befreiung gelangen können.

Die vier edlen Wahrheiten stehen in einem Ursache-Wirkungs-Verhältnis zueinander. Auf pragmatische Weise beginnt der Buddha dort, wo wir uns im Moment befinden: bei der Tatsache, dass es Leiden gibt, in der Welt und in uns selbst. Leiden entsteht nicht zufällig, sondern hat eine Ursache, die in der zweiten edlen Wahrheit aufgezeigt wird. In der dritten edlen Wahrheit verkündet der Buddha das Ende des Leidens. Dieses wird durch das Beschreiten des Pfades möglich, der in der vierten edlen Wahrheit beschrieben wird.

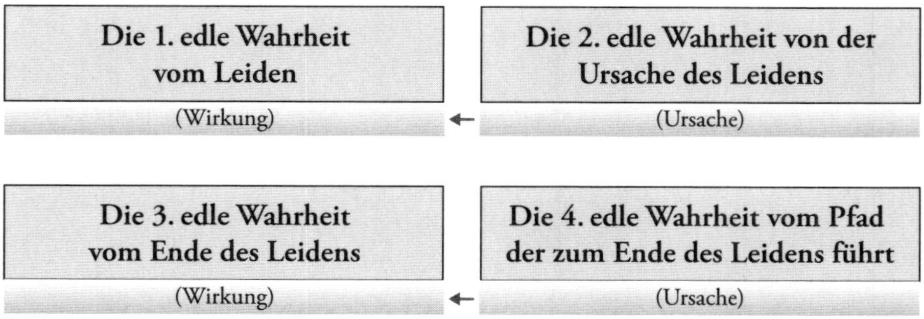

Die vier edlen Wahrheiten

Diese vier Wahrheiten werden als ›edel‹ bezeichnet, weil ihr vollständiges Verstehen und Verwirklichen bedeutet, die tiefsten Wünsche unseres Lebens zu erfüllen; die vollständige Befreiung von allem Leiden – unerschütterlicher Friede und Erfüllung.

Pāli ist die Sprache, in der die ältesten Zeugnisse der buddhistischen Lehre festgehalten wurden. ›Edle Wahrheit‹ heißt in Pāli ›ariya sacca‹. Ariya (sanskr:

ārya) bedeutet edel oder nobel. Ursprünglich bezeichnete der Begriff das Volk der Ariya, das aus Zentralasien einwanderte, Nordindien eroberte und sich dort ansiedelte. Da diese Ariyas, die von heller Hautfarbe waren, bald die Vorherrschaft errungen hatten, wurden sie als ›die Edlen‹ angesehen. Dies mag erklären, warum der Begriff von den Nazi-Deutschen entliehen wurde. Im Buddhismus steht der Begriff ›ariya‹ aber nicht in einem rassistischen Zusammenhang, sondern bezieht sich auf jene Menschen, welche die vier Wahrheiten tief erkannt und dadurch innere Befreiung verwirklicht haben. Sie sind dadurch edle Menschen geworden. Deshalb schlägt der buddhistische Autor Stephen Batchelor vor, von ›veredelnden‹ Wahrheiten zu sprechen. Ihre Verwirklichung bringt in den Menschen eine edle Gesinnung, tiefe Weisheit und großes Mitgefühl, hervor.[53] Die Praxis von Buddhas Lehre bezieht sich grundsätzlich auf vier, den vier Wahrheiten entsprechende ›innere Bewegungen‹: Leiden zutiefst verstehen, Verlangen loslassen, Befreiung erfahren und den Pfad leben. Wenden wir uns nun der ersten edlen Wahrheit zu.

Die harten Tatsachen: Die erste edle Wahrheit – vom Leiden

Von der Begierde wird die Welt beherrscht,
dem Altern ist sie ausgeliefert,
dem Tode kann sie nicht entrinnen,
im Leiden ist sie verwurzelt.
(Buddha)[54]

3

Das Wesen des Daseins erkennen

Unser Leben ist voller Leiden, doch am liebsten ignorieren wir diese Tatsache. Unbewusst reden wir uns ein, wir könnten unserem Leiden, wie etwa Krankheit oder Tod, entgehen. Leid wird oft als Fehler gesehen, wobei wir glauben, dass wir – wenn wir es nur richtig anstellen –nie wieder Leid erfahren müssten. Wir versuchen, dem Leiden zu entfliehen, seine Existenz zu verdrängen. Genau dies führt aber dazu, dass wir uns nur für einen Teil, nicht aber für unser ganzes Leben öffnen können. Erkennen wir aber an, dass Leiden ein erheblicher Bestandteil unseres Lebens ist, beginnen sich die Akzente zu verschieben. Manches wird unwichtig, was vorher wichtig schien, und umgekehrt.

Die erste edle Wahrheit weist also mit unübersehbarer Deutlichkeit auf unserer Situation hin: »Sabbe saṅkhāra dukkhā'ti« – »Das Dasein ist erfüllt von Dukkha.« Das Wort Dukkha wird gewöhnlich mit Leiden übersetzt. Doch diese Bedeutung allein wird der Tragweite des Begriffes nicht gerecht. Dukkha umschreibt vielmehr die Tatsache, dass nichts unter den entstandenen, erschaffenen Dingen des Daseins eine immerwährende Befriedigung geben kann. Weder materielle Dinge noch Gedanken, noch Gefühle ermöglichen dies, und zwar deshalb, weil alles, was erschaffen worden ist, sich ständig wandelt und wieder vergeht. Die Belange dieser Welt lassen sich nur zu einem kleinen Teil kontrollieren und folgen ihren eigenen Gesetzmäßigkeiten. Was sich ständig verändert, kann keine Sicherheit oder dauerhafte Befriedigung bringen. Unter Leiden, Dukkha, wird vor allem diese Unzulänglichkeit verstanden. Für eine beschränkte Zeitspanne können wir Glück in den entstandenen Dingen finden, dann aber werden sie sich wandeln und vergehen – und damit auch unser Glück.

Diese Art von Leiden zu erkennen und sich selbst einzugestehen ist wichtig, da uns diese Erkenntnis motiviert, etwas an unserer Lage zu ändern. Wenn uns unser Leiden bewusst wird, kann uns das aus einer desinteressierten Haltung aufschrecken. Wir wenden uns mit einem Gefühl der Dringlichkeit der Praxis zu und geben uns nicht mit halben Erfolgen zufrieden.

Die vier himmlischen Boten: Krankheit, Alter, Tod und Hausloser

Die Begegnung mit dem Leiden war auch für den Prinzen Siddhārtha, den zukünftigen Buddha, schicksalsweisend. Der Legende zufolge wurde bei seiner Geburt prophezeit, dass er entweder ein mächtiger Herrscher oder ein großer Heiliger werden würde. Sein Vater, der König Suddhodhana, wollte natürlich, dass sein Sohn Siddhārtha einmal sein Königreich übernehmen würde, und beschloss, ihn von allen schmerzhaften Tatsachen des Lebens fernzuhalten, um seine spirituellen Anlagen nicht zu wecken. Er verwöhnte den Prinzen im Palast und hielt den Anblick jeder Form von Leiden, wie Krankheit, Alter oder Tod, von ihm fern. Doch als der Prinz zu einem jungen Mann herangereift war, hatte er den Wunsch, den Palast zu verlassen, um sein Reich zu sehen. Vor seinen Ausritten befahl der König, alles Abstoßende, den Schmutz, die Armen, die Kranken und die Alten verschwinden zu lassen, damit der Prinz nicht mit Leiden in Berührung käme. Trotzdem begegnete der zukünftige Buddha bei seinen Ausflügen vier Gestalten, die von Krankheit, Alter und Tod gezeichnet waren. Die vierte Person, der er begegnete, war ein Wandermönch auf der Suche nach einem Ausweg aus dem Leidenskreislauf. Die ungewohnten Begegnungen bestürzten Siddhārtha und stimmten ihn nachdenklich. Mit ganzer Kraft stiegen plötzlich all die Tugenden und Erkenntnisse in ihm hoch, die er in seinen zahllosen früheren Leben als Bodhisattva entwickelt hatte. Er beschloss, den Palast zu verlassen und sich auf die Suche nach einer Lösung für das menschliche Dilemma zu begeben.

Gemäß der Legende waren die kranken und alten Menschen, denen er trotz der Vorsichtsmaßnahmen seines Vaters bei seinen Ausflügen begegnete, himmlische Wesen, die erkannt hatten, dass die Begegnung mit dem Leiden Siddhārtha dazu bewegen würde, seinen bisherigen Lebensweg in Frage zu stellen.

Auch für uns ist es gleichermaßen wichtig, dass wir uns erst einmal mit unserem eigenen Leiden und dem Leiden der Welt auseinandersetzen, um uns voll und ganz zu motivieren, auch tatsächlich etwas dagegen zu unternehmen. Wenn wir an einer Krankheit oder an einem Beinbruch leiden, ist es nicht sinnvoll, dass wir diese Tatsache verdrängen und versuchen, uns mit Vergnügungen abzulenken. Vielmehr müssen wir uns mit dem Problem konfrontieren, die Ursache diagnostizieren und uns einer wirkungsvollen Therapie unterziehen. Nur so kann die Krankheit geheilt, das Problem gelöst werden.

Drei Arten des Leidens

Die buddhistische Lehre unterscheidet drei Arten von Leiden, nämlich das unmittelbare Leiden, das Leiden der Vergänglichkeit und das potenzielle Leiden. Sie überschneiden sich in ihrer Bedeutung, vermitteln so aber ein differenzierteres Bild.

Das unmittelbare Leiden

Die erste Art ist das unmittelbare, offensichtliche Leiden (dukkha-dukkhatā). Hiermit ist das Leiden angesprochen, das mit jeder unangenehmen oder schmerzhaften Erfahrung eintritt und das jeder eindeutig als solches erfährt.

Allein der Besitz eines Körpers bringt Schmerzen, Krankheit und die Mühen des Alterns mit sich. Sitzen wir nur ein kleines Weilchen still, entdecken wir, wie wir ständig unsere Körperhaltung verändern müssen, wollen wir steife, eingeschlafene oder schmerzende Glieder vermeiden. Egal wie gesund wir leben, der Körper wird krank, und letztendlich müssen wir sterben; oder die Menschen, mit denen wir gerne zusammen sind, erkranken und sterben. Es ist eine unausweichliche Tatsache, dass auf Zusammenkunft Trennung folgt. Am dramatischsten erfahren wir dies, wenn wir sterben und damit von unserem Körper und all dem, was unsere Persönlichkeit ausmacht, scheiden müssen.

Auf einer weniger tragischen, aber doch sehr spürbaren Ebene, begegnen wir Leiden tagtäglich in den vielen unangenehmen Begegnungen mit Ereignissen, Dingen oder Menschen die wir lieber vermeiden würden. An einem Wintertag mag es kälter sein, als es uns lieb ist, oder es regnet, wenn wir uns nach Sonne sehnen. Wir gehen auf eine Party und freuen uns auf die vielen netten Menschen, begegnen aber dort der einen Person, die uns die Stimmung verdirbt. Oder wir übernachten in einem gemütlichen, schönen Hotel, finden aber keinen Schlaf, weil nebenan jemand schnarcht.

Wir leiden auch, wenn wir nicht das erhalten, worauf wir uns gefreut haben, oder wenn etwas nicht zustande kommt, was wir geplant haben. Zum Beispiel hat sich die Person, in die wir uns verliebt haben, in jemand anderen verliebt. Oder die Person, die schon lange unser/e Partner/in ist, entschließt sich, uns zu verlassen. Unser schönes Auto oder unser Computer hören einfach auf zu funktionieren, lange bevor wir es erwartet haben. Immer wieder leiden wir, weil wir das verlieren, was wir lieben und besitzen.

Unter dem unmittelbaren Leiden wird somit jegliche Form von unangenehmen und schmerzhaften Erfahrungen verstanden, die sowohl den Körper als auch den Geist betreffen. Geburt, Krankheit, Alter, Sterben, Getrenntsein von dem, was wir wollen, und Zusammensein mit dem, was wir nicht wollen, sowie alle quälenden emotionalen Zustände des Geistes und Herzens (kilesa) gehören dazu. Zu Letzteren zählen Verlangen, Festhalten, Gier, Ablehnung, Hass, Ärger, Neid, Eifersucht, Dünkel und viele andere. Diese verursachen nicht nur Leid, sondern sind darüber hinaus an sich schon leidvoll.

Wollen wir die Tragweite dieser ersten edlen Wahrheit begreifen, so ist es wichtig, unsere täglichen kleinen Leiden zu betrachten. Wir müssen uns vor Augen halten, wie oft wir uns nicht wohlfühlen, weil wir mit etwas konfrontiert sind, das wir nicht möchten, aber nicht loswerden können. Immer wieder sind wir unterwegs nach etwas anderem, anstatt mit dem zu sein, das gerade ist. All das ist Leiden.

Unsere Praxis wird nur dann eine echte, heilsame Wirkung auf unser Leben haben, wenn wir die Wirklichkeit unseres Leidens erkennen und annehmen können. Daher wird in den meisten buddhistischen Traditionen der Anerkennung dieser Tatsache ein hoher Stellenwert eingeräumt. Allein schon zu akzeptieren, dass Leiden ein integraler Bestandteil des Daseins schlechthin ist, kann sehr erleichternd wirken. Statt Leiden als ein persönliches Versagen zu sehen, erkennen wir darin ein universales Merkmal des Lebens. Die Bürde des Selbstmitleids und des Versagens fällt ab, und in der Zerbrechlichkeit des Lebens erleben wir eine tiefe Verbundenheit mit allen anderen Wesen. Wir sehen Liebe, Gesundheit, Glück nicht mehr als etwas Selbstverständliches, das wir kontrollieren können, sondern als ein Geschenk, das wir bestmöglich nutzen wollen.

Entsprechend der buddhistischen Sichtweise des Leidens sollten wir Folgendes unterscheiden: Alle Arten von Schmerz und unangenehmer Erfahrung sind unvermeidlich, solange wir in diesem Dasein, in diesem Körper, leben; *inneres Leiden* ist jedoch letztlich vermeidbar, weil wir es uns selbst, durch Täuschung und unheilsame Geisteszustände, erschaffen. Die Vipassanā-Lehrerin Sylvia Boorstein drückt dies folgendermaßen aus: »Schmerz ist unvermeidbar, Leiden ist freiwillig.«

Das Leiden der Vergänglichkeit

Das Leiden der Vergänglichkeit (vipariṇāma-dukkhatā) bezieht sich auf die vielen an sich angenehmen Erfahrungen unseres Lebens. Sie verursachen Leiden, sobald sie sich verändern und vergehen. Was auch immer Gegenstand unserer Erfahrung ist, wir können es nicht festhalten. Selbst wenn es uns gelungen ist, zu den Dingen oder Situationen zu gelangen, die uns erfreuen, unterstützen und befriedigen, so haben sie doch diesen einen, ihnen innewohnenden Nachteil: Sie werden sich unweigerlich verändern und vergehen. Alle Dinge, die erschaffen, zusammengesetzt und bedingt sind, unterliegen dem Gesetz, nach welchem alles, was zusammengekommen ist, früher oder später wieder auseinandergehen muss. Alles, was entstanden ist, wird vergehen, alles, was angehäuft wurde, wird zerstreut werden, und alles, was geboren wurde, muss sterben. Deshalb können wir selbst in dem, was im Moment angenehm, befriedigend und erfüllend ist, keine Sicherheit finden. Selbst die beste all unserer Partnerschaften wird enden, und sei es mit unserem eigenen Tod. All unsere Anstrengungen, das Angenehme dauerhaft zu gestalten, sind zum Scheitern verurteilt. Auf diese harte Tatsache weist diese zweite Art des Leidens hin.

Die Vipassanā-Lehrerin Ruth Denison vergleicht diese Art von Dukkha mit einem Leck im Kanu. Stellen wir uns vor, wir sitzen in einem Kanu und paddeln bei warmem, windstillem Wetter auf einem wunderschönen See. Glasklar spiegeln sich darin die Berge mit ihren sanften Hängen und schneebedeckten Gipfeln. Die Stimmung ist friedlich, nur die Schwingen der vorbeifliegenden Schwäne und das sanfte Glucksen der Paddelschläge sind zu hören. Es gibt nur ein Problem: Das Kanu hat ein kleines Leck. Alles ist herrlich, bloß müssen wir immer wieder Wasser aus dem Boot schöpfen. Dann können wir vergnügt weiterpaddeln, bis das Kanu wieder vollzulaufen beginnt und wir es – immer wieder – ausschöpfen müssen. Die unausweichlich wiederkehrende Störung durch das eindringende Wasser illustriert das Leiden der Vergänglichkeit; die Tatsache, dass alles Angenehme vergänglich ist und dadurch Leiden hervorruft.

Egal wie angenehm die Dinge sind, wie ideal sie erscheinen oder wie viel Kontrolle wir darüber ausüben, aufgrund der ihnen innewohnenden Vergänglichkeit können sie uns nie eine beständige Sicherheit bieten. Immer wieder müssen wir erfahren, dass die vollständige, immerwährende Befriedigung nicht eintritt.

Nur schwer können wir das Potenzial des Leidens, das dem Angenehmen innewohnt, erkennen und akzeptieren. Doch ob es uns gefällt oder nicht, immer wieder werden wir mit dieser harten Tatsache des Daseins konfrontiert. Wir müssen diese Gegebenheit anerkennen, denn nur dann können wir lernen, geschickt mit angenehmen Erfahrungen und ihrem Vergehen umzugehen. Die hilfreichste und befreiendste Haltung ist jene, die akzeptiert, dass etwas zu Ende gegangen ist, und sich sogleich innerlich davon löst. Dann können wir Angenehmes genießen, solange es andauert, ohne es festhalten zu müssen oder ohne in Angst zu verfallen, es wieder zu verlieren. Sobald es aber vergeht, lassen wir los und sind davon frei. In unserem täglichen Leben finden wir uns ständig in solchen Situationen wieder. Die Praxis des Loslassens können wir überall und zu jeder Zeit üben, ohne dass wir uns erst in meditativer Weise hinzusetzen brauchen. Sie ist ein wesentlicher Teil der Praxis, die zur Befreiung vom Leiden führt.

Potenzielles Leiden

Die dritte Art des Leidens (saṅkhāra-dukkhatā) beleuchtet die Existenz des Leidens noch einmal von einer anderen Warte. Hier taucht der Begriff Saṅkhāra auf, der je nach Zusammenhang eine von zwei Bedeutungen annimmt. Hier steht er für ›alle Dinge, die entstanden, zusammengesetzt und bedingt sind‹. Saṅkhāra-Dukkhatā könnte man als ›potenziell vorhandenes Leiden‹ übersetzen. Es bezieht sich auf die latente Tendenz aller entstandenen Dinge, seien es Personen, Gegenstände oder Erfahrungen jeglicher Art, leidvoll werden zu können. Diese Form von Dukkha unterscheidet sich nicht von den ersten beiden Varianten, sondern ist vielmehr deren Grundlage. Sie betont nochmals das potenzielle Leiden, das allen Dingen dieses Lebens innewohnt. Solange wir mit Körper und Geist in diesem Dasein weilen, sind wir der Möglichkeit des Leidens ausgesetzt. Saṅkhāra-Dukkhatā ist wie eine Wunde, die so weit verharscht ist, dass sie nicht mehr schmerzt. Aber sobald wir uns an dieser Stelle auch nur ein bisschen stoßen, tut sie gleich wieder weh.

Die drei Merkmale des Daseins

Die Tatsache des Leidens hängt eng mit den grundlegenden Merkmalen (lakkhaṇa) aller Phänomene zusammen. Ihre Natur – die wahre Natur aller Dinge – muss richtig erkannt werden, soll innere Freiheit möglich werden. Die drei Lehrsätze, welche diese Merkmale oder Charakteristiken des Daseins beschreiben, nehmen in der buddhistischen Lehre daher einen zentralen Stellenwert ein. Sie lauten:

Alles Entstandene ist vergänglich (anicca)

Was auch immer in diesem Dasein entstanden, geboren oder erschaffen worden ist, wird sich verändern, wandeln und schließlich vergehen. Nichts bleibt auch nur für einen Moment gleich, seien es Berge oder Moleküle, Körper oder Sinneseindrücke, Gefühle oder Gedanken. Was immer entstanden ist, wird vergehen. Egal was angehäuft wurde, es wird zerfließen; alles, was zusammengekommen ist, wird sich trennen. Was auch immer geboren wurde, wird sterben. Das Leben zu leben, ohne diese Tatsache mit einzubeziehen, schafft unendliches Leiden.

Alles Entstandene ist letztlich unbefriedigend, leidvoll (dukkha)

Eben weil alles Entstandene vergänglich ist, vermag es uns keine bleibende Erfüllung zu geben. In dieses Dasein hineingeboren worden zu sein bedeutet auch, dass wir immer wieder Leid und Schmerzen aller Art ausgesetzt sind. Zu leben und zu handeln, ohne diese Grundwahrheit zu erkennen, verursacht endlose Frustration und Leid.

In der Mahāyāna-Tradition wird diese Aussage modifiziert. Sie lautet: Alles Entstandene ist unbefriedigend, unerfüllend und leidvoll *für den von täuschenden und quälenden Eigenschaften (kilesa/kleśa) gehemmten Geist.* Dies bedeutet im

Gegensatz zum Theravāda, dass es nicht notwendig ist, das entstandene Dasein zu verlassen, um von Leiden völlig befreit zu sein, sondern dass Leidensfreiheit erreicht, wer sich mittels der Erkenntnis der Leerheit aller Dinge von allen Kilesa befreit. Auf die Bedeutung dieses wesentlichen Unterschiedes wird im 11. Kapitel, S. 176 ff. näher eingegangen.

Alle Dinge des Daseins sind nicht-selbst (anattā)

Attā bedeutet ›unabhängiges, unveränderliches Selbst‹. Die Silbe ›a‹ oder ›an‹ ist eine Verneinung. an-attā heißt also ›leer von einem unabhängigen Selbst‹ oder ›ohne Selbst‹. Auch der Begriff śūnyatā oder suññatā bedeutet ›leer von einem unabhängigen Selbst‹. Im Mahāyāna wird eher anattā (*dag-me*) gebraucht, wenn vom Nicht-Selbst einer Person gesprochen wird, und śūnyatā (*tong-pa-nyi*), wenn das Nicht-Selbst aller Dinge des Daseins samt all seiner Bestandteile gemeint ist. Häufig wird der Begriff ›Leerheit‹ verwendet, der allerdings oft missverstanden wird. Gemeint ist damit die Tatsache, dass alle Dinge ›leer von unabhängiger Selbstexistenz‹ oder ›ohne unabhängige Selbstexistenz‹ sind. Es bedeutet keinesfalls, dass sie ›nichts‹ sind oder ›nicht existieren‹.

Weder in einem Lebewesen noch in einem Ding lässt sich etwas auffinden, das man als dessen Essenz identifizieren könnte. Vielmehr ist ein Lebewesen, eine Person, ein komplexer, lebendiger Prozess, der in Abhängigkeit von zahllosen Umständen entstanden ist und existiert. Aber obwohl sich ständig alles wandelt und verändert, erleben wir ein Gefühl von einem Ich, das über die Jahre hinweg unverändert zu bleiben scheint. Doch betrachten wir in der Meditation eingehend unseren Körper, unseren Geist oder unsere Psyche, können wir nirgendwo ein solches unabhängig existierendes Ich oder Selbst finden, von dem wir sagen könnten: »Diese unveränderliche Essenz bin ich.« So wenig in irgendeinem Lebewesen ein solch unabhängig existierendes Selbst gefunden werden kann, genauso wenig kann in den Dingen des Daseins etwas gefunden werden, von dem man sagen könnte: »Dies ist seine unveränderliche Essenz.« Die wahre Natur der Dinge ist ›leer‹ von einer solchen Art zu existieren. In diesem Dasein zu leben und sich so zu verhalten, als gäbe es in uns oder in den Dingen ein unabhängig existierendes Selbst, und sich damit zu identifizieren bedeutet, sich in endlose Schwierigkeiten zu bringen.

Die Tatsache, dass alle Dinge im Dasein vergänglich, nicht dauerhaft erfüllend und nicht selbstexistent sind, ist an sich völlig unproblematisch. Erst dadurch, dass wir uns verhalten, als sei es genau umgekehrt, schaffen wir für uns inneres Leiden jeglicher Art. Genau dieser Prozess ist es, der in der Erkenntnis-Meditation (vipassanā/vipaśyanā) immer wieder eingehend betrachtet wird.

4

Die fünf Daseinsgruppen – eine tiefgründige Weise, sich selbst zu betrachten

An den fünf Daseinsgruppen haftend, ist man von Māra gefangen.
An den fünf Daseinsgruppen nicht haftend, ist man vom Unheilsamen befreit.
(Buddha)[55]

Wenn es kein Selbst gibt, was leidet dann eigentlich? In der ersten edlen Wahrheit wird nicht von einem Selbst gesprochen, sondern von fünf wesentlichen Aspekten unseres Seins, den sogenannten fünf Khandha (oder Skandha). Sie sind körperliche Form, Gefühlstönung, Unterscheidungsvermögen, Bildekräfte und Bewusstsein. Wörtlich bedeutet Khandha ›Haufen‹. Häufig werden die Khandha aber als ›Gruppen‹ oder ›Aggregate‹ bezeichnet. Im Folgenden wird dieser Begriff mit ›Daseinsgruppen‹ übersetzt.

Bei den Khandha handelt es sich um Aspekte, die man als eine ›Anzahl von Dingen, die zusammengehören‹ beschreiben könnte. Alle fünf zusammen sind eine vollständige Beschreibung aller Teile, die ein Lebewesen bzw. eine Person ausmachen, ähnlich einer Frucht, die Aspekte hat wie Form, Farbe, Geschmack, Geruch und Beschaffenheit, die man zwar gesondert wahrnehmen kann, die aber nicht aus der ganzen Frucht herausgelöst werden können. Es ist das Festhalten (upādāna) an diesen fünf Khandha, das unser Leiden bewirkt. Deshalb werden sie oft ›Daseinsgruppen des Anhaftens‹ (upādāna-kkhandha/upādāna-skandha) genannt. Ein Mensch, der die vollständige Erleuchtung verwirklicht hat, besteht immer noch aus diesen fünf Daseinsgruppen. Da er aber nicht mehr an ihnen anhaftet, ist er frei von innerem Leiden.

Bei der Betrachtung von Belehrungen ist es gut, sich daran zu erinnern, dass sie Mittel zum Zweck der inneren Befreiung sein sollen. Auch die Gliederung der

Person in die fünf Khandha ist als ein Lehrmodell zu sehen. Die Nützlichkeit dieses Modells lässt sich daran messen, ob es bei der Anwendung unser Leid vermindert. Wenn dies der Fall ist, dann ist das Modell wertvoll. Das Modell kann uns aber nur dann zur Befreiung verhelfen, wenn wir die Tatsachen, die es offenlegt, auch tatsächlich in unser Leben integrieren.

Körper, Form, Materie (rūpa)

Von den fünf Daseinsgruppen umfasst die erste (rūpa-kkhandha) den Körper und alles Materielle, während die vier anderen sich auf die nichtmateriellen Komponenten (nāma) beziehen. Mit Rūpa wird nicht nur der materielle Körper mit seinen Sinnesorganen bezeichnet, sondern auch die damit wahrgenommenen Objekte – die Objekte des Sehens, Hörens, Riechens, Schmeckens und Tastens –, also auch sichtbare Form, Klang, Geruch, Geschmack und Berührung werden zur materiellen Komponente (rūpa) gezählt.

Hier wird nicht wie gewöhnlich zwischen einer inneren Welt von Körper und Sinnen und einer äußeren Welt der erfahrenen Sinnesobjekte unterschieden. In der unmittelbaren, direkten Erfahrung ist diese Unterscheidung – und Trennung – sehr fragwürdig. Hören wir ein Geräusch in unserem Inneren oder dort, wo es herrührt? Falls wir es in unserem Inneren hören, wie können wir dann wissen, dass es tatsächlich ›dort außen‹ existiert? Innen und außen sind eine zwar sinnvolle, aber völlig willkürlich angelernte Trennung der Dinge. Sie ist zwar nützlich, verstärkt aber das Gefühl der Getrenntheit zwischen ›sich selbst‹ und der ›Außenwelt‹, den ›anderen‹. Rūpa-kkhandha umfasst beides, die körperlich-materielle Welt einer Person im Inneren wie im Äußeren.

Die vier Elemente

Nach buddhistischer Tradition besteht der Körper (rūpa) aus den vier grundlegenden Elementen Erde, Feuer, Luft und Wasser. Diese vier Elemente charakterisieren nicht eine ›esoterische‹ Grundsubstanz, sondern verschiedene Funktionen und Eigenschaften dieser materiellen Wirklichkeit.

Das Erd-Element bezieht sich auf die Tatsache, dass materielle Dinge Raum einnehmen. Das kann als Härte oder Weichheit direkt wahrgenommen und erfahren werden. In der Meditation sind es diese Erfahrungen, denen wir Aufmerksamkeit schenken.

Das Feuer-Element manifestiert sich als Temperatur, die durch das Schwingen materieller Dinge zustande kommt. Wir nehmen sie wahr: kalt, kühl, warm, heiß oder brennend heiß. Es mag sein, dass wir hier sitzen und der Gedanke kommt: »Oh, es ist wirklich heiß hier drinnen!« Wenn wir in diesem Moment unsere Aufmerksamkeit und Achtsamkeit dem Körper zuwenden, was nehmen wir dann wahr? Eine Anzahl wechselnder Empfindungen von Kälte oder Hitze. Statt dass wir denken: »Wie heiß es hier drinnen ist!«, fühlen wir die unmittelbare Erfahrung.

Das Luft-Element bewirkt Bewegung in den materiellen Dingen und kann als Vibration, Oszillation oder Spannung wahrgenommen werden. Dies ist die Ebene, auf die wir unsere Achtsamkeit richten wollen.

Das Wasser-Element sorgt für das Zusammenhalten der Materie und entspricht den Kräften der Kohäsion. Dieses Element kann nicht direkt gespürt werden, da es die Kraft ist, die zusammenfügt und so Berührungsflächen auflöst.

In den Meditationen des Körpergewahrseins (kāyānupassanā), die in der Vipassanā- oder Erkenntnis-Meditation eine wesentliche Rolle spielen, können wir den Körper auf der Ebene der direkten Wahrnehmung dieser Elemente erfahren, anstatt auf der Ebene von Konzepten wie ›Hand‹, ›Knie‹ oder ›Körper‹ zu bleiben. Dies kann uns helfen, unser Anhaften am Körper zu lösen. Wenn wir denken: »Oh Schreck, mein Knie schmerzt fürchterlich, vielleicht muss ich ins Krankenhaus«, sind wir bereits eindeutig mit der momentanen Körpererfahrung identifiziert. Es ist ›mich‹ und es ist ›mein Knie‹, das ›fürchterlich schmerzt‹. ›Ich‹ wirkt solide, ›Knie‹ scheint substanziell, ›Schmerz‹ ist real, und die befürchtete Konsequenz ist fast schon so gut wie eingetreten.

Wenn es uns jedoch gelingt, unsere Aufmerksamkeit unvoreingenommen und mit Sorgfalt und Interesse auf die direkte Erfahrung zu richten, was nehmen wir da wahr? Einen Druck, ein Stechen, vielleicht Hitze – kaum mehr. Achtsames Hinfühlen, unter Umgehung der Konzepte, kann aus einem scheinbar komplexen und problematischen Phänomen eine relativ leicht verkraftbare Erfahrung machen. So fällt es auch leichter, dieser Erfahrung mit Gelassenheit zu begegnen, statt mit Abneigung, Ärger oder Panik darauf zu reagieren. Die Erfahrung mag vielleicht etwas schmerzhaft sein, etwas unangenehm, aber nicht wirklich ein Problem – kein inneres Leiden.

Geist-Herz (nāma)

Die nächsten vier Khandha sind nichtmaterieller Natur und gehören zu Nāma. Nāma lässt sich nur schwer mit einem einzigen Wort übersetzen. Wörtlich heißt es so viel wie ›Name‹ oder ›Bezeichnung‹. Häufiger wird Nāma mit ›Geist‹ übersetzt, was seiner Bedeutung ebenfalls nicht ganz gerecht wird. Unter Geist verstehen wir oft nur das Denkvermögen und das Bewusstsein. Hier gehören aber auch die Aspekte des Herzens wie Gefühle und Emotionen dazu. Geeigneter ist daher der Begriff ›Geist und Herz‹, der sämtliche emotionalen, kognitiven, geistigen und spirituellen Aspekte von Nāma einschließt. Trotzdem wird im Folgenden Nāma der Einfachheit halber mit ›Geist‹ und nur manchmal mit ›Geist-Herz‹ übersetzt. Man sollte aber im Auge behalten, dass alle oben genannten Aspekte mit dazugehören.

Gefühlstönung (vedanā)

Für das zweite Khandha, Vedanā-kkhandha, lässt sich im Deutschen keine wirklich passende Übersetzung finden. Vedanā wird als ›das, was spürt, empfängt oder erfährt‹ definiert. Es ist die ›Gefühlstönung‹ einer Erfahrung. Häufig wird Vedanā mit ›Gefühl‹ oder ›Fühlen‹ übersetzt. Das kann aber dazu führen, dass unter Vedanā Gefühle und Emotionen verstanden werden – ein weit verbreitetes Missverständnis.

Vedanā ist die ›Empfindungstönung‹ oder ›Gefühlstönung‹ einer jeden Erfahrung. Jede Erfahrung, die wir machen, sei sie körperlich, emotional oder gedanklich, wird von einer Gefühlstönung begleitet, die angenehm, unangenehm oder neutral sein kann. Eine bittere Medizin zum Beispiel ruft eine unangenehme Geschmackserfahrung hervor. Eine Verspannung im Genick oder ein Gedanke der Selbstverurteilung fühlt sich wahrscheinlich unangenehm an. Dieses ›Unangenehmsein‹ ist Vedanā. Ein Moment der Wut fühlt sich schmerzhaft an. Dieser schmerzhafte Aspekt der Erfahrung ist Vedanā – nicht die Wut selbst. Ein schöner Anblick, ein Gedanke der Zufriedenheit, ein Moment der Freude fühlt sich meist angenehm an. Der Aspekt des ›Angenehmseins‹ dieser Erfahrung ist Vedanā. Ein Einatemzug mag sich neutral anfühlen. Diese ›neutrale Erfahrungstönung‹ ist Vedanā. Vedanā ist Teil eines jeden Erfahrungsmomentes. Es gibt unendlich viele Variationen von Vedanā. Sie reichen von glückselig bis hin zu schmerzhaft, von subtil zu intensiv, und sie gehen mit allen körperlichen, emotionalen und mentalen Sinneserfahrungen einher. In der Meditation lernen wir, diese zahllosen Schattierungen von Vedanā bewusst und unmittelbar wahrzunehmen, denn Vedanā ist ein Aspekt unseres Wesens, der weitreichende Bedeutung und Wirkung hat.

Es ist die Gefühlstönung, Vedanā, auf die wir mit Verlangen und Festhalten, mit Ablehnung und Hass oder mit Desinteresse reagieren. Dies geschieht meist unbewusst. Wenn wir die Gefühlstönungen aber bewusst wahrnehmen, müssen sie uns nicht länger blind zu Reaktionen verleiten. Wir können wählen, ob wir auf unheilsame oder auf heilsame Weise reagieren wollen. Dies ist einer der Angelpunkte in der Praxis der inneren Befreiung. Im Zusammenhang mit dem Thema des abhängigen Entstehens und seiner Auflösung (s. Kap. 9) wird dieser Aspekt noch ausführlicher erläutert.

Unterscheidungsvermögen (saññā)

Wahrnehmung oder Unterscheidungsvermögen (saññā-kkhandha/saṃjñā-skandha) ist das, was erkennt, konzeptualisiert, benennt, den Dingen Namen und Bedeutung gibt. Dazu gehören alle Abläufe unserer sehr komplexen Wahrnehmungsprozesse, die es uns ermöglichen, aus der Masse von Sinneseindrücken ein sinnvolles Ganzes zu bilden. Es sind die Funktionen des Geistes, die uns schwarz von weiß, das linke vom rechten Auge, Mann von Frau unterscheiden lassen und durch die wir begreifen, dass wir eine Treppe hinauf müssen, wollen wir in unser Schlafzimmer im Obergeschoss gelangen. Auf der bloßen Ebene der Sehwahrnehmung zum Beispiel sehen wir eigentlich nur farbige Flächen, die gewisse Formen bilden. Es bedarf einer unendlichen Anzahl von komplexen Vorgängen, die von der Wahrnehmung eines roten Fleckens zum Gedanken »das ist eine Rose« führen.

Hier die detaillierte Beschreibung eines einfachen Wahrnehmungsablaufs, wie ihn der burmesische Gelehrte Shwe Zan Aung beschreibt:[56] »Damit wir beim

Betrachten einer Rose denken können: ›Ich sehe eine Rose!‹, braucht es eine Anzahl komplexer Abläufe visueller Wahrnehmung. Farben und Formen müssen unterschieden, vom Hintergrund und der Umgebung abgegrenzt werden. Diese vergleichenden Prozesse laufen Hunderttausende von Malen ab, bis ein anderer, der sogenannte synthetische Prozess beginnt. Auch dieser wiederholt sich viele Male und formt aus den einzelnen, abwechselnd vorgestellten Teilbildern das Gesamtbild einer Rose. Dann folgt der Prozess der Sinnerfassung, der sich wiederum über eine gewisse Zeitspanne wiederholt. Ihm schließt sich der Prozess der Namenserfassung an, der dazu dient, einen Namen für diese Erfahrung zu finden. Ist der Name dem Wahrnehmendem bereits bekannt, wie im Beispiel ›Rose‹, können weitere Prozesse ablaufen: Ein Prozess, der ›Konvention‹ heißt, und ein Prozess, der ›Vergleich‹ heißt. Aus diesen beiden Prozessen heraus wird das Urteil gebildet: ›Dies ist eine Rose!‹ Diese komplizierten Prozesse der reproduktiven und konstruktiven Bildwerdung, der Erinnerung, Vorstellung, Unterscheidung, des Urteilens und Klassifizierens folgen einander so schnell, dass die Wahrnehmende glaubt, sie ›sehe‹ augenblicklich eine Rose.«

Es ist Saññā, das es uns ermöglicht, die enorme Masse von Sinneseindrücken, die in jedem Moment auf uns einstürzt, auf eine der Wirklichkeit entsprechende sinnvolle Art und Weise zu interpretieren. Unter dem Einfluss von Täuschung ist es aber auch Saññā, durch das wir uns aus einem dynamischen Fluss von Eindrücken eine Welt erschaffen, die zunehmend solide und beständig erscheint.

Saññā bewirkt auch, dass wir uns zum Beispiel an eine Person und an mit ihr verbundene Ereignisse erinnern können. Eine Person war letzte Woche unfreundlich, also erwarten wir Unfreundlichkeit von ihr, sobald wir ihr wieder begegnen. Nun tritt sie mir aber freundlich entgegen. Das bemerke ich gar nicht mehr, weil ich aufgrund meiner Erinnerung bereits ein unangenehmes Gefühl empfinde und die Person deshalb loswerden möchte. Ich höre ihr kaum zu, wende mich gar ab von ihr. Bin ich mir aber nun meiner unangenehmen Empfindung bewusst und weiß ich, dass sie meiner Erinnerung entspringt, dann kann ich in meinem Impuls, mich abzuwenden, innehalten. Ich kann mich bemühen, für die jetzige Erfahrung offen zu bleiben, trotz der alten Information, die ich in die neue Situation hineintrage, trotz der unangenehmen Gefühlstönung, welche die Erinnerung reproduziert hat.

Bildekräfte (saṅkhāra)

Das vierte Khandha ist jenes der Bildekräfte (saṅkhāra kkhanda/saṃskāraskandha). Der Begriff Saṅkhāra ist uns bereits als Bezeichnung für ›alle geschaffenen, zusammengesetzten Dinge und Wesen‹ begegnet. Hier hat er nun eine etwas andere Bedeutung. Saṅkhāra-kkhandha ist der aktive Aspekt unseres Wesens. Es ist das, was auf Vedanā, die Gefühlstönung, reagiert. Vedanā-kkhandha empfängt die Erfahrung, während Saṅkhāra-kkhandha auf sie reagiert und aktives Tun veranlasst. Vedanā ist vergleichbar mit der Fähigkeit eines fotografischen Filmes, Eindrücke aufzunehmen. Saṅkhāra-kkhandha ist das, was auf die einströmenden Eindrücke antwortet. Es sind die Geistesregungen. Es umfasst sowohl die aktiven als auch die reaktiven Elemente unserer Psyche. Daher wird Saṅkhāra-kkhandha häufig mit ›Bildekräfte‹ übersetzt.

Mit wenigen Ausnahmen zählen alle Geistesfaktoren und -zustände (cetasika/caitta) zu diesen Bildekräften. Sowohl heilsame Gefühle wie Mitgefühl, Liebe, Freude, Vertrauen, Weisheit und Gelassenheit als auch unheilsame Emotionen wie Wut, Hass, Eifersucht, Neid und Verlangen gehören dazu. Aber auch funktionelle Geistesfaktoren wie Sammlung oder Zerstreutheit, Wachheit oder Schläfrigkeit, Ruhe oder Aufregung zählen zu den Bildekräften.

In Saṅkhāra-kkhandha finden wir sowohl die Ursachen für schreckliche Kriege als auch die Grundlagen für beständigen Frieden. Es sind Aspekte des Saṅkhāra-kkhandha, die heilen oder töten, was einzig davon abhängt, ob die heilsamen oder die unheilsamen Geistesfaktoren dominieren. Wir können die heilsamen fördern und die unheilsamen schwächen. Aber wir alle verfügen über die ganze Palette der Geistesfaktoren. Spirituelle Praxis bedeutet, sich in jedem Moment wach und bewusst für die heilsamen Geistesfaktoren zu entscheiden.

Bewusstsein (viññāṇa)

Der fünfte Aspekt ist Bewusstsein (viññāṇa-kkhandha/vijñāna-skandha). Es ist die Fähigkeit des Geistes wahrzunehmen, zu wissen, bewusst zu sein. Viññāṇa wird meist mit Bewusstsein übersetzt. Bewusstsein ist eine sehr mysteriöse Eigenschaft, über die recht wenig ausgesagt werden kann. Es handelt sich nicht um die gedanklichen Vorgänge der Bewusstwerdung, sondern um die bloße Qualität oder Fähigkeit des Wahrnehmens. Eine Definition von Viññāṇa lautet: ›das, was klar ist und wahrnimmt‹. In sich selbst ist es ohne Farbe, ohne Form, ohne Ausdehnung und kann nirgendwo lokalisiert werden.

Einerseits scheint es richtig zu sagen, dass das Bewusstsein alle Dinge reflektieren kann, ähnlich einem klaren Spiegel. Ebenso richtig scheint aber auch, dass das Bewusstsein alle Dinge des Daseins in Erscheinung treten lässt, ohne dass eine objektive äußere Wirklichkeit existiert, ganz ähnlich, wie wir im Traum scheinbar wirkliche Welten und Dramen erschaffen. Da wir nicht aus unserer Wahrnehmung heraustreten können, wird sich nie definitiv klären lassen, ob wir eine reale Außenwelt wahrnehmen oder ob diese Wahrnehmung eine Projektion unseres Geistes ist, vergleichbar der Hindu-Mythologie, wonach die ganze Welt mit all ihren Wesen ein Traum des großen Gottes Vishnu ist.

Wie immer dem auch sei, es lassen sich sechs Bewusstseinsbereiche unterscheiden, die mit den sechs Sinnesorganen in Beziehung stehen, nämlich Seh-, Hör-, Geruch-, Geschmack-, Körper/Tast- und Geist-Bewusstsein. Damit Bewusstsein entsteht, müssen mehrere Bedingungen erfüllt sein. Für das Entstehen eines Seh-Bewusstseins muss das Auge intakt und offen sein, und ein Objekt muss gegenwärtig sein. Weiterhin müssen Licht, Raum und Aufmerksamkeit für das Objekt vorhanden sein. Sobald diese Bedingungen gegeben sind, entsteht Kontakt und damit Seh-Bewusstsein. Ähnliche Bedingungen gelten für alle Bewusstseinsbereiche: Es braucht ein intaktes Organ, ein Objekt und ein verfügbares Bewusstsein. Wenn wir zum Beispiel wach und aufmerksam in einem Raum sitzen und eine Glocke wird angeschlagen, dann wird in uns zwangsläufig die Erfahrung des Hörens, das Hörbewusstsein, entstehen.

Im sechsten Bewusstseinsbereich, dem Geist-Bewusstsein, ist nicht nur die Wahrnehmung der Gedanken, sondern auch der Gefühle und Emotionen mit eingeschlossen. Man kann daher eigentlich vom ›Geist-Herz-Bewusstsein‹ sprechen. Ältere deutsche und englische Übersetzungen sprechen oft nur von Gedanken-Bewusstsein und nicht vom Bewusstsein der Emotionen. Dadurch kann der Eindruck entstehen, dass Emotionen in der buddhistischen Lehre nicht beachtet werden. Tatsächlich wird das Bewusstsein der Gedanken und Emotionen in der buddhistischen Sichtweise unter einem Begriff zusammengefasst.

Dies erweist sich als angemessen, sobald wir die Prozesse des Denkens sowie der Gefühle und Emotionen aus der Nähe betrachten und erkennen, wie eng sie miteinander verknüpft sind. Denken wir zum Beispiel an eine sehr attraktive Person, kann im nächsten Moment Verlangen in uns entstehen. Wenn wir andererseits ein Gefühl von Verlangen in uns spüren, folgt sofort ein Gedanke an ein Objekt, welches wir uns sogleich beschaffen und einverleiben möchten. Dem Bewusstsein von Gedanken und Gefühlen wird der gleiche Stellenwert gegeben wie den anderen fünf Arten von Sinnesbewusstsein.

Die vier Daseinsgruppen oder Khandha, Gefühlstönung (vedanā), Unterscheidungsvermögen (saññā), Bildekräfte (saṅkhāra) und Bewusstsein (viññāṇa) treten nicht unabhängig voneinander auf, sondern sind als unterschiedliche Aspekte von Geist-Herz (nāma) zu verstehen. In jedem Moment der Wahrnehmung sind sie alle vorhanden. Diese Aspekte von Nāma sind vergleichbar mit Wasser, das einerseits einen salzigen Geschmack hat, aber auch flüssig ist, durchsichtig erscheint und sich warm anfühlt. All diese Merkmale sind zwar vom Wasser unterscheidbar, nicht aber davon trennbar. Die Wärme, die Durchsichtigkeit oder die flüssige Natur können nicht voneinander abgesondert werden. Gleichermaßen sind Gefühlstönung, Unterscheidungsvermögen, Bildekräfte und Bewusstsein zwar verschieden, aber nicht voneinander trennbar. Die ersten drei davon sind ›allgegenwärtige Faktoren‹, und Bewusstsein ist das ›Gefäß‹, in dem die Geistesfaktoren auftreten. Körperlichkeit (rūpa) kann, muss aber nicht notwendigerweise Teil des Prozesses sein.

Anattā – der leere Tanz der Khandha

Die fünf Khandha sind Aspekte eines dynamischen, eng verwobenen Prozesses: Unsere persönliche innere und äußere Welt, im Zusammenspiel mit Körper und Sinnesorganen (rūpa), wird durch den Aspekt der ›Gefühlstönung‹ (vedanā) ›erfahren‹ oder ›empfunden‹. Sie wird vom Unterscheidungsvermögen (saññā) geordnet und mit Bedeutung versehen. Durch die Bildekräfte (saṅkhāra) wird aktiv und reaktiv an der Welt teilgenommen. Die Welt wird wahrgenommen, wird bewusst dank des Bewusstseinsaspekts (viññāṇa). Das ist es, was wir sind. Ein komplex verwobener Prozess, ein dynamischer Tanz, eine Symphonie der

Zusammenklänge. Da ist nicht noch ›jemand‹, ein ›Ich‹, das der Prozess selbst ist oder ihn beherbergt. Auch außerhalb dieses Prozesses lässt sich kein separates, unabhängig existierendes ›Ich‹ oder ›Selbst‹ finden. Was wir sind, ist dieses unglaublich lebendige Muster aus zusammenwirkenden Elementen und Funktionen, die in enger Ursache-Wirkungs-Abhängigkeit entstehen – ohne eine statische, solide, fassbare Entität oder ›Ichheit‹ innerhalb der ganzen Darbietung. Und natürlich gibt es auch kein ›Selbst‹ oder ›Ego‹, das wir loswerden müssen, wie viele das oft glauben! Der leere Tanz der Khandha ist es, den wir in der Erkenntnis-Meditation unmittelbar aus nächster Nähe beobachten, um die Illusion eines unabhängigen, kontrollierenden Selbst durchschauen zu können.

Wann immer wir in dieser Erkenntnis ruhen, sind wir frei. Wie es ein Mönch aus Sri Lanka ausdrückte: »Kein Selbst – kein Problem!« Wann immer unser Geist sich mit einem der fünf Khandha identifiziert und daran haftet, glaubend, es sei ›ich‹, ›mir‹ oder ›mein‹, sind wir gefangen – und leiden. Dann könnte man wohl sagen: Viel Selbst – viele Probleme!

Es ist dieser ständig sich wandelnde Prozess selbst, der sich als ›Ich‹ bezeichnet. ›Ich‹ ist eine nützliche Bezeichnung und Redensart. Sie wird erst dann problematisch, wenn wir uns mit den fünf Khandha oder einem Teil davon identifizieren und daran festhalten, als seien sie ›ich‹, ›mir‹ oder ›mein‹. Dabei sind es die Khandha selbst, die bestimmen, was sie als zu sich gehörend betrachten. Es sind vor allem die Dinge im Leben, die ›mich‹ betreffen, ›mich‹ hilfreich unterstützen oder aber ›mir‹ Unangenehmes zufügen. Der Identifikationsprozess ist so komplex und emotional tief verwurzelt, dass es gar nicht einfach ist, ihn zu erkennen. Noch schwieriger ist es, sich ihm zu entziehen. Je stärker die Identifikation ist, desto mehr erleben wir uns als von unserer Umwelt getrennt und fühlen uns entsprechend isoliert und einsam. Je geringer die Identifikation ist, desto schwächer sind die scheinbaren Grenzen, die uns trennen, und desto tiefer werden unsere Gefühle der Verbundenheit und des Aufgehobenseins.

Anhaften schafft Leiden – Loslassen bringt inneren Frieden

Alle Lebewesen, die noch nicht die vollständige Erleuchtung erreicht haben, identifizieren sich mit den fünf Khandha und klammern sich an sie. Erleuchtete Individuen dagegen sind von diesem Festhalten frei. Darin liegt der wesentliche Unterschied zwischen den beiden. Es ist nicht ›jemand‹, der an diesen fünf Daseinsgruppen haftet, sondern die fünf Gruppen haften an sich selbst. Nicht nur funktionieren die Khandha (wir!) auch ohne dieses Anhaften, sondern sie (wir) funktionieren noch viel besser. Je weniger wir anhaften, je tiefer wir annehmen und loslassen, desto mehr schwinden die verschiedenen Formen des Leidens in uns. Befreite Menschen, Arahats und Buddhas, die Anhaften vollständig aufgegeben haben, sind frei von allen Arten geistig-emotionalen Leidens. Sie erfahren vielleicht körperliches Unbehagen oder gar Schmerzen, aber kein inneres Leiden. Ajahn Chah, der große Meister der thailändischen Waldkloster-Tradition sagte: »Wenn du ein wenig loslässt, erfährst du ein bisschen Frieden. Wenn du viel loslässt, erfährst du viel Frieden. Wenn du völlig loslässt, erfährst du völligen Frieden und völlige Freiheit, und dein Kampf in der Welt wird beendet sein.«[57]

5

Saṃsāra – der Kreislauf von Geburt und Tod

Mehr Tränen, als es Wasser gibt in den vier großen Ozeanen, habt ihr vergossen über den Tod von Eltern, Kindern und Verwandten, den Verlust von Besitz und Gesundheit in der langen Zeit des Herumirrens im Saṃsāra.

(Buddha)[58]

Solange die Lebewesen der Verblendung unterliegen und dadurch an den fünf Khandha haften, werden sie endlos wiedergeboren. Dieser Prozess, der die Lebewesen von Geburt zu Tod und wieder zu Geburt treibt, wird Saṃsāra genannt (s. Abbildung). In der Mitte der Abbildung sind die drei Hauptursachen dieses Kreislaufes, nämlich die drei Wurzel-Kilesa Verblendung, Hass und Verlangen versinnbildlicht. Der nächste Kreis veranschaulicht die sechs Lebensbereiche, in denen die Lebewesen wiedergeboren werden. Der Außenkreis stellt den Prozess dar, der den Kreislauf von Geburt und Tod in Gang hält, nämlich das abhängige Entstehen. Erst wenn Lebewesen zu Arahats oder zu Buddhas werden, sind sie vom Prozess des immerwährenden Wiedererscheinens befreit.

Alle anderen Wesen werden vom brennenden Durst nach Existenz in immer wieder neue Daseinsbereiche geworfen. Das Leben kann in diesen sehr leidvoll oder äußerst angenehm sein. Aber selbst im angenehmsten Bereich kommt es wieder zur Erfahrung des Leidens, wenn das Leben dort zu Ende geht. In manchen Bereichen sind die Lebensspannen sehr lang, in anderen sind sie kurz – aber vergänglich sind sie alle.

Saṃsāra – der Kreislauf von Geburt und Tod

Die sechs Daseinsbereiche

In der buddhistischen Lehre werden die Daseinsbereiche als tatsächlich existierende Welten verstanden, in denen die Lebewesen wiedergeboren werden. Es gibt sechs solcher Bereiche, in denen sie endlos wieder erscheinen: die Götterwelt, die Welt der neidischen Titanen, die Menschenwelt, die Welt der Tiere, die Welt der hungrigen Geister und die Höllenbereiche. Welches der Bereich ist, in dem ein Lebewesen wiedergeboren wird, hängt von dessen Taten in früheren Leben ab.

Wer mit der Vorstellung von Wiedergeburt und verschiedenen Existenzformen Mühe hat, kann diese Lebensbereiche auch als symbolische Beschreibungen emotionaler, psychischer Zustände betrachten, die während dieses Lebens erschaffen und erfahren werden.

Auch unser jetziges Leben kann unter schwierigen Umständen zur ›Hölle‹ werden, wenn wir zum Beispiel in eine schwere Beziehungskrise geraten, wenn auf der Arbeit alles schiefläuft oder wir gar Krieg, Hunger oder Naturkatastrophen ausgesetzt sind. Wenn andererseits alles in unserem Leben aufs Erfreulichste läuft und wir uns voller Liebe und großzügiger Offenheit fühlen, sind wir im ›siebten Himmel‹.

Die Höllenbereiche

Aus buddhistischer Sicht werden diejenigen in den Höllen wiedergeboren, die sich häufig in unheilvollen Haltungen wie Hass oder Wut verlieren und diese auch immer wieder in entsprechenden Taten ausleben. Je stärker die Wut, der Ärger oder der Hass, desto höllischer fühlt sich der Seinszustand an. Wenn wir uns Situationen vorstellen, in denen diese Emotionen stark ausgelebt werden, wie etwa während eines Krieges, können wir den Höllencharakter leicht nachvollziehen. Höllen sind aber nicht Orte, an denen man ewig bleiben muss. Nach einer gewissen, allerdings sehr langen Zeit, verlässt man auch sie wieder, um in einer anderen Welt wiedergeboren zu werden.

Menschen, die für kurze Zeit klinisch tot waren, erzählen von sogenannten Nahtoderfahrungen. Die meisten erzählen von wunderschönen Erlebnissen. Es gibt aber auch andere Berichte, wie der eines Mannes, der ein eher unmoralisches

Leben geführt hatte. Während der Zeit des klinischen Todes fühlte er, wie er in die Dunkelheit gezogen wurde, in einen unendlich finsteren, leeren Raum. Bald näherten sich furchterregende Wesen, die versuchten, ihn auseinanderzureißen, was ihn in Angst und Schrecken versetzte. Unversehens erinnerte er sich an ein Gebet aus seiner Kindheit, das er zu rezitieren begann. Langsam begann die aggressive Kraft der angreifenden Wesen nachzulassen. Je länger er betete, desto weniger konnten ihm die Wesen etwas anhaben. Diese Wesen oder bedrohlichen Energien entsprechen unseren eigenen negativen Tendenzen, die wir durch unsere innere Haltung und unser Tun stärken oder schwächen können.

Die hungrigen Geister

Verlangen, Gier und ähnliche unheilsame Emotionen führen uns in die Welt der hungrigen Geister (peta/preta). In Abbildungen sieht man sie als Wesen mit riesigen Bäuchen und winzigen Mündern – eine anschauliche Darstellung für die Natur des Verlangens. Sie können nie genug bekommen, denn durch den winzigen Mund kann nicht genug Nahrung aufgenommen werden, um den riesigen, leeren Magen zu sättigen. Selbst das wenige, das sie sich einverleiben können, verwandelt sich in Feuer, vergleichbar mit dem Brennen des Verlangens. Es ist die ständige Qual, die durch Unzufriedenheit, Gier und Verlangen in uns bewirkt wird. Übertragen wir die Situation auf unser Leben, können wir beobachten, wie ein Gefühl der inneren Armut entsteht, wann immer wir Verlangen und Begierde empfinden. Zwar können diese Gefühle vorübergehend verschwinden, wenn wir bekommen, was wir wollen. Doch sobald das Verlangen wieder eintritt, fühlen wir uns genauso unzufrieden wie zuvor. Verlangen und Gier bewirken, dass wir uns nie zufrieden fühlen, unabhängig davon, wie viel wir erhalten oder besitzen.

Die Welt der Tiere

Die Kraft von Unwissenheit, Verblendung und Täuschung führt zur Wiedergeburt in der Tierwelt. Je nach Intelligenz verfügen Tiere zwar über mehr oder minder große Fähigkeiten, den Anforderungen ihrer Umgebung zu begegnen, doch haben sie keine Möglichkeit, das Leben selbst zu verstehen. Ihnen fehlt die Fähigkeit der Selbstreflexion. Die Tierwelt ist der Bereich der dunklen Triebe und des

Stumpfsinns. Wenn Menschen vorwiegend diesen inneren Tendenzen folgen, begeben sie sich auf die Stufe der Tiere.

Die Höllen, die Welt der hungrigen Geister und die der Tiere gelten als die drei niedrigen Daseinsbereiche. Die drei folgenden höheren Bereiche sind von angenehmerer Natur.

Die neidischen Titanen (asura)

Diese dämonischen Götter, denen es eigentlich sehr gut geht, führen einen ständigen Kampf gegen die höheren, lichten Götter (deva oder sura), deren Glück und Wohlergehen sie mit Eifersucht und Neid erfüllt. Es ist ein Kampf, den sie immer wieder verlieren. So ist ihr Leben trotz allem Überfluss gekennzeichnet von Stress, Neid und Verbitterung. Vielleicht lassen sich die titanischen Kämpfe um Marktanteile, die in der Geschäftswelt geführt werden, mit den Kriegen der Asura oder Titanen vergleichen. In manchen Darstellungen wird diese Domäne auch zu den niedrigen Daseinsbereichen gezählt, weil das Leiden auch dort beträchtlich ist.

Die lichten Götter

Die höheren Götter, die Deva, leben ein Dasein der Freude, des Glücks und der Erfüllung. Sie erleben die vielfältigsten Freuden sinnlicher, künstlerischer, geistiger oder spiritueller Natur. Die höchsten dieser Götter erfahren die Früchte der grenzenlosen Kraft und Glückseligkeit der meditativen Sammlungs- und Versenkungszustände.

Die Beziehungen der Götter untereinander sind harmonisch, und körperliche Leiden sind ihnen unbekannt. Nur Stolz und Arroganz kann ihnen bisweilen etwas Mühe bereiten. Im Götterbereich wiedergeboren zu werden ist das Resultat von ausgeprägt hilfreichem und liebevollem Verhalten.

Auch dieser Daseinsbereich ist auf den psychischen Bereich übertragbar. Wenn wir Vertrauen, Liebe, Großzügigkeit, Mitgefühl und andere positive Gefühle empfinden, fühlt sich das erfüllend und sehr viel ›himmlischer‹ an, als wenn wir voller Wut und Hass sind.

Innerhalb des Götterbereichs existieren 31 verschiedene Welten, die zunehmend angenehmer und subtiler sind. Sechs Welten werden die ›Bereiche der Sinne‹ genannt, in denen die Wesen noch über einen materiellen Körper verfügen und sich an Sinnesfreuden laben. Die Götter der nächsthöheren Bereiche (der Bereiche der ›reinen Form‹) sind ohne materielle Körper. Sie manifestieren sich als Lichtkörper. Hier werden die niedrigeren Sinneserfahrungen von Geruch, Geschmack und Berührung nicht mehr erfahren, um entzückenden Gedanken, Gefühlen, Klängen und Formen Platz zu machen. Noch höher und subtiler sind die Bereiche des Formlosen. In den Bereichen der reinen Form oder des Formlosen wird man nur wiedergeboren, wenn man die Fähigkeit entwickelt hat, tiefe meditative Versenkungsstufen (jhāna/dhyāna) zu erlangen. Niemand gelangt allein durch Zufall oder Glück dorthin.

Wer die Versenkungsstufen der Meditationen von Güte, Mitgefühl, Mitfreude und Gelassenheit zu großer Tiefe entwickelt hat, wird in den Bereichen der Brahma-Welten wiedererscheinen. Diese Meditationszustände werden deshalb Brahmavihāra genannt, ›die Orte, an denen Brahmas verweilen‹. Für schier unendliche Zeiten ruhen diese Wesen in Zuständen tiefster Verbundenheit, Liebe, Mitgefühl, Mitfreude und vollständiger Gelassenheit. Die Lebensspannen sind sehr lang, und das Leben ist äußerst angenehm.

In der höchsten Götterwelt, dem formlosen Bereich, wird man dann erscheinen, wenn man im vorherigen Leben die formlosen Versenkungsstufen (arūpajhāna) gemeistert hat. Die Lebensspannen sind unvorstellbar lang – in Zuständen des unermesslichen, grenzenlosen Friedens. Man spricht hier vom Gipfel des Saṃsāra.

In den Gefilden des großen Glücks und grenzenlosen Friedens besteht die Gefahr, die Praxis zu vergessen. Angesichts des Fehlens jeglicher Schwierigkeiten fällt der Anstoß weg, nach einem endgültigen Ausweg aus dem Kreislauf des Leidens zu suchen. Wenn das Ende der göttlichen Existenz naht, wird spürbar, dass auch diese Daseinsform letztlich nicht befriedigend ist. Aber dann ist es zu spät, um die Zeit in diesem Bereich zur Praxis zu nutzen.

Auch dieser Sachverhalt hat Parallelen in unserem Leben. Wenn es uns gut geht, alles zu unserer Zufriedenheit läuft und wir uns glücklich und frei fühlen, vergessen wir leicht, dass alles vergänglich ist, dass jetzt die optimale Gelegenheit zum Praktizieren wäre und dass uns in schwierigen Zeiten nur eine starke Praxis helfen wird. Um innere Befreiung zu erlangen, genügt es nicht, Liebe, Mitgefühl und Mitfreude zu kultivieren. Vielmehr ist es Weisheit, die Erkenntnis der wahren Natur aller Dinge, welche uns letztlich von den täuschenden, quälenden Emotionen zu befreien vermag. Die tiefen meditativen Versenkungen sind äußerst nützlich und hilfreich, können uns aber nicht endgültig vom Leiden befreien.

Geburt als Mensch

Der sechste Daseinsbereich ist jener der Menschen. Ethisch heilsames Verhalten und Großzügigkeit sind die Voraussetzungen für eine Wiedergeburt in diesem Bereich. Hier finden wir die optimalen Bedingungen für die Praxis. Leiden ist spürbar vorhanden und motiviert uns, einen Ausweg aus Saṃsāra zu suchen. Gleichzeitig ist genügend Bewusstheit möglich, um das Dilemma des Daseins zu erkennen. In der Götterwelt dagegen ist es so angenehm, dass Befreiung vom Leiden überflüssig erscheint. Die Wesen der Höllen wiederum sind derart vom Leiden überwältigt, dass sie völlig davon absorbiert sind. Die Situation des Menschen ist somit der beste Ausgangspunkt, um befreiende Weisheit und großes Mitgefühl zu kultivieren.

Trotzdem ist es äußerst selten, dass die Wesen in diesem Bereich sich um eine spirituelle Entwicklung bemühen. Dazu braucht es ein waches Interesse, das Leben zu verstehen, eine gewisse materielle, politische und gesellschaftliche Freiheit, Begegnungen mit Belehrungen und befreienden Praxis-Methoden sowie die Unterstützung durch spirituelle Gefährten. Finden wir uns in einer derartigen Situation wieder, sollten wir sie als äußerst rar und wertvoll erkennen und sie entsprechend nutzen. Ob wir es tun, hängt allein von unserem Interesse ab. Ist uns eine spirituelle Praxis hier und jetzt nicht allzu wichtig, werden wir die Gelegenheit wohl auch im nächsten Leben nicht wahrnehmen. Räumen wir der spirituellen Praxis aber eine hohe Priorität ein, werden wir höchst wahrscheinlich auch in der nächsten Existenz wieder Gelegenheit haben, sie zu vertiefen.

Die Wurzel aller Mühsal: Die zweite edle Wahrheit – von der Ursache des Leidens

Wie durch ein schlecht gedecktes Dach der Regen eindringt,
so dringt ins Herz des Ungeübten das Verlangen.
(Buddha)[59]

6

Getäuschte Wahrnehmung

Als Ursache unseres Leidens erkannte Buddha eine unserem Geist eigene Unwissenheit (avijjā/avidyā, moha). Diese beeinflusst unsere Wahrnehmung derart, dass wir die wahre Natur der Dinge, das heißt ihre drei Merkmale, nicht sehen können. Unsere Sichtweise der Dinge bestimmt aber maßgeblich unsere innere Haltung, unsere Entscheidungen und Handlungen. Ist unsere Wahrnehmung des Daseins nicht korrekt, können unsere Reaktionen und Handlungen ebenfalls nicht adäquat ausfallen. Es ist diese getäuschte Wahrnehmung, die zu unserem egozentrischen Verhalten, unserem selbstsüchtigen Begehren und unseren unrealistischen Erwartungen führt. Als Folge der verkehrten Wahrnehmung verkennen wir auch, welche Handlungen zu wünschenswerten, positiven Resultaten führen. Stattdessen kultivieren wir oft unheilsame Geisteszustände im festen Glauben, sie würden Glück und Erfüllung mit sich bringen. Dabei ernten wir durch sie viel Leiden. Wollen wir den Kreislauf unseres Leidens beenden, müssen wir unsere getäuschte Wahrnehmung korrigieren. Dazu dienen die Meditationen der Erkenntnis. Hier zeigt sich deutlich, dass die Botschaft des Buddha eine Lehre der Erkenntnis im Hier und Jetzt und nicht, oder nur in gewisser Weise, eine Glaubenslehre ist.

Die vier verkehrten Wahrnehmungen

Die vier verkehrten Wahrnehmungen (vipallāsa) beziehen sich auf folgende Punkte:

1. Was in Wirklichkeit vergänglich (anicca) ist, nehmen wir als unvergänglich wahr (nicca).
2. Was potenziell leidhaft ist (dukkha), sehen wir als Glück bringend und letztlich erfüllend (sukha).

3. Was in Wirklichkeit ohne unabhängige Selbstexistenz ist (anattā, suññatā), halten wir für unabhängig existierend (attā).
4. Was unschön oder gar abstoßend (asubha) ist, sehen wir als lieblich, als schön (subha).

Die erste verkehrte Wahrnehmung

Schnell stimmen wir zu, dass alle Dinge sich ständig verändern und vergehen. Wenn wir auf unsere persönliche Geschichte oder die anderer Menschen blicken, erkennen wir, dass alle immer wieder an Krankheit leiden, alt werden und letztlich sterben müssen. Wir alle haben erfahren, wie unsere Beziehungen zu anderen Menschen immer wieder auseinandergehen, sei es durch persönliche Veränderungen oder durch den Tod. Und doch leben wir mit dem Gefühl, dass es möglich sein sollte, das, was uns lieb ist – Kinder, Eltern, Partner, Freunde, Besitz – zu behalten. Wir erwarten von Gegenständen, dass sie uns erhalten bleiben, solange wir dies wünschen, sei es das Auto, der Computer oder die schöne Vase. Wir erkennen nicht, dass Vergänglichkeit Ausdruck einer unabänderlichen Gesetzmäßigkeit ist. Deshalb hoffen wir, dass wir es irgendwie schaffen werden, für immer zu behalten, was uns lieb ist. Unsere unrealistische Hoffnung wächst aus der spontan verkehrten Wahrnehmung, welche die Dinge als unvergänglich, als bleibend erscheinen lässt. Dabei handelt es sich hier, wie bei allen vier Verkehrtheiten, nicht um ein Missverständnis intellektueller oder verstandesmäßiger Art, sondern um eine gewohnheitsmäßige, emotional tief verwurzelte Täuschung.

Dies zu erkennen kann recht schwierig sein. Oft bemerken wir erst, dass wir an ein dauerhaftes Bestehen geglaubt haben, wenn eine Veränderung eintritt, die uns schockiert. Aber anstatt unsere unrealistische Erwartung als Ursache der Enttäuschung zu erkennen, beschuldigen wir oft andere oder uns selbst für den erlittenen Verlust. Wir glauben, wir müssten nur die Bedingungen verändern, uns stärker anstrengen oder vielleicht mehr Geld ausgeben, und dann blieben uns die Dinge für immer erhalten. Die verkehrte Wahrnehmung weckt in uns die Hoffnung, alle Dinge könnten unveränderlich bestehen, wenn wir es nur richtig machen würden. Die Tatsache der unausweichlichen Veränderung bleibt emotional für uns unfassbar, eben aufgrund der unserer Wahrnehmung innewohnenden Täuschung. Erkenntnis-Meditation dient dem Zweck, diese innere Haltung radikal zu ändern.

Die zweite verkehrte Wahrnehmung

… folgt aus der ersten. Was unbefriedigend und potenziell leidhaft ist (dukkha), sehen wir als Glück bringend und letztlich erfüllend (sukha). Immer wieder glauben wir, dass diese oder jene geschätzte Beziehung oder Situation oder Sache uns eine bleibende Befriedigung geben wird. Anstatt die potentielle Leidhaftigkeit zu sehen, die sich aus der Vergänglichkeit ergibt, suchen wir darin dauerhaftes Glück und Erfüllung. Weil wir diesem Irrtum unterliegen, sehen wir das potenzielle Leiden nicht, das entstehen kann, sobald die Dinge vergehen. Wir können oder wollen nicht akzeptieren, dass keine der Erscheinungen des Daseins je die Macht haben wird, uns dauerhaft glücklich zu machen, selbst wenn uns verstandesmäßig klar ist, dass sie sich ständig wandeln und wieder vergehen. Nach jeder Enttäuschung suchen wir im nächsten Objekt, in der nächsten Erfahrung die erhoffte Sicherheit und Erfüllung. Dabei übersehen wir, dass es nicht an unserer mangelnden Fähigkeit zur Kontrolle, sondern in der Natur der Dinge selbst liegt, dass sie nie genügen können.

Wir gehen essen, die Atmosphäre ist angenehm, das Essen gut, der Nachtisch exzellent, der Kaffee köstlich … und was kommt danach? Was könnten wir heute Abend Aufregendes unternehmen? Auf eine Party gehen? Einen gemütlichen Abend zu Hause? Fernsehen? Und dann? Sind wir müde, wollen wir schlafen. Bald müssen wir wieder aufstehen. Und dann? Frühstück, Zeitung – oder zur Arbeit hetzen. Immer wieder mal ist Befriedigung möglich – aber nie hält sie sehr lange an. Obschon uns diese Tatsache längst bekannt ist, hoffen wir unbewusst doch darauf, dass uns die nächste Erfahrung irgendwie bleibend erfüllen wird. Die Werbeindustrie zum Beispiel lebt davon, dass man ihre Versprechungen entgegen besseren Wissens glaubt. Bewusst oder unbewusst in dieser verkehrten Sichtweise gefangen zu sein ist mühsam – und letztlich sehr leidvoll.

Der Anfang vom Ende des Leidens beginnt, wenn wir das Potenzial aller Dinge erkennen, Leiden in uns zu verursachen, und aufhören, eine unrealistische Befriedigung von ihnen zu erwarten – oder gar zu hoffen, dass das Leben voller Happy Ends sein müsste. Wenn uns das gelingt, können wir die schwierigen

Dinge mit mehr Gelassenheit annehmen und die angenehmen Dinge ziehen lassen, wenn ihre Zeit abgelaufen ist, ohne in Vorwürfe, Beschuldigungen oder andere unheilsame Geisteszustände zu verfallen. Dazu dient eine kontinuierliche, konsequente Meditationspraxis.

Die dritte verkehrte Wahrnehmung

... betrifft die Tatsache, dass wir ein unabhängig existierendes Selbst (attā) wahrnehmen, das es nicht wirklich gibt. Die Täuschung bezieht sich auf uns selbst, die Lebewesen sowie auf alle Dinge. Obschon uns und allen anderen Lebewesen kein unveränderliches, unabhängiges Ich oder Selbst innewohnt, entsteht in uns das Gefühl, wir hätten eine Essenz, ein Selbst, das ewig unverändert bleibt und unabhängig von den äußeren Gegebenheiten existiert. Obschon alle Dinge des Daseins (alle dharma) leer sind von solch unabhängiger Selbstexistenz (anattā, suññatā), verhalten wir uns ihnen gegenüber, als hätten sie eine innewohnende Selbst- oder Eigenexistenz.

Häufig wird diese Gegebenheit mit dem Begriff ›Leerheit‹ umschrieben, unter dem man sich missverständlicherweise oft ein leeres Nichts vorstellt. Dabei bedeutet dies einfach, wie bereits erläutert, dass allen Dingen und Wesen eine von Bedingungen unabhängige, beständige, kontrollier- und fassbare Essenz fehlt.

Solange wir uns mit uns selbst, mit anderen oder mit Dingen identifizieren und sie als getrennt existierende Entitäten erfassen, schaffen wir uns Leiden – ob wir uns dessen bewusst sind oder nicht, ob wir diesen Vorgang verstehen oder nicht. Gerade deshalb ist es so wichtig, diesen Prozess der verkehrten Wahrnehmung in der Meditation zu erforschen und Schritt für Schritt zu durchschauen, wenn wir innerlich freier und erfüllter werden möchten.

Die vierte verkehrte Wahrnehmung

... bezieht sich auf das Vermeiden und Verdrängen der unschönen Aspekte des Daseins, insbesondere jener des Körpers. Wir tendieren dazu, nur die lieblichen und verführerischen Aspekte des menschlichen Leibes zu betrachten und uns mit ihnen zu identifizieren. Dadurch haften wir an unserem und anderer Menschen Körper als einem erstrebenswerten Objekt. Sobald wir aber den gesamten Körper einschließlich seiner – unter der Haut versteckten – nicht-lieblichen Aspekte wahrnehmen, erkennen wir die tatsächliche Situation. Dadurch wird unsere Identifikation mit dem eigenen Körper sowie unser Verlangen nach dem Körper anderer verringert. Verlangen und Anhaften, Geisteszustände, die viel Leiden schaffen können, nehmen ab.

Um die Illusion von der Attraktivität des Körpers zu unterhöhlen, ist es in manchen buddhistischen Ländern üblich, dass Mönche und Nonnen Leichenschauhäuser besuchen und dort Autopsien beiwohnen. In Tibet gehört es zu den Aufgaben junger Mönche, die Verstorbenen zu bestatten. Nach tibetischer Tradition werden die Leichen zerstückelt und den Geiern verfüttert. Beides sind radikale Methoden, sich von sinnlichem Verlangen zu befreien.

Manche Menschen wiederum halten ihren Körper für hässlich und fühlen sich von ihm abgestoßen. Auch diese Abneigung ist Ausdruck einer starken, allerdings negativen Identifikation mit dem Körper und geht weit über das Ziel einer korrigierten Wahrnehmung hinaus. Buddha schlägt vor, dass wir den Körper mitsamt all seiner Teile gelassen und klar betrachten, so wie wir einen Sack voller verschiedener Getreidesorten untersuchen würden. Wir stellen einfach fest, was da ist, ohne daran zu haften und ohne etwas zu verurteilen. Dadurch kann sich unsere negative Verhaftung lösen – ein sehr heilender und befreiender Prozess. Dann können wir unseren Körper wertschätzen und dafür sorgen, dass er möglichst gesund bleibt, ohne dass wir uns ständig mit Aussehen und Erscheinung beschäftigen müssen, ohne in allzu viel Verlangen und Anhaften verstrickt zu sein.

Das Resultat der Verblendung

Diese vier Irrtümer sind das Resultat der unserer Wahrnehmung innewohnenden Unwissenheit (avijjā/avidyā). Unwissenheit, häufig auch als Verblendung bezeichnet, gilt als die Grundwurzel allen Übels in der Welt. Sie verschleiert die Sicht auf die Merkmale des Daseins; die Vergänglichkeit, die potenzielle Leidhaftigkeit, das Nicht-Selbst und die Nicht-Lieblichkeit. Aus dieser Täuschung heraus verhalten wir uns in unrealistischer, nicht der Wirklichkeit entsprechender Weise und schaffen selbst immer wieder die Ursachen für Schwierigkeiten, Konflikte, falsche Erwartungen und Enttäuschungen, kurz: für Leiden.

In der Praxis, sei es in der Meditation oder im Alltag, geht es darum, diese Täuschung durch Erkenntnis zu ersetzen. Wenn wir uns von der verkehrten Wahrnehmung befreien, ändert sich unser Verhältnis zur Wirklichkeit grundlegend – nicht nur auf der intellektuellen Ebene, sondern vor allem auch auf der Gefühlsebene. Erleuchtete Befreiung bedeutet, von dieser Täuschung und ihren leidvollen Konsequenzen vollkommen frei zu sein.

Manche mögen die Aussage, dass alles vergänglich, unzuverlässig und nicht solide sei, als deprimierend empfinden. Dabei wirkt sich aber das Loslassen von unrealistischen Erwartungen sehr erleichternd aus. Wenn wir sehen und akzeptieren, wie sich die Dinge des Daseins verhalten, hören wir auf, gegen den Strom des Lebens anzukämpfen. Dann können wir lernen, mit dem Wandel zu fließen, das Schöne zu schätzen, die Chancen zu nutzen und, wenn sie vergehen, uns ohne Gram der nächsten Situation zuzuwenden.

Die Unwissenheit zu erkennen ist äußerst schwierig, weil sie unserer Wahrnehmung innewohnt und immer schon unsere Erfahrung gefärbt hat. Soweit wir uns in unserem Leben zurückerinnern können, haben wir die Wirklichkeit verkehrt wahrgenommen. Daher ist es schwierig, den wirklichen Sachverhalt zu vermitteln. Es ist so schwierig wie einem Kind, das von Geburt an gelbe Kontaktlinsen trägt, nach vielen Jahren zu erklären, dass das, was es als gelb sieht, in Wirklichkeit weiß ist. Ähnlich schwierig ist es zu verstehen, dass getäuschte Wahrnehmung, mit der wir, ohne es zu merken, aufgewachsen sind, unrealistisch und leidschaffend sein soll.

Eine andere klassische Illustration für Unwissenheit, die dadurch verursachte Täuschung und das daraus entstehende Leiden ist die folgende: Wir betreten einen dunklen Raum, vielleicht eine Höhle. In der Dunkelheit nehmen wir plötzlich etwas Gewundenes wahr, das neben uns auf dem Boden liegt. Sofort denken wir: eine Schlange. Falls sich diese Szene in einem tropischen Land abspielt, wird uns auch gleich klar: Die Schlange ist vielleicht sogar giftig! Wir werden von Panik gepackt, unser Herz beginnt zu rasen, der kalte Schweiß bricht aus. Angespannt und voller Angst verharren wir, ohne uns auch nur einen Millimeter zu bewegen. Nach langem Warten bricht endlich der Tag an. Es wird heller im Raum, und wir erkennen: Die vermeintliche Schlange ist in Wirklichkeit nur ein Seil. Voller Erleichterung atmen wir auf. Die Angst und die Panik, all unser Leiden, verfliegen, und Ruhe und Frieden kehren ein. Das korrekte Erkennen des wirklichen Sachverhaltes hat uns befreit.

Unser Leiden entstand infolge der Dunkelheit und der daraus resultierenden getäuschten Wahrnehmung. Sobald genügend Helligkeit vorhanden war, konnten wir uns aus der Täuschung lösen. Die Dunkelheit in diesem Beispiel illustriert die Unwissenheit, während das Licht das Gewahrsein illustriert, das zu Befreiender Erkenntnis führt. Die Schwierigkeit besteht für uns oft darin, dass wir uns gar nicht umnachtet fühlen und dementsprechend unsere Wahrnehmung auch gar nicht anzweifeln. Wir schaffen uns Leiden, ohne zu wissen, wie und warum.

Verstandesmäßig haben wir die verkehrten Wahrnehmungen wahrscheinlich längst korrigiert. Wir wissen, dass alles vergänglich und daher auf Dauer unbefriedigend ist. Wir verstehen, dass es kein unabhängig existierendes Selbst geben kann, da alle Dinge miteinander in Beziehung stehen und sich gegenseitig bedingen. Aber auf der gefühlsmäßigen Ebene lassen wir uns weiterhin täuschen. Dies merken wir daran, dass wir auf angenehme Erfahrungen meist mit einer Form von Anhaften, auf unangenehme fast immer mit Ablehnung reagieren. Wir haften an einer geliebten Person, selbst wenn diese schon gegangen ist. Wir ärgern uns über einen aggressiven Verkehrsteilnehmer, selbst wenn dieser schon um die nächste Kurve verschwunden ist. Oft tun wir dies selbst dann, wenn wir es uns anders wünschen.

Anstatt anzunehmen, was ist, versuchen wir den Lauf der Dinge zu bestimmen. Daraus folgen all die zahlreichen unheilsamen Verhaltensweisen, Emotionen und Geisteshaltungen, die so viel Leiden für uns und andere schaffen. Unter dem Einfluss von Unwissenheit und Täuschung erkennen wir nicht, welche Handlungen zu positiven und welche zu negativen Resultaten führen. Wollen wir unser Leiden mindern, müssen wir zunächst unseren Geist und seine Reaktionen gründlich erforschen. Genau das tun wir in der Meditation. Dabei lernen wir zu erkennen, welche Geisteszustände unheilsam sind. Wir betrachten sie näher und machen uns mit ihnen vertraut, um uns letztlich schneller von ihnen lösen zu können. Heilsame Geisteszustände wiederum lernen wir als solche erkennen, um sie dann auch weiter zu kultivieren. Auf diese Weise nehmen wir unser zukünftiges Glück und Wohlergehen selbst in die Hand.

7

Unheilsame Geistesfaktoren: Prägende Eigenschaften von Geist und Herz

Die Kilesa sind wie Diebe. Sie lauern uns auf,
um unser Glück und Wohlergehen zu stehlen.
Śāntideva [60]

Um zu verstehen, wie unser Geist-Herz sich selbst Leiden schafft, und um die Möglichkeit der Befreiung zu erkennen, ist es notwendig, die Funktionsweise der sogenannten Geistesfaktoren (cetasika/caitta) klar zu erfassen. Es sind nämlich die unheilsamen Geistesfaktoren (kilesa/kleśa), die alles Leiden verursachen.

Die zahllosen Lehrreden, die Buddha zeitlebens hielt, dienten dem einzigen Zweck, den Menschen verständlich zu machen, wie sie frei von Leiden und glücklich werden können. Die wesentlichen Grundzüge dieser Belehrungen wurden später in Textsammlungen systematisiert. Eine der wichtigsten Sammlungen ist das *Abhidhamma*, ›Höheres Dhamma‹. Darin werden der Geist und seine Funktionen, die Wahrnehmungsprozesse, Praxismethoden, Typologien und vieles mehr analysiert und systematisch dargelegt. Der Inhalt dieser Texte wird zwar traditionell dem Buddha zugeschrieben; im Laufe der Jahrhunderte entstand aber eine Anzahl Varianten und Kompendien, die, entsprechend den philosophischen und praktischen Bedürfnissen ihrer Zeit, die inneren Prozesse in verschiedener Weise einteilen und mittels verschiedener Modelle darstellen.

Es erweitert den Horizont, nicht nur eines dieser Modelle zu betrachten – das der eigenen Tradition, die zunächst als die einzig authentische und richtige erscheinen mag –, sondern sich durch die Verschiedenheit der Sichtweisen inspirieren zu lassen. Dies fordert uns dazu heraus, den eigenen Geist genauer zu betrachten, um selbst zu sehen, wie die Dinge wirklich funktionieren, und zu sehen, was uns bindet und was uns befreit.

Bei der folgenden Betrachtung dieser Geistesfaktoren sollen zwei unterschiedliche, wenn auch in ihren Grundzügen ähnliche Modelle herangezogen werden. Das erste stammt aus dem Abhidhamma der Theravāda-Tradition (s. Anhang) und das zweite aus der Mahāyāna-Tradition (s. Anhang).

Der gelehrte Mönch Nyānatiloka Mahāthera definierte diese Geisteseigenschaften (cetasika/caitta) folgendermaßen: »›Geistesfaktoren‹ oder ›geistige Dinge‹ nennt man die mit dem jeweiligen Bewusstsein verbundenen, gleichzeitig damit entstehenden und durch Anwesenheit des Bewusstseins bedingten geistigen Begleiterscheinungen.« Die Geistesfaktoren umfassen Gefühlstönung (vedanā), Wahrnehmung (saññā) und alle Geistesformationen (saṅkhāra). Um genauer zu sein, müsste man Cetasika daher mit ›Faktoren des Geistes und des Herzens‹ übersetzen, da ja auch Gefühle und Emotionen eingeschlossen sind. ›Faktor‹ ist ebenfalls ein etwas unglücklicher Begriff, da sich kaum jemand etwas darunter vorstellen kann. Aber angesichts der Bandbreite, die das Wort ›Geistesfaktor‹ abdecken muss (von emotionalen über kognitive zu energetischen Funktionen), eignet er sich noch am besten. Solche Listen können nützlich sein, um die Funktionsweise des Geistes verständlich darzustellen. Gleichzeitig muss man wissen, dass sich die lebendige Wirklichkeit solchen sprachlichen Etikettierungen und Katalogisierungen entzieht. Deshalb ist es wichtig, sich darüber im Klaren zu sein, dass das Verhältnis zwischen dem Geist und solchen Modellen ähnlich ist wie jenes zwischen einer Landschaft und den verschiedenen Landkarten. Diese machen vieles vorstellbar, aber sie sind nicht die lebendige Wirklichkeit.

Im Abhidhamma der Theravāda-Tradition werden 52 Geistesfaktoren genannt. Asaṅgas Kompendium des Abhidharma der Mahāyāna-Tradition zählt 51.[61] Die einzelnen Geistesfaktoren werden je nach Modell in verschiedene Gruppen eingeteilt. Dies zeigt, dass entsprechend der Ausrichtung in Meditation und Praxis auch die Darstellung variiert. Eine der Gruppen beinhaltet jene Geistesfaktoren, welche in Geist und Herz schwierige, konfliktgeladene, entfremdende, belastende, beengende, leidvolle Zustände schaffen und leicht auch ethisch unheilsames Verhalten bewirken können. Sie sind die Ursachen des Leidens. Die hilfreichen, verbindenden, lichten, heilsamen Geistesfaktoren (sobhana) werden im Kapitel 13, ›Sobhana – die wunderbaren Qualitäten von Geist und Herz‹, behandelt.

Die unheilsamen Geistesfaktoren (kilesa/kleśa)

Zu den unheilsamen Geistesfaktoren zählen alle täuschenden und quälenden Emotionen und Faktoren des Geistes und des Herzens, die Leiden verursachen (kilesa). Sie werden folgendermaßen definiert: »Unheilsame Geistesfaktoren nennt man die den Geist und das Herz trübenden Leidenschaften.« Die unheilsamen Geistesfaktoren zeichnen sich durch zwei Eigenschaften aus: Ihnen liegt eine getäuschte, ›verkehrte‹ Wahrnehmung zugrunde, und sie sind emotional quälend.

Die Kilesa sind seit anfangloser Zeit in unserem Geist und Herzen vorhanden. Es heißt, dass Buddha mit Hilfe seiner übersinnlichen Kräfte über unzählige seiner früheren Leben zurückblickte, aber nie einen Anfang der Unwissenheit und der daraus entstehenden Kilesa finden konnte. Selbst wenn wir nur unser jetziges Leben betrachten, finden wir keinen Zeitpunkt, an dem die Kilesa noch nicht in uns wirkten. Die Frage, wie, wann und warum der ganze Prozess der Unwissenheit angefangen hat, ließ Buddha absichtlich unbeantwortet mit der Begründung, dass sie uns letztendlich zum Wahnsinn treiben könne. Wir können die Frage einfach nicht beantworten, genauso wenig, wie wir entscheiden können, ob die Henne oder das Ei zuerst vorhanden war. Der Ursprung scheint in der Finsternis der Vergangenheit zu liegen, ob dies nun die Unbewusstheit unserer Kindheit oder die Dunkelheit der vergangenen Äonen ist.

Ermutigend ist jedoch, dass Herz und Geist durch konsequente Praxis von den Kilesa befreit werden können. Darin liegt die ›frohe Botschaft‹ der buddhistischen Lehre, und nur dadurch wird ein Ende des Leidens erst möglich. Es folgt eine Liste der Kilesa, welche anschließend erläutert werden.

Die unheilsamen (akusala) Geistesfaktoren im Theravāda-Modell

1	Unwissenheit, Verblendung	moha	W
2	Schamlosigkeit, Skrupellosigkeit (betrifft die Person selbst)	ahirika	

3	Gewissenlosigkeit, Skrupellosigkeit (betrifft andere)	anottappa	
4	Ruhelosigkeit, Aufgeregtheit	uddhacca	H
5	Anhaften, Verlangen	lobha	W, H
6	Falsche Sichtweise	diṭṭhi	
7	Dünkel, Einbildung	māna	
8	Ablehnung, Hass	dosa	W, H
9	Neid, Eifersucht	issā	
10	Geiz	macchariya	
11	Besorgnis	kukkucca	H
12	Trägheit, Dumpfheit	thīna	H
13	Schläfrigkeit	middha	H
14	Zweifel	vicikicchā	H

Die Geistesfaktoren werden oft in bestimmten Gruppen und Zusammensetzungen genannt. Es sind Gruppen, auf die in Meditation und Praxis besonders geachtet werden soll. Geordnet sind sie nach Eigenschaften, die nach Möglichkeit zu vermeiden, oder Qualitäten, die zu fördern und zu entwickeln sind. Sie sind in obiger Liste folgendermaßen markiert:

H = Die fünf Hemmnisse (nīvaraṇa) (Nr. 4 + 11 sowie Nr. 12 + 13 zählen als je 1 Hemmnis);

W = Die Wurzel-Kilesa (mūla): Es gibt drei unheilsame und drei heilsame Wurzeln. Hier die drei unheilsamen.

Die Wurzel-Kilesa im Theravāda-Modell

Unwissenheit und die direkt daraus resultierenden Eigenschaften von Verlangen und Anhaften einerseits, Ablehnung und Hass andererseits werden als die drei Wurzeln allen inneren Leidens gesehen. Deshalb spricht man von den Wurzeln des Leidens oder den Wurzel-Kilesa. Aus ihnen entspringen die zahllosen weiteren schädlichen, Leid schaffenden Geistesfaktoren. Um uns aus ihrer Macht zu befreien, ist es notwendig, dass wir sie – in der Meditation wie im Alltag – klar erkennen und lernen, auf geschickte Weise mit ihnen umzugehen. In der buddhistischen Praxis wird viel Zeit aufgewendet, ihre Eigenschaften und Funktionsweise zu erforschen und zu erkennen.

- *Unwissenheit, Verblendung* (avijjā oder mȯha): Die Urwurzel aller unheilsamen Geistesfaktoren liegt in der Unwissenheit, der Verblendung. Unwissenheit und die daraus entstehende Täuschung bewirken, dass wir die an sich offensichtlichen Tatsachen der Wirklichkeit nicht richtig erkennen, wodurch wir unangemessen reagieren. Diese Täuschung ruft einerseits die ›vier verkehrten Wahrnehmungen‹ hervor und bewirkt andererseits, dass wir die Wirkung unserer Absichten und Handlungen (kamma/karma) auf uns selbst falsch einschätzen. Unwissenheit selbst wird nicht als quälend empfunden. Sobald wir aber aufgrund der Täuschung mit Verlangen oder Hass auf unsere Erfahrungen reagieren, entstehen emotionales Missbehagen und Leiden. Traditionell wird die Unwissenheit oft als Schwein dargestellt. Wahrscheinlich spricht man Schweinen eine gewisse Weitsicht ab, weil sie meist mit der Nase im Boden wühlen. In gewissen Zusammenhängen wird für Unwissenheit und Verblendung der mit ›avijjā‹ synonyme Begriff ›moha‹ verwendet.

- *Anhaften, Verlangen* (lobha): Verlangen entsteht als Reaktion auf eine angenehme Erfahrung oder auf ein Objekt, von dem wir uns Angenehmes versprechen. Dinge, Personen, Situationen werden als begehrenswert empfunden, worauf Verlangen und Begierde einsetzen. Die tibetische Tradition verwendet den Begriff ›Verschönern‹ (*dro-tog*). Er bedeutet etwa so viel wie ›mit Federn schmücken‹. Wir projizieren attraktive Eigenschaften auf Menschen oder Dinge, worauf Verlangen danach in uns aufsteigt. Dabei können die Objekte der Begierde diesen Eigenschaften im Grunde genommen gar nicht entsprechen. Verlangen – realistisch oder unrealistisch – bedeutet immer Mangel, Unruhe, Unzufriedenheit und ist somit leidvoll. Das Objekt des Begehrens ist, wenn erlangt, meistens angenehm; das Verlangen selbst aber ist es nicht. Dieser Unterschied wird oft erst in der Meditation wahrgenommen.

  Wenn wir etwas Angenehmes erfahren, nehmen wir, bedingt durch Unwissenheit und Täuschung, instinktiv an, wir könnten die angenehme Erfahrung für immer behalten, und haften an ihr. Sobald dieses Angenehme sich aber ändert und verschwindet, reagieren wir mit Unverständnis und versuchen, das bereits vergangene Angenehme festzuhalten. Oft klammern wir uns innerlich an etwas, was bereits vergangen ist – sei es eine geliebte Person oder Beziehung, ein uns teurer Besitz oder eine geschätzte Position oder Situation. Zusätzlich zum Verlust erfahren wir dadurch weiteres Leiden: Enttäuschung, Kummer, Trauer, Einsamkeit, Entmutigung, Bedrückung und mehr. Oft kämpfen wir um den Erhalt oder das Erlangen des Angenehmen um jeden Preis, was zu weiteren unheilsamen Geisteszuständen und Handlungen führt. Verlieren wir das Angenehme trotz all unserer Anstrengungen, versuchen wir voller Verlangen, es zurückzubekommen.

Es werden drei Arten von Anhaften unterschieden: Anhaften an Sinneserfahrungen (kāma-rāga), Anhaften an Erfahrungen des Bereiches der ›reinen Form‹ (rūpa-rāga), Anhaften an Erfahrungen des Bereiches des ›Formlosen‹ (arūpa-rāga) (s. in Kap. 14, ›Der edle achtfache Pfad‹, S. 258 ff.). Alle drei gelten als ›Fesseln des Daseins‹ (saṃyojana) (s. in Kap. 11, ›Die Stufen der Erleuchtung nach dem Theravāda-Modell‹, S. 168 f.).

Anhaften, Verlangen, Gier (lobha) wird im Lebensrad durch einen Hahn symbolisiert. ›Sinnliches Verlangen‹ (kāma-chanda) gilt auch als eines der fünf Meditationshemmnisse (nīvaraṇa).

- *Ablehnung, Hass* (dosa): Wenn wir Unangenehmes erfahren, reagieren wir mit Ablehnung (dosa). Irrtümlicherweise nehmen wir an, diese Erfahrung sei nur da, weil etwas falsch gelaufen ist. Wir sehen nicht, dass unangenehme, ja schmerzhafte Erfahrungen Teil der Natur des Daseins sind. Wir vergessen oft, dass sie vergänglich sind und dass sie auch von selbst vergehen. Dadurch wird unsere Reaktion unverhältnismäßig, und unsere Ablehnung entwickelt sich zu Ärger, Wut, Hass und dergleichen. Aber gerade Ablehnung und Hass schaffen weitere leidvolle Zustände, zusätzlich zur bereits vorhandenen unangenehmen Erfahrung. Im Lebensrad wird Ablehnung, Ärger, Wut durch eine Schlange dargestellt. Ablehnung oder ›Übelwollen‹ (vyāpadā) ist ebenfalls eines der fünf Meditationshemmnisse und gilt als eine der Fesseln des Daseins (saṃyojana).

Im Verstehen der Unwissenheit und der Art und Weise, wie wir auf unsere Erfahrungen reagieren, liegt der Schlüssel dazu, ob wir uns Leiden schaffen oder ob wir uns davon befreien können. Angenehme und unangenehme Erfahrungen entstehen und vergehen gemäß den Gesetzen von Ursache und Wirkung. Die Art und Weise, wie wir auf sie reagieren, geschieht wie von selbst, denn der Geist reagiert entsprechend seinen uralten Gewohnheiten. Auf angenehme Erfahrungen antwortet er gewöhnlich mit einer Form von Anhaften, auf unangenehme Erfahrungen mit einer Form von Ablehnung. Der bloße Wunsch, anders zu handeln, kann diese tiefe Konditionierung nicht auflösen. Wir müssen den Prozess des Anhaftens und Ablehnens und die Art und Weise, wie wir uns dadurch Leiden schaffen, selbst direkt erkennen. Nur dann werden wir wirklich etwas gegen diese Gewohnheit unternehmen können. Dazu braucht es die aufmerksame, gesammelte Präsenz, die wir in der Meditation entwickeln.

Aus den Reaktionen des Anhaftens und des Ablehnens entsteht die ganze Schar unserer unheilsamen, leidvollen Reaktionsweisen und Emotionen. Oft ist es dabei irrelevant, ob wir denken, etwas verändern zu können, oder nicht. Wegen der Unwissenheit leben wir in der Illusion, wir hätten die Kontrolle über unsere Erfahrungen, oder glauben zumindest, wir müssten sie eigentlich haben. Manchmal nehmen wir selbst das Wetter persönlich, obschon uns allen klar ist, dass es sich hier um ein komplexes Zusammenspiel von Bedingungen wie Luftdruckverhältnisse, Feuchtigkeit, Wärmeeinstrahlung und vielem mehr handelt und offensichtlich in niemandes Kontrolle liegt. Immer wieder müssen wir die Erfahrung machen, dass wir das Geschehen doch nicht wirklich kontrollieren können. Wenn wir das, was jetzt, in diesem Moment da ist, voll und ganz annehmen können, entsteht tiefer Friede in unserer Beziehung zum Dasein, und unsere Antwort auf das Geschehen kann weise und mitfühlend sein statt von gewohnheitsmäßiger Reaktivität geprägt.

Die sekundären Kilesa im Theravāda-Modell

Aus den drei Wurzel-Kilesa gehen alle anderen unheilsamen Geisteszustände und Emotionen hervor. Deshalb werden sie sekundäre Kilesa genannt. Die verschiedenen buddhistischen Schulen führen etwas unterschiedliche Aufzählungen an. Tatsächlich scheinen die verschiedenen Listen unvollständig zu sein, vermitteln aber eine gute Vorstellung davon, wie aus den Wurzel-Kilesa unsere leidvollen Emotionen entstehen. Im Modell des Theravāda werden zusätzlich zu den drei Wurzel-Kilesa elf sekundäre Kilesa aufgeführt.

- *Schamlosigkeit und Gewissenlosigkeit* (ahirika und anottappa): Schamlos bedeutet hier, dass es uns egal ist, wie unsere Handlungen auf uns zurückwirken. Wir schämen uns auch nicht für unser unheilsames Verhalten. Gewissenlos bedeutet, dass wir uns nicht um die Auswirkungen unserer Taten auf andere kümmern und uns egal ist, was diese über unser negatives Verhalten denken. Die positiven Entsprechungen dieser beiden Geistesfaktoren, Schamgefühl und Gewissensscheu (hirika und ottappa), werden als die ›Hüter der Welt‹ bezeichnet. Es sind jene Qualitäten des Geistes, die ein ethisches Verhalten überhaupt erst möglich machen. Sind sie in den Menschen einer Gesellschaft präsent, so herrschen Friede und Sicherheit, da die Menschen Skrupel in Bezug auf ihr Verhalten sich selbst und anderen gegenüber empfinden. Schamlosigkeit und Gewissenlosigkeit dagegen drücken sich in Skrupellosigkeit aus, woraus ein ungezügeltes Ausleben der Emotionen ohne Verständnis für die Wirkung der eigenen Taten entsteht.

- *Ruhelosigkeit, Aufgeregtheit* (uddhacca) ist ein rastloser, aufgeregter Zustand von Geist und Psyche, der sich oft auch in körperlicher Unruhe ausdrückt. Seine heilsame Gegenkraft ist ruhevolle Sammlung. Ruhelosigkeit gehört zu den zehn Daseinsfesseln (saṃyojana) und ist einer der Faktoren, die erst mit der vollständigen Erleuchtung entwurzelt werden. Sie ist auch eines der fünf Meditationshemmnisse. Diese Unruhe (wie auch Verblendung und die beiden Arten von Skrupellosigkeit) sind in jedem unheilsamen Bewusstseinszustand vorhanden.

- *Falsche Sichtweise* (diṭṭhi): Eigentlich heißt falsche Sichtweise in der Pāli-Sprache Micchā-Diṭṭhi, denn Diṭṭhi allein bedeutet Sichtweise, Ansicht. Trotzdem wird häufig nur das Wort Diṭṭhi für falsche Sichtweise gebraucht. Diṭṭhi ist dafür verantwortlich, dass sich die fünf Daseinsgruppen (khandha) mit sich selbst identifizieren, sich als völlig vom Rest des Lebens getrennt existierendes Wesen erfassen. Diṭṭhi oder Sakkāya-diṭṭhi bewirkt die verkehrte Wahrnehmung eines Ichs, eines Selbst, das unabhängig von allem anderen zu existieren scheint. Damit zusammen können die ›extremen Sichtweisen‹ des Eternalismus und des Nihilismus auftreten. Im ersten Fall glaubt man, ein Ich oder ein Selbst (oder ein ›höheres Selbst‹) existiere ewig, also auch nach dem

Tod. Im zweiten Fall glaubt man, dass die fünf Daseinsgruppen, die ein Individuum ausmachen, sich beim Tod vollständig auflösen und verschwinden. Beide Fehlannahmen können sehr negative Folgen haben.

- *Dünkel, Einbildung* (māna): Dünkel (māna) hängt eng mit Unwissenheit (avijjā) und Identifikation (diṭṭhi) zusammen. Die Identifikation mit den fünf Khandha oder einem Teilaspekt davon bewirkt ein Gefühl des Abgetrenntseins zwischen uns und anderen. Sobald wir uns als getrennt von anderen erfahren, vergleichen wir, ob wir besser oder schlechter, schöner oder hässlicher, größer, kleiner, netter, intelligenter oder liebenswürdiger sind als andere. Dieser Prozess des Vergleichens ruft Māna hervor, was als Dünkel bezeichnet werden kann. Dieser Dünkel kann sich sowohl als Arroganz wie auch als Minderwertigkeitsgefühl ausdrücken. Minderwertigkeitsgefühle sind einfach die Kehrseite von Arroganz. Die beiden liegen nicht sehr weit voneinander entfernt, ja, sie bedingen sich gegenseitig. Wir können Minderwertigkeitsgefühle nicht lange ertragen, ohne schon bald nach Beweisen für die Minderwertigkeit anderer zu suchen, damit wir uns wieder besser fühlen können.

  Selbst wenn wir uns als gleichwertig empfinden, ist dies ein Ausdruck von Māna, Dünkel, denn auch das Gefühl der Gleichwertigkeit beruht darauf, dass wir uns selbst mit anderen vergleichen. Māna ist also im Grunde das Gefühl des Andersseins, das uns von unserer Umgebung abhebt. Für unser Funktionieren im Leben ist es durchaus sinnvoll, Dinge korrekt unterscheiden und auch sich und andere auseinanderhalten zu können. Das Problem liegt in der emotionalen Ladung, die in das vergleichende Unterscheiden einfließt. Aus dieser negativen emotionalen Involviertheit entsteht weiteres inneres Leiden.

- *Neid, Eifersucht* (issā): Hier geht es um das Unglücklichsein aufgrund des Erfolgs und des Wohlergehens anderer wie auch das Verlangen nach ihrem Besitz und Wohlstand. »Was da mit Hinsicht auf Gaben, Gastfreundschaft, Hochschätzung, Ehre, Verehrung, die den anderen zuteil werden, Neid ist, Neidischsein, Missgunst, Missgönnen: Das nennt man Neid.«[62]

- *Geiz* (macchariya): Geiz ist die Neigung, angenehme Dinge, die einem gehören, zwanghaft zu horten, für sich zu behalten, vor anderen zu verstecken. Es ist die ständig schwelende Angst, nicht genug zu erhalten, zu kurz zu kommen. Immer wenn wir uns darum sorgen, ob noch genug für uns übrigbleibt, anstatt etwas zu verschenken, erfahren wir ein Gefühl der inneren Armut. Die positive Gegenkraft zu Geiz ist Großzügigkeit, welche ein Gefühl von innerem Reichtum schafft, selbst dann, wenn wir wenig besitzen. Geiz kann sich auf materielle Güter beziehen, aber auch auf unsere Zeit, unsere Aufmerksamkeit und Zuwendung für andere und auf unser Wissen und Können.

- *Besorgnis* (kukkucca): Dies sind Gewissensbisse über Unheilsames, das man getan hat, und Bedauern bezüglich des Guten, welches man nicht getan hat. Kukkucca bezieht sich auf Dinge der Vergangenheit. Man macht sich Sorgen aller Art, und der Geist kann nicht zur Ruhe kommen. Besorgnis ist, zusammen mit Ruhelosigkeit, das vierte der ›fünf Meditationshemmnisse‹.

- *Trägheit-Schläfrigkeit* (thīna-middha): Thīna und Middha sind schwer auseinanderzuhalten. Thīna bezieht sich mehr auf körperlich spürbare Auswirkungen von Trägheit, Middha mehr auf ihre mentalen Effekte. Sie beeinflussen sich gegenseitig und werden deshalb zusammen genannt. In der Praxis können sie verschiedene Formen annehmen. Manchmal wirken sie als Müdigkeit, Schläfrigkeit oder Dumpfheit, ein anderes Mal als Trägheit oder Bequemlichkeit. Statt einer schwierigen Situation mit einer hilfreichen Verhaltensweise zu begegnen, beharren wir auf unseren ungeschickten alten Gewohnheiten.

  Interessanterweise wird unter der gleichen Bezeichnung auch Geschäftigkeit verstanden. Gemeint ist insbesondere jene Art von Geschäftigkeit, die uns vom Praktizieren abhält. Thīna-Middha bezeichnet auch die Unflexibilität des Geistes, die wir oft erst wahrnehmen, nachdem wir in etwas längeren Meditationskursen erfahren haben, wie schmiegsam und anpassungsfähig, wach und präsent der Geist werden kann. Thīna-Middha gilt ebenfalls als Meditationshemmnis.

- *Zweifel* (vicikicchā): Skeptischer Zweifel ist die Qualität des Geistes, die zwischen verschiedenen Möglichkeiten hin und her springt, sich nicht entscheiden kann und letztlich in Mutlosigkeit endet: Zweifel an den eigenen Fähigkeiten, Zweifel an denen, die uns lehren und auf dem Weg führen, Zweifel an der Meditation, die wir gerade praktizieren. Wenn wir meditieren und unangenehme Erfahrungen tauchen auf, mögen uns zum Beispiel Zweifel über die Meditationsmethode beschleichen, oder wir stellen in Frage, ob das achtsame Betrachten der Erfahrung des Moments uns jemals der Lösung unserer Lebensprobleme näher bringen kann. Der Zweifel kann uns davon abhalten, einen spirituellen Weg wirklich auszuprobieren. Unser Bemühen wird immer wieder zunichte gemacht, und so sehen wir keine befriedigenden Resultate. Er gilt als das fünfte der Meditationshemmnisse.

  Skeptischer Zweifel ist nicht zu verwechseln mit kritischem Hinterfragen und Erforschen. Dies ist durchaus sinnvoll und förderlich auf unserem Weg. Jene Art des Zweifels, die unsere bisherige Sicht der Dinge in Frage stellt und die Wahrheit über unser Dasein erforschen will, ist gar eine notwendige Kraft in unserem Befreiungsprozess. Vicikicchā verhindert jedoch gerade dieses Erforschen, weil es auch die Schlussfolgerungen des Erforschens selbst anzweifelt.

Die unheilsamen Geistesfaktoren (kleśa) im Mahāyāna-Modell

Asaṅga war einer der großen Gelehrten und Meister des Mahāyāna-Tradition im Indien des 4. Jahrhunderts. Sein *Kompendium der Phänomenologie* (Abhidharmasamuccaya) ist eine der bekanntesten Systematisierungen des Abhidharma-Materials.[63] Zu dieser Zeit war es in Indien in den Mahāyāna-Traditionen üblich, die Sanskrit-Sprache als Grundlage für Texte zu benutzen. Deshalb sind in diesem Kapitel die Begriffe in Sanskrit und nicht in Pāli angegeben

Sechs Wurzeln (mūlakleśa):

1	Unwissenheit, Verblendung	moha, avidyā
2	Falsche Sichtweise	dṛṣṭi
3	Anhaften, Verlangen	rāga
4	Ablehnung, Hass	pratighā
5	Dünkel, Einbildung	māna
6	Zweifel	vicikitsā

20 Sekundäre (upakleśa):

Aus Ablehnung, Hass

1	Zorn	krodha
2	Rache	upanāha
3	Trotz, Arglist	pradāsa
4	Neid	īrṣyā
5	Boshaftigkeit, Grausamkeit	vihiṃsā

Aus Anhaften, Verlangen

1	Geiz, Habgier	mātsarya
2	Selbstzufriedenheit	mada
3	Erregung, Überschwang	auddhatya

Aus Unwissenheit, Verblendung

1	Heuchelei, Verheimlichung	mrakṣa
2	Trägheit, Dụmpfheit	styāna
3	Vertrauenslosigkeit, Misstrauen	āśraddhya
4	Faulheit	kauśīdya
5	Vergesslichkeit	pramāda
6	Unachtsamkeit	musitā smṛti

Aus Anhaften und Unwissenheit

1	Vortäuschung, Scheinheiligkeit	māyā
2	Unehrlichkeit, Schmeichelei	śāṭya

Aus Ablehnung, Anhaften, Unwissenheit

1	Skrupellosigkeit (betr. die Person selbst)	āhrīkya
2	Skrupellosigkeit (betr. andere)	anapatrāpya
3	Falsches Verständnis	asaṃprajanya
4	Zerstreuung	vikṣepa

Die Wurzel-Kleśa im Mahāyāna-Modell

Im Modell des Geistes und seiner Funktionen nach Asangas Abhidharma-samuccaya finden sich, zusätzlich zu Unwissenheit/Verblendung, Anhaften/Verlangen und Ablehnung/Hass, drei weitere Kilesa/Kleśa, die als Wurzeln bezeichnet werden. Es sind Dünkel, Zweifel und falsche Sichtweise. Es lohnt sich, diese nochmals zu betrachten, da hier noch andere Aspekte hervorgehoben werden.

- *Dünkel, Einbildung* (māna): Dünkel hat immer wertendes Vergleichen als Grundlage. Daraus entsteht ein aufgeblasenes, sich überlegen fühlendes Selbst, mit dem sich der Geist identifiziert. Auf andere wird herabgeschaut, und keine höheren Tugenden können verwirklicht werden. Diese Form von Einbildung führt zu Neid gegenüber Höhergestellten, Konkurrenzdenken gegenüber Gleichgestellten und Arroganz gegenüber Untergeordneten. So wird es unmöglich, von anderen zu lernen. Auch das Gefühl, besonders stark, geschickt oder gescheit zu sein, ist eine Form von Dünkel; ebenso wie das eigene unethische, unheilsame Verhalten als gut und ethisch zu sehen oder sich einzubilden, spirituelle Verwirklichungen zu haben, über die man im Grunde genommen nicht verfügt, ist Dünkel.

  Zu glauben, man sei besonders schwach, unintelligent oder wertlos, ist eine Form von verkehrtem Dünkel. Wenn wir aber bereit sind, in würdiger Weise Demut zu kultivieren, wird es uns leicht fallen, Tugenden und Erkenntnisse zu verwirklichen. Dünkel bezieht sich hier auf jede Art von Einbildung, der aus sozialem Status, Besitz, Wissen, Aussehen oder Ähnlichem resultiert.

- *Zweifel* (vicikitsā): Mit Unentschlossenheit und Zweifel ist hier der Zustand des Misstrauens gemeint, der die Grundlagen der spirituellen Praxis in Frage stellt und zu deren Verneinung neigt. Es ist Zweifel am Gesetz von Ursache und Wirkung unseres Handelns (karma), an den vier edlen Wahrheiten und an der Möglichkeit der Befreiung. Es ist Zweifel an Buddha (dem Erwachen aus der Verblendung), Dharma (Erkenntnis der Wirklichkeit) und Sangha (verwirklichte Menschen). Es ist dieser Zustand des Wankelmutes und der Unentschlossenheit, der die Entfaltung heilsamer Geisteszustände behindert und zur geistigen Verwirrung beiträgt, welche als eines der sechs Wurzel-Kleśa gesehen wird.

- *Falsche Sichtweise* (dṛṣṭi): Falsche Sichtweise bezieht sich auf die Überzeugung, es gebe ein unabhängig existierendes Selbst, und auf andere irrtümliche Meinungen über die Natur des Daseins. Dazu zählt die Ansicht, dass ein allmächtiges Wesen außerhalb dieses Daseins existiere. Einige der großen Religionen gründen auf dieser Annahme. Eine andere falsche Ansicht ist zu glauben, dass unsere Taten keine Wirkung auf uns selbst haben (karma) und nach dem Tod nicht weiterwirken. Diese Sichtweise ist hierzulande aufgrund unserer wissenschaftlich geprägten Einstellung recht weit verbreitet; nur was direkt sicht- und messbar ist, wird anerkannt.

Der Grund, warum diese falschen Sichtweisen als Wurzel-Kleśa gesehen werden, liegt darin, dass sie unsere ganze Praxis hemmen, ja zum völligen Stillstand bringen können. Wenn wir an ein Wesen glauben, das tatsächlich allmächtig ist, müssen wir davon ausgehen, dass wir selbst zu machtlos sind, um irgendetwas verändern oder verbessern zu können, weshalb wir uns in der Folge nicht genügend um unsere innere Entwicklung bemühen.

Sind wir der Ansicht, dass unsere Taten jetzt oder in der Zukunft keine Wirkung auf uns selbst haben, wird es uns ebenfalls nicht sinnvoll scheinen, an unserer inneren Entwicklung zu arbeiten.

Wenn wir Zweifel haben darüber, wie es sich tatsächlich verhält mit diesen Dingen, kann es angemessen sein, eine agnostische Haltung einzunehmen. Das heißt, dass wir die Mittel und Methoden ausprobieren und anwenden, von denen gesagt wird, dass sie uns Nutzen bringen und uns transformieren, um dann aus eigener Erfahrung beurteilen zu können, ob sie wirken oder nicht.

Die sekundären Kleśa (upakleśa) im Mahāyāna-Modell

Die Liste der unheilsamen Geistesfaktoren und Emotionen, die aus den Wurzel-Kleśa entstehen, ist hier etwas länger. Sie kann uns helfen, weitere Facetten dieser Leid schaffenden Eigenschaften des Geistes und Herzens zu erkennen und ihnen mit mehr Aufmerksamkeit und Klarheit zu begegnen, um ihnen weniger ausgeliefert zu sein und uns letztlich davon zu befreien.

Aus Ablehnung und Hass entstehen: Zorn, Rache, Trotz/Arglist, Neid, Boshaftigkeit/Grausamkeit.

Aus Anhaften und Verlangen entstehen: Geiz/Habgier, Selbstzufriedenheit, Erregung/Überschwang.

Aus Unwissenheit und Verblendung entstehen: Heuchelei/Verheimlichung, Trägheit/Dumpfheit, Vertrauenslosigkeit/Misstrauen, Faulheit, Vergesslichkeit, Unaufmerksamkeit.

Aus beidem, Anhaften und Unwissenheit, entstehen: Vortäuschung/Scheinheiligkeit, Unehrlichkeit/Schmeichelei.

Aus allen drei Wurzeln entstehen: Skrupellosigkeit (betrifft die Person selbst), Skrupellosigkeit (betrifft andere), falsches Verständnis, Zerstreuung.

- *Angst und Schuldgefühle*: Interessant ist auch zu sehen, dass einige unheilsame Geistesfaktoren in diesen Listen fehlen. Die auffälligsten sind Angst und Schuldgefühle. Es sind unzählige Versuche gemacht worden zu erklären, warum diese und andere Eigenschaften nicht aufgeführt sind. Ich möchte hier nicht darauf eingehen. Viel wichtiger ist es, sich auch dieser schwierigen, Leid schaffenden Emotionen bewusst zu werden, wann immer sie in uns wirken.

  Furcht und Angst sind eine Form von Abneigung gegenüber möglichen zukünftigen unangenehmen Erfahrungen. Schuldgefühle sind eine Form von Aversion gegen sich selbst, wenn man eine unheilsame Tat begangen hat. Man scheint sich durch diese intensiv aggressiven Gefühle selbst bestrafen zu wollen, wohl in der Hoffnung, dass man sich nach getaner Buße wieder gut fühlen darf. Wie mit allen Geistesfaktoren führt auch hier das wiederholte Anwenden zu einer immer tieferen Gewohnheit, die wir letztlich nur noch sehr schwer loswerden können. Viel hilfreicher, als sich schuldig zu fühlen, ist es, eine unheilsame Tat zu bereuen, weil wir klar erkennen, dass ihre Wirkung auf uns und andere schmerzhaft ist, sich zu vergeben und zu beschließen, sie in Zukunft bestmöglich zu vermeiden.

Die Geistesfaktoren verursachen die karmische Wirkung

Es sind nicht die äußeren Umstände, sondern letztlich die Eigenschaften, Gemütsbewegungen und Funktionen von Herz und Geist, eben die heilsamen und unheilsamen Geistesfaktoren (cetasika/caita), die karmisch wirken und somit einen entscheidenden Einfluss auf unser ganzes Leben ausüben. Dabei sind es die unheilsamen (akusala/akuśala) die Kleśa, welche in diesem Dasein Frustration und inneres Leiden schaffen. Deshalb werden sie als die Diebe des Glücks und der inneren Freiheit bezeichnet. Sie stehlen unser Anrecht auf ein Leben frei von Leiden und in Freiheit. Wir selbst sind es, die dies zulassen und ihnen immer wieder alle Türen und Tore öffnen.

Die Kleśa werden als unheilsam oder negativ bezeichnet und nicht als böse oder schlecht, denn in ihrer Gegenwart werden wir nicht zu schlechten Menschen. Die Bezeichnung ›unheilsam‹ weist darauf hin, dass immer dann, wenn die unheilsamen Kleśa unser Denken, Reden und Handeln leiten, leidvolle Resultate daraus folgen. Dies entspricht karmischen Gesetzmäßigkeiten. Niemand bestraft oder belohnt uns, niemand entscheidet darüber, ob wir gute oder böse Menschen sind. In diesem Sinne liegen unser Leiden sowohl wie unser inneres Glück und Wohlergehen in unserer eigenen Hand.

8

Karma – das Gesetz von Ursache und Wirkung unseres Tuns

Spricht oder handelt eine Person aus unheilsamen Geisteszuständen heraus,
folgt ihr Leiden, so wie der Wagen dem Ochsen folgt, der ihn zieht.
Spricht oder handelt eine Person aber aus heilsamen Geisteszuständen heraus,
folgt ihr Freude, so sicher wie ihr eigener Schatten ihr folgt.
(Buddha)[64]

Die Wirklichkeit aller Dinge kann von zwei Seiten betrachtet werden: als kausales Entstehen oder Prozess von Ursache und Wirkung einerseits und als Leerheit von unabhängiger Selbstexistenz andererseits. Auf den ersten Blick scheinen sich diese zwei Aspekte zu widersprechen. Entweder spricht man von Erscheinung und Wirkung oder man spricht von Leerheit. Tatsächlich sind aber beides Aspekte der gleichen Wirklichkeit, wie die zwei Seiten ein und derselben Münze. Es ist außerordentlich wichtig, beide zu verstehen und zu erkennen, wie sie voneinander durchdrungen sind.

Die Dinge dieses erscheinenden Daseins – materieller, psychischer oder geistiger Art – entstehen und vergehen in Abhängigkeit von Ursachen und Bedingungen. Was in solch dynamischer Art entsteht und sich ständig wandelt, kann keine unabhängig existierende, bleibende Substanz in sich haben. Es ist ›leer‹ von unabhängiger Selbstexistenz.

Unsere Wahrnehmung unterliegt aber gerade in diesen Punkten einer schwerwiegenden Täuschung. Wir glauben, die Dinge würden auf substanzielle, festhaltbare Art in sich selbst existieren, und tendieren entsprechend dazu, sie festzuhalten, ihnen anzuhaften, sie definitiv unter Kontrolle bringen zu wollen. Besonders stark identifizieren wir uns mit dem Gefühl und der Vorstellung eines unabhängig existierenden Ichs. Diese Täuschung, die dritte der vier verkehrten Wahrnehmungen, bildet die Hauptursache für all unser Leiden.

Die tatsächliche Seinsweise aller Dinge richtig zu verstehen bedeutet zu erkennen, dass abhängiges Entstehen durch Ursache und Wirkung (kamma/karma) und Leerheit von unabhängiger Selbstexistenz (anattā oder suññatā) die gleiche Wahrheit verkörpern. Das Erkennen der Nicht-Selbstexistenz hat auch das Sehen des abhängigen Entstehens zur Folge und umgekehrt. Das eine folgt unweigerlich aus dem anderen.

Wie dieser dynamische Prozess von Ursache und Wirkung funktioniert, wird sichtbar, wenn man die zwölf Glieder des abhängigen Entstehens und das Gesetz des Karma versteht. Die dynamische Gesetzmäßigkeit des karmischen Ursache-Wirkung-Prozesses zu verstehen kann uns nicht nur helfen, Leiden zu vermeiden und Glück und Wohlergehen zu schaffen, sondern es kann auch ein Meilenstein auf dem Weg zur befreienden Erkenntnis der Leerheit sein.

Alles Dasein ist ein dynamischer und gesetzmäßiger Prozess von Ursache und Wirkung. Alle Dinge des Daseins haben eine Ursache und werden ihrerseits zur Ursache von etwas anderem. Ein Samen wird zur Blume, die Blume wird zu Kompost. Oder wir erhalten ein Lob, fühlen uns offen und leicht und reagieren deshalb mit Gleichmut auf die Nachricht, unsere schönste Blumenvase sei zerschlagen worden. Anderntags werden wir getadelt, fühlen uns enttäuscht und gekränkt und reagieren deshalb auf eine ähnliche Nachricht mit Ärger und Verdruss. Sei es im physischen oder im psychischen Universum, jeder Moment, jedes Ereignis, jede Erfahrung bedingt die nächste. Der gleiche Prozess von Ursache und Wirkung ist auch auf der ethischen Ebene unseres Denkens, Redens, und Tuns am Werk. Es ist das Gesetz des Karma.

Unser Tun wirkt

Karma (pāli: kamma) heißt Handeln oder Tun und bezieht sich auf die Absicht, die unser Tun motiviert. All unser Tun wirkt sich auf die Art unserer Erfahrungen in der Zukunft aus. Dabei geht es weniger um die Wirkung, die unsere Tat auf andere hat, als vielmehr um den Effekt, den unsere Handlungen auf uns selbst ausüben. Die Wirkung unseres Verhaltens gleicht der Absicht, die uns zu diesem Verhalten veranlasste. Grundsätzlich führen unheilsame Absichten beim Verursacher zu unangenehmen, schmerzhaften Resultaten, heilsame Absichten hingegen zu angenehmen. Ein bekannter Ausspruch Buddhas lautet: »Wenn eine Person aus einem unheilsamen Geisteszustand heraus spricht oder handelt, wird Leid ihr folgen, so wie das Rad des Wagens dem Ochsen folgt, der ihn zieht. Wenn eine Person aus einem heilsamen Geisteszustand heraus spricht oder handelt, folgt ihr Freude, so sicher wie ihr eigener Schatten ihr folgt.«[65]

Die heilsame oder unheilsame Energie, die wir in eine Situation hineinlegen, wirkt auf uns zurück. Folgende Beispiele finden sich in der buddhistischen Literatur: Liebevolles und gütiges Handeln bewirken, dass wir uns im nächsten Leben in angenehmen Situationen wiederfinden oder ein schönes Aussehen haben. Hass und Wut ziehen schwierige Situationen nach sich und haben ein hässliches Aussehen zur Folge. Geiz endet in Armut und innerer Bedürftigkeit, während Großzügigkeit Reichtum bewirkt. Das Bemühen um Aufmerksamkeit und Gewahrsein, das Interesse an der Erforschung der wahren Natur der Wirklichkeit schaffen eine starke Prädisposition für Intelligenz und Weisheit. Dies trifft nicht nur auf zukünftige Leben, sondern zum Teil bereits auf das jetzige zu. Dabei hängt die zukünftige karmische Wirkung vor allem von der Absicht ab, die zur Tat führt.

Missverständnisse

Die Gesetzmäßigkeit von karmischen Prozessen ist eine sehr komplexe, dynamische Angelegenheit, und die Beispiele, die in der Literatur genannt werden, können nur auf die Funktionsweise hindeuten. Auch lässt sich nicht jede Erfahrung auf Karma zurückführen. Die gesellschaftlichen Verhältnisse, die physischen Gegebenheiten sowie andere Einflüsse bestimmen, ob eine karmische Saat aufgeht und ob daraus ein kleines Pflänzchen oder ein großer Baum entsteht. Karma ist keinesfalls so deterministisch, wie das bisweilen gelehrt wird. Der Lebensprozess ist ein offenes, dynamisches System, in dem die Absicht einen überragenden Einfluss hat, aber nicht ausschließlich alles Werden bestimmt.

Zu kurzsichtig wird manchmal auch der Schluss gezogen, dass jeder seine karmischen Resultate erfährt und diese entsprechend auch verdient hat. Leicht gelangen wir dabei zu der Ansicht, dass wir uns um Ungerechtigkeiten und das Leiden anderer nicht zu kümmern brauchen. Dabei sind wir gerade hier aufgerufen, Mitgefühl zu entwickeln und in die Tat umzusetzen.

Die vier Komponenten einer Tat, die ihr karmisches Resultat bestimmen

Die folgende Erklärung kann uns darin unterstützen, klar zu verstehen, worauf es in unserem Denken, Reden und Tun ankommt, wenn wir in und um uns herum auf wirkungsvolle Weise Leiden vermeiden und Glück schaffen wollen.

Eine Tat gilt als karmisch vollständig, wenn sie folgende vier Komponenten aufweist: An erster Stelle wirkt die Absicht, die hinter der Tat steht. Zweitens muss die Tat auch wirklich durchgeführt werden. Drittens muss sie erfolgreich zu Ende geführt werden. Schließlich braucht es, viertens, die Bejahung der Tat, die Befriedigung und Freude an ihrem Gelingen. Fehlt mindestens einer dieser vier Faktoren, so ist die karmische Rückwirkung auf den Täter, die Täterin schwächer. Entsteht zum Beispiel nur der gedankliche Vorsatz einer Tat, die Ausführung unterbleibt aber, so ist nur die erste Komponente, die Absicht, gegeben und die karmische Wirkung fällt relativ gering aus. Gedanken haben eine relativ geringe karmische Kraft, solange sie nicht ausgedrückt werden. Allerdings dürfen wir nicht vergessen, dass es unsere Gedanken sind, die unsere Handlungen lenken, und wenn sie sich häufig wiederholen und wir ihnen Glauben schenken, werden sie sehr machtvoll. Daher ist die Qualität und Konstanz unserer Gedanken doch von großer Bedeutung.

Anders ist es, wenn wir aus einer Absicht heraus handeln, die Tat vollbringen, sie aber anschließend bereuen. Der vierte Faktor weist hier in die Gegenrichtung, und die Wirkung der Tat wird sich schwächer auswirken.

Das folgende Beispiel aus der buddhistischen Literatur illustriert dies: Aus großzügiger Gesinnung heraus lud ein Mann einen erleuchteten Mönch zu einem reichlichen Mal und hatte zunächst große Freude daran. Doch nachdem der Mönch gegangen war, bereute der Mann seine Gabe. Als Resultat seiner Großzügigkeit wurde ihm während der folgenden sieben Leben großer Reichtum zuteil. Doch weil er seine Gabe anschließend bereut hatte, konnte er sich während dieser sieben Leben nicht seines Wohlstands erfreuen. Die vier Faktoren wirken also bei heilsamen wie auch bei unheilsamen karmischen Prozessen.

Die Absicht, der zentrale Faktor

Der wichtigste Faktor für das resultierende Karma ist aber die Motivation, die Absicht hinter der Tat. Sie bestimmt die Qualität der karmischen Handlung, während die anderen drei Aspekte die karmische Kraft mindern oder intensivieren. Die zentrale Stellung der Absicht lässt sich anhand des folgenden Beispiels verdeutlichen: Ein Verbrecher stürzt sich voll schlechter Absichten auf eine Person, sticht sie mit dem Messer nieder, beraubt sie, flüchtet, und die Person stirbt. Andererseits können wir uns einen Chirurgen vorstellen, der eine Person mit seinem Messer operiert in der Absicht, ihr Leben zu retten, wobei aber der Patient unglücklicherweise – und nicht durch das Verschulden des Chirurgen – stirbt. In beiden Fällen sind Handlung und Ergebnis ähnlich: Jemand kommt unters Messer und stirbt. Doch das daraus resultierende Karma ist völlig verschieden, weil eine ganz andere Absicht zur Tat führte. Der Verbrecher muss mit leidvollen Erfahrungen in der Zukunft rechnen. Der Chirurg kann, vorausgesetzt, seine Motivation war tatsächlich eine mitfühlende, mit angenehmen karmischen Ergebnissen rechnen.

Verantwortung

Ob die Absicht, die hinter einer Tat steht, bewusst ist oder nicht, spielt dabei keine Rolle. Im Gegenteil: Die Tat im Affekt wirkt ebenso. Unwissenheit verstärkt die karmische Kraft, anstatt sie zu mindern. Wenn wir uns über die negativen Auswirkungen einer Handlung im Klaren sind, können wir etwas dagegen tun und uns diesbezüglich ändern. Handeln wir aber vollständig unbewusst, werden wir unheilsame Taten womöglich noch schätzen.

Bei der Bewusstwerdung der Gesetzmässigkeit von Karma als wesentlichem Aspekt unserer spirituellen Praxis geht es nicht um die Erfüllung von moralischen Ansprüchen, nicht um die Frage von Gut und Böse. Es geht vielmehr darum zu erforschen, wie Herz und Geist funktionieren, wie wir uns Leiden schaffen und wie wir dies verhindern können. Es geht nicht darum zu klären, wer wie viel moralische Verantwortung für eine begangene Tat trägt. Karma ist einfach eine Gesetzmäßigkeit, die von selbst abläuft. Es ist also unbestechlich. Niemand hat Macht und Einfluss über Karma, außer wir selbst in dem Moment, in dem wir es erschaffen. Buddha sagte: »Selbst wenn Feuer kalt würde, wenn man den Wind mit einem Lasso einfangen könnte, wenn Sonne und Mond auf die Erde herunterfielen: Das Karma-Gesetz ist unbestechlich.«[66] Wir werden ernten, was wir gesät haben. Aber wir werden nicht die Früchte von karmischen Taten erfahren, die wir nicht begangen haben. Wie wir jetzt handeln, bestimmt, was wir in der Zukunft erfahren werden. In diesem Sinne liegt unsere Zukunft in unserer eigenen Hand!

Taten, die wir nicht verhindern können, aber auch nicht beabsichtigen, sind karmisch kaum wirksam, wie ein Beispiel aus den Schriften illustriert: Ein Mönch, der bereits vollständige Erleuchtung verwirklicht hatte, praktizierte Gehmeditation im Wald eines Klosters. Da er blind war, zertrat er dabei immer wieder Ameisen, die seinen Weg kreuzten. Die anderen Mönche im Kloster sahen dies und beschwerten sich beim Buddha darüber, dass dieser Mönch töte und dadurch negatives Karma anhäufe. Buddha aber erwiderte, dass in diesem Fall Karma nicht in gleicher Weise wirke, da diesem Mönch jegliche Absicht fehle, die Ameisen zu zertreten. Im Gegenteil, statt eine aggressive oder nachlässige Haltung zu hegen, sei dieser Mönch erfüllt von Wohlwollen und Mitgefühl. In diesem Fall wirke allein die Gesinnung und nicht die Tatsache, dass er die Ameisen töte.

Das ist sehr beruhigend, denn der Besitz eines menschlichen Körpers bedeutet zwangsläufig, dass wir immer wieder unabsichtlich Leben nehmen. Wie sehr wir uns auch anstrengen, vermeiden lässt es sich nicht, sei es bei der Nahrungsaufnahme, beim Wohnungsbau, während der Gehmeditation. Das bedeutet nicht, dass wir uns achtlos verhalten können, ohne dass dies Auswirkungen hat, denn Achtlosigkeit rührt von einer gewissen Geringschätzung des Lebens her. Vielmehr geht es um die innere Haltung. Immer dann, wenn wir uns über die karmischen Konsequenzen einer Handlung im Unklaren sind, können wir uns ganz ehrlich fragen, was die Absicht ist, die dahintersteckt. Meist wird uns dann klar, ob die Handlung heilsam ist oder nicht.

Die zehn unheilsamen Handlungen

Traditionell werden zehn unheilsame (akusala) Handlungen erwähnt, die man möglichst vermeiden sollte. Dabei geht es in diesem Zusammenhang erst einmal um die karmischen Auswirkungen auf unser eigenes Wohlergehen. Wir sollten daher untersuchen, wie diese Handlungen auf uns wirken. Drei Gruppen von Handlungen werden unterteilt in:

Die drei körperlichen Handlungen

- Töten und Verletzen von Lebewesen, motiviert von unheilsamen Absichten wie Wut, Hass, Gier, Verlangen oder Täuschung.
- Stehlen oder Nehmen, was uns nicht gehört, veranlasst von Verlangen oder Anhaften.
- Sexuelles Verhalten, das andere – einschließlich Dritter – verletzt. Wenn wir prüfen, ob wir eigennützig motiviert sind oder ob wir es an Sensibilität mangeln lassen, können wir erkennen, was verletzend wirkt und was nicht.

Die vier verbalen Handlungen

- Lügen und Unehrlichkeit aller Art.
- Verleumdung, schlecht über Dritte reden.
- Grobes, verletzendes Reden, Fluchen, beißende Ironie, Zynismus und Ähnliches.
- Sinnloses Geschwätz und Klatsch. Es verletzt meistens niemanden, doch verschwenden wir sehr viel Zeit und Energie damit. Es kann aber durchaus Situationen geben, in denen es hilfreich ist, ein oberflächliches Gespräch zu führen, um Kontakt zu knüpfen, jemanden einzubeziehen oder aufzumuntern. Auch hier ist es die Motivation, die bestimmt, ob die Handlung heilsam oder unheilsam ist.

Die drei Aktivitäten des Geistes

- Schüren von Habsucht und Begehren.
- Hegen von Böswilligkeit und Groll.
- Falsche Sichtweise.

Falsche Sichtweise kann sich auf Buddha, Dharma und Sangha, auf Karma und Wiedergeburt, auf die vier edlen Wahrheiten oder auf Selbstexistenz und anderes beziehen. Was sich hier ein wenig wie eine Anzahl von Glaubensfragen anhören kann, weist tatsächlich auf eine tiefe Auseinandersetzung mit der Wirklichkeit hin.

Falsche Sichtweise in Bezug auf Buddha, Dharma und Sangha bedeutet, dass wir die Möglichkeit des Weges zur inneren Freiheit verneinen. Wir hegen irrtümlicherweise die Meinung, Erwachen (Buddha) sei nicht möglich, einen Weg (Dharma) gäbe es nicht oder dieser Weg führe zu nichts, und dementsprechend gäbe es auch keine Gemeinschaft von verwirklichten Menschen (Sangha), von denen wir Inspiration und Unterstützung auf dem Weg erhalten können. Wenn wir glauben, es gäbe keine Befreiung, keine Befreiten und keinen Weg dahin, dann ist es auch sinnlos, sich in Meditation oder spiritueller Praxis zu üben, und wir bleiben in Täuschung und Leiden stecken – eine Sichtweise mit katastrophaler Auswirkung!

Falsche Sichtweise in Bezug auf Karma und Wiedergeburt bedeutet, die Wirkung unseres Tuns auf uns selbst nicht zu erkennen. Wir glauben, dass unser Tun weder in diesem noch in einem zukünftigen Leben Konsequenzen für uns haben wird, und laufen dadurch Gefahr, in verantwortungsloser Weise zu handeln. Dies kann verheerende Folgen haben, selbst wenn es keine zukünftigen Leben geben sollte, weil es dann sinnlos und irrelevant erscheint, hier und jetzt positive Qualitäten zu entwickeln, unheilsame Eigenschaften zu vermindern und ebensolche Taten zu vermeiden.

Falsche Sichtweise in Bezug auf ein unabhängig existierendes Selbst – in uns selbst, in den Lebewesen, in den Dingen oder irgendwo sonst in diesem Dasein – bedeutet, dass wir uns weiterhin durch Identifikation verstricken, an den Dingen haften und festhalten und somit endloses Leiden schaffen werden.

All diese unheilsamen Handlungen gilt es zu vermeiden. Wir können sie als Verhaltensrichtlinien wörtlich nehmen und umsetzen, aber auch ihre tieferen Auswirkungen erforschen und so immer subtilere Formen der Ablehnung, Gier und Unwissenheit erkennen. Dabei entdecken wir, dass es weit mehr unheilsame Handlungen gibt als diese zehn. Zudem verstärkt jede von Verlangen, Hass oder Verblendung motivierte Handlung die negativen Tendenzen. Allerdings ist ein geschickter Umgang mit diesen Richtlinien nötig: Es geht hier nicht darum, sich zu verurteilen, sobald man eine unheilsame Handlung begangen hat. Verurteilen führt nicht zu dauerhafter Veränderung. Im Gegenteil: Die dadurch entstehenden Schuldgefühle lassen sich mit der Zeit nicht mehr ertragen, und man beginnt, sein Fehlverhalten zu verdrängen.

Die zehn heilsamen Handlungen

Den zehn unheilsamen Handlungen werden zehn heilsame (kusala) entgegengesetzt. Diese zehn heilsamen Handlungen bestehen im absichtlichen, willentlichen Unterlassen der zehn unheilsamen Handlungen. Allein unser Entschluss, nicht zu töten oder zu stehlen, birgt eine enorm positive Kraft in sich. Selbst wenn keine Gelegenheit besteht, eine unheilsame Tat zu begehen, stärkt dieser Vorsatz unseren Willen, von unheilsamen Impulsen abzulassen. Entsteht eine Situation, in der wir eine unheilsame Handlung begehen könnten, kann uns die Kraft dieser Vorsätze helfen, der Versuchung zu widerstehen. Durch das Bestreben, unheilsame Handlungen zu unterlassen, sind wir bereits darauf vorbereitet, uns richtig zu entscheiden. Unser Wertesystem ist von Anfang an klar definiert.

Hierin liegt auch eine der Bedeutungen von Gelübden. Sie bieten Schutz vor Versuchungen. Ein Gelübde legen wir in Gegenwart einer für uns bedeutenden spirituellen Person ab. Es besteht im Vorsatz, von unheilsamen Handlungen abzusehen. Dieser Entschluss hat eine stark heilsame karmische Wirkung. Wenn wir uns ernsthaft darum bemühen, die Verhaltensrichtlinien einzuhalten, schafft dies eine ethische Integrität, die uns im Leben Standfestigkeit verleiht, große Aufrichtigkeit und Offenheit ermöglicht und innere Furchtlosigkeit und Freiheit erzeugt.

Ethisches Verhalten bildet auch die Grundlage für unsere spirituelle Praxis und bewirkt eine Entwicklung hin zu weniger Verletzen und zu mehr Helfen, Geben und Dienen, zu mehr Erkenntnis. Ethische Integrität kann mit den Wurzeln eines Baumes verglichen werden, ohne die es keinen Stamm, keine Äste, keine Blätter, keine Blüten und letztlich keine Früchte gibt. Nur auf der Basis der ethischen Integrität werden unsere Praxis und unsere innere Entwicklung Reife erreichen und Früchte tragen. Wenn heilsame Qualitäten zur Vollendung entwickelt sind, werden sie Pāramitā bzw. Vollkommnungen genannt. Heilsames Verhalten (sīla/śīla) wird zu Sīla-Pāramitā. (s. Kapitel 15, S. 286 ff.)

Karma wirkt auch hier und jetzt

Wer mit der Vorstellung von karmischen Resultaten in möglichen zukünftigen Leben Schwierigkeiten hat, kann die Wirkung von Karma auch hier und jetzt beobachten. Karma kann als ein Entwickeln, Verstärken und Unterstützen von inneren Tendenzen verstanden werden. Üben wir uns heute in Ärger, werden wir morgen schneller wieder ärgerlich, und der Tag wird entsprechend mühsamer sein. Praktizieren wir diese Woche liebevolle Güte, sind wir nächste Woche bereits viel liebevoller, und das Leben wird leichter und angenehmer sein. Es ist wie beim Krafttraining: Jene Muskeln, die wir trainieren, werden stärker und wirkungsvoller.

Die Auswirkungen unserer Handlungen ähneln ihren Ursachen, das heißt dem motivierenden Geistesfaktor hinter der Handlung. Das karmische Resultat von Begehren und Gier ist Armut oder die Unfähigkeit, etwaigen Reichtum zu genießen. Aber bereits in dem Moment, in dem wir habgierig sind, fühlen wir uns innerlich arm. Wir sind so sehr darauf fixiert, etwas zu bekommen, dass wir glauben, wir hätten nichts zu geben.

Umgekehrt fühlen wir uns in einem Moment der Großzügigkeit innerlich reich, weil wir etwas zu geben haben. Die Tatsache, dass wir geben können, vermittelt uns das Gefühl der Fülle. Wenn wir während eines Monats konsequent Großzügigkeit üben, werden wir schon im nächsten Monat feststellen können, dass wir uns unbeschwerter, verbundener und innerlich reicher fühlen. Diese Zusammenhänge zu erkennen kann unsere Praxis der Großzügigkeit oder anderer Qualitäten sehr stark inspirieren. Wir erfahren dabei, dass ein anderes Lebensgefühl möglich ist: das der Fülle statt der Bedürftigkeit, ohne dass sich unsere äußeren Verhältnisse verändern müssen.

Immer wenn wir aus Wut, Abneigung und Hass denken, reden oder handeln, verstärken wir diese Emotionen in uns. Durch solches Handeln schaffen wir Leiden für uns selbst und für andere.

Wenn wir andererseits liebevoll denken, reden und handeln, wirkt das sofort spürbar auf uns zurück und führt zu angenehmen, freudvollen Resultaten. Wenn wir aus Liebe und Mitgefühl handeln, geben wir dem Guten in uns Kraft. Dies fühlt sich für andere, aber auch für uns selbst sehr angenehm an.

Wenn wir uns mit alten Gefühlen der Minderwertigkeit, der Selbstzweifel und der mangelnden Wertschätzung für uns selbst quälen, schafft das nicht nur neue unheilsame karmische Tendenzen für die Zukunft, sondern macht unser Leben hier und jetzt elend. Die Gesetzmäßigkeit von Karma ist also eindeutig erfahrbar und kann in jedem Moment nachvollzogen werden – wenn wir nur hinspüren. Wir brauchen nicht auf ein nächstes Leben zu warten, um dies zu überprüfen. Vielmehr können wir diese Prinzipien hier und jetzt in die Praxis umsetzen und sehr bald ihre Wirkung in uns selbst beobachten.

Karma und Wiedergeburt

Tatsächlich ist aber die Lehre von Karma in der buddhistischen Tradition eng mit der Vorstellung von Wiedergeburt verknüpft. Das bereitet manchen von uns Abendländern insofern Probleme, als wir die Realität einer solchen Wiedergeburt nicht empirisch überprüfen können. Manche beziehen die Wirkung von Karma daher ausschließlich auf die psychischen Reaktionsmuster, die wir während dieses jetzigen Lebens entwickeln. Ob wir an Wiedergeburt glauben oder nicht, bleibt uns selbst überlassen. Wenn wir die Möglichkeit der Wiedergeburt ausklammern, wird uns das Gesetz von Karma und seine Auswirkungen weniger dazu anspornen, klare Konsequenzen für unser Handeln zu ziehen. Sind wir aber davon überzeugt, wird uns das wahrscheinlich stärker für die Praxis motivieren.

Was geht von Leben zu Leben, wenn es kein Selbst gibt?

Das, was von Moment zu Moment und von Leben zu Leben weitergeht, ist nach buddhistischer Sichtweise nicht ein unveränderliches Selbst, wie es in manchen anderen Religionen postuliert wird. Das ganze Dasein ist ein dynamischer Prozess, der sich von Moment zu Moment neu erschafft; eine Tatsache, die inzwischen auch der modernen Physik längst bekannt ist. Was weitergeht, ist die Kontinuität dessen, was in diesem Moment ist. Dieser Moment schafft den nächsten, der wiederum Ursache für den folgenden bildet, so wie die Hitze eines Feuers die Ursache ist für den nächsten Moment des Feuers. Vergeht die Hitze, so wird im nächsten Moment auch kein Feuer entstehen. Das Feuer erlischt. Halten wir dagegen die Flamme einer Kerze an den Docht einer anderen Kerze, wird auch diese aufflammen. Hitze erzeugt den nächsten Hitzemoment und setzt dadurch die nächste Flamme in Gang.

Ein Gleichnis anderer Art ist jenes von Siegel und Wachs. Wir drücken ein Siegel mit einem Namenszug in warmes Wachs und erhalten einen genauen Abdruck dieses Namenszuges, ohne dass eine Substanz vom Siegel übergegangen wäre. Das ist eigentlich erstaunlich. Nichts wandert ›hinüber‹, und doch ist der Abdruck ein perfektes Abbild des Siegels. Nur das Muster hat sich fortgesetzt. Wenn wir den erkalteten Wachsabdruck wieder mit einer Masse füllen, erhalten wir wieder ein Siegel, das dem ursprünglichen genau gleicht, ohne dass je eine Substanz übermittelt wurde.

Auch biologische Prozesse finden statt, ohne dass etwas substanziell Bleibendes weitergeht. Kastanien produzieren Kastanienbäume, die wiederum Kastanien hervorbringen. Dabei wandert nichts Substanzielles von der ursprünglichen Kastanie zum Sprössling, zum Baum und letztlich wieder zur Kastanie. Es ist das ›Kastanien-Muster‹, das weitergeht. Es ist ein gesetzmäßiger Prozess am Werk, der sich von Moment zu Moment entfaltet.

Auch das, was sich von Geburt zu Geburt fortsetzt, ist keine Substanz oder Essenz, sondern ein kontinuierlicher, gesetzmäßiger Prozess. Teil dieses Prozesses ist auch die Kontinuität der karmischen Tendenzen, der ›Verhaltensmuster‹, die wir ein Leben lang geschaffen haben und die sich im nächsten Leben in ähnlicher Art manifestieren werden.

Vor zwei falschen, extremen Sichtweisen müssen wir uns hüten: zu glauben, dass ›ich‹ es bin, der die Resultate meiner Taten im nächsten Leben erfährt, ist das eine Extrem. Zu glauben, die Taten würden sich nicht auswirken im nächsten Leben, ist das andere Extrem. Die Wahrheit liegt in der Mitte: im Prozess des abhängigen Entstehens.

Reinigen von unheilsamem Karma

Die karmische Tendenz, die sich fortpflanzt, wird als Saṅkhāra bezeichnet. Saṅkhāra ist ein Begriff, der uns schon mit der Bedeutung ›alle entstandenen Phänomene‹ begegnet ist. Hier bezieht sich Saṅkhāra jedoch auf das Potenzial für angenehme oder unangenehme Resultate, das jede Tat schafft; eine Art ›karmischer Saat‹, die man sich aber nicht materiell, sondern als dynamische Tendenz vorstellen muss. Es sind die Saṅkhāra in unserem Geist, welche die karmischen Resultate, Wirkungen und Erfahrungen verursachen.

Die buddhistischen Traditionen lehren Mittel und Methoden, geschickt mit diesen potenziellen karmischen Wirkungen, den Saṅkhāra, umzugehen und uns von diesen unheilsamen, Leid schaffenden Tendenzen zu ›reinigen‹. Wir können uns zum Beispiel davon reinigen, indem wir auf unangenehme Situationen nicht mit unheilsamen Handlungen reagieren, sondern diesen mit einem hohen Maß an Gewahrsein, Gelassenheit und Gleichmut begegnen. Dadurch vermeiden wir, die unheilsamen Tendenzen zu stärken und weiteres ungutes Karma zu erzeugen.

In der tibetischen Tradition dienen manche Übungen speziell der Reinigung von unheilsamen Saṅkhāra. In einer dieser Techniken visualisiert man den Buddha Vajrasattva, der die vollkommene Reinheit symbolisiert. Tatsächlich ist diese visualisierte Reinheit eine unserem eigenen Geist innewohnende Qualität. Diese heilsamen Qualitäten des Geistes werden hier in Form dieser Buddhagestalt, die vor oder über uns schwebt, verbildlicht. In Gegenwart dieser Kraft rufen wir uns unheilsame Handlungen, die wir begangen haben und die uns noch belasten, in Erinnerung. Wir erkennen ihre unheilsame Natur und beschließen, derartige Taten nicht zu wiederholen. Dann bitten wir innerlich um Vergebung und Reinigung. Das Licht und die Kraft des Buddha der Reinheit, die dem ursprünglichen natürlichen und reinen Gewahrsein des Geistes entspricht, läutert unser Herz und unseren Geist. Wir verbinden uns dadurch mit der eigenen innewohnenden Reinheit des Geistes und fühlen uns von diesen unheilsamen Saṅkhāra und Tendenzen befreit.

Schuld oder Reue

Hier müssen wir zwischen Schuld und Reue unterscheiden: Schuldgefühle sind mit Identifikation verbunden. Wir halten an dem Bewusstsein fest, einen Fehler begangen zu haben, und machen uns immer wieder Vorwürfe. Daraus entwickelt sich ein Gefühl der Wertlosigkeit. Schuldgefühle sind eine Form von Aggression gegen sich selbst und sind nicht hilfreich. Sehr sinnvoll ist aber Reue: Wenn wir etwas bereuen, geben wir zu, einen Fehler gemacht zu haben. Wir erkennen den

Sachverhalt an und fassen den Vorsatz, bei nächster Gelegenheit weiser zu handeln. Dann aber lassen wir die Angelegenheit los.

Zuflucht und Bodhicitta als Läuterung

Unheilsame Handlungen richten sich zumeist gegen andere Lebewesen. Sie richten sich auch gegen Buddha, Dharma, Sangha, das heißt, sie untergraben die menschlichen und spirituellen Werte, die wir zu verwirklichen suchen. Deshalb wird als Teil der Reinigungspraxis häufig die Kultivierung von Großem Mitgefühl oder Bodhicitta geübt. Bodhicitta ist der Entschluss, zum Wohle aller Lebewesen zu praktizieren und Befreiung zu erlangen. Wir möchten nicht nur uns selbst helfen, sondern allen Wesen – über dieses und unzählige weitere Leben hinweg–, bis sie alle Befreiung von Leiden erlangt haben. Indem wir diese Absicht in uns wachrufen, schaffen wir eine frische, neue Verbindung zu den Menschen, den Lebewesen, einschließlich derer, die wir verletzt haben. Gleichzeitig stärken wir unsere Zuflucht zu Buddha, Dharma, Sangha und erneuern damit unsere Verbindung zum befreienden Prinzip des Erwachens.

Eine andere Methode der Reinigung ist das offene Bekenntnis gegenüber anderen. Sie ähnelt der Beichte im Christentum. Wir finden diese Form vor allem unter den ordinierten Mönchen und Nonnen. Diese treffen sich alle vierzehn Tage, um die Ordensregeln zu rezitieren und etwaige Übertretungen zu bekennen. Mit Ausnahme der Verletzung einiger absolut essenzieller Regeln genügt ein bloßes Bekenntnis oder eine zusätzliche Übung, um sich von der Verfehlung zu reinigen. Auch hier gilt: Wichtig ist der Akt der Bewusstwerdung und der Entschluss, in der Zukunft anders zu handeln. Danach lässt man die Begebenheit hinter sich.

Karma bedeutet Eigenverantwortung. Deshalb machen wir unser Verhalten, unser Tun zu einem wichtigen Aspekt unserer Praxis. Dann können wir auch bei jeder schwierigen Erfahrung dankbar sein, dass wir die Gelegenheit erhalten, schlechtes Karma aufzubrauchen, und lassen uns nicht entmutigen, sondern nehmen die Situation als Herausforderung zur Praxis an.

Wir sehen, dass im dynamischen Geschehen dieses Universums alles miteinander verknüpft ist. Auch all unser Denken, Reden und Handeln ereignet sich nicht in einem Vakuum, sondern wirkt immer – vor allem auf uns selbst –, und zwar nicht nur ab und zu, wenn wir gerade einmal positiv handeln: »Heute hab‹ ich mal gutes Karma gemacht, und vor ein paar Tagen war es eben schlechtes.« Vielmehr ist all unser Tun ständig Ursache von zukünftiger Wirkung. Es beeinflusst und entscheidet unsere eigene Erfahrung auf lange Zeit hinaus. Es heißt:

> »Die Welt ist aus Handlungen (Karma) gemacht.
> Sie manifestiert sich aufgrund von Handlungen.
> Die Lebewesen sind aus Handlungen gemacht.
> Die Ursachen ihres Entstehens sind Handlungen,
> und aufgrund von Handlungen unterscheiden sie sich.«[67]

9

Abhängiges Entstehen

Ob Buddhas in der Welt erscheinen oder nicht,
das ›abhängige Entstehen‹ ist ein Naturgesetz,
und wird von ihnen dargelegt.
Buddha [68]

In dieser Lehre erklärt Buddha im Detail, wie wir uns im Kreislauf von Saṃsāra bewegen und immer wieder Leiden für uns schaffen. In seiner Suche nach der Ursache von Leiden entdeckte er eine Reihe von Faktoren, die dies bewirken. Es sind Faktoren, die sich in gegenseitiger Abhängigkeit erzeugen und bedingen. Buddha sprach von einer zwölfgliedrigen Kette, die uns gefangen hält. Jedes der Glieder geht aus dem vorherigen hervor und ist wiederum Ursache für das nächste Glied. Deshalb wird dieser Prozess ›abhängiges Entstehen‹ oder auch ›bedingtes Entstehen‹ (paṭicca-samuppāda/pratītya-samutpāda) genannt.

Das Lebensrad, der Kreislauf von Leben und Tod, an den uns diese Kette fesselt, wird auch bildlich dargestellt. In der Mitte der Abbildung befinden sich die drei Wurzelkilesa Unwissenheit, Verlangen und Ablehnung. Der nächste Kreis stellt die sechs Daseinsbereiche dar, in die Lebewesen immer wieder hineingeboren werden (s. Abbildung ›Saṃsāra‹). Heilsames Karma bewirkt eine Wiedergeburt in den oberen Bereichen der Menschen- und Götterwelten. Unheilsames Karma wirft die Wesen in die unteren Bereiche: in die Tier-, Geister- und Höllenwelten. Der äußerste Kreis zeigt die einzelnen Faktoren, die an diesem Prozess der Wiedergeburt beteiligt sind. Sie werden als Kettenglieder dargestellt. Das ganze Rad von Leben und Tod, von einem dämonischen Wesen in seinen Krallen gehalten, verkörpert die Vergänglichkeit. Außerhalb des Rades befindet sich ein Befreiter, eine Erleuchtete.

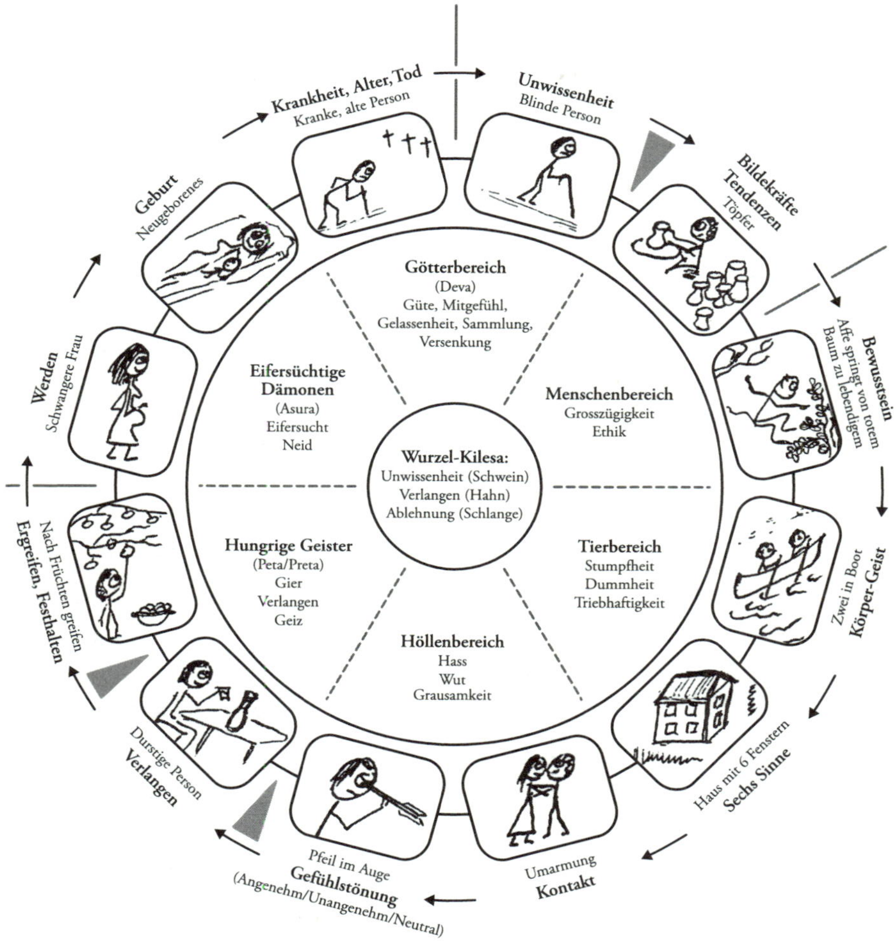

Die zwölf Glieder des abhängigen Entstehens

In der traditionellen Erklärung des Kreislaufs des abhängigen Entstehens werden drei Leben miteinbezogen. Aus diesem Grund wiederholen oder ähneln sich einige der zwölf Glieder. Die Glieder eins (Unwissenheit) und zwei (Bildekräfte), die aktiv das jetzige Leben erschaffen, beziehen sich auf die vergangene Existenz. Die Glieder drei (Wiedergeburt-Bewusstsein) bis sieben (Gefühlstönung) sind die Wirkungen im jetzigen Leben. Acht bis zehn wiederum sind die Ursachen im jetzigen Leben, die zukünftiges Leben bedingen. Elf (Geburt) und zwölf (Krankheit, Alter, Tod) beziehen sich auf das zukünftige Leben. Der Kreislauf lässt sich aber durchaus auch innerhalb eines einzigen Lebens nachvollziehen.

Die zwölf Glieder des Abhängigen Entstehens

Unwissenheit, Verblendung (avijjā/avidyā)

Als Buddha nach der Ursache des Leidens forschte, verfolgte er die Kette von Ursache und Wirkung zurück, bis er zur Wurzelursache allen Leidens gelangte. Er fand, dass die Unwissenheit (avijjā), das Nichtverstehen der grundlegenden Merkmale allen Daseins, der Urgrund für alles Leiden ist. Sein Versuch, den Anfang dieser Unwissenheit zu finden, misslang, obschon er mit seinen übersinnlichen Fähigkeiten über zahllose Leben zurückblicken konnte. Der Kreislauf des abhängigen Entstehens beginnt daher mit der Unwissenheit. Es ist die Unwissenheit, die als Wurzelkilesa wirkt. In der Abbildung (S. 145) wird Unwissenheit durch eine blinde Person verkörpert. Wir sehen die Dinge des Daseins nicht so, wie sie tatsächlich sind. Das bedeutet, dass wir ihre drei Grundeigenschaften Vergänglichkeit, Unzulänglichkeit und Nicht-Selbstexistenz verkennen. Auch verstehen wir die edlen Wahrheiten vom Leiden und seinen Ursachen nicht. Letztlich übersehen wir auch noch die Wirkung des Karma. Unser Sein und Tun beruht also auf der denkbar ungünstigsten Grundlage, nämlich auf einer völlig unrealistischen Wahrnehmung der Wirklichkeit.

Bildekräfte, Tendenzen (saṅkhāra/saṃskāra)

Immer wenn wir der Unwissenheit, der Verblendung unterliegen, reagieren wir auf eine Art und Weise, aus welcher karmische Samen oder karmische Kräfte (saṅkhāra) entstehen. Diese wiederum haben Einfluss auf zukünftige Entwicklungen. Diese karmische Saat bestimmt nach dem Tode eines Wesens zu einem wesentlichen Teil die Art der Wiedergeburt, und zwar im Guten wie im Schlechten. Daher werden die ›Samen‹ karmische Tendenzen oder Bildekräfte (saṅkhāra) genannt.

Der Begriff Saṅkhāra hat also drei Bedeutungen. Erstens steht er für alle entstandenen Phänomene, zweitens bezieht er sich auf die vierte der Daseinsgruppen eines Lebewesens (saṅkhāra-kkhandha), und drittens sind damit die karmischen Bildekräfte gemeint. Allen drei Bedeutungen ist der kreative, schaffende Aspekt gemein. Saṅkhāra ist das, was reagiert, handelt, wirkt.

Die Bildekräfte-Tendenzen werden durch einen Töpfer dargestellt, der Töpferwaren erzeugt. Dies symbolisiert, dass aus karmischen Kräften Resultate entstehen. In diesem Fall bestimmen die Bildekräfte-Tendenzen, in welchem Bereich der Geist wiedergeboren wird.

Wenn wir uns die Bereiche der Wiedergeburt vorstellen, in denen Hungergeister oder Höllenwesen oder gar Götter geboren werden, denken wir automatisch an feste, physisch lokalisierbare Orte. Dann fragen wir uns, wo sich diese denn wohl befinden. Die moderne Astrophysik hat unser Universum auf Milliarden Lichtjahre Entfernung hinaus ausgelotet und nichts derartiges gefunden. Die Bereiche, einschließlich des Bereichs der Menschen, also unseres eigenen Universums, sind vom Geist erschaffene Orte. Aber erst wenn man die Tatsache der Leerheit aller Dinge (suññatā), zumindest intellektuell, klar verstanden hat, wird vorstellbar, dass alle Dinge und Bereiche des Daseins tatsächlich Projektionen oder Kreationen des Geistes der Lebewesen sein könnten. Natürlich steht diese Vorstellung in krassem Widerspruch zu unserer gewohnten Sichtweise, die davon ausgeht, dass zuerst ein physisches Universum vorhanden war, worin dann allmählich die Lebewesen entstanden. Was aber vor dem Big Bang da war, ob vielleicht die Gesetzmäßigkeiten schon existent waren, noch bevor die Show begann – all das bleibt ein Mysterium. Das *Dhammapada*, eine der wichtigsten Sammlungen von Aussprüchen Buddhas, beginnt mit dem Vers: »Geist ist der Vorläufer aller Dinge. Vom Geist werden sie bestimmt.«[69]

Wiedergeburt-Bewusstsein (viññāṇa/vijñāna)

Aus Unwissenheit und Bildekräfte-Tendenzen heraus entsteht das Wiedergeburt-Bewusstsein (viññāṇa), das nach der nächsten körperlichen Form oder Situation greift. Dieser Akt wird durch einen Affen dargestellt, der von einem toten, kahlen Baum auf einen lebendigen Baum mit grünen Blättern hinüberspringt. Der abgestorbene Baum symbolisiert das vergangene Leben, den verstorbenen Körper, während der grüne Baum das zukünftige Leben, den nächsten Körper, darstellt. In anderen Darstellungen springt der Affe von einem Haus zum anderen. Er steht für das Wiedergeburt-Bewusstsein, das nach einem neuen Körper greift. Es sind die äußerst starken, gewohnheitsmäßigen, alten Tendenzen des Verlangens und des Anhaftens, die nun mit aller Macht wieder einen Körper beschaffen müssen, damit wieder mehr und immer neue Sinneserfahrungen erlebt werden können – ein Zyklus ohne Ende!

Geist-Körper (nāma-rūpa)

Sobald dieser Sprung vollzogen ist, entsteht wieder das dicht verwobene Gebilde von Geist und Körper (nāma-rūpa). Geist und Körper sind erneut eng verflochten in gegenseitiger Abhängigkeit. Dies wird illustriert durch ein Boot, in dem zwei Personen sitzen. Geist und Körper sind zwar zwei verschiedene Aspekte, sie sitzen aber im selben Boot. Wir können diese Tatsache selbst ergründen. Körperliche Erfahrungen wirken sich auf unseren Geist, unsere Gefühle sowie die Gefühlstönungen aus, und umgekehrt. Es gibt keine innere Regung, die sich nicht in unserem Körper ausdrückt. Eine Enttäuschung – und wir fühlen uns schlaff. Ein Lob – und wir fühlen uns voller Energie.

Die sechs Sinne (saḷāyatana)

Zusammen mit dem Prozess von Geist und Körper erscheinen auch die sechs Sinne (saḷāyatana). Sie umfassen die fünf Sinne des Sehens, Hörens, Tastens, Schmeckens und Riechens sowie, als zusätzliche Sinneswahrnehmung, Gedanken/Gefühle. In der Abbildung werden die sechs Sinne durch ein Haus mit sechs Fenstern, durch die man nach draußen blicken kann, veranschaulicht. Die sechs Öffnungen entsprechen diesen sechs Sinnen.

Kontakt (phassa/sparśa)

Wenn die sechs Sinnesorgane vorhanden sind und funktionieren, ist Kontakt (phassa) unvermeidlich. Sind wir wach und haben gesunde Ohren, braucht es ein Geräusch, und Hören findet ganz von selbst statt, ob wir es wollen oder nicht. Sobald Objekt, Organ und Bewusstsein ›online‹ sind, ist Erfahrung unvermeidlich. Außer im Tiefschlaf findet in jedem Augenblick unseres Tages, unseres Lebens, Kontakt statt zwischen unserem Bewusstsein, den Sinnesorganen und den Dingen unserer äußeren oder inneren Welt: ein ununterbrochenes Bombardement durch Sinneseindrücke, durch Input. Wenn wir nun noch auf jeden dieser Eindrücke reagieren, ist es kein Wunder, dass unser Leben anstrengend und stressvoll wird. Im Bild wird Kontakt durch zwei Personen, die sich umarmen, dargestellt. Damit wird die intime Verbundenheit von Bewusstsein und Objekt unterstrichen.

Gefühlstönung (vedanā)

Sobald Kontakt stattfindet, entsteht Erfahrung und somit eine Gefühlstönung (vedanā). Wie in Kapitel 4, ›Über die fünf Daseinsgruppen‹, besprochen, kann eine Gefühlstönung sämtliche Schattierungen von sehr schmerzhaft oder unangenehm über neutral und angenehm bis zu äußerst lustvoll annehmen. Diese Gefühlstönung wird durch einen Pfeil dargestellt, der einer Person im Auge steckt. Er symbolisiert das unaufhörliche Aufprallen von Sinneserfahrungen, von Moment zu Moment.

Bis zu diesem Punkt läuft der ganze Prozess automatisch und ohne unser Zutun ab. Er ist das Resultat des erzeugten Karmas. Vedanā entsteht in uns pausenlos – und es ist Vedanā, auf das wir reagieren. Hier beginnt der Teil des Prozesses, den wir beeinflussen können.

Verlangen, Durst (tanhā/tṛṣṇā)

Auf eine angenehme Gefühlstönung (vedanā) folgt zumeist Begehren (tanhā), ein Synonym für das Wurzelkilesa Verlangen (lobha). Tanhā heißt eigentlich Durst. Es ist der Durst nach immer neuen, möglichst angenehmen Erfahrungen. Es ist der Wunsch, die Dinge so zu verändern, dass sie unseren Vorstellungen und Hoffnungen entsprechen. In der Abbildung ist dieses Kettenglied durch eine durstige Person dargestellt.

Umgekehrt ist es im Falle einer unangenehmen Gefühlstönung. Dann nämlich entsteht zumeist Ablehnung (dosa). Ablehnung ist nichts anderes als das Verlangen, eine unangenehme Erfahrung loszuwerden.

Auch dieser Teil des Prozesses läuft bei ungeschulten Lebewesen meist automatisch ab. Das muss aber nicht so sein. Hier kommen wir zum ersten Punkt in der Kette des abhängigen Entstehens, an dem wir den Lauf der Dinge beeinflussen und verändern können. Statt blind mit Begehren zu reagieren, können wir hier mit weiser Gelassenheit antworten – vorausgesetzt, wir sind achtsam und wach genug.

Buddha nannte drei Formen des Begehrens: das sinnliche Begehren (kāma-tanhā), das tief liegende Begehren nach Dasein an sich (bhava-tanhā) und das Begehren nach dem Erlöschen des Daseins (vibhava-tanhā). Ständig erfahren wir eine dieser drei Formen. Tagsüber treibt uns der Durst nach Existenz dazu an, Erfahrungen zu machen, mit deren Hilfe wir uns spüren und wissen, wer und was wir sind. Spät am Abend setzt das Begehren nach Nichtexistenz ein und treibt uns zum Schlaf. Ein paar Stunden später wächst das Begehren nach Existenz wieder an, und alles beginnt von vorne.

Ergreifen, Festhalten (upādāna)

Begehren und Durst bewegen uns zum nächsten Schritt: den gewünschten Dingen nachzugehen, um sie zu ergreifen und festzuhalten. Dieses Ergreifen, Festhalten (upādāna) wird in der Abbildung von einem Affen oder Menschen verbildlicht, der Früchte von einem Baum pflückt. Auch dieser Teil des Prozesses läuft meistens automatisch ab. Wir machen eine angenehme Erfahrung, und schon haften wir an ihr, wollen sie behalten oder möchten sie wiederholen. Wenn wir achtsam genug und den nötigen Verzicht zu leisten bereit sind, können wir hier die Kette, die uns an diesen Prozess fesselt, sprengen. Wir entscheiden uns dazu, anders zu reagieren, und lassen los. Dadurch sind wir frei – zumindest für diesen Augenblick. Ohne die in der Dharma-Praxis geübte Achtsamkeit aber wird der Prozess weiterlaufen: von Begehren zu Ergreifen und Festhalten und dann weiter zu Werden.

Werden (bhava)

Durch das Ergreifen des Objektes verfestigt sich die Tendenz zum Anhaften. Damit geht eine erhöhte Identifikation einher. Diese Tendenz wird gestärkt und verfestigt sich schließlich zu Gewohnheit, ja zu Charakter.

In einem Text heißt es:

»Der Gedanke äußert sich als Wort. Das Wort äußert sich als Tat.
Die Tat wird zur Gewohnheit – und Gewohnheit verhärtet sich zu Charakter.
Also beachte sorgsam den Gedanken und seine Wege.
Lasse ihn aus der Liebe entstehen, die der Fürsorge für alle Wesen entspringt.«

Es entsteht also neues Werden – den alten Mustern gemäß. Werden (bhava) wird durch eine schwangere Frau illustriert: das Werden von neuem Sein. Bhava bezieht sich nicht nur auf einen einzelnen Schritt in dieser Runde des Daseins, sondern umfasst den ganzen Prozess, in dessen Verlauf eine Tendenz verstärkt wird, sei es eine unheilsame oder heilsame.

Jemand ignoriert uns, wodurch ein unangenehmes Gefühl entsteht. Es formen sich verschiedene Gedanken darüber, warum wir abgelehnt worden sein könnten. Dabei spielen frühere unangenehme Erfahrungen mit eine Rolle. Dieser Denk- und Gefühlsprozess läuft wiederholt und sehr schnell ab. Dabei verhärtet sich unsere innere Haltung. Die ablehnenden Impulse und Gedanken mehren sich, und letztlich sind wir in einem Dickicht von Tendenzen des Unmutes verloren.

Eine gute Freundin findet einen tollen neuen Job. Dadurch entsteht ein angenehmes Gefühl in uns. Wir freuen uns über ihren Erfolg, und zunehmend freuen wir uns über die vielen guten Dinge im Leben überhaupt.

Geburt (jāti)

Werden führt zu Geburt (jāti), welche in der Abbildung durch eine Mutter mit ihrem Neugeborenen dargestellt wird. In der traditionellen Erklärung geht es hier um die Geburt im folgenden Leben. Getrieben von karmischen Bildekräften (saṅkhāra) und Verlangen (tanhā), sucht der Geist eines verstorbenen Lebewesens nach einer neuen Existenz. Im Zusammenspiel mit den Kräften des Karma und den Bedingungen der äußeren Wirklichkeit (Eltern, Zeugung, etc.) findet der Geist eine neue Existenzmöglichkeit. Das Wiedergeburt-Bewusstsein vereint sich mit dem Fötus, und ein neues Individuum entsteht.

Krankheit, Alter, Tod (jarā-maraṇa)

Geburt bedeutet nicht nur neues Leben, sondern auch wieder, dem Leben ausgeliefert zu sein. Schmerzen, Krankheit, Alter (falls wir lange genug leben) und schließlich der Tod (jarā-maraṇa) sind die unausweichlichen Folgen davon. Dieser Prozess wird durch eine alte, gebeugte Person dargestellt.

Durch den Tod entsteht neue Unwissenheit, neue Verblendung (avijjā). Dieser radikale Einschnitt beeinträchtigt unseren Fortschritt auf dem spirituellen Weg, denn der Tod trennt uns immer wieder von unserem angesammelten Wissen, unseren Erkenntnissen und erworbenen Fähigkeiten. Dabei hängt es von den Umständen ab, in denen wir wiedergeboren werden, ob die im vorherigen Leben entwickelten heilsamen Qualitäten sich wieder entfalten können oder nicht. Ein Grund mehr, dieses Leben wirklich auszunutzen und die heilsamen Qualitäten stark zu entwickeln. Nur dann ist es möglich, dass sie über diese schwierige Phase des Vergessens hinweg ihre Kraft behalten.

Nicht lineare, sondern komplexe Abhängigkeit

Dieses Modell des bedingten Entstehens erweckt den Anschein eines linear fortschreitenden Prozesses. Tatsächlich entsteht das Dasein jedoch aus einem komplexen Geflecht von Ursache und Wirkung. Die Abfolge der zwölf Glieder kann auch in anderer Reihenfolge dargestellt werden, nämlich: Unwissenheit, Bildekräfte, Wiedergeburt-Bewusstsein, Verlangen, Ergreifen, Werden, Geburt, Geist-Körper, sechs Sinne, Kontakt, Gefühlstönung, Altern und Tod.[70] Die zwölf Glieder verursachen sich aber nicht nur in der beschriebenen Reihenfolge, sondern bedingen sich untereinander in 24 verschiedenen Arten (paccaya). Eine ausführliche Abhandlung über diese komplexen Prozesse des abhängigen Entstehens findet man im siebten Band der Abhidhamma-Literatur, im *Paṭṭhāna*, dem Buch der kausalen Beziehungen.[71]

Von Tod zu Geburt *(bar-do)*

In den Vorstellungen des Übergangs von Tod zu Geburt gibt es in den Traditionen des Theravāda und jenen des tibetischen Buddhismus einen interessanten Unterschied. Entsprechend der Theravāda-Tradition erfolgt das Wiedererscheinen der Lebewesen in einem neuen Körper im nächsten Moment, unmittelbar nach dem Moment des Todes. In der tibetischen Tradition geht man dagegen von einer Bardo-Phase aus. Bardo bedeutet Zwischenzustand, die Zeitspanne zwischen dem Tod und der nächsten Geburt. Während dieser Bardo-Phase durchläuft das Kontinuum des Geistes verschiedene Prozesse: Nach der Auflösung des Körpers durch den Tod folgt die Auflösung der bestehenden Persönlichkeitsstrukturen. Danach folgen Phasen des Suchens nach neuen Existenzformen. Die alten, machtvollen karmischen Tendenzen drängen nach neuen Sinneserfahrungen, nach einem Körper, der wieder sehen, hören, riechen, schmecken und empfinden kann. Dabei manifestiert sich der Geist in sogenannten feinstofflichen Körperformen, bis er von einer karmisch kompatiblen Situation angezogen und wieder in einem Körper inkarniert wird.

Alle buddhistischen Schulen sind sich darin einig, dass ein dynamisches Kontinuum von einem Leben zum nächsten geht. Anagārika Munindra, ein indischer Meister der Theravāda-Tradition vermutet, dass die ›tibetischen‹ Bardo-Wesen möglicherweise den Geistern entsprechen, wie man sie im Theravāda als auch in den anderen buddhistischen Traditionen kennt. Demnach würde während der Bardo-Phase die Wiedergeburt gleichsam in Form eines Geisterwesens stattfinden, das so lange existiert, bis es sich wieder in einem grobstofflichen Körper inkarnieren kann.

In Bezug auf den Daseinsbereich und den Körper, in dem wir wiedergeboren werden, gibt es nicht die geringste freie Entscheidungsmöglichkeit. Das Kontinuum unseres Geistes, das heißt ›wir‹, werden vielmehr von den in früheren oder im bisherigen Leben geschaffenen karmischen Kräften getrieben. Alle Freiheit, die wir im letzten Dasein errungen haben, ist hier verschwunden. Wir sind voll und ganz unseren karmischen Kräften ausgeliefert, die mit dem Verlust des Körpers eine gewaltige Kraft erhalten. Es macht deshalb einen großen Unterschied, ob wir in diesem Leben viel Liebe, Mitgefühl und Weisheit entwickelt haben oder

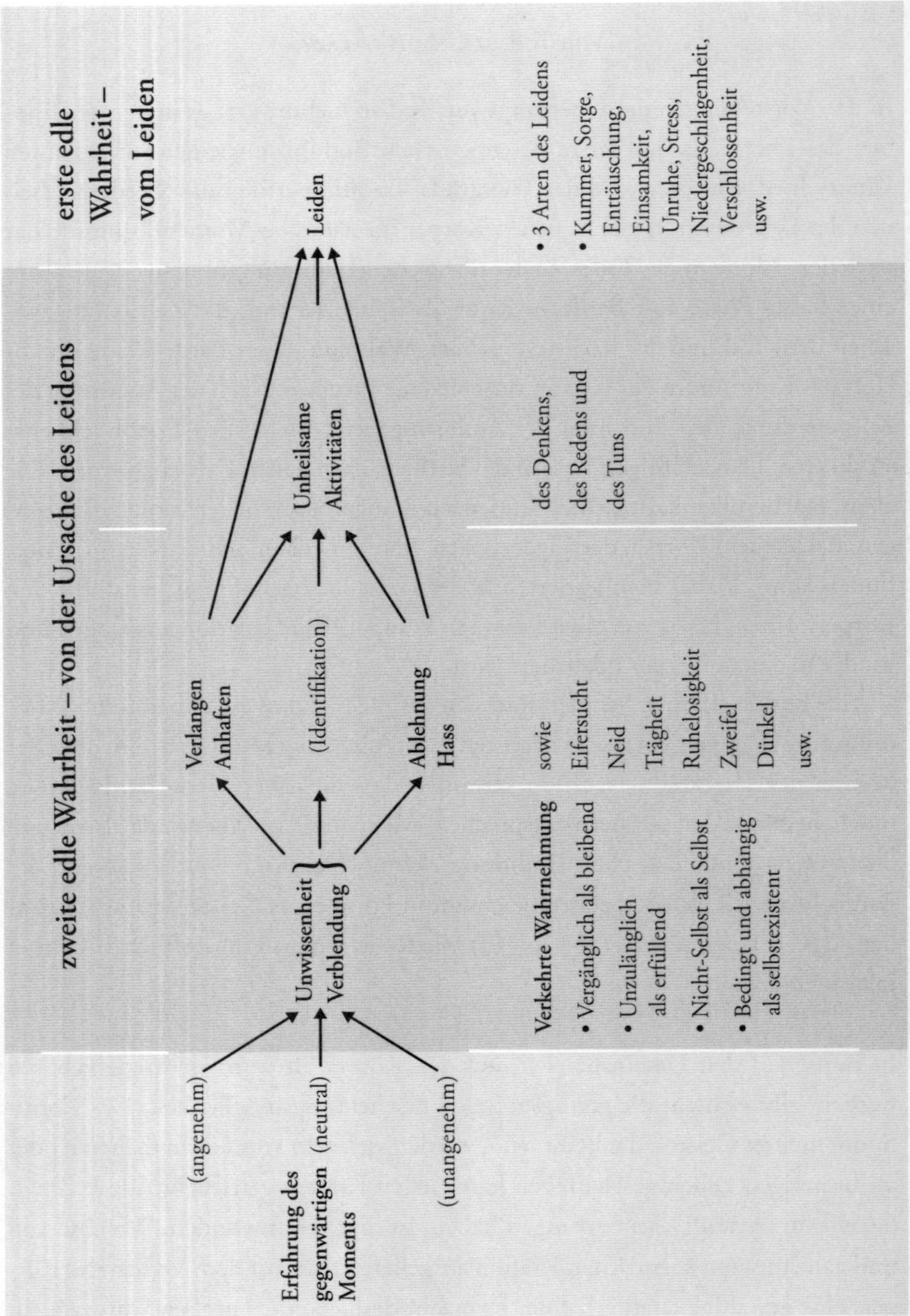

Wie Leiden entsteht

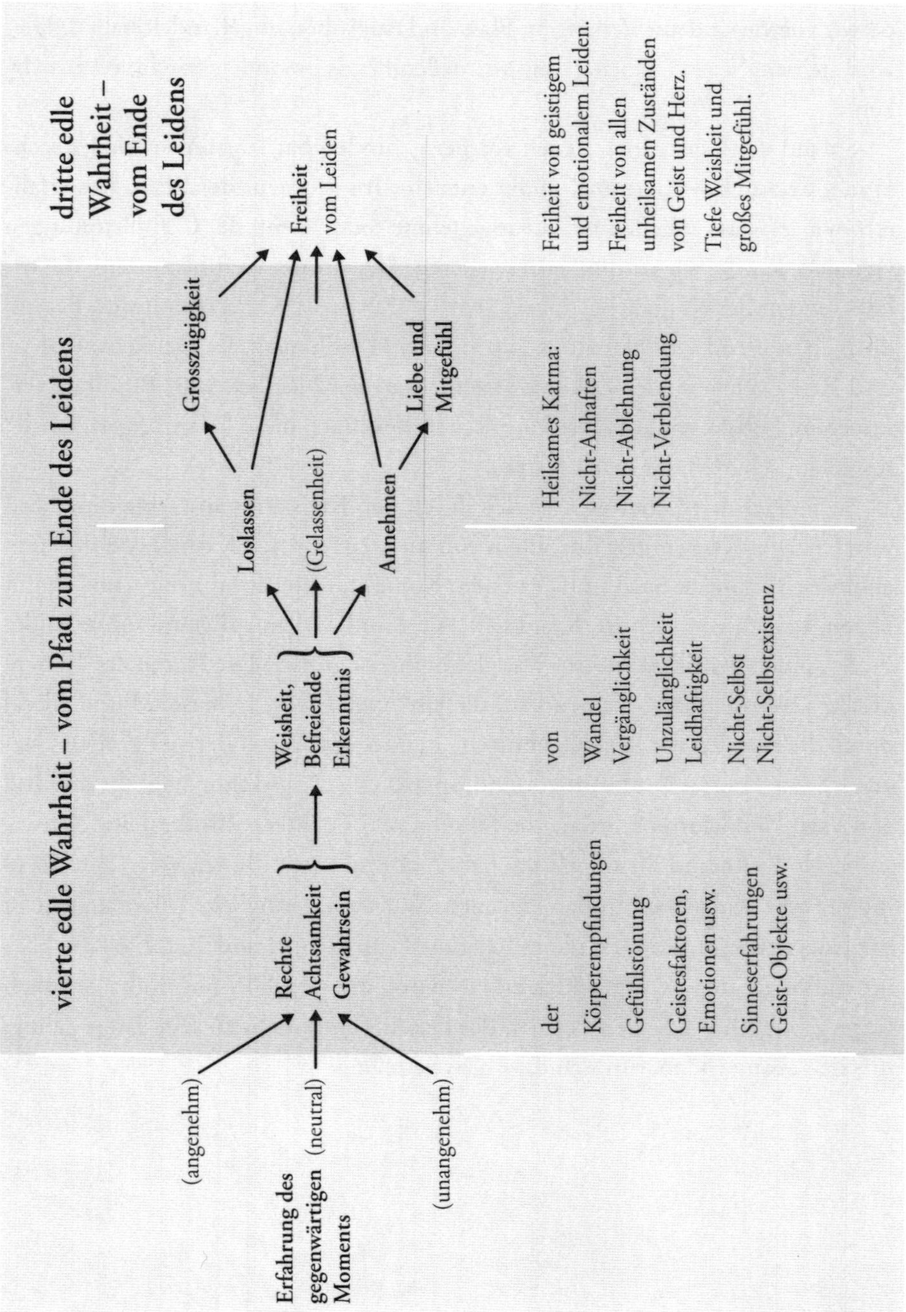

Wie Leiden aufgelöst wird

ob wir vorwiegend aus Verlangen, Hass und Angst heraus gehandelt haben. Hier wird sich der Segen einer starken spirituellen Praxis besonders machtvoll auswirken.

Sobald der Geist einen neuen Körper gefunden hat, entstehen wieder sechs Sinne, wodurch wiederum Kontakt entsteht. Im Moment des Kontaktes erfahren wir erneut angenehme, unangenehme oder neutrale Gefühlstönungen (vedanā), auf die wir automatisch reagieren. Die Art der Gefühlstönung, die wir im Moment des Kontaktes erfahren, wird durch unser Karma bestimmt. Es sind die heilsamen oder unheilsamen karmischen Handlungen des Denkens, Redens und Tuns, welche in der Zukunft angenehme oder unangenehme Resultate verursachen. Sobald wir auf diese karmischen Resultate, diese Erfahrungen, wieder reagieren, schaffen wir neues Karma.

So müssen wir Lebewesen endlos durch den Kreislauf von Geburt und Tod wandern, getrieben einzig und allein von unserem eigenen Karma, von unserem endlosen Verlangen nach immer neuem Kontakt, neuer Erfahrung – und damit neuem Leiden von Geburt, Krankheit, Alter und Tod ausgeliefert – ohne Ende.

So sprach der Erleuchtete: »Was glaubt ihr, ist größer? Die Fluten der Tränen, die ihr vergossen habt, weinend auf diesem langen Weg, … hastend und eilend durch die Runden der Wiedergeburten, … oder das Wasser der vier großen Ozeane?« Seine Frage selbst beantwortend, sprach er: »Lange schon habt ihr den Tod von Vater und Mutter erlitten, von Söhnen und Töchtern, Brüdern und Schwestern. Und während ihr so gelitten habt, habt ihr mehr Tränen vergossen, als es Wasser gibt in den vier großen Ozeanen. Wie ist das möglich? Unvorstellbar ist der Anfang dieses Saṃsāra, dieses Kreislaufs von Geburt und Tod. Deshalb habt ihr endlos gelitten, Missgeschick erfahren und die Friedhöfe angefüllt: Wahrlich lange genug, um von allen Formen des Daseins enttäuscht zu sein, lange genug, um sich abzuwenden, um sich davon zu befreien.«[72]

Die große Befreiung: Die dritte edle Wahrheit – vom Ende des Leidens

So wie das Meerwasser nur einen Geschmack hat, den Geschmack des Salzes,
so hat auch meine Lehre und Schulung nur einen Geschmack,
den Geschmack der Befreiung.
(Buddha)[73]

10

Die Auflösung der zwölf Glieder durch Achtsamkeit, Erkenntnis und Gelassenheit

Buddha zeigte nicht nur auf, wie wir uns durch die Kette des abhängigen Entstehens Leiden schaffen, sondern auch, wie wir diese Kette aufbrechen und Befreiung erlangen können. In der Beschreibung dieses Prozesses ist die gesamte Lehre der vier edlen Wahrheiten enthalten. Ein Schlüsselsatz des Buddha lautet: »Wer abhängiges Entstehen erkennt, erkennt Dhamma. Wer Dhamma erkennt, erkennt abhängiges Entstehen.«[74]

Wir sind so lange im Kreislauf des abhängigen Entstehens und damit des Leidens gefangen, bis wir erwachen und erkennen, dass wir uns im Kreise drehen. Glücklicherweise lässt sich die Kette, die uns fesselt, durchtrennen – und zwar an mehreren Schnittstellen. Sind wir wach und entschlossen genug, haben wir die Möglichkeit, in diesen Bereichen anders zu reagieren, als wir dies gewohnheitsmäßig tun würden.

Beenden von Verlangen und Ergreifen

Die erste Gelegenheit zur Veränderung liegt zwischen den Kettengliedern von Verlangen und Ergreifen. Verlangen erscheint blitzschnell, sobald eine angenehme Situation entsteht. Meistens haben wir kaum eine Chance, dies zu vermeiden. Doch bevor wir gewohnheitsmäßig weiter reagieren, können wir uns die Frage zu stellen, ob wir diese angenehme Erfahrung tatsächlich ergreifen wollen – vorausgesetzt wir sind achtsam und wach genug, die Gelegenheit zu erkennen.

Wenn wir achtsam genug sind, so wie wir dies in der Meditation üben, bleiben wir auch dann auf dem Kissen sitzen, wenn das Verlangen uns packt, eine Tasse Kaffee zu holen. Werden wir in der Meditation von angenehmen Tagträumen, Zukunftsplänen oder Ähnlichem heimgesucht, werden wir uns möglicherweise darin verfangen. Sobald wir dies aber bemerken, erklingt ein innerer Weckruf, und wir lassen die Tagträume ziehen. Im ersten Beispiel findet der Schritt von Verlangen zu Ergreifen nicht statt, und der Kreislauf endet – zumindest für diesen Moment. Im zweiten Beispiel findet der Schritt vom Verlangen zum Ergreifen (der Tagträume) statt, aber sobald wir dies merken, lassen wir los – und der Kreislauf endet ebenfalls. Um das abhängige Entstehen an einem dieser beiden Punkte zu unterbinden, braucht es sowohl Achtsamkeit als auch den Verzicht auf Ergreifen und Anhaften. Es geht also beim Meditieren um bedeutend mehr als um stilles Dasitzen.

Im Falle einer unangenehmen Situation verhält es sich ähnlich. Blitzschnell kann das Verlangen aufkommen, diese Erfahrung loszuwerden. Mit anderen Worten: Ablehnung entsteht. Wollen wir den Prozess von kontinuierlichem Werden unterbrechen, so erfordert das in diesem Falle nicht Loslassen, sondern vielmehr das Annehmen der bereits vorhandenen Erfahrung.

Auch hierfür gibt es Beispiele aus Meditationskursen. Wenn eine größere Anzahl von Menschen in einer Halle sitzt, kann es Meinungsverschiedenheiten darüber geben, ob die Fenster geöffnet oder geschlossen sein sollen. Die einen möchten mehr frische Luft, während es den anderen zu kalt ist. Gehören wir zu denen, die unter der Kälte leiden, sind aber achtsam und gegenwärtig, bemerken wir unser Verlangen aufzustehen, um, voller Ärger, ein offenes Fenster zu schließen. Statt aber diesem Impuls zu folgen, entspannen wir uns mit annehmender Gelassenheit in die unangenehme Empfindung hinein – und das Problem ist gelöst. Immer dann, wenn wir willens und fähig sind, unangenehmen Erfahrungen mit annehmender Gelassenheit zu begegnen, sind wir innerlich frei, unterbrechen wir den Prozess des kontinuierlichen Werdens. Falls die Kälte zum ernsthaften Problem werden sollte, können wir uns später immer noch eine zusätzliche Decke holen. An solch einfachen Beispielen schulen wir unseren Geist darin, auch in schwierigeren oder gar dramatischen Situationen willens und fähig zu sein, in tiefer Gelassenheit zu verweilen.

Vedanā und Gelassenheit

Wenn unsere Achtsamkeit noch sorgfältiger ist, bemerken wir die angenehme oder unangenehme Gefühlstönung (vedanā) bereits in dem Moment, in dem sie entstanden ist (siehe auch die Kapitel 4, S. 90 f., und Kapitel 9, S. 146 ff.). Dann können wir den Kreislauf schon zwischen dem Kettenglied der Gefühlstönung und dem des Verlangens bzw. der Ablehnung unterbrechen. Verlangen oder Ablehnung setzen dann gar nicht erst ein. Damit ist der Kreislauf gebrochen. Wir brauchen also Achtsamkeit, Erkenntnis und Gelassenheit, um den Kreislauf zu durchtrennen und unser Problem, unser inneres Leiden, zu beenden.

Eine andere Stelle, an der wir den Kreislauf auflösen können, findet sich beim Kettenglied der Unwissenheit (avijjā). Wenn sich unsere Erkenntnis so weit entwickelt hat, dass wir uns in Bezug auf die Merkmale aller Dinge, das heißt ihre Vergänglichkeit, ihre unbefriedigende Natur und ihre Nicht-Selbstexistenz, nicht mehr täuschen, dann wird der Kreislauf bereits beim Glied der Unwissenheit durchtrennt.

Unwissenheit durch Erkenntnis ersetzen

Der tiefe Glaube an ein uns innewohnendes, unabhängiges Selbst resultiert aus der Unwissenheit und der Täuschung über das Wesen der Dinge. Gemäß unserer Wahrnehmung wirken viele Dinge solide und beständig. Ein Berg zum Beispiel ist vielleicht schon Jahrmillionen alt und erweckt den Anschein, schon immer da gewesen zu sein. Doch das ist relativ, denn verglichen mit dem Erdalter ist er gar nicht so alt. Die Erosion sorgt dafür, dass er langsam zerfällt, bis er ganz verschwunden sein wird. Aber selbst in Bezug auf unser eigenes Leben, von dem wir verstandesmäßig ganz genau wissen, dass es begrenzt ist und jeden Moment enden kann, ist es uns auf einer tieferen, emotionalen Ebene fast unmöglich, dies zu realisieren und nachzuvollziehen (siehe Kapitel 15, S. 268 ff.). Tatsächlich unterliegen alle entstandenen Phänomene einem ständigen Wandel. Wir unterliegen der Täuschung der Beständigkeit vor allem deswegen, weil unsere Wahrnehmung zu langsam und zu träge ist, um das Entstehen und Vergehen in jedem Augenblick mitzubekommen. Dabei soll nach Erkenntnissen der Nuklearphysik das ganze Universum trillionenmal pro Sekunde entstehen und wieder vergehen.

In der Meditation kann unsere Achtsamkeit so präzis und kontinuierlich werden, dass die in jedem Sekundenbruchteil stattfindenden Veränderungen von Körper und Geist direkt wahrgenommen werden. Bei genauerer Betrachtung lassen sich Körperempfindungen mit dem Regen vergleichen, der auf einen See fällt – ein unentwegtes Prickeln entstehender und vergehender Empfindungen. Wenn unsere Achtsamkeit noch kontinuierlicher und präziser wird, sehen wir sogar, dass jede Erfahrung mit all ihren Komponenten – einschließlich der Gefühlstönung und des Bewusstseins selbst – von Moment zu Moment entsteht und vergeht, erscheint und verschwindet.

Wenn wir erkennen, wie dieses Dasein sich von Moment zu Moment neu erschafft und wieder vergeht, sehen wir, dass das, was wir sind, ein Prozess ist, ›leer‹ von unabhängiger Existenz. Etwas, das sich andauernd verwandelt, kann nicht die Substanz, die Wirklichkeit haben, die wir ihr aus Unwissenheit heraus unterstellen. Ist aber die Unwissenheit aufgelöst, bricht der nachfolgende Prozess des Getriebenseins zusammen. Wenn wir die wahre Natur des Daseins durch und durch verstehen, erlischt die Reaktivität des Geistes. Sobald wir verstehen, dass die Dinge vergänglich und damit nicht fassbar sind, lässt der Geist von seiner Gewohnheit des Festhaltens ab. Damit sind wir bei der dritten edlen Wahrheit, der Freiheit von Leiden. Unwissenheit (avijjā) wird durch ›Wissen‹ (vijjā), Täuschung durch Erkenntnis ersetzt.

Im Tibetischen heißt Unwissenheit *ma-rig-pa*, entsprechend den Begriffen ›a-vijjā‹ in Pāli oder ›a-vidyā‹ in Sanskrit. Der Urgrund des Geistes, die innewohnende Gewahrseinsweisheit, heißt demnach in Sanskrit ›vidyā‹, in der tibetischen Dzogchen-Tradition *rig-pa*.

Mit der Unwissenheit erlöschen auch die karmischen Bildekräfte (saṅkhāra). Ohne die karmischen Kräfte wiederum wird das Wiedergeburt-Bewusstsein (viññāṇa) nicht nach einem neuen Körper (rūpa) greifen. Dadurch kann der Komplex von Geist und Körper (nāma-rūpa) nicht entstehen. Es bilden sich keine sechs Sinnesbereiche (āyatana), und es wird kein Kontakt (phassa) zwischen Objekten und Sinnesorganen zustande kommen. Demzufolge bleibt Gefühlstönung (vedanā) aus. Ohne Gefühlstönung kann es keine Reaktion auf die Objekte geben. Folglich entstehen kein Verlangen, Festhalten oder Loswerden-Wollen, kein neues Karma, keine neue Geburt, kein Zerfall, Alter oder Tod, keine Sorgen, kein Kummer, Verzweiflung und kein Schmerz. Es ist das Ende von Kilesa und Karma, von Geburt und Tod in den sechs Daseinsbereichen. Nirodha bedeutet ›Erlöschen‹. Hier bezieht es sich auf das Erlöschen des Kreislaufes von Geburt und Tod. Mit dem Erlöschen der Kilesa, der täuschenden und quälenden

Zustände von Herz und Geist, verschwindet alles innere Leiden und somit auch bereits der größte Teil des Leidens im jetzigen Leben. Das Ziel der Praxis ist erreicht – mit Buddhas Worten: »Vollbracht ist, was vollbracht werden musste.«

Die Kilesa entkräften

Die Kilesa existieren zwar seit anfanglosen Zeiten, doch lassen sie sich auflösen. Es ist ähnlich wie mit den Wolken am Himmel. Wäre der Himmel seit unserer Geburt immer bedeckt gewesen, wäre es uns nur schwer vorstellbar, dass es auch anders sein kann. Aber wir alle wissen, dass die Wolken nicht da sein müssen. Es braucht nur den richtigen Wind oder Hochdruck, und sie verschwinden. Zum Glück verhält es sich ebenso mit den Kilesa. Wir können frei sein davon. Allerdings sind sie außerordentlich zäh, und wir sollten uns keine Illusionen darüber machen, dass nur außerordentlich hingebungsvoll und konsequent Praktizierende jemals dieses Ziel erlangen können. Die frohe Botschaft ist also, dass die Kilesa nicht da sein müssen. Zumindest können wir sie, die täuschenden und quälenden Zustände von Herz und Geist, entkräften. Menschen die wirklich außerordentlich wach und zutiefst weise sind, können die endlose Kette von Karma und Kilesa durchtrennen. Diese Wachheit und Weisheit wird als das Schwert des Mañjuśrī, des Bodhisattva der Weisheit, bezeichnet. Sein doppelschneidiges Schwert durchtrennt Kilesa und Karma.

Wir alle können immer wieder erfahren, wie der Kreislauf zwischen den Kettengliedern von Verlangen und Ergreifen unterbrochen wird, nämlich in jenen Momenten, in denen wir erkennen, dass wir im Begriff sind, in einer Art und Weise auf eine Erfahrung zu reagieren, die zu Leiden führt. Statt in einer solchen Situation weiter diesem ersten Impuls zu folgen, reagieren wir nicht, lassen wir los und verbleiben in ruhevoller Gelassenheit. Zum Beispiel so:

Wir spazieren friedlich durch die Stadt. Unvermittelt sehen wir in einem Schaufenster einen Gegenstand, den wir uns schon immer gewünscht haben. Er ist unverhältnismäßig teuer, aber Verlangen steigt auf und drängt uns unwiderstehlich auf das Ladengeschäft zu. Schließlich kommt aber Achtsamkeit in uns auf. Die Sinnlosigkeit des Unterfangens und die Leidhaftigkeit des Verlangens werden wahrgenommen – wir lassen den Gegenstand innerlich los, und damit schwindet auch das Verlangen. Der ganze Spuk ist vorbei, und wir spazieren wieder friedlich durch die Stadt.

Oder wir sitzen zufrieden im Zug. Ein Angetrunkener kommt vorbei und beschimpft uns. Ärger steigt hoch, und wir sind im Begriff zurückzuschimpfen. Doch bevor wir den Mund öffnen, entsteht achtsames Gewahrsein, und sogleich erkennen wir die Sinnlosigkeit unserer Reaktion und die Leidhaftigkeit des Ärgers. Wir nehmen die unangenehmen Gefühle gelassen an – und sitzen wieder friedlich im Zug.

In diesem Dasein, in einem Körper inkarniert, sind angenehme und unangenehme Erfahrungen (vedanā) für uns vorprogrammiert und unvermeidlich. Verlangen und Ablehnung sind tief verwurzelte Reaktionen, die aus der anfanglosen Unwissenheit heraus entstehen. Je tiefer unsere Achtsamkeit die Daseinsmerkmale aller Dinge erkennt, desto freier sind wir von der Tendenz der Identifikation, des Anhaftens und der Abneigung.

Erleuchtung und Nibbāna

Wenn wir den Prozess des bedingten Entstehens immer wieder beobachten, wird uns die Unzulänglichkeit dieses Vorgangs bewusst. Wir erkennen die Unbeständigkeit der Dinge, nach denen wir greifen, und die Unstillbarkeit unseres Verlangens. Nicht nur die Wünsche, sondern auch der brennende Durst nach Erfahrung, nach Objekten und nach Bewusstsein schlechthin wird spürbar. Schließlich empfinden wir selbst das bloße Greifen nach den Dingen als schmerzhaft. Während wir das ständige Entstehen und Vergehen aller Phänomene sehen, begreifen wir die Aussichtslosigkeit unseres Bestrebens, in ihnen bleibendes Glück und Sicherheit zu finden. Wenn diese Erkenntnis sehr tief ist, lässt der Geist los, und der ganze Prozess des Werdens fällt in sich zusammen. In diesem Moment wird die dritte edle Wahrheit erfahren, die edle Wahrheit vom Ende des Leidens, Nibbāna.

Darüber sagte Buddha: »Was aber ist die Edle Wahrheit vom Ende des Leidens? Wenn das Geborene, Geschaffene, Zusammengesetzte erlischt, was ist dann da? Es gibt, ihr Mönche, ein Ungeborenes, Ungewordenes, Ungeschaffenes, Ungeformtes. Gäbe es nämlich nicht jenes Ungeborene, Ungewordene, Ungeschaffene, Ungeformte, so gäbe es kein Entrinnen aus dem Geborenen,

Gewordenen, Geschaffenen und Geformten. Weil es aber dieses Ungeborene, Ungewordene, Ungeschaffene, Ungeformte gibt, darum gibt es ein Entrinnen aus dem Geborenen, Gewordenen, Geschaffenen und Geformten.«[75] Und anderswo sagt er: »Was ist dieses Ziel? Es ist das Versiegen von Begierde, Hass und Verblendung.«[76] Es ist nicht ein entrückter Zustand, wie er in der Versenkungsmeditation erlebt werden kann, sondern eine völlige Freiheit von jeglichem Erfassen und Anhaften an bedingter Erfahrung: das Ende allen Leidens.

Die erste Erfahrung des Unbedingten befreit von den ersten drei Fesseln des Daseins. (Die Fesseln werden weiter unten beschrieben.) Dies ist aber nicht das Ende des Weges, sondern – traditionsgemäß ausgedrückt – sein Anfang. Diese befreiende Erkenntnis wird als ›in den Strom eintreten‹ beschrieben. Nun sind Richtung und Ziel des Weges unverwechselbar klar. Durch den ersten ›Geschmack‹ des Unbedingten wird der Glaube an ein unabhängig existierendes Selbst und an eine letztliche Wirklichkeit des Daseins definitiv abgelegt. Identifikation damit ist aber nach wie vor möglich, wenn sie auch nie mehr die Macht hat, die sie vor dieser Erfahrung hatte. Die Kilesa wirken nach wie vor, und wer vollständig von ihnen frei werden will, muss weiter praktizieren.

Hier kann sich zeigen, warum es wichtig sein könnte, in der Praxis in eine altbewährte Tradition eingebettet zu sein. Es ist nicht unüblich, dass Menschen, die eine solche Erfahrung machen, so beeindruckt davon sind, dass sie sich nicht nur erleuchtet fühlen und sich als erleuchtet erklären, sondern dass sie auch nicht realisieren, dass die Praxis hier weitergeht. Erprobte Modelle, oft begangene Wege sind eine größere Garantie dafür, dass sich solchermaßen verwirklichte Menschen nicht vorzeitig auf Lorbeeren ausruhen und auch nicht anderen den Eindruck vermitteln, ihre Verwirklichung sei bereits alles, was möglich ist. Überschätzung der eigenen Verwirklichung bedeutet auch Unterschätzung des menschlichen Potenzials.

Auf der anderen Seite besteht auch die – viel weiter verbreitete – Gefahr, dass davon ausgegangen wird, Stufen der Erleuchtung und Befreiung seien antiken Kulturen entsprechende dogmatische oder metaphysische Darstellungen, welche ›normalen‹ Menschen unseres Zeitalters – wenn überhaupt jemandem – gar nicht mehr zugänglich seien. Dies ist eine andere, tragische Fehleinschätzung unserer menschlichen Möglichkeiten.

Nach intensiver Praxis und weiteren Stufen der Erleuchtung sind die Kilesa vollständig versiegt. Wenn ein Mensch vollständige Erleuchtung erlangt, löst sich der Prozess des abhängigen Entstehens auf. Unwissenheit ist vollständig ersetzt durch Weisheit. Es werden keine neuen Bildekräfte und kein neues Verlangen mehr geschaffen.

Buddha beschrieb die Erfahrung von Nibbāna, dem Unerschaffenen, Unbedingten folgendermaßen: »Dies nenne ich weder Entstehen noch Vergehen, noch Stillstehen, weder Geborenwerden, noch Sterben. Er ist ohne Grundlage, ohne Entwicklung und ohne Stützen, dies ist das Ende des Leidens.«[77] – »Und für die so Befreiten, in deren Herz Friede wohnt, gibt es nichts mehr, was noch zu tun wäre. Still ist der Geist, und befreit.«[78] Befreiung von Leiden ist möglich. Buddha hat es vorgelebt, den Weg dahin aufgezeigt und die Methoden dazu gelehrt. Wir müssen den Weg gehen und die Methoden anwenden.

11

Die Stufen der Erleuchtung nach dem Theravāda-Modell

Es gibt Wesen, deren Augen nur mit wenig Staub bedeckt sind:
Sie werden die Wahrheit verstehen.
(Buddha) [79]

Fortschritt

Es gibt viele verschiedene Modelle, die den Fortschritt auf dem Pfad beschreiben. Die weiter unten beschriebenen vier Stufen der Erleuchtung stammen wahrscheinlich direkt von Buddha. Andere Modelle scheinen den späteren Kulturen und Praxisstilen zu entsprechen. Um eine Idee zu vermitteln, wie Entfaltung in der Erkenntnismeditation aussehen könnte, wird hier ein Modell skizziert, welches in gewissen Theravāda-Traditionen beschrieben und erfahren wird: die sieben Stufen der Reinheit, wie sie in Buddhaghosas *Visuddhimagga*[80] behandelt werden. Nicht alle Meditierenden schreiten aber in ihrer Praxis notwendigerweise entsprechend der in ihrer Tradition verwendeten Modelle fort.

1. *Die Reinheit des ethischen Verhaltens* (sīla visuddhi) ist Grundlage und Voraussetzung für die Entwicklung des Pfades.
2. Als *Reinheit des Geistes* (citta visuddhi) gilt die Verwirklichung der ›Angrenzenden Sammlung‹ und der ›Versenkungsstufen‹. Gewissen Traditionen entsprechend genügt vorerst das Erreichen von ›Momentaner Sammlung‹ (kānika samādhi) (siehe Kapitel 14, S. 241 ff.).
3. *Befreiung von falscher Sichtweise* (diṭṭhi visuddhi) bedeutet zu erkennen, dass der Prozess des Daseins aus Körper (rūpa) und Geist (nāma) besteht und es kein unabhängiges Ich oder Selbst gibt.
4. *Befreiung von Zweifel* (kankhāvitaraṇa visuddhi) entspringt der Erkenntnis,

dass dieses Dasein ein Prozess ist, der in Abhängigkeit von Ursachen und Wirkungen, von Karma und Bedingungen entsteht und vergeht und in keiner Weise bleibend, erfüllend oder selbstexistent ist.

5. *Erkenntnis darüber, was der richtige Weg ist und was nicht* (maggāmagga ñāṇadassana visuddhi), bedeutet, dass die Gefahr, gewisse eindrückliche Meditationserfahrungen wie Lichter, Begeisterung, Frieden, Glücksgefühl und Ähnliches mit tatsächlicher Verwirklichung zu verwechseln und dadurch in eine Sackgasse zu geraten, hier überwunden wird.
6. Die *Erkenntnis bezüglich des Fortschritts auf dem Pfad* (paṭipadā ñāṇadassana visuddhi) umfasst neun Einsichten: a) *Erkenntnis des Entstehens und Vergehens:* Es wird sichtbar, dass Erfahrungen ständig neu entstehen, um sogleich wieder zu vergehen; b) *Erkenntnis des Verschwindens:* Es wird unmittelbar wahrgenommen, wie die aufgestiegenen Erfahrungen fast sofort wieder verschwinden; c) *Gewahrsein der Bedrohlichkeit:* Die Schnelligkeit, mit der leere, unfassbare Erfahrungen wieder vergehen, zeigt in bedrohlicher Weise ihre Unzuverlässigkeit; d) *Gewahrsein der Gefahr:* Sich auf dieses völlig unzuverlässige Erfahren zu verlassen, daran anzuhaften wird als äußerst gefährlich erkannt; e) *Entzauberung und Abwendung:* Der Geist wendet sich davon ab, Erfahrungen solcher Art zu ergreifen; f) *Wunsch nach Befreiung:* Sämtliche Erscheinungen und Erfahrungen werden als völlig unattraktiv gesehen, und der dringende Wunsch nach Befreiung von Anhaften entsteht; g) *Bemühen zu entkommen:* Der Geist sucht dringlich nach einem Weg, sich von den Fesseln, die ihn an diese Bedingungen binden, zu befreien; h) *Unerschütterlichkeit:* Der Geist wird von Erscheinungen jeglicher Art in keiner Weise mehr aus tiefstem Gleichgewicht und tiefster Gelassenheit gebracht; i) *Bereitschaft, die vier edlen Wahrheiten zu erkennen:* Der Geist ist bereit, die Fesseln hinter sich zu lassen und Befreiung zu verwirklichen.
7. *Vollständige Erkenntnis* (ñāṇa dassana visuddhi) bezieht sich auf die ›Reife-Erkenntnis‹, das befreiende Erkennen und Erfahren des Ungeborenen (nibbāna/nirvāṇa).[81]

Tore der Befreiung

Unabhängig davon, welchen Prozess der Erkenntnis man durchläuft, kann von drei Toren der Befreiung gesprochen werden. Entsprechend des Charakters der Praktizierenden und des gewählten Praxisweges wird Befreiung durch tiefe Erkenntnis des einen der drei Merkmale des Daseins verwirklicht: Vergänglichkeit, Unzulänglichkeit-Leidhaftigkeit oder Nicht-Selbst.

Diejenigen, in deren Praxis die Tatsache der Vergänglichkeit am stärksten hervortritt, werden durch das Tor der sogenannten Merkmallosigkeit (animittā) befreit. Weil das Herz erkennt, dass alles Entstandene vergehen muss, haftet es nicht mehr an den Dingen und Erfahrungen.

Jene, die Unzulänglichkeit und Leidhaftigkeit am stärksten wahrnehmen, gehen durch das Tor der Wunschlosigkeit (apanihitta). Wenn erkannt worden ist, dass nichts in diesem Dasein bleibende Befriedigung oder echtes Glück zu vermitteln vermag, schwindet der Wunsch nach all diesen Dingen.

Jene, für die Nicht-Selbst am tiefsten offenbar wird, durchschreiten das Tor der Leerheit (suññatā). Wenn der Geist erkennt, dass nichts in diesem Dasein ich, mir oder mein ist, dass alles leer ist von Selbstexistenz und nichts wirklich unter Kontrolle ist, fällt alles Anhaften an Erfahrungen jeglicher Art ab.[82] In den Traditionen des Mahāyāna ist es vor allem das Tor der Leerheit, durch welches Befreiung erlangt wird.

Die Fesseln des Daseins

Die Entwicklung zum Arahat, zur Arahati, dem Zustand der Befreiung, verläuft der Theravāda-Tradition entsprechend über vier Stufen. Jede Stufe der Befreiung zeichnet sich durch das Wegfallen bestimmter Fesseln (saṃyojana) aus. Tiefere Erkenntnis der Wirklichkeit führt zu mehr Freiheit. Die Fesseln (in der Reihenfolge, in der sie mit zunehmender Verwirklichung wegfallen) sind die folgenden zehn:

- Täuschung in Bezug auf ein real existierendes Ich oder Selbst (sakkāya-diṭṭhi).
- Zweifel (vicikicchā) in Bezug auf die Mittel und den Weg zur Befreiung.
- Glaube an Riten und Rituale als Mittel zur Befreiung (sīlabbata-parāmāsa).

- Sinnliches Begehren (kāma-rāga).
- Übelwollen (vyāpāda).
- Begehren nach feinkörperlichem Dasein (rūpa-rāga).
- Begehren nach unkörperlichem, formlosen Dasein (arūpa-rāga).
- Dünkel, Einbildung (māna).
- Ruhelosigkeit (uddhacca).
- Unwissenheit, Verblendung (avijjā).

Die erste Erleuchtungsstufe: Eintritt in den Strom

Mit der ersten direkten Erfahrung von Nibbāna, dem Ungeschaffenen, Unbedingten, wird die erste Stufe der Erleuchtung erreicht. Damit wird die Praktizierende zur Sotāpanna, was bedeutet, dass sie eingetaucht ist in den Strom, der zur völligen Erleuchtung führt, und gilt damit als ›edel‹ (ariya/ārya). Traditionell gesehen beginnt hier der eigentliche Pfad zur Befreiung.

Es sind drei Fesseln, die sich auf dieser Stufe unwiderruflich auflösen. Die Illusion des Selbst (sakkāya-diṭṭhi) wird derart tief durchschaut, dass man sich nicht mehr dauerhaft täuschen lässt in Bezug auf die Existenz eines unabhängig existierenden Selbst. Obwohl diese Leerheit von Selbst (anattā) bereits vorher in der Praxis erkannt wird, fällt jetzt jeglicher Glaube daran weg. Dadurch entsteht große innere Freiheit. Allerdings kehren die Gewohnheiten des Verlangens und Ablehnens wieder zurück, und wann immer Achtsamkeit und Aufmerksamkeit nachlassen, kann auch ein Sotāpanna noch auf die scheinbare Wirklichkeit und Solidität dieser Welt und die täuschende Wahrnehmung eines Selbst hereinfallen. Aber der tiefe Glaube an ein Selbst ist gebrochen, und die befreiende Erkenntnis scheint immer wieder durch.

Als zweite Fessel verschwindet jeglicher Zweifel (vicikicchā). Pfad und Ziel sind völlig klar, und Zweifel wird durch tiefes Vertrauen in den Pfad ersetzt.

Als dritte Fessel fällt der Glaube an Riten und Rituale als Wege zur Befreiung weg (sīlabbata-parāmāsa). Vor allem im alten Indien, dem Ursprungsland des Buddhismus, spielten und spielen noch heute Rituale eine zentrale Rolle. Sie sollen vor allem der Reinigung von schlechtem Karma dienen und den Menschen Befreiung sichern. Gewisse Riten und Rituale können sehr hilfreiche Methoden für die Entwicklung von inneren Qualitäten des Geistes und des

Herzens sein, doch zur Befreiung führen sie nicht. Dies wird auf dieser Stufe klar erkannt.

Von den In-den-Strom-Eingetretenen wird gesagt, dass sie nicht mehr in den unteren Daseinsbereichen wiedergeboren werden können – eine äußerst wünschenswerte Gegebenheit. In manchen Belehrungen heißt es auch, dass sie spätestens nach sieben Leben völlige Befreiung erlangen werden.

Die zweite Erleuchtungsstufe: eine letzte Wiederkehr

Wird Nibbāna (als ›Pfad-Moment‹) ein weiteres Mal erfahren und nimmt die Unwissenheit weiter ab, werden die Kräfte der vierten und fünften Fessel, sinnliches Begehren (kāma-rāga) und Übelwollen (vyāpāda), entscheidend geschwächt. Damit ist die zweite Stufe der Erleuchtung erreicht. Man wird zum Sakadāgāmī, einer Person, die nur noch höchstens einmal in den Bereich der Sinne wiedergeboren wird.

Die dritte Erleuchtungsstufe: keine Wiederkehr

Die dritte Stufe der Erleuchtung wird erreicht, wenn die Realität und Nibbāna derart tief erfahren werden, dass die ersten fünf Fesseln selbst in ihrer subtilen Ausprägung völlig aufgelöst sind. Begehren sowie Abneigung in Bezug auf Sinneserfahrungen sind vollständig beseitigt.

Doch selbst diese Menschen werden noch von fünf Fesseln gehemmt, wenn auch nicht in einer von Unerleuchteten leicht wahrnehmbaren Weise. Es handelt sich um Anhaften an feinkörperlichem Dasein (rūpa-rāga) sowie Anhaften an unkörperlichem Dasein (arūpa-rāga), den wunderbaren Zuständen der tiefsten Versenkungsmeditationen (jhāna). Die achte Fessel ist Dünkel (māna). Nicht Dünkel oder Einbildung im üblichen Sinne, solch grobe Formen von Kilesa sind nicht mehr aktiv. Immer aber besteht noch ein subtiles Gefühl von getrennter Individualität, getrennt von anderen Wesen; eine subtile Form von Dünkel. Ruhelosigkeit (uddhacca) ist die neunte Fessel. Auch hier handelt es sich um eine sehr leichte Form von Unruhe, die verhindert, dass der Geist jederzeit in vollständiger Ruhe zu verweilen vermag. Die zehnte und letzte Fessel ist Unwissenheit (avijjā). Die letzten Reste von Unwissenheit sind es, die den anderen vier Fesseln noch etwas Kraft verleihen. Menschen auf dieser Stufe werden Anāgāmī (Nicht-Wiederkehrende) genannt. Sie werden nicht wieder im Sinnesbereich geboren. Sie werden jedoch in besonderen, höheren Daseinsbereichen mit idealen Praxisverhältnissen wiedererscheinen. Dort verweilen sie, bis sie vollständige Befreiung erreicht haben.

Die vierte Erleuchtungsstufe: vollständig befreit

Mit der vierten und letzten Stufe der Erleuchtung ist die Person völlig von allen zehn Fesseln befreit und wird zum Arahat, zur Arahati. All ihre Wünsche sind erfüllt, sie hat die Bürde abgelegt, das Ziel erreicht und Herz und Geist vollständig befreit. Sobald die vierte Erleuchtungsstufe verwirklicht ist, findet Wiedergeburt nicht mehr statt. Sämtliches Karma, das ein Wiedererscheinen bewirken würde, ist erloschen. Im gegenwärtigen Leben wird zwar noch das Karma, das sich im jetzigen Körper ausdrückt, manifestiert. Das heißt, vollständig Befreite können immer noch krank werden, Schmerzen erfahren und müssen die Qual des Sterbens erdulden. Doch inneres Leiden wird dadurch keines mehr entstehen. Die so Befreiten haben die Gewissheit erlangt, nie mehr in leidvollen Daseinsformen erscheinen zu müssen. So der Buddha: »Das Ziel des heiligen Lebens ist erreicht. Was zu verwirklichen war, das ist verwirklicht. Von der Welt (der Erscheinungen) bin ich frei.«[83] Und weiter: »Der Nutzen dieses heiligen Lebens liegt nicht in Gaben, Verehrung oder Ruhm, nicht in Ethik, Sammlung oder Erkenntnis. Die unerschütterliche Befreiung des Geistes – das ist der Kernpunkt, das Ziel und die Vollendung des heiligen Lebens.«[84]

Erblühen des Mahāyāna

Im Laufe der Jahrhunderte und der kollektiven Entwicklung des menschlichen Bewusstseins begannen sich die Vorstellungen und Erwartungen in Bezug auf spirituelle Verwirklichung zu wandeln. Eine neue Vision des spirituellen Lebens und seiner Zielsetzungen entstand. Es schien nicht nur wünschenswert, alle Formen des Leidens in sich selbst zu überwinden, sondern auch das Leiden der Mitmenschen und aller Lebewesen vermehrt in den Prozess der eigenen spirituellen Entwicklung miteinzubeziehen. Dadurch entstand das Bodhisattva-Ideal der Mahāyāna-Schulen. Bodhisattvas praktizieren nicht nur für ihre eigene Befreiung, sondern auch mit dem Ziel, langfristig allen anderen Wesen von größter Hilfe auf dem Weg zu sein. Diese altruistische Motivation wird Bodhicitta genannt. ›Bodhi‹ bedeutet ›Erleuchtung‹, ›citta‹ heißt ›Geist-Herz‹. Die Motivation von Bodhicitta bewegt die Praktizierenden dazu, neben der völligen Erleuchtung, der Befreiung von den Kilesa, auch alle Geistes- und Herzensqualitäten eines Buddha zu vervollkommnen, um schließlich allen Lebewesen von größtmöglichem Nutzen zu sein.

Arahat und Bodhisattva – im Theravāda und im Mahāyāna

Die Entwicklung hin zum Mahāyāna fand im Indien der ersten Jahrhunderte u. Z. statt. Oft wurden nun die Praktizierenden, die vorwiegend nach ihrer eigenen Befreiung und nach völligem Erlöschen am Lebensende strebten, Anhänger des ›kleinen Fahrzeuges‹ (hīnayāna) genannt. Gemeint war damit, dass sie praktizieren und ›in ihrem kleineren Fahrzeug‹ andere in ihrem Umfeld auf dem Weg zur Befreiung leiten und begleiten – was einer sehr edlen und realistischen Haltung entspricht –, dass sie es aber nicht als ihre Aufgabe betrachten, Buddhaschaft anzustreben, um für möglichst viele Wesen von größtmöglichem Nutzen zu sein, wie das die Anhänger des Mahāyāna zu tun geloben. Leider wurde der Begriff Hīnayāna im Laufe der Jahrhunderte von den Anhängern des Mahāyāna allmählich zu einem Schimpfwort, das diese sogenannten Hīnayānas als egoistisch und keinesfalls so mitfühlend wie die Anhänger der Mahāyāna-Schulen darstellen sollte.

Jene, die Bodhicitta entwickelten und Buddhaschaft anstrebten, wurden als Anhänger des Mahāyāna bezeichnet. Mahāyāna bedeutet ›großes Fahrzeug‹ und soll darauf hindeuten, dass Praktizierende nicht einfach die Befreiung und das endgültige Erlöschen anstreben, sondern ihre inneren Qualitäten über lange Zeiten bis zur Buddhaschaft entwickeln sollten. Dadurch erschaffen sie ein ›großes Fahrzeug‹, in dem genügend Platz vorhanden ist, um zahllose Lebewesen zur Erleuchtung mitnehmen zu können.

Die Qualitäten eines Buddha sind außergewöhnlich. Buddhas sind nicht nur frei von Kilesa, wie die Arahat, sondern haben auch alle wunderbaren Eigenschaften von Geist und Herz zur Vervollkommnung gebracht (pāramitā). Der Weg zur Buddhaschaft dauert entsprechend viel länger. Die erleuchteten Bodhisattvas gehen nach ihrem Tode nicht ins endgültige Nirvāṇa ein, sondern praktizieren während vieler Leben weiter, um die Verwirklichung eines Buddha zu erreichen. Sie fahren fort, ihr Verhalten, ihre geistigen Kräfte und ihre Weisheit zu vervollkommnen, um für das Wohl aller Lebewesen wirken zu können. In Bezug auf die Befreiung von Karma, Kilesa und von Gebundensein an Saṃsāra besteht aber zwischen Buddhas und Arahat/Arahati kein Unterschied.

Vom historischen Buddha wird gesagt, dass er viele Leben lang als Bodhisattva praktizierte mit dem Ziel, Buddhaschaft zu erlangen. Manche Schulen sprechen von fünfhundert Leben, andere von Äonen. Gemäß allen Traditionen hat es vor dem letzten Buddha bereits unzählige andere Buddhas gegeben, und in der Zukunft wird Buddha Maitreya (pāli: metteya), der Buddha der grenzenlosen Liebe, erscheinen. Die Vorstellung und das Ideal der Bodhisattvas, die zum Segen aller Lebewesen auf die Buddhaschaft hin praktizieren, hat es also zu jeder Zeit und in allen Richtungen des Buddhismus gegeben. Unterschiedlich ist allerdings die Gewichtung dieses Ideals. Für alle Traditionen besteht das Ziel darin, sich selbst zu befreien. Entsprechend der Theravāda-Sichtweise ist das für die einen genügend, während andere beschließen, sich auf dem Weg des Bodhisatta (Pāli für Bodhisattva) bis zur Buddhaschaft weiterzuentwickeln. Hīnayāna bezieht sich also auf die tatsächliche Motivation eines Individuums, Theravāda auf eine bestimmte Schule. Die Begriffe sind auf keinen Fall gleichbedeutend.

In der Mahāyāna-Sichtweise wird die Entwicklung bis zur Buddhaschaft als einzig erstrebenswertes Ziel betrachtet. Mahāyāna bezieht sich also auf die tatsächliche Motivation eines Individuums. Wenn man aber von Mahāyāna-Schulen spricht, heißt das natürlich keinesfalls, dass ihre Anhänger automatisch die altruistische Bodhisattva-Motivation entwickelt haben.

Mein tibetischer Lehrer, der Ehrwürdige Geshe Rabten, betonte immer wieder, dass wir dunkelrote Roben tragen oder uns gar ein Schild mit dem Wort ›Mahāyāna‹ umhängen könnten, das mache uns noch lange nicht zu Bodhisattvas. Aber selbst wenn jemand gelbe oder keine Roben trage und sich nicht ›Mahāyāna‹ nenne, sei diese Person ein Bodhisattva, wenn sie die Motivation von Bodhicitta entwickelt habe.

Was unter der ›vollständigen Erleuchtung eines Buddha‹ in den einzelnen Traditionen und Schulen von Tibet bis Japan, jenseits der textlichen Aussagen, tatsächlich gemeint ist, kann kaum mit eindeutiger Klarheit definiert werden.

In diesem Kapitel betrachten wir einfach zwei der am weitesten verbreiteten Modelle der spirituellen Verwirklichung in der buddhistischen Geistesschulung.

Im Theravāda geht man davon aus, dass mit dem Erreichen der Erleuchtungsstufe des Arahat der Prozess des endlosen Werdens und Wiederkehrens in diesem Dasein erlischt. Dementsprechend sollten Bodhisattvas dem Nirvāṇa entsagen, um nicht frühzeitig ihre wunderbare Gelegenheit zu verspielen, allen Wesen von Nutzen zu sein. Wenn davon ausgegangen wird, dass jene, die von allen Kleśa befreit sind, nach ihrem Lebensende ins endgültige Nirvāṇa eingehen, dann versteht man auch die verbreitete Vorstellung, dass Bodhisattvas auf die Erleuchtung ›verzichten‹ oder sie ›aufschieben‹ müssen, wenn sie tatsächlich über viele Lebensspannen hinweg den Weg zur Buddhaschaft gehen wollen. Übrigens gibt es in den Ländern des Theravāda viele Praktizierende, von denen gesagt wird, sie befänden sich auf dem Pfad der Bodhisatta (Bodhisattva).

Im Mahāyāna geht man von etwas anderen Voraussetzungen aus: Tatsächlich verwirklichen die Praktizierenden auf dem Mahāyāna-Pfad tiefste Erkenntnis der Nicht-Selbstexistenz aller Dinge (śūnyatā), befreien sich solchermaßen von den Kilesa/Kleśa und vertiefen damit ihre Erleuchtung. Anstatt dabei endgültig in Nibbāna/ Nirvāṇa aufzugehen, entwickeln sie großes Mitgefühl, Bodhicitta und die Qualitäten und Methoden, die notwendig sind, um auf unbegrenzte Zeit hinaus zum Wohle der Lebewesen wirken zu können. Die weiter unten folgende Darstellung der Stufen des Mahāyāna-Weges deutet an, wie dies vor sich geht.

Das Bodhisattva-Ideal im Westen

Im Westen fühlen sich viele ganz natürlich zum Bodhisattva-Ideal hingezogen. Dahinter könnten zwei Beweggründe stehen. Zum einen: Wenn wir der Vorstellung von Saṃsāra, dem endlosen Zyklus von Geborenwerden und Sterben mit seinen schrecklichen Daseinsbereichen wie zum Beispiel den Höllen, eher ungläubig gegenüberstehen, ist es für uns auch weniger dringlich, diesen leidvollen Kreislauf aufzulösen. Die Vorstellung des ständigen Wiederkehrens der Bodhisattvas scheint dagegen (fälschlicherweise) ein Weiterexistieren unseres

Ichs zu gewährleisten. Das kann überzeugend sein, denn vielleicht möchten wir ja dieses Ich-Gefühl doch noch eine Weile behalten. Auf der einen Seite möchten wir zwar die Befreiung von Nirvāṇa, auf der anderen Seite möchten wir aber als kleines Selbst weiterexistieren. So glauben wir, die Idee des Bodhisattva biete uns da eine gute Lösung an. Diese Art von Motivation beruht jedoch auf einer nicht korrekten Sichtweise der Dinge und ist nicht gerade hilfreich.

Eine andere Erklärung für unsere Neigung zum Bodhisattva-Ideal kann in unserer christlich-sozialen Kulturprägung vermutet werden. Diese lässt sich sehr gut mit der Bodhicitta-Haltung vereinen. Mitgefühl und grenzenlose Liebe sind Werte, die uns naheliegen und aus dem abendländischen sozialen Denken und Engagement vertraut sind. Sie bilden eine gute Grundlage für die Entwicklung der Bodhisattva-Haltung. Manchmal ist es auch so, dass diese wertvollen Aspekte des praktischen, engagierten Mitgefühls im gesellschaftlichen Bereich im buddhistischen Asien – gerade auch in Ländern des Mahāyāna-Buddhismus – auf fast enttäuschende Weise fehlen. Unser abendländisch-christlich geprägtes soziales Empfinden kann hier als richtungsweisende Grundlage dienen. Es ist zu hoffen, dass die Entwicklung der mitfühlenden Bodhicitta-Haltung die praktizierenden Buddhisten im Westen auch vermehrt dazu bringt, sozial tätig und für den Frieden und die Umwelt engagiert zu sein. Dabei sollte aber der Begriff ›Bodhicitta‹ nicht einfach als ›Mitgefühl‹ oder ›Engagement‹ verstanden werden, sondern eben als Entschluss, Buddha zum Wohle vieler werden zu wollen.

Befreiender Durchblick – statt endgültiger Ausstieg

Wer nicht nur für sein eigenes Wohl frei von den Kleśa werden möchte, sondern motiviert ist, zum Segen aller Lebewesen zu praktizieren, wird danach streben, auch alle menschlichen Qualitäten des Geistes und Herzens zu vervollkommnen: nämlich all die Eigenschaften (pāramitā), welche die Buddhas auszeichnen, wie Weisheit, Mitgefühl, Liebe, Großzügigkeit und viele mehr. Für solche Individuen ist es von großer Bedeutung, dass sie die wahre Natur des Daseins durchschauen, ohne aus diesem ›aussteigen‹ und dabei die leidenden Lebewesen ›im Stich lassen‹ zu müssen. Um dies zu ermöglichen, wird ihr Weg zur Befreiung vor allem jener der Erkenntnis der Nicht-Selbstexistenz aller Dinge sein.

Es besteht ein grundsätzlicher Unterschied darin, ob jemand praktiziert, um den endlosen Daseinskreislauf aufzulösen oder um ihn zu durchschauen. Wer endgültig nichts mehr mit diesem Kreislauf zu tun haben möchte, wird ihn auflösen wollen. Wer zum Wohle vieler für lange Zeit weiterwirken möchte, wird sich darauf konzentrieren, ihn mit weiser Erkenntnis zu durchschauen.

Natürlich sind die beiden Zugangsweisen nicht völlig verschieden. In beiden Fällen geht es darum, die wahre Natur aller Dinge zu erkennen, um die Kilesa/Kleśa zu beseitigen. Aber die Gewichtung liegt etwas anders. Entscheidend ist hier die Absicht: Ist Bodhicitta, der Entschluss, zum Wohle der Lebewesen Buddhaschaft zu verwirklichen, die tragende Motivation, dann ist die individuelle Auflösung und Verabschiedung aus dem Dasein vorläufig keine Option.

Die Sichtweise der Mitte: Mādhyamika

Mit dem Beginn der Mahāyāna-Ära in Indien entwickelte sich deshalb auch eine neue Sichtweise der Wirklichkeit, welche den Vorstellungen und Bedürfnissen des Mahāyāna-Ideals besser gerecht wurde. Die bedeutendsten Exponenten dieser neuen Sichtweise waren der große indische Meister des zweiten Jahrhunderts, Nāgārjuna, und sein Schüler Āryadeva. Die wichtigsten Texte sind die Lehrreden der Prajñāpāramitā. Die Sichtweise des Mādhyamika hat alle Schulen des Mahāyāna-Buddhismus stark beeinflusst.

Hier wird das Problem des Leidens nicht mehr grundsätzlich im Wesen des Daseins gesehen, wie das im Lehrsatz »Alle entstandenen Dinge sind leidvoll (dukkha)« ausgedrückt wird (siehe Kapitel 3, ›Das Wesen des Daseins erkennen‹, S. 84 ff.). Vielmehr wird das Problem des Leidens nun ausschließlich im Geist geortet. Dies kommt im modifizierten Lehrsatz der Mahāyāna-Schulen zum Ausdruck: »Alle entstandenen Dinge ›mit getäuschtem, mit Kleśa behaftetem Geist‹ sind leidvoll (dukkha).« Es bedeutet, dass Leiden beendet werden kann, ohne dass das Dasein verlassen werden muss. Genau das ist ein wichtiges Merkmal dieser neuen Sichtweise. Die Blickrichtung der Erkenntnis wurde auf die Wahrheit der ›Nicht-Selbstexistenz‹ aller Dinge, also ihre ›Leerheit‹ verschoben. Das bedeutet nicht nur, dass die Dinge nicht ich, mich oder mein sind (anattā), sondern dass dieses Dasein ›leer von jeglicher Art von Selbstexistenz‹ (śūnyatā) sein muss, weil es nichts anderes als ein dynamischer, dicht verwobener Prozess von

Ursache und Wirkung ist. Wenn alles ein Prozess des abhängigen Entstehens ist, kann nichts darin in endgültiger Weise substanziell, solide oder ›festhaltbar‹ sein. Vielmehr sind alle Dinge bloße Erscheinung, die aber entsprechend festen Gesetzmäßigkeiten, wie Ursache/Wirkung und Karma, funktionieren.

Es wird von den ›Zwei Wahrheiten‹ oder den ›Zwei Wirklichkeiten‹ gesprochen. Die ›relative oder konventionelle Wirklichkeit‹ bezieht sich auf die erscheinenden Dinge des Daseins und die Gesetzmäßigkeiten, denen sie unterworfen sind. Die ›letztliche Wirklichkeit‹ bezieht sich auf die Leerheit von unabhängiger Selbstexistenz aller Dinge des Daseins.

Obschon von zwei Wirklichkeiten gesprochen wird und man diese gesondert betrachten kann, sind sie nicht eigentlich verschieden voneinander. Vielmehr sind sie wie die zwei Seiten einer Münze: zwei Aspekte der gleichen Sache. Weil alles bedingt entsteht, ist es leer von Selbstexistenz. Dass alles leer ist von Selbstexistenz, ist der Grund dafür, dass es in strikter Gesetzmäßigkeit erscheint. In einem Universum, in dem alle Dinge bloße Erscheinung sind, sich aber in gesetzmäßiger Weise in Abhängigkeit der Absichten und Projektionen des Geistes verhalten und wirken, ist es möglich, sich von Kilesa zu befreien, um dann für unbegrenzte Zeit zum Wohle der Lebewesen zu wirken, dabei aber frei zu sein von allen Formen des Leidens.

Wer diese Sicht des Daseins zutiefst verwirklicht hat, ist innerlich frei. Es ist dann nicht mehr Verlangen oder Durst (tanhā), wodurch eine nächste Geburt bestimmt wird. Vielmehr können solchermaßen Verwirklichte freiwillig, aus großem Mitgefühl und aufgrund von Bodhicitta reinkarniert werden, um die Vervollkommnung der Qualitäten eines Buddha fortzuführen. Die Mahāyāna-Schulen und vor allem die tantrischen Schulen des Vajrayāna lehren spezielle Übungen, die eine solch gezielte Wiedergeburt unterstützen.

Alles ist Geist: die Sichtweise des Yogācāra

Eine andere einflussreiche Sichtweise, die sich in den indischen Mahāyāna-Traditionen entwickelte, ist jene der Yogācāra-Schule. Diese wird auch Cittamātra oder Vijñānavāda genannt, was so viel bedeutet wie Nur-Geist- oder Nur-Bewusstseins-Schule. Vereinfacht ausgedrückt, geht diese Sichtweise davon aus, dass alle Dinge vom Geist geschaffen sind und ›ausschließlich‹ im Geist existieren. Zusätzlich zu den sechs Bewusstseinsarten entsprechend der sechs Sinneserfahrungen wird ein siebtes, das ›Karma erschaffende‹ Bewusstsein (manas), und ein achtes, das Speicher-Bewusstsein (ālaya-vijñāna), postuliert.

Wenn die Welt und das Dasein ausschließlich im Geist existieren, ist es durch das Beenden der Kilesa/Kleśa auch möglich, sich von Leiden zu befreien, ohne das Dasein verlassen zu müssen. So ist es auch dieser Schule entsprechend möglich, Buddhaschaft zu erreichen und über lange Zeitspannen hinweg zum Wohle der Lebewesen zu wirken, ohne noch dem Leiden (dukkha) ausgesetzt zu sein. Es ist also eine Sichtweise, die dem Mahāyāna-Ideal sehr entgegenkommt. Wichtigster Exponent des Yogācāra war der im Indien des vierten Jahrhunderts lebende große Meister des Mahāyāna, Asaṅga. Der Einfluss dieser Sichtweise ist bis heute in einer Großzahl der Mahāyāna-Traditionen Chinas sowie im koreanischen und japanischen Zen erkennbar. Auch in Mahāyāna-Schulen Indochinas und ansatzweise selbst in Theravāda-Schulen Thailands ist er spürbar. In manchen tibetischen Schulen des Vajrayāna ist ihr Einfluss ebenfalls unverkennbar.

12

Die Stufen der Erleuchtung nach dem tibetischen Mahāyāna-Modell

Weil er vom Schlaf der Unwissenheit erwacht ist
und sein Geist sich vollkommen entfaltet hat,
ist er der vollkommen Erwachte.
Jetsün Gampopa [85]

Weil es im Mahāyāna nicht nur darum geht, die Stufe des vollständig befreiten Arahat zu erreichen, sondern darum, zum Wohle aller Wesen Buddha zu werden, sind auch die Stufen der Verwirklichung etwas anders dargestellt. Dabei finden sich auch hier verschiedene Modelle. Weit verbreitet ist vor allem jenes der fünf Pfade (mārga)und zehn Ebenen (bhūmi). Obschon die Stufen des Fortschritts auf dem Pfad teilweise unterschiedlich dargestellt werden, kann die Erläuterung eines oder zweier Modelle doch eine klare Richtung aufzeigen und darlegen, welche Geisteseigenschaften überwunden und welche gepflegt und vervollkommnet werden müssen. Gleichzeitig wird ein Eindruck davon vermittelt, wie weit es der menschliche Geist bringen kann.

Wenn es uns in erster Linie um Befreiung von den Kleśa geht, dann muss vor allem Befreiende Weisheit entwickelt werden. Dazu werden die Formen der Meditation praktiziert, die auf Einsicht in die wahre Natur aller Dinge abzielen. Das können Vipaśyanā (Vipassanā), Mahāmudrā oder Dzogchen sein oder aber Zazen, Zen mit Koan-Praxis oder andere Erkenntnismeditationen. Mit einer Mahāyāna-Haltung geht es aber auch um die Entwicklung aller anderen Qualitäten eines Buddha. Es sind die Herzensqualitäten von großem Mitgefühl und Bodhicitta sowie der Vervollkommnungen (pāramitā). Ihre Entwicklung erhält einen sehr hohen Stellenwert. Im Mahāyāna sind also beide Aspekte der Entwicklung gleich wichtig. In diesem Sinne ist das Ziel auf dem Weg des großen Fahrzeuges (Mahāyāna) höher gesteckt als auf dem Weg der Selbstbefreiung

Häufig wird das Zusammenspiel von Befreiender Weisheit einerseits und den Herzensqualitäten andererseits mit den zwei Flügeln eines Vogels verglichen – er braucht beide Flügel, um fliegen zu können.

Die folgende Beschreibung der Stufen der Erleuchtung bezieht sich auf die Verwirklichung selbst. Die Methoden dazu werden im folgenden Kapitel ›Pfad zum Ende des Leidens‹, eingehend erläutert. Die Praktizierenden durchlaufen also fünf Pfade (mārga/*lam*) und zehn Ebenen (bhūmi/*sa*), bis zur vollständigen Erleuchtung.[86]

Der Pfad der Ansammlung

Dieser erste Pfad des Mahāyāna besteht einerseits in der Entwicklung von Erkenntnis oder Weisheit und andererseits im Kultivieren der Vervollkommnungen (pāramitā). Erkenntnisse über die Merkmale des Daseins werden hier erlangt. Die drei Grundlagen des Pfades, nämlich Abkehr von Saṃsāra, Bodhicitta und Erkenntnis der Leerheit von Selbstexistenz werden entwickelt. Einsgerichtete Sammlung wird erreicht, und die Motivation, die eigene Befreiung zu erlangen, wird ersetzt durch den Wunsch, zum Wohle aller Lebewesen Buddha zu werden. Dieser Pfad hat drei Stufen. Es heißt, dass bereits auf der dritten Stufe dieses ersten Bodhisattva-Pfades Praktizierende die Fähigkeit entwickelt haben, sich in verschiedenen Arten und Weisen zu manifestieren. Mit Hilfe dieser Fähigkeit können sie sich zum Beispiel in Buddhabereiche begeben und von den dort weilenden Buddhas Belehrungen erhalten. Auch die Fähigkeit, sich all dieser Belehrungen zu erinnern, ist hier sehr weit entwickelt.

Der Pfad der Vorbereitung

Im zweiten Pfad werden die bereits erreichten Qualitäten in einem viel größeren Maße verwirklicht. Die Praxisaspekte der Methode – Großzügigkeit, Ethik und andere – wie auch der Weisheitsaspekt der Praxis werden weiter vertieft. Die Praktizierenden bereiten sich auf den Übergang zum Pfad der Ārya (Pāli: Ariya), der erleuchteten Bodhisattvas, vor. Ihre Erkenntnis der Leerheit vertieft sich über die vier Stufen, in die dieser Pfad unterteilt ist. Schließlich wird eine direkte, nichtkonzeptuelle Erkenntnis der Leerheit erreicht.

Der Pfad des Sehens

Durch die Erfahrung der direkten, nichtkonzeptuellen Wahrnehmung der Leerheit von Selbstexistenz aller Dinge (śūnyatā) erreichen die Bodhisattvas die erste Stufe des Ārya-Bodhisattva-Pfades. Die dritte edle Wahrheit – vom Ende des Leidens – wird zum ersten Mal direkt und unmittelbar erfahren. Damit erlangen sie den ›Pfad des Sehens‹ und gleichzeitig die erste ›Ebene‹ (bhūmi). In Bezug auf die Freiheit von Kleśa sind sie hier den ›In-den-Strom-Eingetretenen‹ gleich. In Bezug auf andere Qualitäten, wie Bodhicitta und die Pāramitā, haben sie bereits eine viel umfassendere Entwicklung hinter sich. So können sie nun zum Beispiel ihre Wiedergeburt im Dasein frei wählen, um für viele Lebewesen von möglichst großem Nutzen zu sein. Sie sind nun Teil der edlen (ārya) Sangha und somit Objekt der Zuflucht.

Der Weg der Ārya-Bodhisattvas ist in zehn Bodhisattva-Ebenen (bhūmi) aufgeteilt. *Die erste Ebene* entspricht dem ›Pfad des Sehens‹. Auf dieser ersten Ebene vertiefen Bodhisattvas ihre Verwirklichungen und entwickeln die Vervollkommnung der Großzügigkeit (dāna-pāramitā). Die folgenden neun Ebenen entsprechen den fortschreitenden Ebenen auf dem ›Pfad der Meditation‹, dem vierten der fünf Pfade.

Der Pfad der Meditation

Dieser Pfad umfasst die zweite und die folgenden Bodhisattva-Ebenen – bis zur neunten. Er beginnt mit der *zweiten Ebene.* Hier wird die zweite Stufe der edlen Wahrheit vom Ende des Leidens verwirklicht. Diese entspricht in Bezug auf den Weisheitsaspekt in etwa der Stufe der Sakadāgāmī der Theravāda-Tradition. Zusätzlich wird auf dieser zweiten Ebene die Vervollkommnung der Ethik (śīla) erreicht.

Auf den folgenden Ebenen entwickeln die Bodhisattvas schrittweise die Tiefe und die Wirkungskraft ihrer Verwirklichungen gegenüber den Vorstufen um ein Vielfaches und vervollkommnen jeweils eine der verbleibenden Pāramitās von ›Geduldigem Annehmen‹ (kṣānti), ›Enthusiastischem Bemühen‹ (vīrya), ›Sammlung und Meditation‹ (dhyāna), ›Befreiender Erkenntnis oder Weisheit‹ (prajñā), ›Geschickten Mitteln‹ (upāya), ›Entschlusskraft und Wunschgebet‹ (praṇidhāna), ›Kraft‹ (bala) und schließlich ›Vollkommenem Wissen und Ursprünglichem Gewahrsein‹ (jñāna). (Siehe auch S. 286 ff.)

Auf jeder dieser Ebenen verzehnfachen sich die sogenannten zwölf Eigenschaften der Bodhisattvas, die sich auf ihre Fähigkeiten beziehen, zum Wohle der Lebewesen verschiedene Sammlungszustände zu erlangen und sich in verschiedenen Arten und Weisen zu manifestieren.

Auf der achten Ebene

... werden alle Schichten der Unwissenheit vollständig überwunden. Alle täuschenden und quälenden Geisteszustände (kilesa/kleśa) sind endgültig beseitigt. Es ist das Ende der Fesseln oder ›Hemmnisse durch Kleśa‹ (kleśa-āvaraṇa). Diesbezüglich ist diese Ebene mit der Erleuchtungsstufe der befreiten Arahat vergleichbar. In Bezug auf die Entwicklung der Bodhisattva-Qualitäten wie den Erleuchtungsgeist (bodhicitta) und die Vervollkommnungen (pāramitā) und somit die Fähigkeit, anderen zu helfen, sind die Praktizierenden hier sehr viel weiter fortgeschritten.

Obwohl die Kleśa beseitigt sind, besteht – entsprechend der Sichtweise der Mahāyāna-Schulen – noch eine Art Überrest dieser unheilsamen Geisteseigenschaften. Etwa so ähnlich wie einem Topf, in welchem Zwiebeln gekocht wurden und dem immer noch ein Zwiebelgeruch anhaftet, nachdem er bereits geleert und von den Zwiebeln gereinigt wurde. Dieser Überrest ist ein ›Hemmnis zum ungehinderten Gewahrsein‹ des Buddha-Geistes (jñeya-āvaraṇa).[87]

Auf den letzten zwei Ebenen

... wird die Praxis weiter vertieft, und die ›Hemmnisse zur endgültigen Weisheit‹ werden abgebaut. Sie hindern die Praktizierenden daran, die erscheinenden Dinge des Daseins einerseits und deren Leerheit andererseits, das heißt die konventionelle und die letztendliche Ebene der Wirklichkeit, jederzeit gleichzeitig wahrzunehmen. Sämtliche Fähigkeiten und Qualitäten werden hier zur endgültigen Vollendung gebracht.

Im hier vorgestellten Modell wird der Bodhisattva-Pfad in zehn Ebenen unterteilt. In einigen Schulen wird er in dreizehn oder mehr Ebenen dargestellt.

Nach der Verwirklichung aller zehn Ebenen und der Vervollkommnung der entsprechenden Qualitäten, die notwendig sind, um für die Lebewesen von größtmöglichem Nutzen zu sein, wird das Ziel dieses Pfades erreicht, nämlich:

Der Pfad des Nicht-mehr-Praktizierens: die vollständige Erleuchtung der Buddhas

Hier sind nun auch die ›Hemmnisse zum ungehinderten Gewahrsein‹ (jñeya-āvaraṇa) völlig beseitigt. Vollständig erleuchtete Buddhas nehmen somit die konventionelle, erscheinende Wirklichkeit und die letztendliche Wirklichkeit der Leerheit aller Dinge gleichzeitig wahr. Ihr Mitgefühl ist grenzenlos, und sämtliche außerordentlichen Eigenschaften und Qualitäten der Buddhas sind nun verwirklicht. Die Aktivitäten von Buddhas Körper, Rede und Geist geschehen spontan und mühelos, ähnlich wie die Sonnenstrahlen mühelos die Erde erhellen.

Buddhaschaft bedeutet die Vollendung der drei Buddha-Körper von Dharmakāya, Saṃbhogakāya und Nirmāṇakāya. Buddhas sind das vollkommene Objekt der Zuflucht: durch ihre Verwirklichung, durch ihre Lehre, durch ihre Hilfe, durch ihr Vorbild.

»Weil er vom Schlaf der Unwissenheit erwacht ist
und sein Geist sich vollkommen entfaltet hat,
ist er der vollkommen Erwachte.«[88]

Buddha-Qualitäten

»Das Wesen wirklicher, vollkommener Buddhaschaft ist vollständiges Freisein und vollständiges Gewahrsein.«[89] Vollständiges Freisein bezieht sich auf das Freisein von Kleśa-āvaraṇa, vom ›Hemmnis aller täuschenden und quälenden Geisteseigenschaften‹ (kilesa/kleśa) und von Jñeyā-āvaraṇa, dem ›Hemmnis zum ungehinderten Gewahrsein‹. Vollständiges Gewahrsein bezieht sich auf das ›ursprüngliche Gewahrsein‹ der Buddhas, das in Bezug auf alle Dinge unverschleiert ist.

Vollkommenes Erwachen, Buddha, hat drei Aspekte oder ›Kāya‹ (›Verkörperung zahlloser Qualitäten‹) verwirklicht:

- Dharmakāya – Wahrheitskörper
- Saṃbhogakāya – Freudenkörper
- Nirmāṇakāya – Manifestationskörper.

Dharmakāya ist der vollständig befreite und erleuchtete Geist der Buddhas, ihrer Vollkommenheit und ihres unerschütterlichen inneren Friedens.

Saṃbhogakāya ist die reine Manifestationsform der Buddhas, welche verwirklichten Bodhisattvas ständig mit Belehrungen und Hilfe zur Seite steht, einer Form, die so lange fortdauert, bis alle Wesen vom Leiden befreit sind.

Nirmāṇakāya (*tul-ku*) ist die Verwandlung des Saṃbhogakāya in physische Formen, die sich in diesem Dasein manifestieren und auf mannigfaltige Weise dem Wohle der zahllosen Lebewesen dienen.

Man kann sich die drei Kāya auch als erleuchteten Geist, Rede und Körper vorstellen.

Die beiden letzteren, Saṃbhoga- und Nirmāṇakāya, werden unter dem Begriff Rūpakāya, Formkörper, zusammengefasst.

Buddha-Aktivität

Vollkommen Erwachte, Buddhas, wirken zu jeder Zeit ununterbrochen und spontan zum Wohle der Lebewesen.

»So wie Wolken zur Regenzeit
mühelos große Wassermengen
zur Erde strömen lassen und
beste Ernte bewirken, (...)
genauso strömt aus den Wolken des Mitgefühls,
ohne irgendwelche Vorüberlegungen,
der Regen der edlen Lehre der Siegreichen (Buddhas) herab
und bewirkt kontinuierliche Ernte zum Wohle aller Wesen.«[90]

Für manche mögen diese Beschreibungen der drei Buddha-Kāya eher schwer nachvollziehbar sein. Hier kann vielleicht eine Erklärung des britischen Autors und Meditationslehrers Stephen Batchelor[91] weiterhelfen. Er sieht die Lehre von den drei Körpern (kāya) als eine der großen Einsichten des Mahāyāna: Erleuchtung sollte nicht als ein bloß subjektiver Zustand im eigenen Geist verstanden werden, den einige erreicht haben, andere nicht. Erleuchtung kann erst als vollständig betrachtet werden, wenn sie in der Welt verkörpert worden ist. So bezieht sich Dharmakāya auf den inneren Zustand, die persönliche, formlose, befreiende Erkenntnis. Diese verlagert sich alsdann zu Saṃbhogakāya, welches die archetypische Repräsentation dieser Erfahrung ist, und dann zu Nirmāṇakāya als aktueller Manifestation dieser Erleuchtungserfahrung in einer sozio-historischen Situation in der Welt. Erleuchtung wird so als ein Prozess gesehen, der in der Begegnung mit der Welt und den Lebewesen in jedem Moment fortgeführt wird.

Vision der menschlichen Möglichkeiten

Der Ehrwürdige Geshe Rabten sagt in seinen Belehrungen zum Mahāyāna-Pfad: »Jeder von uns hat die Möglichkeit, Buddhaschaft zu erlangen. Es gibt keinen Grund, warum wir dazu nicht in der Lage sein sollten. Es hängt ganz von unserer Anstrengung ab. (…) Da wir eine vollständige Gelegenheit haben, jetzt Dharma anzuwenden, müssen wir anfangen, uns zu bemühen. Wenn wir mit dem Verständnis des Leidens im bedingten Dasein beginnen und uns unentwegt anstrengen, unseren Geist zu entwickeln, werden wir Stufe für Stufe Fortschritte machen, unsere Einstellungen und unser Verhalten umwandeln und schließlich Erkenntnis der tiefsten Zusammenhänge gewinnen. Auf diese Weise ist es jedem von uns möglich, Buddhaschaft zu erlangen. Schließlich werden wir es alle tun.«[92]

Eine ungeheuer inspirierende Vision der menschlichen Möglichkeiten! Oft unterschätzen wir uns und unser Potenzial. Manchmal sind wir zu kurzsichtig oder zu ungeduldig.

Lehrende, Meisterinnen, Gurus: Erleuchtet oder nicht?

Jede Art von korrekter Erkenntnis und jede Stufe echter Erleuchtung ist inspirierend, hilfreich und befreiend. Die Frage des Erleuchtetseins führt aber hier im Westen oft auch zu Verwirrung. Darüber kursieren die unterschiedlichsten Meinungen. Es ist wichtig zu verstehen, dass Erfahrungen wie zum Beispiel die Erkenntnis, dass es kein unabhängig existierendes, innewohnendes Selbst gibt, sehr inspirierend und befreiend sein können, aber nicht unbedingt einer Erleuchtungserfahrung gleichzusetzen sind. Erst die Erfahrung vom Ungeborenen, von Nibbāna (um die Theravāda-Terminologie zu gebrauchen), oder die nichtkonzeptionelle Erfahrung von Śūnyatā, der Leerheit von Selbstexistenz (um in der Māhyanā-Terminologie zu sprechen), oder die definitive Erkenntnis der Natur des Geistes (um es in der Mahāmudrā- oder der Dzogchen-Sprache auszudrücken) bewirkt eine tiefe Verwirklichung, die eindeutig transformiert. Aber selbst nach diesen Erleuchtungserfahrungen können Sinnesverlangen, Ablehnung, Dünkel und Einbildung immer noch wirksam sein. In buddhistischen Ländern wird dieser Sachverhalt meistens richtig verstanden, selbst bei der größten Hingabe gegenüber den eigenen Meistern oder Meisterinnen. Doch hier im Westen wird oft davon ausgegangen, dass jemand, der eine Erleuchtungserfahrung gemacht hat, auch bereits am endgültigen Ziel angelangt und vollständig befreit ist. Dabei ist der Weg zur endgültigen Befreiung von den Kilesa/Kleśa auch nach der ersten Erleuchtung noch äußerst anspruchsvoll und das endgültige Ziel nicht leicht erreichbar. Noch außerordentlich viel mehr Praxis ist nötig, um vollständige Befreiung oder gar die Vollkommenheit eines Buddha zu erreichen.

Hingabe: An die Lehrenden oder an Lehre und Praxis?

Verwirrung kann auch dadurch entstehen, dass man in gewissen buddhistischen Traditionen – als wesentlicher Bestandteil der Praxis – die Lehrenden, die eigenen Gurus (tib.: *lama*), als vollständig erleuchtete Buddhas sieht (siehe Kapitel 16, ›Vajrayāna: Das Ziel ist der Weg‹, S. 310 f.). Dies erlaubt den Praktizierenden, sich mit mehr Vertrauen und Hingabe den Belehrungen zu öffnen und diese auch wirklich anzuwenden und umzusetzen. Sie werden vom endlosen Zögern, Infragestellen und Aufschieben der Praxis entbürdet und können eine stärkere Öffnung des Herzens und durch diese Art von Segen auch größere Tiefen der Befreienden Erkenntnis erfahren.

Bei dieser Art von ›Guru-Hingabe‹ besteht aber – gerade für uns westliche Menschen – eine Gefahr: Oft schwanken wir hin und her zwischen gurugläubiger Naivität und praxisuntergrabender Skepsis. Dabei vergessen wir, dass es vor allem darum geht, die Lehren zu testen und – wenn diese als hilfreich befunden werden – sie auch tatsächlich anzuwenden, statt sich endlos mit Charakter, Persönlichkeitszügen und Charisma der Lehrenden aufzuhalten. In den buddhistischen Kulturen Asiens scheint es den meisten leichter zu fallen, zwischen der Lehre, die gelehrt wird, und der Person der Lehrenden zu unterscheiden. Der Dalai Lama hat oft betont, seine eigene Praxis sei seine Privatsache. Seine Verantwortung sei es, die Lehre korrekt und gut verständlich zu übermitteln und ein möglichst inspirierendes Vorbild zu sein. (Was ihm notabene äußerst überzeugend gelingt!) Geshe Rabten betonte oft, dass wirkliche Hingabe an den Lehrer, die Lehrerin bedeute, deren Dharma-Belehrungen konsequent umzusetzen.

Der Wert der Lehre und die Verwirklichung der Lehrenden werden hier im Westen oft durcheinandergebracht. Erst werden die Lehrenden als vollkommen angesehen. Wenn dann doch Fehler und Kleśa zutage treten, ist man enttäuscht oder versucht gar, sich davon zu überzeugen, dass dies nur geschieht, um einen in der Praxis zu unterstützen. Hier sollten wir mehr Kritikfähigkeit beibehalten, ohne jedoch den großen Wert der Dharma-Lehrenden herabzusetzen. Dabei ist es weniger wichtig, die Person zu betrachten, als das, was sie lehrt. Wir müssen auf die letztliche Bedeutung des Gesagten eingehen und nicht darauf, ob es gut klingt oder nicht. Wenn uns die Lehre weise erscheint und überzeugt, sollen wir sie anwenden und von ihren Wirkungen profitieren. So wird uns Unterstützung und Nutzen zuteil, und es entsteht große Wertschätzung für die Dharma-Praxis. Häufig ist es so, dass die Lehrenden dem entsprechen, was wir in ihnen sehen. Falls aber Diskrepanzen zwischen Lehre und der Verwirklichung der Lehrenden sichtbar werden, braucht uns dies nicht zu verunsichern. Anstatt sichtliche Probleme der Lehrenden mit Begriffen wie ›crazy wisdom‹ (verrückte Weisheit) oder gar ›hartem Mitgefühl‹ (tough compassion) wegzuerklären oder in kindlicher Weise durch Verdrängen, Ignorieren oder Uminterpretieren darauf zu reagieren, lernen wir, geschickt und selbstständig damit umzugehen.

Innere Verwirklichung – Auftreten im Äußeren

In den meisten Schulen des Buddhismus gilt es als höchst unangebracht, von seiner eigenen Verwirklichung zu sprechen. Es ist auch nicht so wichtig für uns zu wissen, wo unsere Lehrer oder Lehrerinnen in dieser Hinsicht stehen. Wichtig ist, dass wir wissen, wo wir sind – und wo wir noch nicht sind. Wir sollten nicht einfach zu Lehrenden gehen, weil wir glauben, sie seien erleuchtet oder weil das von ihnen gesagt wird, sondern weil das, was sie uns bieten, hilfreich für uns ist. Das muss unsere Grundhaltung sein. Wenn wir dann Unklarheit finden, wo wir Klarheit bräuchten, müssen wir woanders suchen.

Charisma sowie Fähigkeit und Geschick im Lehren können tatsächlich Ausdruck innerer Verwirklichung bedeuten – müssen es aber keineswegs sein. Es kann auch einfach besagen, dass die Person eben sehr charismatisch ist (was oft auch für gute wie für üble Politiker zutrifft), dass sie brillante Redner oder Geschichtenerzähler sind (was auch bei Pädagogen oder Unterhaltern der Fall sein kann) oder einfach, dass sie ihren Stoff sehr gut beherrschen. Umgekehrt gibt es auch Menschen, die außerordentlich verwirklicht sind, denen aber das Lehren und Vermitteln mit Worten nicht besonders liegt.

Begriffe und Realitäten

Die begriffliche Definition von Erleuchtung oder davon, wer und wer nicht als erleuchtet, als Ārya gilt, kann auch zwischen den Traditionen recht weit auseinandergehen. Dies kann sehr verwirrend sein. Zum Beispiel wird im Theravāda mit dem Begriff ›vollständige Erleuchtung‹ die Stufe des Arahat bezeichnet, im Tibetischen dagegen steht der Begriff ›vollständige Erleuchtung‹ für die Verwirklichung eines Buddha. Selbst innerhalb der gleichen Tradition kann es große Differenzen geben. Jemand, der in der einen Schule als erleuchtet gilt, wird von einer anderen noch längst nicht als das anerkannt. Dabei spielen oft auch sektiererische Vorurteile eine Rolle.

Wollen wir die Klarheit und Weisheit der Lehrenden beurteilen, dann sollten wir nicht darauf achten, was ihre Schüler über sie behaupten, sondern die Person kennenlernen und schauen, wie sie sich im Leben verhält. Wie wir gesehen haben, fallen mit jeder Stufe der Erleuchtung bestimmte Fesseln weg. Das heißt auch: Das Wegfallen dieser Fesseln ist eine Definition, ja sogar der eigentliche Test dieser Verwirklichungen. Jene, die durch ihr Verhalten bekunden, dass bestimmte Fesseln in ihnen noch wirksam sind, haben die betreffende Erleuchtungsstufe wohl noch nicht erreicht. Wenn sie sich in Sinneslust verlieren, sind sie keine ›Anāgāmī‹ oder ›Bodhisattva auf der achten Ebene‹, geschweige denn

Arahats oder Buddhas. Letztlich geht es aber nicht um das Bewerten und Beurteilen anderer, sondern um unser Bemühen und unsere Hingabe an die eigene Praxis.

Ārya Sangha

All jene, welche die erste der vier Erleuchtungsstufen entsprechend der Theravāda-Tradition oder den Pfad des Sehens in der tibetischen Mahāyāna-Tradition erreicht haben, zählen zur Ārya Sangha. Wenn wir Zuflucht zu den drei Juwelen Buddha, Dharma, Sangha nehmen, wird heute im Westen oft auch die Sangha im allerweitesten Sinne mit genannt, das heißt all jene, die mit uns auf dem Weg sind und uns dadurch unterstützen. Tatsächlich sind mit dem Begriff Ārya Sangha jedoch jene gemeint, die eine der Erleuchtungsstufen erreicht haben. Sie sind eine zuverlässige Zuflucht in Bezug auf das richtige Verständnis der Natur aller Dinge. Als Außenstehende kann man aber nicht eindeutig beurteilen, wer wirklich dazu gehört und wer nicht. Traditionell werden deshalb alle ordinierten Mönche und Nonnen, ob erleuchtet oder nicht, als Sangha betrachtet. Sie sind das nach außen erkennbare Symbol für die Sangha, jene, die sich am sichtbarsten auf die Praxis eingelassen haben.

Diejenigen, die völlig befreit sind von allen Formen des Leidens und allen Schleiern der Kilesa/Kleśa, haben die dritte Wahrheit, die Wahrheit von der Befreiung vom Leiden, verwirklicht. Sie haben die bestmöglichen Voraussetzungen, um aus tiefstem Mitgefühl ihre ganze Weisheit zum Wohle der Lebewesen einzusetzen.

Unterwegs: Die vierte edle Wahrheit – vom Pfad, der zum Ende des Leidens führt

Unheilsames vermeiden. Heilsames pflegen.
Den eigenen Geist läutern. Dies ist die Lehre des Erwachten.
(Buddha) [93]

13

Sobhana – die wunderbaren Qualitäten von Geist und Herz

Im Rahmen der vier edlen Wahrheiten haben wir bisher die erste edle Wahrheit, die Wahrheit vom Leiden, und die zweite edle Wahrheit, die Wahrheit von den Ursachen des Leidens, betrachtet. Befreiung aus diesem Leiden ist möglich, wie wir in der dritten, der Wahrheit vom Ende des Leidens, gesehen haben. Wie wir Befreiung verwirklichen können und welche Mittel und Methoden uns dabei zur Verfügung stehen, das zeigt die vierte edle Wahrheit, die Wahrheit vom Pfad, der zum Ende des Leidens führt.

Im Theravāda spricht man vom Achtfachen Pfad, der zum Ende des Leidens führt, ein Modell, das auch von den anderen buddhistischen Traditionen wie der tibetischen oder dem Zen verwendet wird. Allerdings wird es in einigen Traditionen des Mahāyāna eher selten gelehrt. Dort wurden stattdessen eine Anzahl anderer Lehr- und Praxismodelle entwickelt. Im tibetischen Mahāyāna ist es vor allem die Form des *Lam-rim*, des ›Stufenpfades‹ (siehe Kapitel 15). Welche Modelle auch immer benutzt werden, sie dienen alle dazu, die heilsamen Geistesfaktoren zu fördern und Befreiung zu verwirklichen.

Die Ursachen unseres Leidens sind die unheilsamen Geistesfaktoren, die Kilesa. Als Wurzel-Kilesa werden Unwissenheit, Verlangen und Ablehnung genannt. Aus ihnen gehen alle anderen unheilsamen Geisteszustände wie Eifersucht, Neid, Dünkel, Skrupellosigkeit und weitere hervor. Es gilt, ihnen die Nahrung zu entziehen, indem wir nicht länger an ihnen festhalten, sie nicht mehr schüren. Auf der anderen Seite wohnen uns auch viele heilsame Geistesfaktoren inne, die angenehme, glückvolle karmische Resultate hervorbringen. Sie werden Sobhana genannt, was so viel wie ›schön‹, ›wunderbar‹, ›strahlend‹ bedeutet. Diese heilsamen Geistesfaktoren wollen wir fördern, nähren, unterstützen. Sie sind deswegen so wichtig, weil sie uns helfen, von Leiden frei zu werden und Glück und Erfüllung zu erlangen.

Genauso wie es die Wurzel-Kilesa gibt, gibt es auch die Wurzeln des Guten:

die den drei Wurzel-Kilesa entgegengesetzten heilsamen Qualitäten von befreiender Weisheit, liebevoller Güte und Großzügigkeit.

Anstelle der Begriffe Sobhana und Kilesa werden oft auch die Begriffe kusala/kuśala und akusala/akuśala verwendet. Als kusala werden alle heilsamen Geistesfaktoren, Geistesqualitäten oder Handlungen bezeichnet, als akusala alle unheilsamen.

Im Folgenden werden zwei Listen der heilsamen Faktoren besprochen. Es gibt einige interessante Unterschiede zwischen den beiden. Die erste Liste wird in der Theravāda-Tradition herangezogen, die andere stammt aus Asaṅgas Abhidharma-Kompendium und ist im Mahāyāna gängig.

Die heilsamen Geistesfaktoren im Theravāda-Modell

In der buddhistischen Psychologie (Abhidhamma) des Theravāda werden 25 heilsame, ›wunderbare‹ Geistesfaktoren aufgezählt. Sie werden in vier Gruppen eingeteilt; in die 19 universalen Geistesfaktoren, die drei Unterlassungen, die zwei Grenzenlosen und als letzter, für sich allein stehender Faktor, Nicht-Verblendung, also Befreiende Weisheit.

Die 25 wunderbaren Geistesfaktoren (sobhana, kusala)

Davon sind 19 universale (heilsame) Geistesfaktoren (sobhanasādhāraṇā)

1	Vertrauen	saddhā	S
2	Achtsamkeit, Gewahrsein	sati	S, E
3	Schamgefühl (betrifft die Person selbst)	hiri	
4	Gewissenhaftigkeit (betrifft andere)	ottappa	
5	Nicht-Anhaften	alobha (dāna)	W
6	Nicht-Ablehnung, Nicht-Hass	adosa (mettā)	W, B
7	Gleichmut, Gelassenheit	tatramajjhattatā (upekkhā)	E, B
8	Ruhe (die psychischen Aspekte)	kāyapassaddhi	
9	Ruhe (die geistigen Aspekte)	cittapassaddhi	E
10	Beweglichkeit (die psychischen Aspekte)	kāyalahutā	
11	Beweglichkeit (die geistigen Aspekte)	cittalahutā	

12	Flexibilität (die psychischen Aspekte)	kāyamudutā	
13	Flexibilität (die geistigen Aspekte)	cittamudutā	
14	Gefügigkeit, Sanftheit (die psychischen Aspekte)	kāyakammaññatā	
15	Gefügigkeit, Sanftheit (die geistigen Aspekte)	cittakammaññatā	
16	Geschicktheit (die psychischen Aspekte)	kāyapāguññatā	
17	Geschicktheit (die geistigen Aspekte)	cittapaguññatā	
18	Aufrichtigkeit (die psychischen Aspekte)	kāyujjukatā	
19	Aufrichtigkeit (die geistigen Aspekte)	cittujjukatā	
Die drei Unterlassungen (virati)			
1	Rechtes Reden	sammā vācā	
2	Rechtes Tun	sammā kammanta	
3	Rechter Lebenserwerb	sammā ājīva	
Zwei Grenzenlose (appamaññā)			
1	Mitgefühl	karuṇā	B
2	Mitfreude	muditā	B
Nicht-Täuschung (amoha)			
1	Nicht-Verblendung (Befreiende Weisheit)	paññindriya	W, S

W = Wurzeln
S = Spirituelle Fähigkeiten
E = Erleuchtungsfaktoren
B = Brahmavihāra

Die 19 universalen heilsamen Geistesfaktoren

Diese Gruppe zeichnet sich dadurch aus, dass alle 19 Faktoren immer zusammen im Geist vorhanden sind. Zwar mag in einem Moment nur ein bestimmter Faktor, wie zum Beispiel Vertrauen oder liebevolle Güte, im Vordergrund wirken, aber die anderen heilsamen Faktoren dieser Gruppe sind im Hintergrund stets ebenfalls vorhanden. Dies ist ein hilfreicher Umstand. Stärken wir nämlich einen der heilsamen Geistesfaktoren, fördern wir gleichzeitig auch alle anderen. Aufgrund ihres gemeinsamen Auftretens werden die Qualitäten dieser Gruppe *universale* heilsame Geistesfaktoren genannt. Im unten ebenfalls verwendeten Modell des Mahāyāna wird dies allerdings nicht so dargestellt – ein Grund für uns, solche Aussagen selbst, in unserem eigenen Geist, zu überprüfen.

Die Reihenfolge, in der die universalen heilsamen Geistesfaktoren genannt werden, scheint eher zufällig zu sein.

- *Vertrauen* (saddhā): Als Erstes wird Vertrauen (saddhā) angeführt. Drei Arten werden unterschieden: inspiriertes, überprüftes und unerschütterliches Vertrauen. Vertrauen bezieht sich hier auf den Inhalt der Lehre der Befreiung, auf die Mittel und Wege, die zur Befreiung führen, und die eigene Fähigkeit, diesen Weg zu gehen.

  Inspiriertes Vertrauen ist die Art von Begeisterung, die wir empfinden, wenn wir zum Beispiel zum ersten Mal einen Vortrag über die buddhistische Lehre hören oder ein Buch lesen und der Inhalt uns so sehr berührt, dass wir genügend Vertrauen schöpfen, um mit der Praxis zu beginnen. Inspiriertes Vertrauen ist aber nicht unbedingt sehr dauerhaft, weil es sich noch nicht bewährt hat und somit dem bloßen Glauben nahesteht. Bloßer Glaube unterscheidet sich von Vertrauen dadurch, dass das, was geglaubt wird, nicht überprüft worden ist. Die Gefahr besteht, Lehren nachzugehen, die sich in der Wirklichkeit als wirkungslos oder gar unheilsam erweisen. Um dieser Gefahr zu begegnen, ist es unbedingt notwendig, spirituelle Lehren mit Hilfe unseres Intellekts, unseres gesunden Menschenverstands und durch unsere Praxis zu prüfen.

  Überprüftes Vertrauen kann entstehen, wenn sich durch genaues Hinschauen, Überprüfen und Ausprobieren die Aussagen der Lehre in der eigenen Erfahrung bewähren. Beispielsweise sagen uns Lehrer, das Dasein sei ohne fassbare Substanz und hinter unserer Erfahrung des Körpers, der Gefühle und des Geistes gebe es kein Selbst, kein ›jemand‹, kein ›Ich‹, das unabhängig von diesen Prozessen existiert. Für uns ist das zunächst im besten Falle etwas, das wir glauben oder für möglich halten. Wenn wir aber in der Meditation achtsam, sorgfältig und genau beobachten, dann erkennen und erfahren wir diese befreiende Tatsache schließlich selbst. Das so entstandene Vertrauen ist stabiler, anhaltender und ausdauernder als das inspirierte Vertrauen, denn wir haben den Wahrheitsgehalt der Lehre selbst erfahren und müssen nicht länger den Aussagen anderer blind vertrauen.

Unerschütterliches Vertrauen entsteht, wenn wir durch unsere Praxis die Lehre nicht nur überprüft, sondern auch verwirklicht haben. Wir sind überzeugt von der Lehre, das Gesagte hat sich in der Umsetzung der Lehre bestätigt. Dank tiefer Erkenntnis hegen wir keinerlei Zweifel mehr, und unser Vertrauen wird unerschütterlich. Dies ist die dritte Art des Vertrauens: Gewissheit. Vertrauen ist auch eine der fünf Spirituellen Fähigkeiten (indriya).

- *Achtsamkeit, Gewahrsein* (sati): Beim zweiten heilsamen Geistesfaktor handelt es sich um Achtsamkeit oder Gewahrsein (sati). In den verschiedenen buddhistischen Systemen wird das Wort Sati unterschiedlich verstanden und verwendet. Das Wort selbst trägt in sich die Bedeutung von »Erinnern« und kann ganz einfach Erinnerungsvermögen heißen. In der Vipassanā-Meditation wird Sati im Sinne von ›sich an diesen Moment erinnern‹ und ›wach und aufmerksam zugegen sein‹ gebraucht. Im Theravāda gehört Sati zu den heilsamen Qualitäten. Dabei ist hier eine ganz bestimmte Art von Achtsamkeit gemeint. Sie wird als ein Geisteszustand frei von Anhaften, von Ablehnung und von Urteilen, durchdrungen von innerem Gleichgewicht und Gelassenheit verstanden, also eigentlich ›Sammā Sati‹, Rechte Achtsamkeit.

  Achtsames Gewahrsein, begleitet von diesen Qualitäten, wirkt schon an sich heilsam auf den Geist. Das können wir in der Meditation immer wieder erfahren. Wenn ein unheilsamer Geisteszustand wie Wut gegenwärtig ist und wir eine klare, nicht wertende Aufmerksamkeit auf diese Wut richten, nicht um sie loszuwerden, sondern um den unheilsamen Geisteszustand einfach zu betrachten, dann wird diese Wut von selbst schwinden. Werden unheilsame Geisteszustände mit reiner, nicht wertender Achtsamkeit betrachtet, vergehen sie von selbst. Wir haben hier also eine wunderbare Kraft zu unserer Verfügung.

  Dabei ist die Aussage, dass Achtsamkeit allein schon heilsam sei, umstritten. Im Kompendium des Abhidharma von Asaṅga[94], das von vielen Mahāyāna-Schulen herangezogen wird, ist Achtsamkeit (sati/smṛti) unter den ethisch neutralen ›objektermittelnden Geistesfaktoren‹ (viniyata) aufgelistet.

Anstelle einer Achtsamkeit, die immer heilsam wirkt, lassen sich nämlich auch Beispiele von Achtsamkeit finden, in denen diese mit unheilsamen Geisteszuständen verbunden ist. Wenn zum Beispiel ein Dieb, erfüllt von Begierde, in ein Haus einbricht und dabei nicht erwischt werden will, muss er mit äußerster Achtsamkeit vorgehen. Ein Jäger, der ein Reh anpirscht, um es zu erlegen, muss hochgradig achtsam sein, um erfolgreich zu sein. Achtsamkeit scheint also keineswegs zwingend nur mit heilsamen Geistesfaktoren verbunden zu sein. Abhängig davon, ob Achtsamkeit von anderen heilsamen, neutralen oder unheilsamen Geistesfaktoren begleitet wird, wird sie eine heilsame, neutrale oder unheilsame Wirkung haben.

Hier wird sichtbar, warum der heute recht weit verbreitete Trend der Achtsamkeitsübungen noch lange nicht bedeutet, dass es sich dabei um heilsame und befreiend wirkende innere Eigenschaften handelt, die da geübt werden. Soll unsere Meditation tatsächlich wirksam sein, ist es deshalb ganz wesentlich, welche Art von Achtsamkeit kultiviert wird. Darum scheint es auch sinnvoll, die oben beschriebene heilsame Form von Achtsamkeit ›Sammā Sati‹, also ›Rechte Achtsamkeit‹, zu nennen, wie dies im Rahmen des Achtfachen Pfades geschieht.

Hier wie überall in den Dharma-Belehrungen heißt es, man solle sich von den Lehren unterrichten und inspirieren zu lassen, sie aber durch Anwenden und Erforschen im eigenen Geist selbst testen. Nur so gelangen wir zu einem klaren Verständnis dessen, was wirklich heilsam und befreiend ist. So kann es hilfreich sein, verschiedene buddhistische Listen und Modelle zu studieren und zu vergleichen, um dadurch noch tiefer in ihr Wesen einzudringen.

Achtsamkeit – oder Gewahrsein – ist eine dermaßen zentrale Geistesqualität, dass sie in den buddhistischen Traditionen einen entsprechend hohen Stellenwert hat und in zahlreichen Belehrungen erläutert wird. Im Folgenden wird im Zusammenhang mit dem Meditationsaspekt des Achtfachen Pfades mehr darüber gesagt. Auch in den tibetischen Meditationssystemen des Mahāmudrā und des Dzogchen wie auch im Zen nimmt sie, oft anders benannt, eine zentrale Funktion ein. Im Sinne spiritueller Praxis ist richtig angewandte Achtsamkeit oder richtig verstandenes Gewahrsein eine der bedeutendsten Eigenschaften des Geistes schlechthin. Achtsamkeit gilt auch als eine der fünf Spirituellen Fähigkeiten (indriya) und als Erleuchtungsfaktor (bojjhanga).

- *Schamgefühl und Gewissensscheu* (hiri und ottappa): Bei den nächsten zwei heilsamen Geistesfaktoren handelt es sich um Schamgefühl (hiri) und Gewissensscheu (ottappa), die stets gemeinsam auftreten. Wenn Hiri im Geist vorhanden ist, hat man Skrupel, wird man sich schämen, schlecht zu handeln und unheilsame Taten zu vollbringen. Es ist eine Art Selbstrespekt. Gewissensscheu ist die Angst vor unheilsamen Taten und ihren Konsequenzen. Es ist eine Art Respekt davor, von anderen zu Recht missbilligt zu werden. Man stelle sich eine Eisenstange vor, die am einen Ende mit Dreck beschmiert und am anderen glühend ist. Das schmutzige Ende würde man nicht berühren, weil man es widerlich findet, das glühende nicht, weil man sich davor fürchtet. Hiri entspricht dem ersten, Ottappa dem zweiten Fall. Diese heilsamen Faktoren sind den unheilsamen Formen von Skrupellosigkeit Ahiri und Anottappa entgegengesetzt, denen wir in der Liste der Kilesa begegnet sind.

  Schamgefühl und Gewissensscheu helfen zu verhindern, dass sich Menschen nicht einfach gegenseitig bestehlen, belügen oder gar umbringen. Die beiden Geistesqualitäten sorgen dafür, dass innerhalb jeder menschlichen Gesellschaft eine gewisse Ordnung und Ethik herrscht. Egal wo man sich befindet, ob in New York City oder irgendwo in China, auf einer Südseeinsel oder in Afrika, in den Menschen aller Völker und Kulturen sind Schamgefühl und Gewissensscheu zu einem gewissen Grad vorhanden. Gemeinsam schützen die beiden Faktoren uns und die Welt vor negativen Handlungen, zu denen wir oder unsere Mitmenschen sonst fähig wären. Deswegen werden Hiri und Ottappa auch als die ›Beschützer der Welt‹ bezeichnet.

- *Nicht-Anhaften* (alobha) und *Nicht-Ablehnung* (adosa): Die spezielle Eigenschaft von Alobha ist es, nicht am Objekt zu haften. Wie ein Wassertropfen auf einem Seerosenblatt dieses nicht nass macht, sondern ohne anzuhaften abrinnt, so haftet der Geist nicht an den Dingen, den Wesen oder den Umständen dieses Daseins. Nicht-Anhaften manifestiert sich einerseits in Entsagung, in Loslassen, in Abkehr von dem, was Leiden schafft und inneres Glück verhindert (nekkhamma); andererseits – in aktiver Art – durch Offenherzigkeit und Großzügigkeit (dāna).

  Die spezifische Eigenschaft von Adosa ist das Nichtvorhandensein von

Abneigung, Ärger und Hass, von Aufregung und Verärgerung. Nicht-Ablehnung, Nicht-Hass manifestiert sich als liebevolle Güte (mettā). In seiner Form von Mettā gehört dieser Geistesfaktor auch zu den vier Brahmavihāra.[95]

Wie es in der Gruppe der unheilsamen Geistesfaktoren, der Kilesa, einige gibt, die als Wurzeln gelten, so wirken auch drei der heilsamen Geistesfaktoren als Wurzeln. Zu diesen zählen Nicht-Anhaften (a-lobha), Nicht-Ablehnung (a-dosa) und Nicht-Unwissenheit (a-moha). Amoha gehört allerdings nicht zu den universalen heilsamen Sobhana und wird daher später besprochen.

Nicht-Anhaften, Nicht-Ablehnung klingen im Deutschen schwerfällig. So kann man sich fragen, warum diese heilsamen Geisteszustände nicht einfach Großzügigkeit und Güte genannt werden, die Entsprechungen von Nicht-Anhaften und Nicht-Ablehnung. Auch die Pāli-Sprache kennt Begriffe für Großzügigkeit und Güte, nämlich Dāna und Mettā.

Die Verneinung von Lobha und Dosa durch die Silbe A- wurde wohl mit Absicht gewählt und weist auf die wichtige Tatsache hin, dass Großzügigkeit und liebevolle Güte von selbst erscheinen, sobald Verlangen und Ablehnung abwesend sind. Werden die unheilsamen Faktoren entwurzelt, bleibt nicht etwa ein emotional neutraler Zustand zurück, sondern eine heilsame innere Haltung von Offenheit und Wohlwollen gegenüber den Lebewesen.

Aus dieser Tatsache lässt sich eine sehr wesentliche und weitreichende Aussage ableiten, nämlich dass uns solch wunderbare Qualitäten wie Großzügigkeit und liebevolle Güte innewohnen und unsere natürliche Disposition darstellen. Grundsätzlich sind unser Geist und unser Herz gut oder wunderbar (sobhana). Aber die Kilesa verschleiern diese uns innewohnende Natur. Wann immer die Kilesa nicht aktiv sind, tritt unsere gute Natur zutage. Das bedeutet, dass wir unsere heilsamen Qualitäten nicht erst erschaffen müssen. Auch wenn sie in uns vielleicht noch nicht so oft zum Zuge kommen, sind sie doch im Grunde immer schon da.

Man kann unsere innewohnende weise und gute Natur, die durch die Kilesa verhüllt ist, mit dem offenen Himmelsraum vergleichen, der von Wolken verdeckt ist. Die Wolken entsprechen den Kilesa, der Himmel unserer inneren Natur. So wie der strahlend blaue Himmel erscheint, wenn die Wolken sich verzogen haben, so zeigen sich unsere heilsamen Geistesqualitäten, sobald die unheilsamen Geistesfaktoren verschwunden sind.

Unsere grundlegende Natur wird in manchen buddhistischen Traditionen als bereits rein, offen und gütig gesehen. Geprägt durch unsere jahrtausendealte jüdisch-christliche Kultur, fühlen wir uns dagegen grundsätzlich sündig. Diese Sichtweise mag dafür verantwortlich sein, dass so viele Abendländer sich schwer tun mit der Vorstellung einer allguten, uns innewohnenden Natur. Das zusätzliche Leiden, das aus der Überzeugung entsteht, nicht wirklich ›in Ordnung‹ zu sein, beginnt sich aufzulösen, wenn wir anfangen, diese uns innewohnende Natur zu erkennen.

Jene, die entdecken, dass sie es besonders schwer haben in der Meditation und im Leben, weil sie an einem tiefen Mangel an Selbstwertgefühl leiden, finden die Meditation der liebevollen Güte, auf sich selbst angewendet, oft besonders hilfreich.

- *Gelassenheit, Gleichmut* (tatramajjhattatā): Wir empfinden Gelassenheit gegenüber einer Erfahrung, wenn wir sie mit rechter Achtsamkeit wahrnehmen, das heißt, ohne sie zu bewerten, an ihr zu haften oder sie wegzuschieben. Gelassenheit entwickelt sich aus der Fähigkeit, unangenehme Erfahrungen, die gegenwärtig sind, anzunehmen und angenehme Erfahrungen loszulassen, wenn sie vergehen. Gelassenheit ist gewissermaßen die Kombination von Alobha und Adosa. Wenn wir nicht anhaften und nicht abwehren, wenn Anhaften und Wegschieben nicht da sind, verweilen wir in innerer Gelassenheit. Zusammen mit Befreiender Erkenntnis (paññā) ist Gelassenheit jener Geistesfaktor, der eine tiefe Öffnung des Geistes hin zu Erleuchtungserfahrungen möglich macht.

  Tatramajjhattatā und Upekkhā, Gleichmut oder liebevolle Gelassenheit, sind Synonyme. Upekkhā ist einer der vier Brahmavihāra und einer der sieben Erleuchtungsfaktoren und wird weiter unten behandelt.

- *Die sechs Paare*: Als Nächstes in der Liste der heilsamen Faktoren folgen die sechs Paare. Pro Paar bezieht sich jeweils ein Teil auf die psycho-physischen Aspekte (kāya), der andere auf die Aspekte des Geistes (citta). Die sechs Paare oder zwölf Geistesfaktoren beschreiben sozusagen die Beschaffenheit der Psyche und des Geistes. Dabei handelt es sich um

- Ruhe (kāyapassaddhi und cittapassaddhi)
- Beweglichkeit (kāyalahutā und cittalahutā)
- Flexibilität (kāyamudutā und cittamudutā)
- Gefügigkeit, Sanftheit (kāyakammaññatā und cittakammaññatā)
- Geschicktheit (kāyapāguññatā und cittapāguññatā)
- Aufrechtheit/Aufrichtigkeit (kāyujjukatā und cittujjukatā)

Die sechs Paare werden vor allem in Retreats, in denen sich die Meditation vertiefen kann, erfahrbar. Wenn im Zuge kontinuierlicher Meditation Sinneserfahrungen klarer und intensiver empfunden werden und Psyche und Geist sich plötzlich viel leichter und geschmeidiger anfühlen, liegt das daran, dass diese zwölf Geistesfaktoren an Kraft gewonnen haben. Dies ist zum Beispiel sehr gut spürbar in der intensiven Übung der Mettā- und anderer Brahmavihāra-Meditationen.

Interessant ist die Aussage, dass die sechs Paare, in Anwesenheit der anderen sieben universalen heilsamen Geistesfaktoren, ebenfalls zu einem gewissen Grad wirksam werden. Das bedeutet nämlich, dass unser Herz und Geist ruhiger, geschmeidiger und aufrechter sind, wann immer heilsame Qualitäten gegenwärtig sind. Entsprechend sind Herz und Geist in unheilsamen Zuständen aufgewühlt, rigide und verdreht, eine Tatsache, die wir immer dann erfahren müssen, wenn die Kilesa in uns vorherrschen.

In Asaṅgas Abhidharma-Kompendium werden die sechs Paare in einem einzigen Geistesfaktor zusammengefasst, der sich mit Ruhe, Geschmeidigkeit, Spannkraft (praśrabdhi) übersetzen lässt.

Die drei Unterlassungen (virati)

Als Nächstes folgt die Kategorie der drei Unterlassungen. Sie werden in einer eigenen Kategorie aufgeführt, weil sie nur im sogenannten überweltlichen Bewusstsein auftreten, das heißt bei den Personen, die bereits die erste Stufe der Erleuchtung erreicht haben.[96] Die drei Unterlassungen sind Aspekte des Achtfachen Pfades. Sie werden im entsprechenden Kapitel eingehend besprochen. Es geht um das Unterlassen bestimmter unheilsamer Handlungen und zwar der folgenden:

- *Rechtes Reden* (sammā vācā): Rechtes Reden besteht darin, die vier unheilsamen Arten der Rede – Lügen, Verleumden, verletzendes Reden und sinnloses Geschwätz – zu unterlassen.
- *Rechtes Tun* (sammā kammanta): Rechtes Tun heißt, auf sämtliche verletzenden Handlungen des Körpers zu verzichten; nämlich Töten, Stehlen und sexuelles Fehlverhalten.
- *Rechter Lebenserwerb* (sammā ājīva): Auch unseren Lebenserwerb sollten wir auf rechte, nicht verletzende Weise bestreiten. Dies bedeutet, dass wir Berufe ausüben, in denen wir weder andere Lebewesen töten, verletzen oder schädigen noch unserer Mitwelt und Umwelt schaden.

Reden, Tun und Lebenserwerb sind körperliche Tätigkeiten. Das Unterlassen ihrer unheilsamen Ausdrucksformen geschieht aber im Geist. Deshalb sind sie Geistesfaktoren.

Zwei (der vier) Grenzenlosen (appamaññā)

Die vier Grenzenlosen (appamaññā) und die vier Brahmavihāra sind synonyme Begriffe. Ersteres bezieht sich auf die unbegrenzte Zahl der Lebewesen, die Objekt dieser Geisteszustände sind, Letzteres bezieht sich auf die sublimen Bereiche, in denen die höchsten Götter (brahma) verweilen. Es handelt sich dabei um die Qualitäten von Mettā, Karuṇā, Muditā und Upekkhā. Mettā ist als Nicht-Hass (adosa) bereits in der Liste erschienen, Gelassenheit ebenfalls als Tatramajjhattatā.

Die zwei verbleibenden Faktoren sind Mitgefühl (karuṇā) und Mitfreude (muditā). Sie werden aus einem rein ›technischen‹ Grund separat aufgeführt. Aus der Sicht des Abhidhamma kann der Geist in einem Moment nicht zwei verschiedene Objekte gleichzeitig haben. Das Objekt von Mitgefühl ist aber ganz spezifisch das Leiden der Wesen. Mitfreude wiederum hat Glück, Wohlergehen, Erfolg der Wesen als spezielles Objekt. Deshalb können die beiden nicht gleichzeitig miteinander auftreten. Sie treten aber mit den meisten anderen universalen heilsamen Geistesfaktoren (sobhanasādhāraṇā) zusammen auf.

- *Mitgefühl* (karuṇā): Mitgefühl entsteht, wenn wir mit Offenheit und Verbundenheit das Leiden der Lebewesen wahrnehmen. Es ist der Wunsch, dass sie frei von diesem Leiden sein mögen. Ausdruck dieses Wunsches ist der Satz, der in der Karuṇā-Meditation verwendet wird: Mögen alle Wesen frei sein von Leiden und Schmerz.

- *Mitfreude* (muditā): Wertschätzende Mitfreude (muditā) ist der Wunsch, der entsteht, wenn wir mit Offenheit und Zuwendung das Glück der Lebewesen wahrnehmen. Es ist der Wunsch, dass ihre Freude, ihr Wohlergehen und ihr Erfolg nicht ende, sondern vielmehr weiter zunehme. Ausdruck dieses Wunsches ist der Satz, der in der Muditā-Meditation verwendet wird: Mögen alle Wesen nie getrennt sein von Glück und Wohlergehen.

Nicht-Verblendung (paññidriya, paññā, amoha)

Beim letzten der heilsamen Geistesfaktoren handelt es sich um Befreiende Erkenntnis oder Weisheit, Paññindriya, auch Paññā oder Prajñā in Sanskrit. Paññindriya ist das korrekte Sehen der wahren Natur aller Dinge als vergänglich (anicca), nichterfüllend (dhukka) und ohne Selbst (anattā, suññatā). Weil Paññā Unwissenheit, Verblendung, überwindet, ist sie eine der fünf ›Spirituellen Fähigkeiten‹ (indriya). Sie ist auch eine der sechs oder zehn Pāramitā. In der Form von Dhammavicaya (Ergründen der Wirklichkeit) gilt sie als einer der sieben Erleuchtungsfaktoren.

Nicht-Verblendung (paññindriya) wird gesondert aufgeführt, weil alle anderen heilsamen Geisteszustände auch ohne Weisheit entstehen können. Dies bedeutet, dass wir heilsame Geisteszustände in der Praxis kultivieren und im Leben erfahren können, ohne dass sie eine befreiende Wirkung in unserem Geist hervorrufen. Zwar schaffen sie heilsame karmische Resultate und haben angenehme Auswirkungen auf uns, aber solange diese Geisteszustände ohne erkennende Weisheit sind, binden sie uns trotzdem an den Kreislauf von Geburt und Tod – allerdings an dessen höhere, freudvolle Bereiche. Hier wird klar, dass es unumgänglich ist, auch die Qualität der Befreienden Weisheit zu kultivieren, wenn wir uns definitiv von den täuschenden und quälenden Kilesa verabschieden wollen.

Die heilsamen Geistesfaktoren im Mahāyāna-Modell

In den verschiedenen buddhistischen Systemen werden die Geistesfaktoren unterschiedlich klassifiziert. Im Abhidharma der tibetischen Mahāyāna-Tradition von Asaṅga[97] werden elf heilsame Geistesfaktoren genannt. Eine Unterteilung in universale und nicht universale heilsame Geistesfaktoren entfällt. Die Mehrzahl der von Asaṅga aufgeführten heilsamen Geistesqualitäten stimmen mit der Liste des Theravāda überein. Einige unterscheiden sich aber bedeutend.

Die elf heilsamen Geistesfaktoren (kuśala)

Vertrauen	śraddhā	
Schamgefühl (betrifft die Person selbst)	hrī	
Gewissenhaftigkeit (betrifft andere)	apatrapā	
Nicht-Anhaften	alobha	W
Nicht-Ablehnung, Nicht-Hass	adveṣa	W
Nicht-Verblendung	amoha	W
Bemühen, Energie	vīrya	
Ruhe, Geschmeidigkeit, Leichtigkeit	praśrabdhi	
Wertschätzung für Heilsames und Wachsamkeit gegenüber Unheilsamem	apramāda	
Gleichmut	upekṣā	
Gewaltlosigkeit (Mitgefühl)	avihiṃsā (karuṇā)	

- Vertrauen entspricht hier dem oben (siehe S. 195 f.) besprochenen Faktor Saddhā. Schamgefühl oder Selbstrespekt kommt Hiri gleich. Gewissenhaftigkeit lässt sich mit Ottappa gleichsetzen. Auch Nicht-Anhaften (alobha), Nicht-Ablehnung (adosa/adveṣa) und das Ende von Unwissenheit und Verblendung (amoha) finden sich in beiden Listen wieder. Es sind die drei ›Wurzeln des Guten‹ (kuśala mūla).

  Interessant ist es zu sehen, dass Prajñā hier nicht als Synonym mit Amoha unter den heilsamen Faktoren erscheint, sondern unter den ethisch neutralen, objektermittelnden Faktoren.[98] Hier wird betont, dass – ähnlich wie Achtsamkeit und Sammlung – auch Weisheit heilsam oder unheilsam eingesetzt werden kann. Gerade so, wie ein Einbrecher Achtsamkeit und Konzentration einsetzt, kann Weisheit (im Sinne von Gescheitheit) eingesetzt werden, um Unheilsames auf geschickte Weise auszuführen. In diesem Sinne muss Prajñā hier als Intelligenz oder Klugheit übersetzt werden. Im Unterschied dazu ist aber Prajñā-Pāramitā, die Vervollkommnung der Weisheit, eindeutig heilsam. In diesem Buch werden aber Prajñā und Paññā durchgängig als synonym und, im Sinne von Befreiender Weisheit, als heilsam aufgeführt.

- *Bemühen, Energie* (vīrya) findet sich dagegen nur in diesem Modell unter den heilsamen Faktoren. Da enthusiastisches Bemühen auch von unheilsamen Geistesfaktoren motiviert sein kann, müsste man hier wohl von Rechtem Bemühen sprechen. Dies würde dann in etwa dem sechsten Aspekt des Achtfachen Pfades entsprechen, nämlich Sammā Vāyāma (siehe S. 218 ff.). Vīrya wird auch als Pāramitā und somit als eine der Vervollkommnungen eines Buddha betrachtet.

  Rechtes Bemühen bezieht sich auf das vierfache Bestreben, (1) noch nicht entstandene unheilsame Geistesfaktoren zu vermeiden, (2) den schon im Geist vorhandenen unheilsamen die Energie zu entziehen, (3) noch nicht entstandene heilsame Geistesfaktoren hervorzubringen und (4) schon im Geist vorhandene heilsame zu fördern. Es ist somit auch ein sehr wesentlicher Aspekt von Meditation und Praxis.
- An achter Stelle folgt Praśrabdhi, ein Geistesfaktor, der *Ruhe, Leichtigkeit und Geschmeidigkeit* vereint und in seinen Qualitäten den ›sechs Paaren‹ im Theravāda-System gleicht.
- Der neunte Geistesfaktor, Apramāda, vereinigt ebenfalls mehrere Bedeutungen, nämlich ethische *Wachsamkeit, Wertschätzung, Förderung heilsamer Geisteszustände* und gleichzeitiges *Wachsamsein gegenüber dem Unheilsamen.* Dieser Faktor entspricht nahezu Sammā Sati, Rechter Achtsamkeit, wie sie im Rahmen des Achtfachen Pfades beschrieben wird. Umgekehrt wird hier der Faktor Sati/Smṛti, den wir ebenfalls als achtsames Gewahrsein oder Achtsamkeit übersetzen, als ethisch neutral, also als nicht unbedingt heilsam, eingestuft.

Ob ein an sich ethisch neutraler Geisteszustand heilsam oder unheilsam wird, hängt davon ab, mit welchen anderen Geistesfaktoren er zusammen präsent ist. Die Achtsamkeit muss deshalb mit heilsamen Faktoren wie zum

Beispiel Mitgefühl oder befreiender Erkenntnis verbunden sein, um heilsames Karma zu schaffen. Apramāda (appamāda in Pāli) ist das Wort, das der Buddha in seinen letzten Worten kurz vor seinem Tod verwendet haben soll: »Alle Dinge sind vergänglich. Befreit euch durch ›apramāda‹.«[99]

- Der zehnte heilsame Geistesfaktor ist *Gelassenheit, Gleichmut* (upekṣā), und entspricht Upekkhā in der Theravāda-Liste.
- An elfter Stelle wird *Gewaltlosigkeit, ›Nicht-Grausamkeit‹* (avihimsā) genannt. Positiv ausgedrückt entspricht dies dem Mitgefühl.

In dieser Liste werden Mitfreude (muditā) wie auch die Gruppe der Unterlassungen (virati) nicht aufgeführt.

Diese wunderbaren, heilsamen Geistesfaktoren müssen wir in uns kultivieren, um dem Leiden, das durch die täuschenden und quälenden Kilesa/Kleśa in uns entsteht, den Boden zu entziehen und inneren Frieden und Freiheit entstehen zu lassen. Eine der Methoden, die der Buddha zu diesem Zweck lehrte, ist die des Achtfachen Pfades.

14

Der edle Achtfache Pfad

Ein Gewirr im Inneren, ein Gewirr im Äußern,
Die Menschheit ist gefangen in einem Gewirr.
Das frage ich dich, Gotama: Wer kann dieses Gewirr entwirren?

Wer gefestigt ist in Ethik, wer weise den Geist und die Erkenntnis schult,
Wer unermüdlich ist und beherzt: Der kann dieses Gewirr entwirren.
(Buddha) [100]

Im Theravāda wird die Praxis, die zum Ende des Leidens führt, in acht Bereiche unterteilt. Man spricht daher vom Achtfachen Pfad. Er beinhaltet Rechte Erkenntnis, Rechte Gesinnung, Rechte Rede, Rechtes Tun, Rechter Lebenserwerb, Rechtes Bemühen, Rechte Achtsamkeit und Rechte Sammlung. Der Begriff ›Pfad‹ legt eine Entwicklung nahe, die wir durchlaufen können, wenn wir uns in den acht Bereichen des Geistes und Herzens üben. ›Pfad‹ kann aber auch zu der irrtümlichen Schlussfolgerung führen, dass es sich bei dieser Praxis um einen linearen Stufenweg handelt, der mit Rechter Erkenntnis beginnt und mit Rechter Sammlung als letzter und höchster Stufe endet. Die Übungsbereiche sollten aber nicht derart isoliert betrachtet und geübt werden. Vielmehr wirken sie in ihrer Gesamtheit und bedingen und unterstützen sich gegenseitig. Um einen Bereich vervollkommnen zu können, müssen wir auch die anderen üben.

Der Achtfache Pfad wird in Darstellungen als Rad mit acht Speichen symbolisiert. Das Bild des Rades bringt die Untrennbarkeit der einzelnen Bereiche zum Ausdruck. Es wird gesagt, dass Buddha mit seiner ersten Lehrrede das Rad der Lehre in Bewegung setzte, das dem Kreislauf von Saṃsāra entgegenwirkt.

Die acht Bereiche des Pfades lassen sich in drei Gruppen gliedern: den inneren Aspekt, Weisheit (paññā); den äußeren Aspekt, ethisches Verhalten (sīla); und den Meditationsaspekt (samādhi). Man spricht daher auch von der dreifachen spirituellen Schulung als einer Übung in Sīla, Samādhi und Paññā, also

Ethik, Meditation und Erkenntnis. Gemäß der Reihenfolge im Achtfachen Pfad fängt die Praxis mit Erkenntnis an. Wir können unsere Praxis aber auch mit der Übung von Ethik oder Meditation beginnen. Wo immer wir anfangen: Aufgrund der Wechselwirkung der einzelnen Bereiche zieht jeder Teil des Pfades die anderen nach sich.

Allen acht Bereichen des Pfades steht das Wort Sammā voran. Sammā kann ›richtig‹, ›recht‹, ›angemessen‹ oder ›hilfreich‹ bedeuten. Um Sammā einheitlich für alle acht Bereiche übersetzen zu können, wird im Folgenden der Begriff ›recht‹ gewählt, auch wenn er in manchen Zusammenhängen etwas steif klingt.

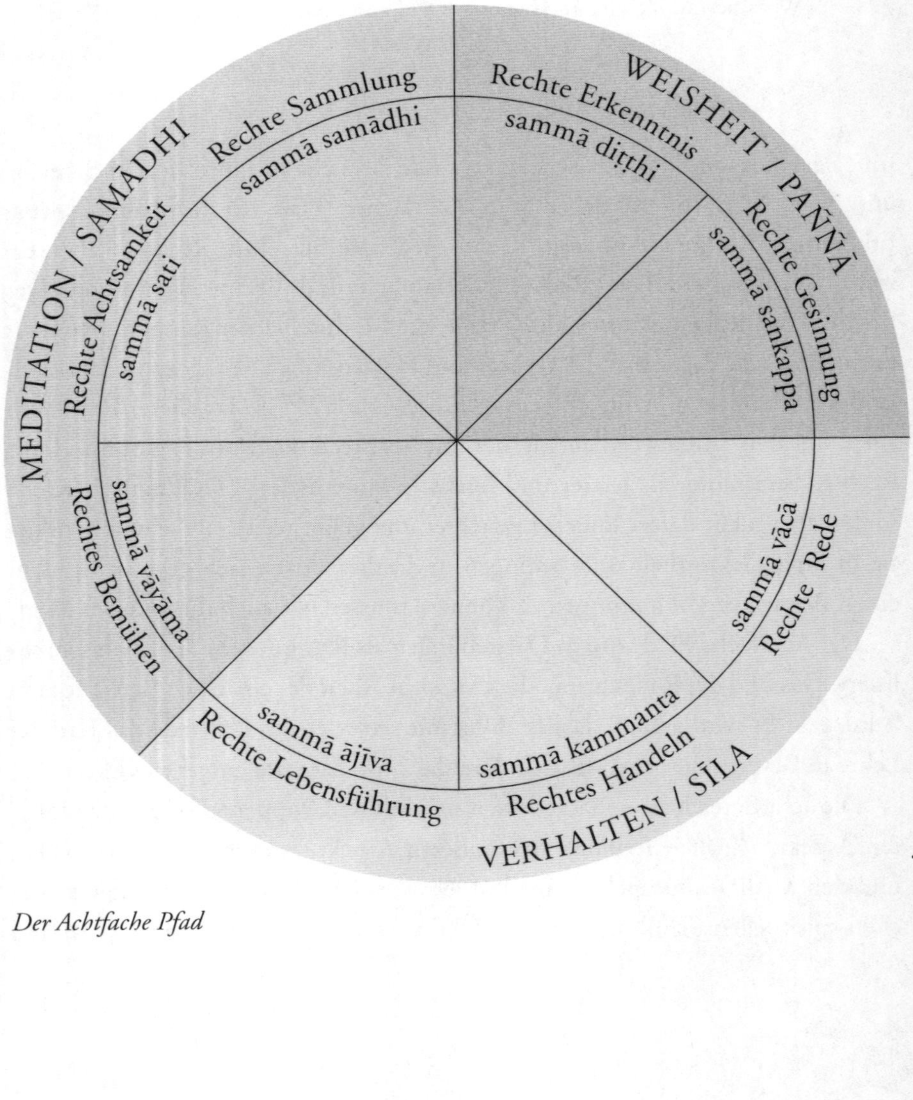

Der Achtfache Pfad

Die ersten zwei Bereiche des Achtfachen Pfades umfassen den inneren Aspekt oder Weisheits-Aspekt (paññā) der Übung, nämlich Rechte Erkenntnis und Rechte Gesinnung.

Rechte Erkenntnis (sammā diṭṭhi)

Rechte Erkenntnis kann als das Herzstück aller buddhistischen Praxis bezeichnet werden. Ein spiritueller Pfad ohne Rechte Erkenntnis kann schwerlich buddhistisch genannt werden. Es ist die Befreiende Weisheit (paññā/prajñā), die Herz und Geist von den leidschaffenden Kilesa zu erlösen vermag. Sammā Diṭṭhi eliminiert ›falsche Sichtweise‹ (diṭṭhi, micchā diṭṭhi), der wir bereits im 7. Kapitel über die Ursachen des Leidens in der Liste der unheilsamen Geistesfaktoren begegnet sind.

Rechte Erkenntnis kann mit der Feststellung beginnen, dass etwas in unserem Leben nicht ganz stimmt, dass uns noch etwas Wichtiges fehlt zu Glück und Erfüllung. Diese Erkenntnis kann uns motivieren, unser Leben zu hinterfragen, einen spirituellen Weg zu suchen und diesen auch zu praktizieren.

Rechte Erkenntnis ist aber vor allem auch ein Resultat der Praxis des Achtfachen Pfades. Sie ist eine heilsame Wurzel und hebt ihr Gegenteil, die unheilsame Wurzel Unwissenheit, Verblendung (avijjā), auf. Über Rechte Erkenntnis zu verfügen bedeutet, die vier edlen Wahrheiten zutiefst erfahren zu haben, korrekt unterscheiden zu können, was karmisch heilsam ist und was nicht, die drei Merkmale aller Dinge (Vergänglichkeit, Unzulänglichkeit und Nicht-Selbstexistenz) zu sehen und nicht in den vier ›verkehrten Wahrnehmungen‹ gefangen zu sein (siehe Kapitel 6, ›Getäuschte Wahrnehmung‹, S. 106 ff.). Rechte Erkenntnis unterbricht die Kette des abhängigen Entstehens und bewirkt, dass sich die zwölf Glieder dieser Kette auflösen. Die vollkommene Verwirklichung von Sammā Diṭṭhi bedeutet, dass Unwissenheit gänzlich verschwunden ist. Sammā Diṭṭhi entspricht dann der Erkenntnis, der Freiheit von Verblendung, nämlich Amoha, Paññā/Prajñā oder Vijjā/Vidyā.

Im konventionellen Sinne bezieht sich Rechte Erkenntnis auf das korrekte Verständnis von Karma, der Absicht hinter unserem Denken, Reden und Tun und ihrer Wirkung auf uns selbst – jetzt und in der Zukunft.

Einerseits brauchen wir ein gewisses Maß an Rechter Erkenntnis am Anfang unserer Pfades, um mit der Praxis zu beginnen, andererseits wird der Pfad durch Rechte Erkenntnis vervollkommnet.

Rechte Gesinnung (sammā sankappa)

Aus Rechter Erkenntnis entsteht der zweite Bereich des Pfades, Rechte Gesinnung (Rechte innere Haltung, Rechte Absicht, Rechtes Denken). Weil Rechte Erkenntnis die Wurzel des Leidens, Verblendung, auflöst, ändern sich unsere innere Haltung und unsere Art zu denken. Wenn wir die Funktionsweise von Karma richtig verstehen, erkennen wir, was zu Leid und was zu Glück führt. Wenn wir die wahre Natur aller Dinge erkennen, sehen wir, wie sich alles ständig wandelt, unfähig ist, uns dauerhaft zu befriedigen, und nicht selbstexistent ist, dann wird offenbar, wie sinnlos es ist, auf Erfahrungen ständig mit Anhaften oder Ablehnung zu reagieren.

Statt nach den angenehmen Objekten zu verlangen, nach ihnen zu greifen und an ihnen festzuhalten, begegnen wir ihnen mit einer inneren Haltung des Nicht-Anhaftens (alobha), des Loslassens (nekhamma) und der Großzügigkeit (dāna).

Unangenehme Erfahrungen wiederum können wir sich selbst überlassen, anstatt sie zu bekämpfen oder loswerden zu wollen. Hier drückt sich Rechte Erkenntnis in einer annehmenden und liebevollen Haltung (mettā) aus.

Der Pāli-Begriff, der hier mit Loslassen übersetzt wird, entspricht dem Wort Entsagung (nekhamma). Dieser Ausdruck ist in unserem westlichen Sprachgebrauch aber für manche eher negativ belastet, so dass hier der ungenauere Begriff Loslassen verwendet wird.

Unter Entsagung verstehen viele fälschlicherweise, dass wir uns nicht länger an all den schönen Dingen dieser Welt erfreuen dürfen und dadurch zu frustrierten, gequälten Menschen werden. Tatsächlich aufgegeben wird aber unser Anhaften – sei es an angenehmen Erfahrungen und Dingen oder an unseren Gedanken, Geschichten, Dramen, Meinungen, Ideen, Selbstbildern oder an unserem nicht vorhandenen Selbst.

Rechte Gesinnung drückt sich also in Loslassen und Großzügigkeit beziehungsweise Annehmen und Güte aus. Je stärker Rechte Erkenntnis und Rechte Gesinnung entwickelt sind, desto schwächer werden die Wurzel-Kilesa Anhaften, Ablehnung und Verblendung. Durch diese ersten zwei Aspekte des Achtfachen Pfades können sie letztlich gänzlich aufgelöst werden. Die Entwicklung der ersten beiden Bereiche des Pfades beinhaltet mit der Verwirklichung der drei heilsamen Wurzeln Weisheit, Großzügigkeit und Liebe das Herzstück des Weges.

Zu Rechter Erkenntnis können wir mittels der verschiedenen Formen von Erkenntnismeditation gelangen, welche wiederum Rechte Gesinnung bewirken. Letztere können wir aber auch mit Hilfe der Meditationen über Liebe und Mitgefühl und deren Umsetzung im Alltag sowie durch eine gelebte Praxis von Großzügigkeit kultivieren.

Rechte Rede (sammā vācā)

Innere Verwirklichung wird sich in unserer Art und Weise zu handeln ausdrücken. Als Erstes führt Rechte Gesinnung zu Rechtem Reden. Das heißt, dass wir von den vier unheilsamen Arten des Redens ablassen, nämlich von Lügen, Verleumdung, verletzender Rede und leerem Geschwätz. Stattdessen reden wir auf eine Art, die andere erfreut und eine heilsame Atmosphäre schafft.

Der Buddha erläuterte sehr anschaulich, was unter Rechter Rede zu verstehen ist: »Die Wahrheit spricht man, ist der Wahrheit ergeben. An der Wahrheit hält man fest, ist vertrauenswürdig, betrügt die Menschen nicht. Kommt man nun in eine Gesellschaft von Leuten oder in eine Körperschaft oder wird vor Gericht geladen und als Zeuge aufgefordert auszusagen, was man wisse, so antwortet man, wenn man nicht weiß: Ich weiß nichts; und wenn man weiß, so sagt man: Ich weiß. Hat man nichts gesehen, so sagt man: ich habe nichts gesehen; hat man aber etwas gesehen, so sagt man: ich habe etwas gesehen. So spricht man weder um seiner selbst willen noch um eines andern willen, noch um irgendeines weltlichen Vorteils willen jemals bewusst eine Lüge.

Zwischenträgerei hat man verworfen, davon steht man ab. Was man hier gehört hat, erzählt man dort nicht wieder, um jene zu entzweien. Was man dort gehört hat, erzählt man hier nicht wieder, um diese zu entzweien. So einigt man Entzweite, ermutigt die Geeinten. An Eintracht hat man Freude und Gefallen, und Eintracht fördernde Worte spricht man.

Rohe Rede hat man verworfen, von roher Rede steht man ab. Worte, die untadelig sind, dem Ohr angenehm, liebreich, zu Herzen gehend, höflich, vielen lieb und angenehm, solche Worte spricht man.

Leeres Geschwätz hat man verworfen, von leerem Geschwätz steht man ab. Zur rechten Zeit spricht man den Tatsachen und dem Sinn gemäß, spricht über die Lehre und moralische Integrität. Die Worte sind denkwürdig, begründet, abgemessen und sinnvoll.«[101]

Eine Rede, die diesen Grundsätzen folgt, ist sehr anspruchsvoll. Wer versucht hat, über andere nie schlecht zu reden, weiß, wie schwierig allein diese Aufgabe sein kann. Doch unüberlegte Worte können andere tief verletzen und letztlich bis hin zu Kriegen führen. Rechte Rede heißt aber nicht, zu allem immer zu nicken und Differenzen zu verdrängen. Oft kann Rechte Rede ›ein rechtes Wort zur rechten Zeit‹ bedeuten. Versöhnung steht am Ende eines Prozesses, in dem gegensätzliche Ansichten offen, aber nicht verletzend dargelegt werden. Nicht alles, was in dieser Welt gesagt und getan wird, ist in Ordnung. Es ist wichtig, Missstände in angemessener Weise anzusprechen. Geschickt und aufmerksam mit unseren Äußerungen umzugehen kann viel Heilsames und Gutes im Zusammenleben bewirken. Es lohnt sich also, ernsthaft und stetig Rechte Rede anzustreben.[102]

Rechtes Tun (sammā kammanta)

Rechte Gesinnung und Haltung wirken sich nicht nur auf unsere Rede aus, sondern auch auf unser Handeln. Da wir Unwissenheit, Verlangen und Ablehnung weniger stark unterliegen, handeln wir auf rechte, angemessene, heilsame Art. Das bedeutet in erster Linie, dass wir die drei Arten des unheilsamen körperlichen Handelns, nämlich Töten, Stehlen und Leid verursachendes sexuelles Verhalten, unterlassen.

Rechtes Tun besteht aber nicht nur darin, diese Taten zu vermeiden. Zwar wird in der buddhistischen Terminologie häufig nur von dem gesprochen, was an negativen Dingen vermieden werden soll. Es ist jedoch sinnvoll, sich immer wieder bewusst zu machen, was dadurch an Positivem zutage tritt. Rechtes Tun führt zu einem hilfreichen und unterstützenden Verhalten, das Frieden fördert, dienend und erleuchtend ist.

Sobald wir beginnen, Rechtes Tun in allen Aspekten unseres Lebens konsequent einzuhalten, merken wir, dass es gar nicht immer so leicht ist. Sind wir Besitzer eines Rasens, müssen wir öfters mähen. Dabei lässt sich nicht vermeiden, etliche der vielen kleinen im Gras lebenden Käfer, Schmetterlinge und Schnecken zu töten. Den Rasen aber gar nicht mehr zu mähen würde bedeuten, dass er letztlich zum Dickicht verkommt. Viele Nahrungsmittel entstehen durch Gartenarbeit, wodurch zahlreiche Lebewesen getötet werden, zum Beispiel beim Umpflügen der Erde. Doch jemand muss diese Arbeit verrichten, sonst haben wir nichts zu essen. Oft stehen wir vor einem Dilemma und müssen erkennen, dass unser Leben oft nur auf Kosten anderer Bestand hat. Gerade hier können wir uns mit unserer Handlungsweise auseinandersetzen und versuchen, das Leid, das wir verursachen, so weit wie möglich zu mindern.

Auch im Bereich des Nicht-Stehlens finden wir uns immer mal wieder in einer Grauzone. Eine solche ist der Bereich der Copyrights. Beim unerlaubten Kopieren von Software, Büchern, Musik oder Bildern handelt es sich eigentlich um Diebstahl. Auf der anderen Seite sehen wir, wie die großen Konzerne alle Mittel einsetzen, um Märkte zu beherrschen und Preise und Bedingungen diktieren zu können. Auch eine klare innere Ausrichtung im Umgang mit Steuern, Versicherungen und Ähnlichem gehören zur Praxis des Nicht-Stehlens.

Das Unterlassen von leidverursachendem sexuellem Verhalten verlangt Sensibilität im Umgang mit Partnern, Partnerinnen, gerade auch im Bereich intimer Beziehung. Hier, wie überall, ist das Kriterium das Verursachen oder Vermeiden von Leiden. Jede Art von sexuellem Missbrauch, von Gewalt und von sexueller Ausbeutung gehört hierhin. Auch Seitensprünge können großes Leid schaffen; für Partnerinnen, für Dritte, für die Person selbst, die den Seitensprung begeht. Sex mit Partnern, die uns lieben, die wir selbst aber nur ›brauchen‹, schafft Leiden. Dritte, wie zum Beispiel Kinder, können unter unklarem sexuellen Verhalten der Eltern leiden. Sexuelle Beziehungen zwischen Therapeuten und ihren Klientinnen oder zwischen Dharma-Lehrern und ihren Schülerinnen oder *vice versa* können unter Umständen schwerwiegende Verletzungen verursachen. In all diesen Fällen entstehen leicht Konflikte, Verheimlichung, Treulosigkeit, Vertrauensverlust – und karmisch gesehen: Leiden in der Zukunft. Hilfreich und sinnvoll hingegen ist alles, was Harmonie, gegenseitiges Verständnis, Sensibilität, echte Liebe und vertieftes Vertrauen schafft.

All das mag vielleicht kleinlich wirken. Doch nur, wenn wir unser Tun sorgfältig betrachten, können wir klarer und konsequenter handeln. Unseren Prinzipien beharrlich zu folgen verleiht uns Integrität und gibt unseren Taten Kraft, die spürbar wird, sobald wir uns auch nur ein bisschen darum bemühen. Der Buddha soll zum Beispiel in den 500 vorherigen Leben, in denen er als Bodhisattva die Buddhaschaft anstrebte, nie die Unwahrheit gesagt haben. Darin soll eine der karmischen Ursachen für seine Fähigkeit gelegen habe, Dharma auf solch unübertreffliche Art und Weise zu lehren.

Die Abkehr von unheilsamem Handeln bedeutet gleichzeitig zu helfen, zu heilen, zu lehren, zu teilen, zu unterstützen. Menschen, die konsequent Rechtes Handeln praktizieren, erfahren das Leben als sinnvoll.

Verhaltensregeln

In vielen buddhistischen Traditionen wird die Praxis des ethischen Redens und Handelns unterstützt, indem man sich zum Einhalten von Verhaltensrichtlinien verpflichtet. Für Laien sind es die fünf Praxisregeln: nicht töten, nicht nehmen, was einem nicht gehört, sexuelles Missverhalten vermeiden, nicht lügen und Alkohol und Drogen meiden. An besonderen Tagen oder an Retreats können es auch acht Verhaltensrichtlinien sein. Sie umfassen zusätzlich die Regeln, sich jeglicher sexuellen Betätigung zu enthalten, nach dem Mittag nicht mehr zu essen, keine luxuriösen Betten zu benutzen sowie den Verzicht auf Verschönerung (zum Beispiel Schmuck, Make-up, Parfüm) und auf Unterhaltung (zum Beispiel Musik, TV, Tanz). Durch das Einhalten von Verhaltensrichtlinien schützt man die anderen vor den eigenen verletzenden Handlungen, und man schützt sich selbst vor den Auswirkungen unheilsamen Tuns und dessen karmischen Folgen sowie vor Schuldgefühlen. Man wird vertrauenswürdig, vereinfacht sein Leben durch das Vermeiden überflüssiger Komplikationen und macht seinen Geist klarer und friedvoller.

Rechter Lebenserwerb (sammā ājīva) und Engagement

Als Rechter Lebenserwerb gilt jede Tätigkeit, die das Handeln mit Waffen, Lebewesen, Fleisch, Gift oder Drogen vermeidet, kurzum: Alle Berufe, durch die Lebewesen zu Schaden kommen, zählen zum unrechten Lebenserwerb. Heute gehören dazu wahrscheinlich auch einige Tätigkeiten, die damals noch nicht bekannt waren. Zum Beispiel hatte ein Meditationslehrer früher für einen staatlichen Nachrichtendienst spioniert. Er musste diese Tätigkeit aufgeben, da seine spirituelle Entwicklung nicht mehr damit zu vereinbaren war. Eine andere Person war als Ingenieur bei einer Weltraumbehörde an der Entwicklung von Raketenantrieben beteiligt, die dazu dienten, Satelliten ins All zu befördern, später aber auch für den Bau von nuklear bestückten Raketen verwendet werden konnten. Auch für sie wurde die Arbeit vom ethischen Gesichtspunkt aus fragwürdig.

Es gibt aber zahllose Berufe, Arbeiten und Tätigkeiten, die für Lebewesen eindeutig nützlich sind und die Mitwelt fördern statt zerstören. Im Prinzip sind es alle Aktivitäten, die helfen, unterstützen, fördern, bilden, heilen und dienen. Wie unsere Arbeit auf uns selbst und auf die anderen wirkt, hängt auch hier, einmal mehr, von unserer Absicht und Motivation ab.

Der Bereich des Rechten Lebenserwerbes macht deutlich, dass jeder Aspekt unseres Lebens Praxis sein kann und Thema ehrlicher Auseinandersetzung sein muss. Echte spirituelle Übung besteht nicht nur darin, auf einem Kissen zu sitzen, die Beine zu verschränken, die Augen zu schließen und ein wenig zu meditieren. Ein spirituelles Leben ist weit mehr als das.

Persönliches Engagement in der Welt

Aus westlicher Sicht, außerhalb des traditionellen Buddhismus, geht es in Bezug auf Rechtes Verhalten noch um mehr. Dharma-Praxis muss sich bei jedem von uns letztlich auch nach außen manifestieren, von außen sichtbar und erkennbar sein. Wir müssen unser Bestes tun, um eine positive Wirkung auf unsere Mitwelt zu haben. Der Dalai Lama soll gesagt haben, selbst wenn nur einige wenige Individuen versuchten, Frieden und Glück in ihrem Geist zu schaffen und anderen gegenüber verantwortungsvoll zu handeln, hätten diese einen sehr positiven Einfluss auf ihre Gemeinschaft und ihre Umgebung.

Dabei sollten wir realistisch bleiben. Wir werden heute und morgen nicht eine heile Welt schaffen. Das ist gerade seit dem Angriff auf das World-Trade-Center wieder ganz offensichtlich geworden. Und doch spielt es eine Rolle, was wir tun und dass wir es tun. Eine einzige Person kann einen immensen Unterschied ausmachen, wie die folgende Geschichte zeigt: Ein Mann geht am Meer entlang und sieht Tausende von Seesternen, die ans Ufer gespült wurden. Etwas weiter sieht er eine alte Frau, die langsam den Strand entlanggeht, immer wieder anhält, um einen Seestern nach dem anderen sanft ins Wasser zurückzubefördern. »Warum werfen Sie diese Seesterne ins Meer zurück?«, fragt der Mann. »Weil bald die Sonne aufgeht, die Ebbe einsetzt und sie sterben werden, wenn man sie nicht ins tiefere Wasser befördert.« – »Ist Ihnen denn nicht klar, dass es hier endlose Meilen von Küste gibt mit gestrandeten Seesternen überall? Sie können unmöglich alle retten, genau genommen kaum einen Bruchteil davon. Selbst wenn Sie den ganzen Tag arbeiten, wird Ihr Bemühen keinen Unterschied ausmachen.« Die alte Frau hört aufmerksam zu, bückt sich nieder, um einen weiteren Seestern aufzuheben und ins Wasser zu befördern. »Es macht einen Unterschied für den hier!«[103]

Hier im Westen wird heute von engagiertem Buddhismus gesprochen. Es findet eine sehr wertvolle Entwicklung statt. Viele buddhistische Gruppierungen sind – als Ausdruck ihrer Praxis – von sozialem Denken und echtem Mitgefühl bewegt und gründen oder unterstützen Hilfsprojekte, sei es zugunsten von Obdachlosen oder Drogenabhängigen, für soziale Gerechtigkeit oder für die Achtung der Menschenrechte, für Ökologie, für Tierschutz und gegen Tierfabriken oder für den Frieden in der Welt.[104]

Hier stellt sich für uns – mehr als in traditionell buddhistischen Ländern – die Frage: Sollen wir unser Leben der Praxis der inneren Transformation des Geistes widmen, oder sollen wir möglichst direkt und unmittelbar unsere Kräfte zur Unterstützung anderer einsetzen, mit dem Risiko, manchmal unweise und aus Wut oder Frustration über den Stand der Welt heraus zu handeln und dadurch vielleicht kontraproduktiv zu wirken? Wie ›erleuchtet‹ sollten wir sein, bevor wir anderen wirklich helfen können?

Eine Frau, die den Großteil ihres Lebens mit karitativer Arbeit und der Erziehung ihrer Kinder verbracht hatte, fand, sie müsse sich nun zurückziehen, um definitiv ihren Geist von den Kilesa zu befreien, statt weiter zu wursteln, ohne im

Leben etwas Entscheidendes verändert zu haben. Umgekehrt mag sich einer, der jahrelang im Kloster gelebt hat, fragen, ob er nun vielleicht seine erworbenen Erkenntnisse besser draußen in der Welt anwenden sollte.

Kann ein friedvoller, gelassener Geist überhaupt wirkungsvoll helfen? Eine Kollegin leitet jährlich ein Retreat für Aktivisten; für Menschen, von denen manche ihr ganzes Leben dem Kampf für soziale Gerechtigkeit, für Umweltschutz und Frieden widmen. Einige protestierten, als sie lernen sollten, mit ihren aggressiven Emotionen umzugehen und diese durch liebevolle Güte abzubauen. Sie fürchteten, ihre Wut und Empörung zu verlieren, die ihnen die Energie lieferte, mit ihrer engagierten altruistischen Arbeit fortzufahren. Erst im Laufe der Vertiefung der Praxis verstanden sie, dass Verbundenheit und Mitgefühl eine andere, viel wirkungsvollere Motivation für ihr Tun sein könnte.

Manche finden, einzig die tätige Hilfe sei von Bedeutung in der Welt. Es gibt große Yogis in den Bergen des Himalaya, die den größten Teil ihres Lebens der Entwicklung und Vervollkommnung von Weisheit und Mitgefühl widmen. Ist ihr Bemühen nutzlos, oder ist das Überleben einer Kultur der Geistesschulung auf höchstem Niveau von größter Bedeutung für die Menschheit? Avalokiteśvara, der Buddha des großen Mitgefühls, wird mit tausend helfenden Händen dargestellt, von denen jede mit einem Auge versehen ist – dem Auge der Weisheit. Avalokiteśvara hilft den Lebewesen mit seinen zahllosen Händen, aber niemals losgelöst von tiefem Verstehen darüber, was ihr Leiden tatsächlich mindert und was nicht. Auch wir brauchen beides: tiefes Verstehen der wahren Natur unseres Geistes und Herzens und die daraus resultierende Freiheit, genauso wie tiefes Mitgefühl, das uns bewegt, zu tun, was wir können, um den Lebewesen direkt und unmittelbar zu helfen, wie und wo immer dies möglich ist. Dabei sind nicht nur jene wichtig, die ihr Leben vorwiegend dem hilfreichen Tun widmen, sondern gleichermaßen auch die anderen, die ihr Dasein dem Erforschen und Befreien des Geistes hingeben. Zusammen können wir mehr Frieden und Freude im Innern und eine heilere, bessere Welt im Äußeren schaffen.

Rechtes Bemühen (sammā vāyāma)

Wir haben somit den Erkenntnisaspekt (paññā) und den Verhaltensaspekt (sīla) des Achtfachen Pfades betrachtet. Nun geht es darum, diese Aspekte zu vertiefen, und zwar durch die Mittel und Methoden der Meditationspraxis: die verbleibenden drei Bereiche des Achtfachen Pfades. Dabei wollen wir nicht vergessen, dass alle acht Bereiche sich gegenseitig fördern und bedingen, um ein ständiges Wachsen auf allen Ebenen unseres Seins bis hin zur Erleuchtung zu bewirken.

Zu den Mitteln, die Erkenntnis und heilsames Verhalten möglich machen, gehört als Erstes Rechtes Bemühen (sammā vāyāma). Dieses nimmt in der Praxis eine zentrale Stellung ein. Das Wort Viriya (sansk.: vīrya), ein Synonym für Rechtes Bemühen, bedeutet etwa so viel wie ›Heldenhaftigkeit‹. Es ist die Willenskraft, die Energie, das enthusiastische, ausdauernde, heldenhafte Bemühen, das wir aufbringen müssen, um von unseren unheilsamen Gewohnheiten abzulassen und heilsame Geisteszustände und Verhaltensweisen zu entwickeln. Es heißt, dass in den 84 000 Lehrreden, die Buddha gehalten hat, das Wort ›Bemühen‹ am häufigsten vorkomme. »Energie, Ausdauer, enthusiastisches Bemühen, also Viriya, sollte als die Wurzel aller Verwirklichungen gesehen werden.«[105] Auch Erleuchtung ist eben nicht gratis zu haben. Eine Zeitschrift berichtete, dass der Dalai Lama ausgerufen haben soll: »Ihr erwartet Wunder? Nicht von mir! Erleuchtung ist harte Arbeit.«

Es ist jedoch äußerst wichtig, dass wir verstehen, worum wir uns bemühen sollen und worum nicht. Die größten und bedauerlichsten Missverständnisse in der Meditation entstehen in diesem Zusammenhang. Ist unser Bemühen falsch oder ohne korrektes Verständnis, können wir wochen-, monate- und jahrelang meditieren, ohne dass wir der Freiheit von Leiden näherkommen. Die Missverständnisse entspringen unserer herkömmlichen Art und Weise, mit den Dingen umzugehen. Dabei kann eine oberflächliche Betrachtung der folgenden vier Punkte, um die wir uns bemühen sollten, ein falsches Verständnis noch unterstützen. Wir müssen daher die Anweisungen sorgfältig studieren.

Es geht um das sogenannte ›vierfache Bemühen‹: Vermeidung und Schwächung unheilsamer Geisteszustände und Erweckung und Förderung heilsamer Geisteszustände.

Als Erstes gilt es, unheilsame Zustände von Geist und Herz, die noch nicht entstanden sind, zu vermeiden. Im Äußeren bedeutet das, zu versuchen, Situationen, von denen wir bereits wissen, dass sie unheilsame Geisteszustände wie Ärger oder Verlangen in uns entstehen lassen, aus dem Weg zu gehen. Wenn wir zum Beispiel in bestimmten Stress-Situationen leicht in Ärger geraten, können wir versuchen, diese zu meiden. Dabei geht es natürlich nicht darum, allen unangenehmen Situationen einfach aus dem Weg zu gehen oder notwendigen Auseinandersetzungen auszuweichen, sondern ihnen gelassen zu begegnen.

Auf den inneren Prozess bezogen versuchen wir, unsere Gedanken nicht um Geschichten kreisen zu lassen, die uns mit Ärger, Wünschen oder Verlangen erfüllen. Wir wenden uns davon ab, gehen nicht auf sie ein. Hatten wir zum Beispiel eine Auseinandersetzung mit dem Vorgesetzten, ist es sicher sinnvoll, die Sachlage gründlich zu durchdenken. Nachdem dies aber geschehen ist, wird weiteres Grübeln unproduktiv und stärkt gar unnötig unseren Ärger.

Die zweite Anstrengung ist das Bemühen, unheilsamen Geisteszuständen, die bereits in unserem Herz und Geist entstanden sind, die Energie zu entziehen. Wenn wir einfach aufhören, sie zu schüren, werden sie wieder vergehen, da sie wie alle anderen Dinge vergänglich sind. Bin ich zum Beispiel auf jemanden wütend, kann ich diese Wut schüren, indem ich mir in Gedanken ausmale, wie ich es diesem Menschen heimzahlen könnte. Anstatt solche Überlegungen weiter zu spinnen oder gar in die Tat umzusetzen, können wir die Achtsamkeit auf ein neutrales Objekt, wie zum Beispiel die Atemempfindungen, lenken. Nähren wir die Wut nicht länger, verliert sie an Energie und verschwindet von selbst. Es gibt zahlreiche Mittel, durch die wir den Geist von schwierigen Geschichten ablenken und beruhigen können. Wir können zum Beispiel im Geist bis hundert (und falls nötig bis tausend) zählen, bevor wir in irgendeiner Weise reagieren. Wenn wir allen schwierigen, unheilsamen Zuständen wie Wut, Ärger, Lust, Verlangen oder Eifersucht mit Achtsamkeit, Geduld und Weisheit begegnen, verlieren diese an Kraft.

Die zweite Art des Bemühens besteht also darin, den Zuständen ihre Macht zu nehmen. Dies impliziert keinesfalls irgendeine Form der Ablehnung gegen das, was gegenwärtig ist. Nichts soll verdrängt oder bekämpft werden. Wir können Unheilsames nicht durch mehr Ablehnung, Widerstand und Verurteilen beseitigen. Das hieße, sich in weiteren Konflikten zu verfangen.

Auch Selbstverurteilung ist eine Form von Ablehnung. Dies wird häufig verkannt. Spüren wir aber sorgfältig in das Gefühl solcher Bewertung hinein, können wir die giftige Energie des Urteilens wahrnehmen. Wenn wir uns dabei ertappen, uns für etwas zu verurteilen, gilt es, diese Urteile nicht weiter zu füttern. Unheilsamen Zuständen können wir die Energie entziehen, indem wir sie mit klarer Achtsamkeit betrachten. Wir nehmen wahr, was da ist, ohne dem Zustand neue Energie zu verleihen. Das reicht, um ihn zu überwinden.

Das dritte Bemühen besteht darin, heilsame Qualitäten, die noch nicht entstanden sind, zu erwecken und zu kultivieren. Es sind Eigenschaften wie Großzügigkeit, liebevolle Güte, Mitgefühl, Weisheit. Wenn wir morgens etwas unwirsch im Bus sitzen, bemerken wir vielleicht, wie wir unfreundlich über andere Personen denken. Statt den Gedanken weiter freien Lauf zu lassen, können wir uns an die unten beschriebenen Meditationen der liebevollen Güte oder des *Tong-len* (siehe S. 284 f.) erinnern und die lieblosen Gedanken durch freundliche Wünsche ersetzen. Dies wird meist dazu führen, dass wir den Mitfahrenden gegenüber liebevoller gestimmt werden. Im Restaurant können wir der unfreundlichen Bedienung ein höheres Trinkgeld geben in der Hoffnung, dass sie dies ein wenig aufmuntert. Wir können so gezielt heilsame Qualitäten in uns erwecken. Auch bei der Teilnahme an einem Meditations- oder Dharma-Studienkurs handelt es sich um das Bemühen, positive Geisteseigenschaften hervorzubringen.

Als Letztes geht es um das Bemühen, heilsame Qualitäten, die schon in uns vorhanden sind, zu festigen und zu verstärken. Das heißt, wir tun alles, was diese unterstützt, und unterlassen alles, was sie schwächt. Haben wir Interesse an Lehre und Praxis, schüren, verstärken und stützen wir das Interesse, indem wir uns mit Gleichgesinnten treffen, Dharma-Vorträge hören oder über den Wert der Praxis reflektieren. Gleichzeitig lassen wir alles bleiben, was bewirkt, dass dieses Interesse wieder schwindet, wie zum Beispiel das Verfolgen von nutzlosen Projekten, sinnlose Zerstreuung oder unethisches Verhalten.

Das Prinzip, das hinter Rechtem Bemühen steht, ist eigentlich ziemlich einfach und klar. Unsere herkömmlichen Verhaltensweisen der Ablehnung und des Festhaltens sind es, die Leiden schaffen. Dies zu erkennen ist ein wichtiger Schritt. Hier begehen wir oft den Fehler, uns für das Wiederauftreten dieser gewohnheitsmäßigen Verhaltensweisen zu verurteilen, vor allem in der Meditation. Dadurch erfahren wir nicht nur ein Gefühl der Entwertung, sondern bestrafen uns auch noch dafür. Gleiches gilt für den Fall, dass Verlangen auftritt. Wir spüren nicht nur die Begierde, sondern machen uns auch noch Vorwürfe und schließen gar daraus, dass wir uns nie wirklich werden ändern können. Derartige Reaktionen auf unsere inneren Zustände sind Ausdruck weiterer Ablehnung und verstärken die unheilsamen Verhaltensweisen.

Betrachten wir solche Erfahrungen mit reiner Achtsamkeit, spüren wir, wie Werten, Urteilen, Verurteilen die Situation noch schmerzhafter werden lässt. Wie herzlos ein solches Verhalten uns selbst gegenüber ist, wird klar, wenn wir uns vorstellen, ein Kind dabei zu beobachten, wie es sich selbst für ein Missgeschick zerfleischt. Wahrscheinlich würden wir zu dem Kind sagen: »Lass das doch. Das macht alles nur noch schlimmer.« Uns selbst gegenüber sind wir aber häufig recht erbarmungslos.

Viel hilfreicher ist eine unserer Natur scheinbar widersprechende Haltung, nämlich mit verständnisvoller, liebevoller Zuwendung die unheilsamen Qualitäten, den Ärger, das Verlangen, die Eifersucht zu sehen und zu spüren. Rechtes Bemühen heißt einzig und allein, unheilsamen Geisteszuständen und schwierigen Emotionen mit liebevoller Achtsamkeit zu begegnen, sie so wahrzunehmen und zu fühlen, wie sie sind, anstatt sich darin zu verlieren oder sie loswerden zu wollen. Das heißt auch, sie weder auszudrücken noch zu verdrängen. Statt den Erfahrungen mit Verlangen und Abneigung zu begegnen, bringen wir Achtsamkeit und annehmende Freundlichkeit in die Situation.

Genau dieser Art ist das Rechte Bemühen, welches wir in der Erkenntnismeditation üben. Die wertvolle Qualität der Achtsamkeit, mit der wir den Erfahrungen begegnen, ist im Idealfall eine Verbindung aus Achtsamkeit und liebevoller Güte. Es ist ein freundliches Gewahrsein, das willens und fähig ist, alle Erfahrungen so anzunehmen, wie sie sind. Mit diesen heilsamen Qualitäten gehen alle anderen heilsamen Eigenschaften (sobhana) einher, wie wir oben in der Liste der universalen (heilsamen) Geistesfaktoren gesehen haben. Sobald die Achtsamkeit aber einen wertenden Charakter annimmt, wird sie zu einer Art Aggression und hat nicht mehr die hier beschriebene heilsame Qualität.

Ein anderes Missverständnis besteht darin zu denken, Rechtes Bemühen bedeute, unsere Erfahrungen zu verändern. Dahinter verbirgt sich ebenfalls eine Form von Ablehnung. Wird zum Beispiel Panik erfahren, mag die Ansicht bestehen, sie durch tiefe Ruhe ersetzen zu müssen. Korrekt zu praktizieren heißt aber, so weit es uns möglich ist, mit liebevoller Achtsamkeit bei der Panik zu bleiben und zu schauen, was mit ihr geschieht. Das ist nicht immer einfach. Die Panik kann vielleicht vorerst noch stärker werden, dann mag sie vergehen, nur um uns wieder von Neuem zu packen. Das Bemühen besteht lediglich darin, mit dem ganzen Prozess in Kontakt zu bleiben. Dies ermächtigt uns, letztlich auch mit schwierigen Erfahrungen gegenwärtig und in Frieden zu sein. Es erlaubt uns auch, klarer und tiefer zu sehen, dass alle Erfahrungen – auch die unerwünschten – aufgrund von Ursachen und Bedingungen entstehen und schließlich auch ganz von selbst vergehen.

Rechtes Bemühen heißt letztlich einfach von Moment zu Moment bestrebt sein, die rechte Art von Achtsamkeit zu kultivieren.

Rechte Achtsamkeit (sammā sati)

Beim siebenten Punkt des Achtfachen Pfades handelt es sich um Rechte Achtsamkeit (sammā sati). Synonyme sind Rechtes Gewahrsein, Rechte Aufmerksamkeit, Rechtes Gegenwärtigsein. Hier geht es darum, eine bestimmte Qualität von Achtsamkeit zu entwickeln, die ›sammā‹ oder eben ›richtig‹ ist. Rechte Achtsamkeit ist die Fähigkeit des Geistes wahrzunehmen, was ist, ohne die Erfahrung zu werten, an ihr zu haften oder sie zu manipulieren. Wir umarmen sozusagen unsere Erfahrung mit aufmerksamer, liebevoller Gelassenheit. Die Achtsamkeit muss unmittelbar sein. Es geht nicht ums Denken über die Erfahrung des Moments, sondern um ein direktes in Kontakt sein. Unsere Achtsamkeit muss die rechte Qualität besitzen, sonst wirkt sie nicht als heilsame, befreiende Kraft. Achtsamkeit ist Grundlage jeder Meditation, besonders aber aller Formen der Erkenntnismeditation. Im Zusammenhang mit tibetischen Erkenntnismeditationen wie Mahāmudrā, Dzogchen und anderen wird vor allem von ›Gewahrsein‹ gesprochen. Der Begriff ›Achtsamkeit‹ wird eher mit den Erkenntnismeditationen des Vipassanā aus den Theravāda-Traditionen in Zusammenhang gebracht.[106]

Die vier Grundlagen der Achtsamkeit (satipaṭṭhāna)

Was sind die Objekte unserer Rechten Achtsamkeit? Der Buddha nannte vier Bereiche unserer Erfahrung, denen wir mit Rechter Achtsamkeit begegnen sollen. Es sind der Körper (kāya), die Gefühlstönungen (vedanā), Geist und Herz (citta) sowie die Objekte von Geist und Herz (dhamma). Genaue Anweisungen für die Betrachtung dieser vier Bereiche finden sich vor allem in zwei Texten, dem Satipaṭṭhāna Sutta, der Lehrrede von den vier Grundlagen der Achtsamkeit, und viel ausführlicher im Mahāsatipaṭṭhāna Sutta. Diese Texte sind eine wesentliche Grundlage für die Praxis der Erkenntnismeditation. In eben dieser Lehrrede von den Grundlagen der Achtsamkeit (satipaṭṭhāna sutta) heißt es:

»So habe ich es gehört: Einst weilte der Erhabene im Lande der Kurūs, bei einer Ortschaft mit Namen Kammasadamma. Dort nun wandte sich der Erhabene an die Mönche: ›Ihr Mönche‹ – ›Ehrwürdiger‹ antworteten da jene Mönche dem Erhabenen. Und der Erhabene sprach also: ›Dieser eine Weg, oh Mönche, führt zur Läuterung der Wesen, zur Überwindung von Kummer und Klage, zum Schwinden von Leiden und Schmerz, zur Gewinnung des rechten Weges, zur Verwirklichung des Nibbāna, nämlich die vier Grundlagen der Achtsamkeit. Welche vier?

Da weilt man, oh Mönche, beim Körper (kāya) in Betrachtung des Körpers, eifrig, mit klarem Verständnis und achtsam, ohne Verlangen und Ablehnung für diese Welt; da weilt man bei den Gefühlstönungen (vedanā) in Betrachtung der Gefühlstönungen, eifrig, mit klarem Verständnis und achtsam, ohne Verlangen und Ablehnung für diese Welt; da weilt man bei Geist und Herz (citta) in Betrachtung von Geist und Herz, eifrig, mit klarem Verständnis und achtsam, ohne Verlangen und Ablehnung für diese Welt; da weilt man bei den Objekten des Geistes und Herzens (dhamma) in Betrachtung der Objekte des Geistes und Herzens, eifrig, mit klarem Verständnis und achtsam, ohne Verlangen und Ablehnung für diese Welt. (…)«[107]

Die in der Lehrrede verwendete Ausdrucksweise bedarf einiger Erläuterungen. Natürlich richten sich die Anleitungen nicht nur an Mönche, sondern an alle, die meditieren und praktizieren. ›Eifrig‹ (atape) bedeutet enthusiastisch, unermüdlich, beharrlich. ›Mit klarem Verständnis‹ (sampajañña) heißt wissensklar, weise. ›Achtsam‹ (sati) meint eben gewahr, aufmerksam, gegenwärtig, mit rechter Gesinnung. Und ›ohne Verlangen und Ablehnung für diese Welt‹ bedeutet ohne Anhaften und Abneigung, ohne Ansprüche, Erwartungen und Ängste, nicht wertend, mit liebevoller Gelassenheit und innerem Gleichgewicht. Nibbāna (nirvāṇa) bezieht sich auf das Ungeborene, den ›Zustand‹ der Befreiung, das Erlöschen aller unheilsamen Emotionen und Geisteszustände wie Unwissenheit, Verlangen und Ablehnung.

Mit der etwas umständlich wirkenden Anweisung ›beim Körper in Betrachtung des Körpers; bei den Gefühlstönungen in Betrachtung der Gefühlstönungen; bei Geist und Herz in Betrachtung von Geist und Herz‹ wird ausgedrückt, dass alle Erfahrungen im Körper von Geist von innen heraus erspürt werden sollen. Wir nehmen den Körper oder Geist direkt und unmittelbar wahr und nicht, indem wir Konzepte, Bilder oder Ideen darüber zu formen.

Die erste Grundlage: Achtsamkeit des Körpers (kāyānupassanā)

Die Atembetrachtung. Zu den Empfindungen, die wir im Körper wahrnehmen, gehören jene, die durch die Atmung hervorgerufen werden. Die Atembetrachtung ist ein Aspekt der Körperachtsamkeit. Wir spüren nicht eigentlich die Luft, die ein- und ausströmt, sondern wir spüren Körperempfindungen, die durch die Atmung hervorgerufen werden. Vielleicht nehmen wir Druck wahr, der zu- und abnimmt, oder eine Vielzahl anderer körperlicher Empfindungen. Die Meditation über diese Körperempfindungen wird in Pāli Ānāpānasati genannt, die Achtsamkeit des Ein- und Ausatmens.

Der Atem eignet sich hervorragend als grundlegendes Meditationsobjekt, mittels dessen wir Achtsamkeit und Gewahrsein üben können. Solange wir leben, steht uns der Atem zur Verfügung, und wir können uns ihm jederzeit zuwenden. Er fühlt sich relativ neutral an, weder sonderlich angenehm noch unangenehm. Das hat den Vorteil, dass Anhaften oder Ablehnung nicht entstehen, wie das bei angenehmen oder unangenehmen Erfahrungen meist der Fall ist. Ein weiterer Vorzug des Atems ist die ständige rhythmische Veränderung der Empfindungen. Durch diesen fortwährenden Wechsel fällt es leichter, mit Achtsamkeit dabeizubleiben und nicht abzuschweifen.

Gelingt es uns eine Zeit lang, achtsam beim Atem zu bleiben, wirkt dies entspannend und beruhigend. Der Geist wird gesammelt, und eine klare, direkte, nichtreaktive innere Haltung kann entstehen. Dabei belassen wir den Atem so, wie er ist – länger oder kürzer, tiefer oder flacher, locker oder verspannt. Kontrolle wie bei manchen Yogadisziplinen ist hier nicht angesagt; vielmehr handelt es sich um ein Mittel, Achtsamkeit und Sammlung zu kultivieren.

Glauben wir nämlich, der Atem müsse anders sein, als er gerade ist, kann die Übung sehr anstrengend werden. Manche haben vielleicht gelesen, dass der Atem mit tieferer Sammlung gänzlich verschwinden kann, und versuchen – oft unbewusst – immer flacher und langsamer zu atmen. Andere sind der Ansicht, dass der Atem tief und lang sein sollte, und versuchen, den Atem etwas zu verlängern. All das bringt unnötige, nutzlose Anstrengung. Rechtes Bemühen besteht einzig darin, achtsam zu spüren, wie die Erfahrung des Atems jetzt gerade ist. Das ist alles.

Die Atembetrachtung kann zwei verschiedenen Zielen dienen. Man kann sie verwenden, um Sammlung und Versenkung des Geistes zu entwickeln, als Samatha-Meditation, oder man kann damit die Merkmale des Daseins erforschen und so die Erkenntnismeditation üben. Hier, im Rahmen der ›vier Grundlagen der Achtsamkeit‹, geht es vor allem um die Erkenntnis der Charakteristiken des Daseins.

Andere Körperempfindungen: Als Nächstes wird in der Lehrrede die Achtsamkeit in allen Körperpositionen, im Sitzen, im Gehen, im Stehen und im Liegen und während jeder Körperbewegung angeregt. Gespürt wird von innen heraus, was im Körper geschieht, wenn wir uns bewegen oder etwas tun. Kein Moment wird ausgelassen, kein Moment ist weniger wichtig. Angestrebt wird eine kontinuierliche Moment-zu-Moment-Achtsamkeit, sei es im Stehen, Gehen, Sitzen oder Liegen.

Die vier Elemente: Eine weitere Art, den Körper zu betrachten, ist das Gewahrsein der ›vier Elemente‹ – Erde, Wasser, Feuer, Luft (siehe S. 88 ff.). Die vier Elemente sind keine esoterischen Elemente mit symbolischer Bedeutung. Vielmehr geht es hier um eine weitere Möglichkeit, noch unmittelbarer mit den Körperempfindungen in Kontakt zu sein und das, was direkt im Körper wahrgenommen wird, noch klarer zu erkennen.

Als Erdelement gilt alles, was wir als solide, fest, hart oder weich empfinden, was Raum einnimmt und Druck, Spannung oder das Gegenteil hiervon erzeugt. Das Feuerelement zeigt sich als Temperaturerfahrung: heiß, warm, kühl, kalt oder eiskalt. Das Windelement lässt sich als Vibration und Bewegung wahrnehmen. Empfunden wird es als ein Fließen, Pulsieren, Strömen. Das Wasserelement kann nicht direkt erfahren werden. Es verkörpert die Kräfte der Kohäsion, welche die Dinge zusammenhalten.

Die zweite Grundlage: Achtsamkeit der Gefühlstönungen (vedanānupassanā)

Bei der zweiten Grundlage der Achtsamkeit handelt es sich um die Betrachtung von Vedanā. Im Deutschen findet sich keine wirklich geeignete Übersetzung. Meist wird das Wort ›Gefühl‹ gebraucht. Dabei bezieht sich Vedanā aber nicht auf Emotionen wie Liebe, Freude, Ärger oder Wut, sondern vielmehr auf unser Empfinden jeglicher Erfahrung als angenehm, unangenehm oder neutral. Es gehr also bei Vedanā um die gefühlsmäßige Tönung einer Erfahrung, und es wird hier mit ›Gefühlstönung‹ übersetzt.

Eine Körper- bzw. Tastempfindung kann als entzückend, angenehm, neutral, unangenehm oder schmerzhaft erfahren werden. Gleiches gilt für alle anderen Sinneserfahrungen: Sehen, Hören, Riechen, Schmecken. Abhängig davon, wie Erfahrungen sich anfühlen, verleihen wir ihnen unterschiedliche Namen. Zum Beispiel bezeichnen wir unangenehme Geräusche als Lärm, angenehme Geräusche als Klang. Die vielen Erfahrungen, die weder eindeutig angenehm noch unangenehm sind, werden als neutral bezeichnet. Sie bemerken wir kaum.

Nicht nur Körper- und Sinneswahrnehmungen werden von Vedanā begleitet, auch alle Emotionen, Bewusstseinszustände und Gedanken bringen eine Gefühlstönung mit sich. Panik und Angst fühlen sich unangenehm an, Liebe und Freude angenehm, Gleichgültigkeit eher neutral. Jeder Gedanke ruft Vedanā hervor. Ist er interessant oder von freudigem Inhalt, empfinden wir ihn als angenehm, ist er rein informativer Natur, eher als neutral, handelt es sich um einen ärgerlichen, verurteilenden Gedanken, empfinden wir ihn als unangenehm.

Vedanā nimmt im Prozess dieses Daseins eine zentrale Stellung ein. Auf die Gefühlstönung folgt meist Verlangen oder Ablehnung; denn wie sich etwas anfühlt, entscheidet, ob wir mit Verlangen oder Ablehnung reagieren. Alle Streitereien und alle Kriege entstehen als Folge von Vedanā. Dabei ist es nicht Vedanā selbst, das die Kriege hervorruft. Erst die Reaktion darauf entscheidet über Krieg oder Frieden. Hier ist der Punkt, an dem wir immer wieder die Wahl haben: Reagieren wir auf Vedanā auf unheilsame Art, können Streitigkeiten entstehen. Reagieren wir auf heilsame Weise, können sich Frieden und Harmonie verbreiten.

Wenn wir die Achtsamkeit auf die Erfahrung von Vedanā lenken, können wir erkennen, wie wir innerlich ständig darauf reagieren und wie diese innere Reaktion uns zu äußeren Handlungen drängt. Statt den Impulsen zu folgen, werden wir hier nun angewiesen, die Gefühlstönung selbst zum Objekt zu machen. Bei näherem Betrachten erkennen wir, dass auch Vedanā vergänglich ist. Nicht nur die harschen Worte verhallen, auch der Schmerz, den sie uns zufügten, lässt nach. Die Erkenntnis der Vergänglichkeit von Vedanā erlaubt uns, dem Unangenehmen oder Schmerzhaften gelassener zu begegnen. Des Weiteren sehen wir auch, dass wir kaum Kontrolle über Vedanā haben. Wir können weder angenehme noch unangenehme Gefühlstönungen festhalten. Als Drittes erkennen wir, dass sich niemand finden lässt, der Vedanā ›hat‹ oder ›besitzt‹. Vedanā ist nicht ›mein‹ Vedanā. Gefühlstönung ist einfach Gefühlstönung. Die Erkenntnis der Vergänglichkeit und ›Eigentümerlosigkeit‹ von Vedanā ermöglicht ein angemesseneres Verhalten. Statt Angenehmes festhalten oder Unangenehmes abwehren zu müssen, wird es uns möglich, gelassen zu bleiben und auf weise, mitfühlende Art zu handeln.

Die dritte Grundlage: Achtsamkeit der Geisteszustände (cittānupassanā)

In der dritten Grundlage der Achtsamkeit geht es um die Bewusstseinszustände, die Eigenschaften und Funktionen, die präsent sind in Herz und Geist (citta). Dazu gehören Gefühle wie Liebe und Hass, Grausamkeit und Mitgefühl, Bewusstseinszustände wie Sammlung und Zerstreutheit, Wachheit und Schläfrigkeit, Erkenntnis und Verblendung sowie die Achtsamkeit selbst. Wir betrachten, wie sie alle kommen und gehen, erscheinen und wieder verschwinden.

Manche Kommentatoren ordnen Gefühle im Sinn von Emotionen der zweiten Grundlage der Achtsamkeit (vedanā) zu. Die verschiedenen Sichtweisen können verwirren, aber da es sich hier letztlich nur um Modelle handelt, ist die ›Richtigkeit‹ der Einteilungen von untergeordneter Bedeutung. Wesentlich sind die Achtsamkeit selbst und die daraus gewonnenen Erkenntnisse.

In dieser dritten Grundlage der Achtsamkeit geht es darum, mit der ganzen Fülle von emotionalen, energetischen, funktionellen und kognitiven Prozessen in Kontakt zu sein. Mit Achtsamkeit spüren wir, was die verschiedenen geistigen Zustände bewirken. Wir erkennen, welche davon Leiden schaffen und welche von Leiden befreien und zu Glück führen. Durch das Gewahrsein dieser Prozesse in Körper und Geist ergründen wir somit die ›edlen Wahrheiten‹ – vom Leiden und von seinem Ende.

Dabei ist es wichtig, sowohl die Anwesenheit wie auch die Abwesenheit eines bestimmten Zustandes wahrzunehmen, sein Entstehen sowohl wie sein Vergehen. Dies wirkt unserer Tendenz entgegen, die Welt und das Leben als fest und unveränderlich zu sehen. Das Verständnis der Vergänglichkeit kann helfen, uns nicht länger mit körperlichen oder emotionalen Zuständen zu identifizieren. Ist zum Beispiel Angst da, sagen wir uns nicht länger: »Ich bin eine ängstliche Person.« Stattdessen erkennen wir einfach die momentane Anwesenheit von Angst und, wenn sie wieder vergangen ist, bemerken wir ebenso ihre Abwesenheit. Kommt Liebe in uns auf, fühlen wir bewusst die Präsenz von Liebe, wenn sie sich wieder aufgelöst hat, wissen wir um ihr Fehlen. Unsere tief verwurzelte Tendenz, sich mit den Bewusstseinszuständen zu identifizieren, wird hier aufgelockert und durchschaut.

Durch Achtsamkeit werden wir auch der Tatsache gewahr, dass selbst gute, angenehme Bewusstseinszustände nicht dauern und nicht die Macht haben, bleibende Befriedigung oder Erfüllung zu vermitteln. So wird durch die Erkenntnis von Dukkha unser Leid schaffendes Festhalten an angenehmen Zuständen gemindert.

Weiter gilt es zu sehen, dass alle geistigen und emotionalen Zustände ihren Ursachen entsprechend entstehen und ihren eigenen Gesetzmäßigkeiten folgen. Sie gehorchen nicht dem eigenen Willen. Das Beobachten der Bewusstseinszustände und ihrer Dynamik, die vielerlei Faktoren unterliegen, führt zu der Einsicht, dass sie nicht ›mir‹ gehören und ›ich‹ sie nicht bin. Würden die Gefühle und Bewusstseinszustände ›mir‹ gehören oder wäre ›ich‹ sie, sollte ich zu Recht bestimmen können: »Okay, jetzt hätte ich gern Achtsamkeit, Weisheit, Liebe und Mitgefühl. Ihr anderen, Neid, Eifersucht, Habgier, verschwindet jetzt bitte sofort.« Das ist natürlich unmöglich, weil auch die Bewusstseinszustände, wie alles andere, die Eigenschaft haben, leer von unabhängiger Selbstexistenz zu sein. Nichts von all dem kann deshalb ›ich‹ sein, ›mir‹ gehören.

Schauen wir noch tiefer, finden wir auch niemanden, dem diese Bewusstseinszustände gehören könnten. Stattdessen erkennen wir, dass sie alle Teil eines Prozesses, eines Tanzes sind, der seiner eigenen Gesetzmäßigkeit folgt. Es ist die Achtsamkeit, die Erkenntnis ermöglicht. Aber auch die Achtsamkeit, das Gewahrsein selbst, ist nicht Beobachter oder Zeuge, dem all dies widerfährt, der all dies hat, der ›ich‹ bin. Selbst die Achtsamkeit ist Teil des Tanzes. Auch sie unterliegt nicht unserer Kontrolle, denn sonst könnten wir bestimmen, wann sie da sein sollte und wann nicht. Das würde vieles einfacher machen. Stattdessen entdecken wir, dass selbst die Achtsamkeit in Abhängigkeit von Ursachen und Bedingungen kommt und geht.

Geschickter Umgang mit den Zuständen von Herz und Geist sowie Desidentifikation dank unmittelbarem Erfahren ihrer Merkmale von Vergänglichkeit, Unzulänglichkeit und Nicht-Selbst: Darum geht es bei der dritten Grundlage der Achtsamkeit.

Die vierte Grundlage: Achtsamkeit der Dhammas (dhammānupassanā)

Hier geht es um das Gewahrsein der sogenannten Geistobjekte. Es sind die fünf Hemmnisse (nīvaraṇa), die fünf Daseinsaspekte (khandha), die zwölf Sinnesgrundlagen (āyatana), die sieben Erleuchtungsfaktoren (bojjhanga) und die vier edlen Wahrheiten (sacca).

Obschon viele der genannten Eigenschaften bereits in der vorherigen Kategorie enthalten sind, werden sie an dieser Stelle noch einmal wegen ihrer speziellen Bedeutung für den Befreiungsweg erwähnt. Hier werden sie unter dem Begriff ›dhamma‹ zusammengefasst. Wesentlich ist auch, dass wir uns ihrer Anwesenheit und ihrer Abwesenheit wie auch ihrer spezifischen Funktionen und Wirkungen klar bewusst sind.

Die fünf Hemmnisse (nīvaraṇa)

Als Erstes werden die fünf Hemmnisse genannt, weil sie die Entwicklung unserer Erkenntnis hemmen oder verhindern. Zu den fünf Hemmnissen zählen Verlangen (kāma-cchanda), Ablehnung (vyāpāda), Trägheit und Schläfrigkeit (thīna-middha), Ruhelosigkeit und Besorgnis (uddhacca/kukkucca) und skeptischer Zweifel (vicikicchā), wie sie in Kapitel 7 auf den Seiten 113 bis 128 beschrieben sind.

Sie spielen in der Meditation, wie auch sonst im Leben, eine große Rolle. Hier geht es darum, sie als Hemmnisse zu erkennen, zu wissen, wie man geschickt mit ihnen umgeht und in Zukunft gar vermeiden kann.

Diese Hemmnisse tauchen normalerweise nicht nackt und unverschleiert im Geist auf, versehen mit einem Schild: ›Vorsicht, Hemmnis!‹ Vielmehr werden sie äußerlich durch leidige Situationen und Geschehnisse oder innerlich durch unangenehme Gedanken Geschichten, Erinnerungen und Dramen ausgelöst. Hier muss die Achtsamkeit einsetzen. Merken wir, dass jetzt eines der Hemmnisse aktiv ist, haben wir die Möglichkeit, geschickt damit umzugehen. Sind wir unachtsam, werden wir uns in den Gedanken und Gefühlen verlieren und eher reaktiv damit umgehen. Erst wenn wir die Hemmnisse und den weisen Umgang damit einigermaßen im Griff haben, beginnt Meditation wirklich.

Die fünf Daseinsgruppen (khandha/skandha)

Als Nächstes geht es um die Achtsamkeit der fünf Khandha. Es sind Körper/Form (rūpa), Gefühlstönung (vedanā), Unterscheidungsvermögen (saññā), Bildekräfte (saṅkhāra) und Bewusstsein (viññāṇa). (Siehe Kapitel 4, S. 87 ff.)

Hier gilt es zu erkennen, wie diese Khandha beschaffen sind, wie sie entstehen und wie sie sich auflösen. Dies zu sehen hilft, unser Dasein mit neuen Augen zu betrachten. Es wird klar, dass wir selbst ein dynamischer Lebensprozess sind, an dem kein unabhängig existierendes Ich oder Selbst beteiligt ist. Auch das, was meditiert, beobachtet und erkennt, sind die Khandha selbst und nicht etwas, das getrennt davon existiert. Dies klar zu sehen und zu verstehen ist befreiend.

Die zwölf Sinnesgrundlagen (āyatana)

Die zwölf Āyatana sind die Grundlage für die Erfahrungsprozesse des Sehens, Hörens, Riechens, Schmeckens, Empfindens und Denkens/Fühlens. Achtsam sollen sie erkannt werden, soll gesehen werden, wie sie entstehen, wie sie vergehen, wie sie uns binden und wie Befreiung davon möglich ist.

Die zwölf Sinnesgrundlagen bestehen aus den sechs sogenannten persönlichen Grundlagen (den fünf Sinnesorganen und der ›Geistgrundlage‹ als sechstes ›Sinnesorgan‹) und den sechs äußeren Grundlagen (den sechs entsprechenden Objekten): Sehorgan und Form/Farbe, Hörorgan und Geräusch, Riechorgan und Geruch, Schmeckorgan und Geschmack sowie Geistgrundlage und Denken/Fühlen. Als Sehorgan gilt der rezeptive, sensitive Teil des Auges. Entsprechendes gilt für die vier anderen Sinnesorgane. Als Geistgrundlage (manāyatana) gilt Bewusstsein.[108] Zusammen mit den sechs entsprechenden Arten von Bewusstsein bilden diese Grundlagen die Gesamtheit unserer möglichen Erfahrung in dieser Welt: Sehen, Hören, Riechen, Schmecken, Tasten/Empfinden, Denken/Fühlen einschließlich des Bewusstseins dieser sechs Arten von Wahrnehmung – nicht mehr und nicht weniger.

Die sieben Erleuchtungsfaktoren (bojjhanga)

Wie es eine Gruppe von geistigen Zuständen gibt, welche die Entwicklung von Einsicht in der Meditation hemmen, so gibt es eine Reihe von geistigen Zuständen, die den Erkenntnisprozess fördern. Es sind die sieben Erleuchtungsfaktoren oder Qualitäten des erwachten Geistes (bojjhanga), nämlich: Achtsamkeit (sati), Ergründen (dhammavicaya), enthusiastisches Bemühen (viriya), Interesse, Freude, Entzücken (pīti), Ruhe (passaddhi), Sammlung (samādhi) und Gelassenheit (upekkhā). Auch hier gilt es, achtsam ihre Präsenz oder Absenz wahrzunehmen, zu wissen, wodurch sie gefördert und wodurch sie gehindert werden und wie sie zur vollen Entfaltung kommen.

Bei den sieben Erleuchtungsfaktoren handelt es sich um geistige Qualitäten, die vorhanden sein und zueinander ins Gleichgewicht gebracht werden müssen. Immer wenn dies zutrifft, ist der Geist wach, offen und klar, und befreiende Erkenntnis wird möglich. Sind hingegen die Hemmnisse präsent, ist der Geist unachtsam, energielos, anhaftend, ruhelos und zerstreut, und Erkenntnis wird unmöglich. Durch richtig verstandene und angewandte Meditation werden die Erleuchtungsfaktoren entwickelt.

Nicht alle Erleuchtungsfaktoren wirken in sich allein heilsam. Einige sind ethisch neutral und werden in Abhängigkeit der anderen, sie begleitenden Geistesfaktoren heilsam. Zum Beispiel wird ein Dieb, der einen Einbruch begeht, Sammlung benötigen, um seine Tat zu vollbringen. Sammlung kann also sowohl in einer unheilsamen wie in einer heilsamem Geisteshaltung mitwirken. Die einzelnen Erleuchtungsfaktoren erhalten erst im Zusammenhang mit den anderen ihre förderliche Kraft.

In ihrer Funktion als Erleuchtungsfaktor hat *Achtsamkeit* (sati-sambojjhanga) eine besondere Aufgabe. Sie erkennt, welche Faktoren anwesend sind und welche nicht, und entscheidet, welche gestärkt werden müssen. Die anderen sechs Erleuchtungsfaktoren lassen sich in zwei Gruppen einteilen. Zur einen Gruppe, jener der aufweckenden, stimulierenden Kräfte, gehören Ergründen, Bemühen und Freude; zur Gruppe mit entspannender, zentrierender Wirkung zählen Ruhe, Sammlung und Gelassenheit (siehe Abbildung S. 238: Die Erleuchtungsfaktoren ins Gleichgewicht bringen).

- *Ergründen* (dhammavicaya): Ergründen ist die Qualität des Geistes, die alle Erfahrungen, deren wir gewahr werden, untersucht, erforscht, genau betrachtet. Fast könnte man es als Synonym für Erkenntnis (vipassanā, paññā oder paññindriya) verwenden. Ist Dhammavicaya stark, dann wird Verblendung geschwächt. Erforschen, Ergründen, ist eine sehr wichtige, aktive Qualität.

  Im Zusammenhang mit der Erkenntnismeditation bedeutet dies nicht, ein intellektuelles Untersuchen, Überlegen oder theoretisches Verständnis über die Natur der Dinge zu entwickeln. Vielmehr geht es um ein direktes Betrachten der Erfahrung vor dem Hintergrund der Frage, welcher Art diese Erfahrung ist bzw. wie sie wirkt: ob sie sich verändert oder gleich bleibt, ob sie dauerhaft glücklich macht oder nicht und ob sie von einem Selbst erfahren wird oder nicht. »Solcherart achtsam verweilend aber ergründet man und erforscht und erwägt mit Einsicht die Daseinserscheinungen … da ist man mit dem Erleuchtungsglied Ergründen ausgestattet.«[109]

  Die Erkenntnis geht aus der direkten Wahrnehmung der Erfahrung hervor. Ergründen schaut in die Natur der Dinge, in deren Merkmale, nicht in den Inhalt der Erfahrung.

Dhammavicaya ist jener Aspekt, der die Erkenntnismeditation (vipassanā/ vipaśyanā) von der Sammlungsmeditation (samatha) unterscheidet. Samatha heißt, ein Objekt mit gesammelter Aufmerksamkeit wahrzunehmen. Sich zu sammeln, mit dem Atem oder einem anderen Objekt, führt noch nicht zu Erkenntnis. Dazu ist eine Form von Erkenntnismeditation erforderlich, die es ermöglicht, die Merkmale aller Dinge zu ergründen. Es ist die tiefe Einsicht in diese Merkmale, in das eigentliche Wesen allen Seins, welche Herz und Geist zu befreien vermag. Ergründen schafft die Voraussetzung dazu.

- *Enthusiastisches Bemühen, Energie* (viriya): Wir können den Prozess des Erwachens, der Erleuchtung, auch als einen energetischen Prozess sehen. Aus Unwissenheit und Verblendung zu erwachen erfordert viel Energie. Dass dem so ist, lässt sich schon in unserem täglichen Leben erkennen. Wir brauchen eine gewisse Energie, um wach zu sein. Sinkt unsere Energie ab, schlafen wir ein. Wichtig für unseren Prozess des Erwachens ist, dass es sich um eine klare, ruhige Energie handelt und nicht um eine hektische, emotional geladene. Diese klare Energie entsteht durch unser Bemühen, wach und achtsam zu sein. Gestärkt wird sie durch den achtsamen Kontakt mit der momentanen Erfahrung körperlicher, emotionaler oder mentaler Art.

  Viriya wird in den verschiedenen Systemen des Abhidhamma unterschiedlich eingeordnet. Manche zählen sie zu den heilsamen Geisteszuständen, andere zu den neutralen. Auch hier hängt es davon ab, in welcher Begleitung sie sich befindet, in heilsamer oder unheilsamer. Viriya ist auch eine spirituelle Fähigkeit (indriya), eine der Vervollkommnungen (pāramitā) und als Rechtes Bemühen (sammā vāyāma) ein Aspekt des Achtfachen Pfades.

- *Interesse, Freude, Entzücken* (pīti): Der dritte der stimulierenden Geistesfaktoren, Pīti, hat je nach Zusammenhang die Bedeutung von Interesse, Freude oder Entzücken. Pīti ist eine wesentliche Qualität der Praxis. Interesse und Freude sind geradezu Voraussetzungen, denn ohne sie würden wir gar nicht mit der Übung beginnen. Sie bleiben wichtig auf dem ganzen Weg. Der Buddha betonte: »Freude ist das Tor zu Nirvāṇa.«

Manchmal glauben wir, dass es die Eigenschaft einer Sache, einer Person oder einer Aktivität sei, welche diese interessant für uns macht. Tatsächlich aber ist Interesse ein Geisteszustand, der abhängig ist von unserer Beziehung zu dieser Sache. Nehmen wir nämlich an einer Erfahrung oder Tätigkeit mit ungeteilter Aufmerksamkeit, mit ganzem Herzen und voller Hingabe teil, werden wir diese als interessant und erfreulich empfinden. Ist unsere Aufmerksamkeit aber halbherzig, zerstreut oder fahrig, beginnt uns die gleiche Sache schnell zu langweilen.

Wenn unsere Berufsarbeit uns zum Beispiel ganz und gar anspricht und wir uns voller Energie engagieren, dann wird sie für uns interessant. Wir freuen uns darüber, einen interessanten und faszinierenden Beruf auszuüben. Zwei, drei Jahre später finden wir ihn vielleicht langweilig. Dabei ist die Arbeit immer noch die gleiche. Der Unterschied liegt in der Qualität unserer Aufmerksamkeit und Hingabe. Je vollständiger wir uns einer Sache widmen, sei es nun eine Arbeit, eine Beziehung oder die Meditationspraxis, desto stärker wird die Qualität von Interesse und Freude in unserem Geist.

Den Zusammenhang zwischen Hingabe und Interesse zu erkennen hilft uns in der Praxis wie im Leben. Empfinden wir Langeweile, können wir diese als eindeutiges Signal ansehen, dass wir nur halbherzig, oberflächlich und mechanisch bei der Sache sind. Sind wir zum Beispiel in der Meditation nur halbherzig beim Atem, verlieren wir uns leicht in Fantasien, die interessanter erscheinen, oder wir verfangen uns in Zweifeln über die Meditation. Wenn während der Gehmeditation Langeweile und damit der Wunsch entsteht, die Umgebung zu betrachten, spazieren zu gehen oder Tee zu trinken, ist das meist ein Anzeichen von Mangel an voller Aufmerksamkeit, von Oberflächlichkeit. In diesen Momenten hilft nicht Ablenkung oder eine Pause, sondern vielmehr das erneute Bemühen um vollständige Aufmerksamkeit.

Sammlung, Energie und Hingabe lassen Interesse, Pīti, wachsen. Daraus kann Entzücken, ein überaus angenehmes Gefühl in Körper und Geist, entstehen. Die verschiedenen Arten von Pīti werden weiter unten (siehe S. 253 ff.) beschrieben. Pīti ist nicht nur ein Erleuchtungs-, sondern auch ein Versenkungsfaktor (jhānanga) und, in der Form von Mitfreude (muditā), einer der vier ›Zustände göttlichen Verweilens‹ (brahmavihāra).

Ergründen, Bemühen und Freude sind also aufweckende, stimulierende

Geisteseigenschaften, währenddessen die nächsten drei, Ruhe, Sammlung und Gelassenheit, entspannend und zentrierend wirken.

- *Ruhe* (passaddhi): Innere Ruhe ist ein Zustand frei von Sorgen, besänftigt und in Frieden. Gemütsruhe. Sie wird als ›die Linderung der fiebrigen Leidenschaften‹ definiert. Ruhe ist wie der kühlende Schatten eines Baumes für jemanden, der unter der sengenden Hitze der Sonne leidet. Sie ist wie die warme Stube für jemanden, der aus dem Schnee- und Eissturm kommt. Sie ist das Gegenstück zu Erregung, Aufregung, Ruhelosigkeit. Sie ermöglicht Erfahrungen grenzenlosen Friedens, der Wunschlosigkeit und der Geborgenheit. Dabei sind natürlich auch diese Erfahrungen vergänglich. Wie bei einem klaren Waldsee, wenn kein Wind sich rührt, erlaubt uns Ruhe, auf den Grund der Dinge zu schauen. Dadurch wird wiederum das Entstehen von befreiender Erkenntnis unterstützt. Der psychische und der geistige Aspekt von Ruhe bilden eines der weiter oben unter den 19 universalen (heilsamen) Geistesfaktoren (sobhanasādhāraṇā) beschriebenen ›sechs Paare‹.

- *Einsgerichtetheit, Sammlung* (samādhi): Sammlung ist in der buddhistischen Tradition die Qualität, welche den Geist gesammelt und einsgerichtet auf ein Objekt ausrichtet. Samādhi kann sich allenfalls auch auf die Stetigkeit und Kontinuität der Aufmerksamkeit beziehen. Im folgenden Abschnitt über Rechte Sammlung wird diese Eigenschaft ausführlich besprochen. Der Begriff Samādhi wird auch im Hinduismus verwendet, hat aber dort eine andere Bedeutung.

- *Gelassenheit, Gleichmut* (upekkhā): Die dritte der drei beruhigenden Qualitäten ist Gelassenheit, Gleichmut. Hier handelt es sich um die Fähigkeit, jeder Erfahrung völlig offen zu begegnen, ohne mit Festhalten oder Ablehnung, mit Verlangen oder Hass zu reagieren, nicht aufgeregt und nicht dumpf, ähnlich der Art eines guten Spiegels, der die Dinge, die in seinen Bereich treten, klar und ohne die geringste Verzerrung wiedergeben kann. Man könnte auch von Offenheit sprechen oder von Durchlässigkeit, innerer Geräumigkeit, Widerstandslosigkeit, Reaktionsfreiheit, wertschätzendem Gleichmut, heiterer Gelassenheit, Annehmen oder Sanftheit des Geistes.

Ein verbreitetes Missverständnis liegt in der Vorstellung, dass buddhistische Praxis zu einer Einebnung der Höhen und Tiefen der Erfahrungen führe und uns zu langweiligen, gefühllosen Wesen werden lasse. Ganz das Gegenteil ist der Fall. Die Entwicklung von Gelassenheit und Gleichmut hat zur Folge, dass wir der ganzen Bandbreite der Erfahrungen unseres Daseins mit Offenheit begegnen können, ohne von ihnen aus dem Gleichgewicht geworfen zu werden.

Dabei darf Gelassenheit nicht mit Gleichgültigkeit verwechselt werden. Gleichgültigkeit, Teilnahmslosigkeit, Dickhäutigkeit können unter Umständen echter Gelassenheit recht ähnlich sehen, dabei sind sie in Wirklichkeit Strategien, um den Kontakt mit der Erfahrung zu vermeiden. Hier bleiben wir ohne Reaktion, nicht weil wir fähig sind, starke Gefühle auszuhalten, sondern weil wir sie gar nicht erst zulassen. Mit Upekkhā hingegen können wir die ganze Gefühlsskala von Glückseligkeit bis Schmerz zulassen, ohne aus dem inneren Gleichgewicht geworfen zu werden, um dann frei entscheiden zu können, wie wir auf weise Art auf die vorhandene Situation eingehen wollen. Gleichmut ist die Fähigkeit, allen Erfahrungen mit gleichem Mut zu begegnen. Gelassenheit ist eine der bedeutendsten heilsamen Qualitäten auf dem Weg. Gleichgültigkeit hingegen gilt als unheilsame Qualität, die aus Verblendung entsteht.

Besonders zentral ist Gelassenheit in allen Formen der Erkenntnismeditation. Hier werden Vergänglichkeit, Unzulänglichkeit und Nicht-Selbst in allen Erfahrungen betrachtet, bis der Geist sein Anhaften aufgibt und in Gelassenheit ruht. In anderen Zugängen zur Erkenntnis ruht man in der leeren, wahrnehmenden Natur des Gewahrseins, ohne die erscheinenden Erfahrungen zu ergreifen oder darauf zu reagieren. Auch so gewinnt die Gelassenheit allmählich Tiefe. So ist Gelassenheit nicht nur Teil der Übung, sondern auch eines der Ziele. Erkenntnis (paññā/prajñā) befreit in dem Sinne, dass sie es dem Geist ermöglicht, bedingungslos anzunehmen und zutiefst loszulassen und dadurch völlig gelassen und frei im Sein zu ruhen.

- *Achtsamkeit* (sati): Achtsamkeit wird in der Liste der Erleuchtungsfaktoren eigentlich als Erstes aufgezählt. Vieles wird im vorhergehenden Abschnitt über Rechte Achtsamkeit gesagt. Eine der besonderen Funktionen, die sie als

Erleuchtungsglied ausfüllt, ist das Erkennen des vorhandenen oder des mangelnden Gleichgewichts zwischen den anderen sechs Erleuchtungsfaktoren. Sie sieht, welche der sechs Qualitäten im gegebenen Moment zu schwach sind und verstärkt werden müssen. Diese Funktion wird verglichen mit der Person, die einen Ochsenkarren lenkt und die (sechs) Ochsen, wenn sie den Karren ungleichmäßig ziehen, je nach Bedarf auf die eine oder die andere Seite dirigiert. In der Erkenntnismeditation besteht die Aufgabe im Wesentlichen darin, möglichst kontinuierlich achtsam und gewahr zu sein.

Die einzelnen Geistesfaktoren stehen miteinander in enger Wechselwirkung. Ist einer der Erleuchtungsfaktoren zu schwach, kann ein anderer im Verhältnis dazu überwiegen. Der Geist fällt aus dem Gleichgewicht, die Hemmnisse können Einzug halten.

Werden zum Beispiel Freude und Entzücken stark, kann uns dies dazu verleiten, uns noch mehr zu bemühen, um diese angenehme Erfahrung weiter zu verstärken. Verlangen kommt ins Spiel, und leicht kann dadurch Gelassenheit wegfallen. Misslingt der Versuch, fallen wir womöglich in Frustration und Enttäuschung und sind nicht länger offen dafür, die Vergänglichkeit aller Erfahrungen zu beobachten. Achtsamkeit erkennt und korrigiert die Situation.

Wenn Ruhe stark ist, könnte Ergründen vernachlässigt werden. Wir fühlen uns geborgen und verlieren das Interesse am Beobachten der Merkmale aller Dinge. Achtsamkeit sieht, was fehlt und was erforderlich ist. Wie sich die einzelnen Faktoren gegenseitig beeinflussen, vermittelt die Abbildung auf der nächsten Seite.

Betrachten wir die Erleuchtungsfaktoren in ihrer Gesamtheit, können wir uns ein Bild vom Zustand machen, der tiefe Erkenntnis ermöglicht. Manche nehmen irrtümlich an, Erleuchtung bedeute ein intensives Erleben starker Emotionen. Konträr zu dieser Ansicht sprechen die Erleuchtungsfaktoren von Wachheit, Klarheit, Energie, Ruhe, Sammlung und Gelassenheit. Nur mit einem wachen, ruhigen und klaren Bewusstsein können wir erkennen, wie die Dinge wirklich sind, und letztlich vollständig damit in Frieden kommen.

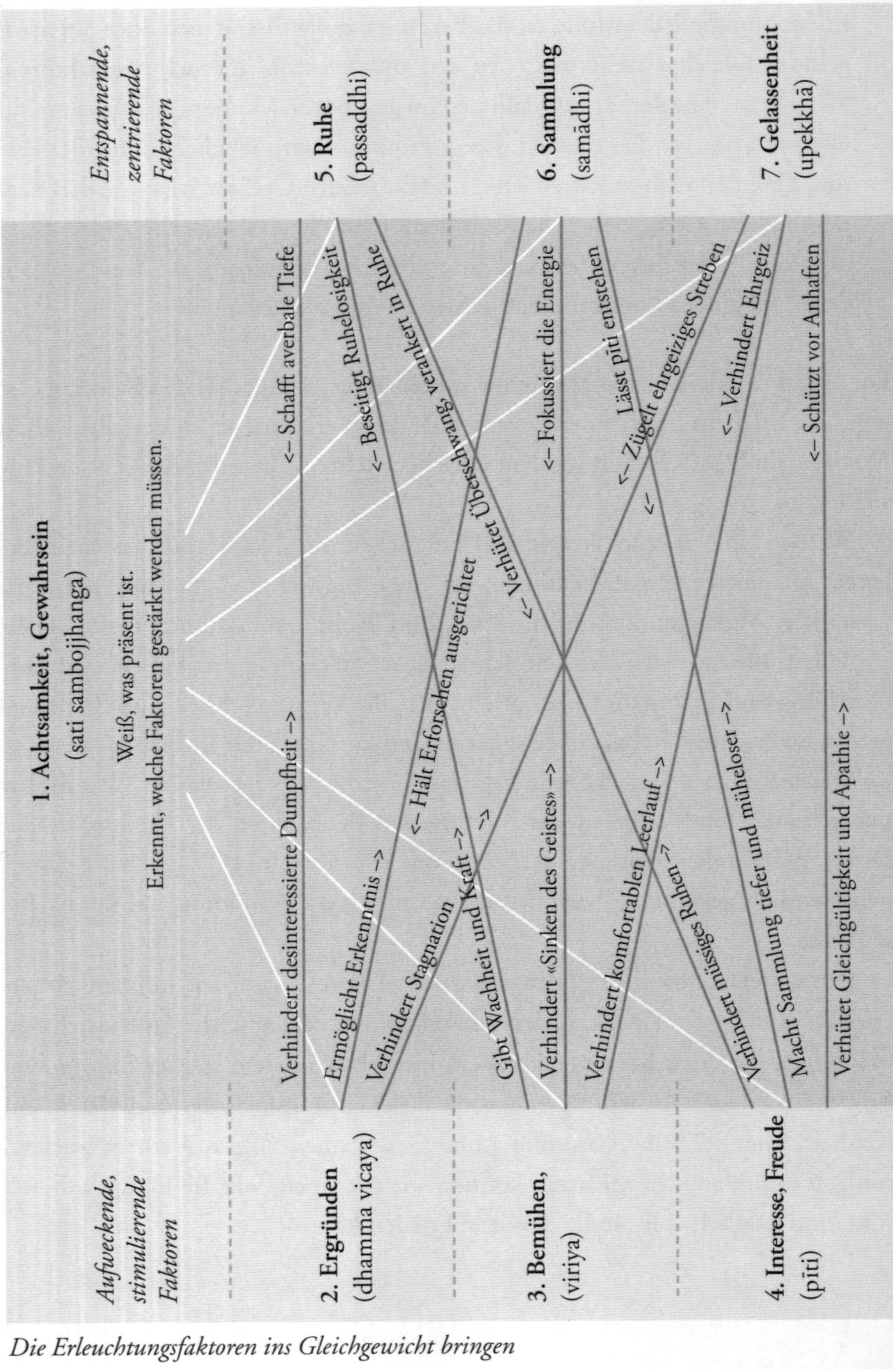

Die Erleuchtungsfaktoren ins Gleichgewicht bringen

Achtsames Erkennen der vier edlen Wahrheiten (sacca)

Als letzter Aspekt der vierten Grundlage der Achtsamkeit werden die vier edlen Wahrheiten aufgeführt. Was immer erfahren wird, soll vor dem Hintergrund der vier edlen Wahrheiten gesehen werden. Ist da Leiden? Was ist die Ursache dieses Leidens? Worin liegt das Aufhören dieses Leidens? Welcher Pfad beendet Leiden? Wie es heißt: »Jede der vier Wahrheiten erkennt man der Wirklichkeit gemäß.«

Das Betrachten der drei Merkmale

Immer wieder wird darauf hingewiesen, worauf im Besonderen geachtet werden soll, damit Leiden zu einem Ende geführt werden kann: ob die Moment-zu-Moment-Erfahrungen bleibend oder vergänglich, erfüllend oder letztlich unerfüllend sind und ob ein Selbst involviert ist oder nicht.

Dieser Prozess führt, entsprechend der Lehrrede ›zur Läuterung der Wesen, zur Überwindung von Kummer und Klage, zum Schwinden von Leiden und Schmerz, zur Gewinnung des rechten Weges, zur Verwirklichung des Nibbāna‹.

Nicht alle Schulen der Erkenntnismeditation schenken allen vier Grundlagen der Achtsamkeit gleiche Beachtung. Manche betrachten nur die ersten beiden, Körper (kāya) und Gefühlstönungen (vedanā), andere nur die letzten beiden, Geist/Herz oder Bewusstseinszustände (citta) und Geistobjekte (dhamma); andere wiederum beziehen alle vier Grundlagen der Achtsamkeit gleichermaßen in die Meditation ein. Wieder andere sprechen vom Erkennen der Natur des Geistes oder des Gewahrseins. Allen Methoden gemein ist die Betonung von Achtsamkeit oder Gewahrsein, und aller Ziel ist die innere Befreiung – auch wenn manche Traditionen nicht diese, sondern andere Begriffe verwenden.

Die fünf Spirituellen Fähigkeiten (indriya)

Es gibt Geistesqualitäten, die als Gruppe sehr hilfreich sind für die Praxis: die fünf Spirituellen Fähigkeiten (indriya). Sie sind in dieser Zusammensetzung nicht Teil der vierten Grundlage der Achtsamkeit. Aber achtsames Gewahrsein ist auch hier eine Schlüsselqualität. Deshalb wird diese Gruppe von Geistesfaktoren an dieser Stelle besprochen.

Bei den fünf Spirituellen Fähigkeiten handelt es sich um Vertrauen (saddhā), Bemühen, Energie (viriya), Achtsamkeit (sati), Sammlung (samādhi), Erkenntnis, Weisheit (paññā). Alle fünf Eigenschaften sind bereits bekannt und unter den heilsamen Geistesfaktoren bzw. unter Rechtem Bemühen und Rechter Sammlung beschrieben worden.

Die Indriya sind kontrollierende, bestimmende Fähigkeiten oder Kräfte. Wenn sie im Geist präsent sind, üben sie Kontrolle über den gesamten Bewusstseinszustand aus. Indra bedeutet Herrscher. Der große Gott (deva) Indra ist der Herrscher über alle anderen Götter.

Die Indriya werden auch so genannt, weil sie ihr unheilsames ›Gegenüber‹ meistern und unter Kontrolle bringen: Vertrauen hält Zweifel, Angst, Sorge, Niedergeschlagenheit und Mangel an Hingabe unter Kontrolle. Bemühen/Energie überwindet Schläfrigkeit und Trägheit. Achtsames Gewahrsein schaltet Achtlosigkeit aus. Sammlung kontrolliert Zerstreutheit und Ruhelosigkeit. Erkenntnis/Weisheit löst Unwissenheit und Verblendung auf. Es sind also wesentliche und in der Praxis sehr wirksame Eigenschaften.

Je zwei Paare dieser fünf Eigenschaften müssen im Gleichgewicht gehalten werden, und wie bei den Erleuchtungsfaktoren ist es Achtsamkeit, die dieses Gleichgewicht im Auge behält.

Wenn Vertrauen stark entwickelt ist, aber Erkenntnis fehlt, besteht die Gefahr, dass blindes Vertrauen entsteht. Ist hingegen Erkenntnis übermächtig, aber Vertrauen nur in geringem Maße vorhanden, kann die Einsicht keine tiefe Veränderung bewirken. Innere Transformation findet nur oberflächlich statt. Vertrauen verleiht der Erkenntnis emotionale Tiefe und sorgt dafür, dass es nicht bei einem rein intellektuellen Verstehen bleibt. Beide, Vertrauen und Erkenntnis, ergänzen einander.

Ähnlich verhält es sich mit Bemühen und Sammlung. Wenn viel Energie zugegen ist, aber die Sammlung fehlt, können sich leicht Ruhelosigkeit und Zerstreutheit entwickeln. Ist hingegen Sammlung stark, aber nur wenig Energie vorhanden, wird der Geist im Objekt ›versinken‹. Zwar ist Sammlung da und das Objekt wird wahrgenommen, aber es erscheint unklar und trübe. Nimmt die

Sammlung weiter zu, ohne dass sich die Energie erhöht, kann Schläfrigkeit die Folge sein. Hier gilt es, das Bemühen zu stärken, ohne in der Sammlung nachzulassen, bis die beiden wieder im Gleichgewicht sind.

Diese fünf Eigenschaften werden mit einer Kutsche mit vier Pferden verglichen. Je zwei dieser spirituellen Fähigkeiten entsprechen einem der zwei Pferdepaare. Diese müssen den Wagen gleichmäßig ziehen, damit er geradeaus fährt und flott vorwärtskommt. Die Kutscherin entspricht der Achtsamkeit. Ihre Aufgabe ist es, das Gleichgewicht der Paare im Auge zu behalten, um ein sicheres und rasches Vorankommen zu ermöglichen. Wenn die Indriyas vollständig entwickelt sind, werden sie zu sogenannten Kräften (bala). Als solche machen sie die heilsamen Zustände verwirklichter Praktizierender unerschütterlich.

Rechte Sammlung (sammā samādhi)

Im achten Bereich des Achtfachen Pfades geht es um die Entwicklung von Samādhi. Im engeren Sinne bedeutet dieses Wort einfach Sammlung oder Konzentration. Im Zusammenhang mit den drei Schulungsbereichen des Achtfachen Pfades, Sīla, Samādhi und Paññā, steht Samādhi für alle drei Meditationsaspekte Rechtes Bemühen, Rechte Achtsamkeit und Rechte Sammlung. Grundsätzlich lassen sich zwei Meditationstypen unterscheiden: die Sammlungs- und die Einsichtsmeditationen. Die beiden unterscheiden sich vor allem in ihrem Ziel. In den Sammlungs- oder Samatha-Meditationen wird völlige Einsgerichtetheit des Geistes auf das Meditationsobjekt angestrebt. In den Einsichtsmeditationen besteht das Ziel in der Entwicklung von Erkenntnis der wahren Natur aller Dinge, die uns von Leiden zu befreien vermag.

Samādhi wird häufig mit Konzentration übersetzt. Sammlung scheint jedoch geeigneter, weil in Verbindung mit dem Begriff Konzentration ein verbissenes Sichbemühen verstanden werden kann. Die hier angestrebte Sammlung trägt in sich aber ein Element der Ruhe. Man kann Samādhi somit als ein ruhevolles Verweilen des Geistes auf einem Objekt umschreiben. Genau das ist auch die Bedeutung des Begriffes Samatha/Śamatha (*shi-ne*).

In der Meditation wird sowohl Achtsamkeit, als auch Sammlung entwickelt.

Der Unterschied zwischen den beiden ist ohne Meditationserfahrung nicht leicht zu verstehen, da diese Eigenschaften gemeinsam auftreten. Achtsamkeit lässt uns in einem Moment der Erfahrung gegenwärtig sein. Sammlung sorgt dafür, dass der Geist sich nicht von anderen Eindrücken ablenken lässt und verleiht der Achtsamkeit Fokus und Stetigkeit.

Als Illustration hilft das Bild einer Kerze, die in einem dunklen Raum brennt. Die Helligkeit der Flamme ermöglicht uns, die Dinge, die sich im Raum befinden zu sehen. Sie entspricht der Achtsamkeit. Flackert die Flamme, sehen wir nicht sehr deutlich. Brennt sie aber ruhig und stetig, können die Dinge im Raum klarer und eindeutiger wahrgenommen werden. Die Stetigkeit der Flamme steht für die Sammlung.

Sammlung zählt zu den ethisch neutralen Geistesfaktoren (im Theravāda-System als Einsgerichtetheit (ekaggatā)). Richten wir die Aufmerksamkeit auf ein geeignetes Objekt und gehen andere heilsame Geistesqualitäten damit einher, spricht man von Sammā samādhi, Rechter Sammlung. Diese ist ethisch heilsam (kusala).

Steigert sich die Sammlung in der Meditation bis zu dem Punkt, an dem die Aufmerksamkeit unzerstreut auf einem Objekt ruht, ist Einsgerichtetheit erreicht. Die Sammlung kann weiter entwickelt werden bis in die Stufen der Versenkung (jhāna/dhyāna). Dieser Prozess wird weiter unten ausführlicher beschrieben.

Die Objekte der Samatha-Meditation im Theravāda

Der Theravāda kennt vierzig mögliche Objekte, anhand derer Sammlung und Versenkung praktiziert werden kann (kammaṭṭhāna). Eine ausführliche Beschreibung findet sich in der *Visuddhimagga* von Buddhaghosa und in Erläuterungen westlicher Lehrender.[110] Hier soll ein kurzer Überblick gegeben werden.

Bei den ersten zehn Objekten handelt es sich um *kreisrunde Flächen* (kasiṇa), auf welche die Aufmerksamkeit gerichtet wird (Erde, Wasser, Feuer, Luft, Blau, Gelb, Rot, Weiß, Licht, begrenzter Raum). Je nach Persönlichkeitsstruktur eignet sich die eine oder andere Form besser. Die Sammlung vertieft sich durch das

Bemühen, immer wieder zum Meditationsobjekt zurückzukehren, damit der Geist unzerstreut darin verweilen kann. Ist die Sammlung sehr tief entwickelt, wird das Objekt (die Kasiṇa) auch dann wahrgenommen, wenn die Augen geschlossen sind. Schließlich wird die angrenzende Sammlung (upacāra samādhi) erreicht, von der aus in die volle Sammlung (appanā samādhi oder jhāna/dhyāna) eingetreten werden kann.

Bei den folgenden zehn Objekten der Sammlung, den sogenannten *Leichenbetrachtungen* (asubha), geht es um die Phasen des körperlichen Zerfalls nach dem Tod (bläulich verfärbt, aufgedunsen, zerstückelt, verstreute Knochen etc.). Sie können für jene hilfreich sein, für die Verlangen nach angenehmen sinnlichen Erfahrungen im Vordergrund ihrer Persönlichkeitsstruktur steht. Die Meditation über den Zerfall des Körpers soll helfen, diese Tendenz zu neutralisieren.

In Menschen, die eher zu aversiven Reaktionen neigen, können die Leichenbetrachtungen Abneigung hervorrufen. In diesem Fall sind Reflexionen über Heilsames besser geeignet. Dazu gehören die folgenden zehn Betrachtungen (anussati): Die drei Juwelen, *Buddha, Dharma, Sangha* und deren wunderbare Qualitäten. Die Reflexion über die Vorteile, den Gewinn und die Freude, welche *ethisches Verhalten* (sīla) und *Großzügigkeit* (dāna) mit sich bringen. Die Betrachtung der *Tugenden der Deva.*

Als Nächstes wird die *Reflexion über den Tod* angeführt. Es sind Reflexionen über unsere Hinfälligkeit, die Kürze unserer Lebensspanne, die Unvorhersagbarkeit und die Endgültigkeit des Todes: Gedankengänge, die uns den Wert, aber auch die Zerbrechlichkeit unserer privilegierten menschlichen Situation nahebringen können, um uns zum Praktizieren anzuspornen. Diese Meditation wird vor allem in der tibetischen Tradition weithin praktiziert und wird unten ausführlich beschrieben.

Dann folgt die Betrachtung des unvergleichlichen *Friedens,* der mit dem Erreichen von Nirvāṇa (nibbāna) verwirklicht wird.

Im Weiteren wird die *Achtsamkeit des Körpers* in allen Haltungen und Situationen erwähnt. Eine besondere Übung, die auch der Loslösung von körperlicher Anhaftung dient, ist in diesem Zusammenhang die Betrachtung über die *32 Körperbestandteile.* Der Körper wird in der Vorstellung in seine verschiedenen Bestandteile wie Haare, Haut, Zähne, Knochen, Blut, Eiter, Kot, Urin usw. zerlegt. Damit wird keine Ablehnung des Körpers anvisiert, sondern ein klares

Bewusstsein aller körperlichen Aspekte, welches auch die unschönen, unangenehmen umfasst. Es heißt, dass alle diese Aspekte mit dem nüchternen Blick eines Bauern betrachtet werden sollen, der einen Sack Getreide öffnet und die einzelnen Getreidesorten, die er vorfindet, unterscheidet und begutachtet.

Die letzte der zehn ›Betrachtungen‹ (anussati) ist die *Achtsamkeit des Atems* (ānāpānasati). Sie ist eine der verbreitetsten buddhistischen Meditationen und kann sowohl der Sammlung wie auch der Erkenntnis dienen.

In der Gruppe der letzten zehn Objekte wird die Reflexion über die *Widrigkeit des Essens* aufgeführt. Sie dient dem Abbau von Gier. Es folgt die Reflexion über die *vier Elemente* des Körpers. Sie hilft, die Solidität der Vorstellung ›mein Körper‹ zu durchbrechen.

Als Nächstes folgen die vier erhabenen Verweilungen (brahmavihāra). Sie werden anschließend beschrieben. Als letzte Objekte der Sammlung auf der Liste der vierzig sind die *vier formlosen Zustände:* grenzenloser Raum, grenzenloses Bewusstsein, Nichtsheit und Weder-Wahrnehmung-noch-Nicht-Wahrnehmung aufgeführt. Auch sie werden weiter unten besprochen.

Die vier erhabenen Verweilungen (brahmavihāra)

Sehr bedeutend unter den Objekten der Sammlung sind die vier erhabenen Verweilungen oder Brahmavihāra. Der Name entstammt der buddhistischen Kosmologie. Brahma sind die höchsten Götter dieses Daseins. Sie ruhen in Zuständen großen Glücks und Friedens, nämlich in den Zuständen von liebevoller Güte (mettā), Mitgefühl (karuṇā), Mitfreude (muditā) und Gelassenheit (upekkhā). Vihāra bedeutet ›Ort des Verweilens‹.

Die vier Herzensqualitäten werden auch ›Grenzenlose‹ oder ›Unermessliche‹ (appamaññā) genannt, weil sie unermesslich viele Lebewesen einschließen.

Brahmavihāra-Meditationen sind Formen der Samatha-Meditation. Sie sind eine sinnvolle und weise Kombination, weil durch sie beides, Sammlung und die besagten vier Herzensqualitäten, entwickelt werden können. Gleichzeitig werden auch die Wurzeln des Leidens, die Kilesa, geschwächt.

Buddha: »Vier Unermesslichkeiten gibt es. Da, ihr Mönche, durchstrahlt man mit einem von Güte erfüllten Geist erst eine Richtung, dann die andere, dann (...) ebenso nach oben, unten und ringsherum; und überall mit allem sich verbunden fühlend durchstrahlt man die ganze Welt mit einem von Allgüte erfüllten Geist, frei von Gehässigkeit und Groll (...).«[111] Dasselbe wird für Mitgefühl, Mitfreude und Gelassenheit gesagt.

Liebevolle Güte (mettā)

Mettā ist der Wunsch, dass alle Lebewesen glücklich sein mögen. Die Meditation besteht darin, eine innere Haltung des Wohlwollens und der Güte für die Lebewesen zu entwickeln. Dies kann durch das Wiederholen von Sätzen geschehen, wie: »Mögest du glücklich und in Frieden sein. Mögest du sicher und beschützt sein. Mögest du unbeschwert sein.« Diese Sätze der liebevollen Absicht werden zum Objekt der Sammlung gemacht. Wer ein eindeutiges Gefühl von liebender Güte in sich spürt, kann dieses als Objekt der Sammlung nehmen. Die unmittelbare Ursache für liebevolle Güte ist das sich Erinnern an eine gute Qualität, einen wertvollen Wesenszug oder eine hilfreiche Tat einer Person.

Die Übung beginnt mit Mettā für sich selbst. Später wird sie ausgedehnt auf eine Person, für welche Gefühle der liebevollen Güte ganz natürlich entstehen. Als Nächstes wendet man sich einer Person zu, zu der man ein freundschaftliches (aber nicht leidenschaftliches) Verhältnis hat. Dann übt man sich mit jemandem, der einem gleichgültig ist. Zuletzt entwickelt man liebevolle Güte für eine für uns schwierige oder feindselige Person. Als Nächstes wird Mettā für verschiedene Gruppen entwickelt, dann für alle Wesen in den zehn Himmelsrichtungen (den vier kardinalen, den vier dazwischen, oben und unten). Letztlich kultiviert man liebevolle Güte für alle Lebewesen ohne Ausnahme. Sammlung mit Mettā als Objekt kann bis in die Versenkungsstufen (jhāna/dhyāna) vertieft werden, und zwar bis in die dritte. Durch diese Praxis wird Mettā auch zu einer inneren Haltung, die einem, auch im Alltagsleben, öfter und leichter zugänglich wird. Sowohl im Umgang mit anderen Menschen als auch mit sich selbst, den eigenen Problemen oder leidvollen Gefühlen. Zur Mettā-Meditation gibt es eine Reihe guter Bücher.[112]

Mitgefühl (karuṇā)

Mitgefühl entspringt dem Herzen, das sich dem Leiden der Lebewesen öffnet. Es ist die natürliche Antwort des offenen Geistes und Herzens auf die Erfahrung von Leiden. Karuṇā ist der Wunsch, dass alle Wesen frei sein mögen von allen Arten von Leiden.

In der Karuṇā-Meditation werden Sätze gebraucht wie: »Mögest du frei sein von Kummer und Schmerz.« Man beginnt mit einer Person, die man mag und die offensichtlich leidet. Als Nächstes übt man sich in Mitgefühl für sich selbst und das eigene Leiden. Dann fährt man in derselben Reihenfolge fort wie bei Mettā (oben).

Die unmittelbare Ursache für Karuṇā ist das Erkennen und Fühlen des Leidens eines Menschen. Deshalb ist es unerlässlich, dass man sich darin übt, die schmerzhafte Erfahrung tatsächlich zuzulassen, ohne sich davor zu verschließen. Dies ist die Voraussetzung dafür, dass sich das Herz in Mitgefühl öffnen kann. Gleichzeitig liegt aber das Hauptgewicht auf dem Wusch nach ›Freisein vom Leiden‹. Sonst läuft man Gefahr, im Leiden zu versinken. Mitgefühl als Sammlungsmeditation kann bis in die dritte Versenkungsstufe vertieft werden. Im Gegensatz zur großen Fülle von Veröffentlichungen über Mitgefühl und Bodhicitta im tibetischen Buddhismus, gibt es noch sehr wenig Literatur zur Karuṇā - Meditation des Theravāda.[113]

Mitfreude (muditā)

Mitfreude oder Wertschätzung ist der Wunsch, dass das (wahrgenommene) Glück, das Wohlergehen, die Güte, der Erfolg der Lebewesen fortbestehe und nie enden möge. Wenn wir uns von der Freude oder dem Wohlergehen einer Person echt berühren lassen, entsteht Mitfreude ganz von selbst in uns.

In der Muditā-Meditation werden Sätze gebraucht wie: »Möge dein Glück und dein Wohlergehen nie enden.« Obschon wir uns mit großer Klarheit bewusst sind, dass alle Dinge wie alle Geisteszustände vergänglich sind, begeistert sich Mitfreude eben mit dem guten Wunsch, dass das Wohlergehen der Lebewesen andauern möge. Die unmittelbare Ursache der Mitfreude ist also das Erkennen und Fühlen des Glücks in einer Person. Darin unterscheidet es sich von Mettā. Es bedeutet, dass wir bereit und fähig sind, uns für Wohlergehen und Erfolg anderer zu öffnen, ohne uns von Neid oder Konkurrenzdenken begrenzen zu lassen.

Die Übung beginnt mit einer Person, die wir mögen und deren Glück für uns offensichtlich ist. Dann fahren wir in der gleichen Abfolge fort wie bei Mettā und Karunā. In der Tradition wird nicht davon gesprochen, sich über das eigene Glück, die eigenen guten Qualitäten und den eigenen Erfolg zu freuen. Angesichts des in uns abendländischen Menschen tief verwurzelten Mangels an Wertschätzung und Respekt für uns selbst ist es aber tatsächlich angebracht und unterstützend, Muditā in gleichem Maße auch für uns selbst zu pflegen. Dazu gehört, dass wir uns über unsere eigenen heilsamen Qualitäten freuen und über die guten Dinge, die wir tun.

Wenn wir diese Haltung von Muditā in uns entwickeln, finden wir immer einen Grund zur Freude, sei es in der Meditation oder im Alltagsleben; denn wir begegnen ständig Menschen, die Glück haben, sich über etwas freuen, einen kleinen oder großen Erfolg erleben, gute Eigenschaften haben oder sich positiv verhalten.

Gelassenheit (upekkhā)

Die letzte der Brahmavihāra ist Gelassenheit. Echte Gelassenheit entsteht aus Erkenntnis und Weisheit. Nachdem wir Güte, Mitgefühl und Mitfreude kultiviert haben, wenden wir uns der Tatsache zu, dass wir – egal wie stark unsere guten Absichten sind und wie sehr wir uns aktiv bemühen, das Leiden der Lebewesen zu mindern – es ihnen nicht wirklich abnehmen können. Wir wollen unser Bestes tun, aber letztlich entscheiden die innere Haltung und karmischen Neigungen der Lebewesen, ob, wie, wann und wie viel sie innerlich leiden. Wir können immer wieder beobachten, dass niemand andere glücklich machen kann ohne deren Mitwirkung. Nur denen, die daran interessiert sind, kann unsere Hilfe und Unterstützung etwas bringen. Selbst dann tritt manchmal nicht das gewünschte Resultat ein. Was immer wir wünschen und tun, das Ergebnis liegt nicht in unserer Kontrolle. Wir können zum Beispiel aktiv für Frieden eintreten. Das heißt aber noch lange nicht, dass Frieden entsteht. Diese Erkenntnis ist unabdingbar, um gegenüber dem Resultat unserer Bemühungen gelassen zu bleiben. Aus liebevoller Güte und Mitgefühl heraus tun wir unser Bestes, sind aber in Frieden mit den Resultaten, wie immer sie auch sein mögen. Weisheit bringt Gelassenheit in die anderen drei Brahmavihāra.

So lautet der Satz, der in der Upekkhā-Meditation angewendet wird: »Du bist Erbe/in deines eigenen Karmas. Dein Leiden oder Wohlergehen hängt von deinem Karma (inneren Tendenzen und Gewohnheiten) ab und nicht von meinen guten Wünschen für dich.«

Diese Aussage kann sehr hart klingen und mag gar als Ausdruck von Gleichgültigkeit erscheinen, wenn nicht klar ist, dass sie im Lichte des oben Gesagten verstanden werden muss. Sie setzt auch ein Verständnis dafür voraus, dass wir tatsächlich Erben unseres eigenen Tuns (kamma/karma) sind. Auch sollte hier klar sein, dass diese Praxis als vierte folgen sollte, nachdem wir die drei anderen Brahmavihāra bereits ausreichend entwickelt haben.

Wenn wir in unserem Bestreben, den Lebewesen zu helfen, an Grenzen stoßen, besteht ohne die Weisheit der Gelassenheit die Gefahr, dass wir Misserfolge persönlich nehmen, Gefühle des Versagens oder der Entmutigung entstehen und wir dem ›Burnout-Syndrom‹ zum Opfer fallen. Genau dem wirkt die Praxis der Brahmavihāra der Gelassenheit entgegen.

Die Upekkhā-Meditation wird zuerst für eine Person, die einem gleichgültig ist, geübt, weil es hier am leichtesten ist. Danach wird sie ausgedehnt auf eine Person, die man sehr gern mag. Als Nächstes wendet man sich einer Person zu, zu der man ein freundschaftliches Verhältnis hat. Dann entwickelt man Gelassenheit für einen schwierigen Menschen. Anschließend übt man dasselbe auch für sich selbst. Als Nächstes wird Upekkhā für verschiedene Gruppen entwickelt, dann für alle Wesen in den zehn Himmelsrichtungen und letztlich für alle Lebewesen ohne Ausnahme.

Gelassenheit hat auch eine direkte Wirkung auf Mettā, Karuṇā und Muditā. Sie ist ein wesentlicher Bestandteil echter Liebe und schützt diese davor, sich in Emotionalität zu verlieren. Hier liegt der Unterschied zwischen den schönen, angenehmen Gefühlen, die Mettā manchmal begleiten, und der viel tieferen inneren Haltung, in der man durch dick und dünn um das Wohl der Wesen besorgt ist, unabhängig von den eigenen Bedürfnissen.

Gelassenheit verleiht den Mitfühlenden unerschütterlichen Mut (Gleichmut) und befähigt dazu, die manchmal überwältigenden Abgründe des Leidens auszuhalten und dabei das Herz offen zu behalten. Gelassenheit ermöglicht aktives Mitgefühl, denn sie lässt uns unabhängig vom Erfolg standhaft weiter wirken.

Gelassenheit veredelt Mitfreude (muditā) mit geduldiger Hingabe. Sie verhindert, dass die Mitfreude oberflächlicher Überschwang bleibt. Die Weisheit, welcher die Gelassenheit entspringt, gibt Muditā eine realistische Perspektive. Sie sorgt dafür, dass wir uns nicht mit kleinen Erfolgen zufriedengeben, sondern das große Ziel der Befreiung von Leiden vor Augen behalten.

Die unterschiedlichen Qualitäten der vier Brahmavihāra werden folgendermaßen illustriert: Mettā ist wie die Liebe guter Eltern zu ihrem Kind. Karuṇā ist wie das Mitfühlen der Eltern für ihr krankes Kind. Muditā ist wie die Freude der Eltern, wenn ihr Kind die ersten Erfolge in seinem Leben erfährt. Upekkhā ist wie die ideale Haltung der Eltern gegenüber ihrem Kinde, das nun erwachsen geworden ist und seine eigenen Wege geht.

Die Kontrahenten der vier Verweilungen

Die vier Brahmavihāra haben auch Widersacher. In der Tradition wird von ›Feinden‹ gesprochen, womit unheilsame Geistesfaktoren und Emotionen gemeint sind, welche die Brahmavihāra schwächen oder verhindern. Es werden ›ferne‹ und ›nahe‹ Feinde unterschieden. Die ›fernen Feinde‹ stehen der heilsamen Qualität direkt gegenüber, die ›nahen Feinde‹ hingegen scheinen den Brahmavihāra zu gleichen und können leicht mit ihnen verwechselt werden.

Der ferne Feind von liebevoller Güte ist Hass (dosa). Auch Abneigung, Ärger, Wut, Rachegefühle, Trotz, Widerstand, Werten und Verurteilen sind solche Feinde. Wenn sie in uns wirken, scheint Mettā weit weg zu sein. Mit etwas Achtsamkeit wird in diesen Momenten immerhin schnell klar, was vor sich geht. Anders beim nahen Feind. Dieser ist eine Art von Liebe, bei der gleichzeitig Erwartungen vorhanden sind, Bedingungen gestellt werden oder Anhaften da ist. Mettā hingegen ist Zuwendung, die von keinerlei Gegenleistung abhängig ist. Solange alles den eigenen Wünschen gemäß verläuft, fühlt sich auch romantische oder verlangende Liebe an wie Mettā. Sobald aber die Person, der unsere Liebe gilt, sich nicht so verhält, wie wir möchten, fühlen wir uns enttäuscht und leiden. Dieses Leiden enttarnt diese Art von Liebe als den *nahen Feind.* Wirkliche Mettā stellt keine Bedingungen, weshalb auch kein Leiden entsteht.

Der ferne Feind von Mitgefühl ist Erbarmungslosigkeit, Grausamkeit, Aggression (hiṃsā) – Eigenschaften, die ganz offensichtlich in direktem Widerspruch zu Karuṇā stehen. Schwieriger ist es auch hier, den *nahen Feind* zu erkennen. Allzu oft verschließen wir uns vor dem Leiden und reagieren mit Abneigung. Wenn wir es nicht wagen, uns dem Leiden zu öffnen, ist das Erscheinen des nahen Feindes vorprogrammiert.

Kummer und Gram, sollten nicht mit Karuṇā verwechselt werden. Sie treten immer dann auf, wenn Gelassenheit zu schwach ist und wir uns vom Leiden überwältigen lassen.

Manchmal sehen wir das Leiden der anderen, schlagen aber sofort eine Lösung vor, damit wir nicht wirklich hinfühlen müssen. Auch diese Haltung ist nicht die des echten Mitgefühls.

Wenn wir nicht bereit oder nicht fähig sind, uns dem Leiden zu öffnen, bekommen wir oft Schuldgefühle oder ein schlechtes Gewissen. Dann tun wir vielleicht trotzdem etwas Hilfreiches – aber eben auch in diesem Fall nicht aus wirklichem Mitgefühl. Für die Betroffenen mag das allerdings immer noch besser sein, als wenn wir gar nichts für sie tun.

Ganz ähnlich ist es mit gönnerhaftem oder herablassendem Mitleid. Wir blicken auf die armen Leidenden herab: unangenehm für die Hilfebedürftigen und nicht sehr heilsam für den eigenen Geist – aber auch hier für die Betroffenen oft besser als nichts.

Dem Mitgefühl ganz ähnlich kann sich Selbstmitleid anfühlen. Wir stehen am Grabe und weinen. Aber im Grunde genommen trauern wir nicht um die verstorbene Person, sondern sind erfüllt von sentimentalen Gefühlen des Selbstmitleids – ein *naher Feind* mit eher unheilsamer Wirkung auf uns selbst.

Eine andere Strategie des Geistes zur Vermeidung der Erfahrung von Leid ist die Flucht in Ärger oder Wut über jene, die das Leid verursacht haben. Umgekehrt, aber doch ähnlich, funktioniert die Flucht in die Hilflosigkeit. Angst vor dem Leiden ist noch verbreiteter als die Abneigung dagegen.

Echtes Mitgefühl entsteht in dem Maß, in dem wir fähig und willens sind, uns für das Leiden zu öffnen, sei es das anderer oder das eigene. Wann immer es uns gelingt, das Leiden wirklich zu spüren, entsteht Mitgefühl ganz spontan.

Der ferne Feind von Mitfreude ist Eifersucht, aber auch Neid, Konkurrenzdenken, Missgunst. Wir können uns nicht am Glück der anderen freuen. Wir sind der Ansicht, dass ihnen das Glück nicht zusteht. Eher würde es uns zustehen. Dahinter mag sich eine Angst verbergen, dass nicht genug Glück für uns übrig bleibt, wenn wir anderen das ihre gönnen. Beim *nahen Feind* handelt es sich hier um eine Art von Überschwang. Wir tun, als ob wir uns am Erfolg der anderen freuen würden, aber in Wirklichkeit ist es mehr Heuchelei als Interesse und echte Verbundenheit.

Der ferne Feind von Gelassenheit ist die Reaktionsweise, die von Festhalten und Verlangen oder Ablehnung und Hass geprägt ist. Wann immer diese Emotionen vorhanden sind, werden wir aus dem Gleichmut, aus der Gelassenheit herausgeworfen.

Der *nahe Feind von Upekkhā* ist Gleichgültigkeit, aber auch Teilnahmslosigkeit oder Dickhäutigkeit: Wir mögen gelassen wirken, tatsächlich ist uns das Schicksal der anderen aber egal, oder wir lassen die entsprechenden Gefühle einfach nicht an uns heran. Wir lassen uns nicht davon berühren.

Gelassenheit können wir nicht nur mittels der Brahmavihāra-Praxis entwickeln, sondern auch durch die Erkenntnismeditation. Wenn wir erkennen, dass alle Dinge vergänglich sind und der Gesetzmäßigkeit von Karma folgen, lassen wir unsere Erwartungen los und nehmen das, was ist, an, wie es ist. Die Erkenntnis der Vergänglichkeit und der Bedingtheit allen Entstehens lässt uns gelassener werden.

Die ersten drei Brahmavihara, Mettā, Karuṇā, Muditā, müssen mit Weisheit und der daraus folgenden Gelassenheit gepaart sein. Dadurch werden die fernen und nahen Feinde ausgebremst. Eine ausführlichere Beschreibung der Brahmavihāra findet sich im Buch *Mettā-Meditation* von Sharon Salzberg.[114]

Die Brahmavihāra-Meditationen sind eine außerordentlich hilfreiche Praxis, sowohl zur Entwicklung von Sammlung wie auch zum Kultivieren von Herzensgüte. Dabei sollte diese innere Arbeit letztlich auch fühlbar nach außen wirken, wodurch sichtbar wird, wozu die Übung gut ist.

Die Objekte der Sammlung in der tibetischen Tradition

Hier wird zwischen Śamatha (*shi-ne*) mit und Śamatha ohne Objekt unterschieden. Zu den Objekten gehören der Atem, meist in visualisierter, vorgestellter Form. Im Hinblick auf die tantrischen Praktiken werden oft auch Silben (Buchstaben wie zum Beispiel das weiße AH) visualisiert und als Sammlungsobjekt verwendet. In der einen Tradition wird die konventionelle Natur des Geistes, das heißt seine ›klare und wahrnehmende‹ Natur zum Objekt der Sammlung gemacht.[115] Im Vajrayāna wird die Visualisation eines ›Meditations-Buddhas‹ (*yidam*) als Objekt verwendet, sei es in der Gestalt der Tārā, des Avalokiteśvara, Mañjuśrī oder in anderen Formen. Mehr darüber findet sich in Kapitel 16 über Vajrayāna.

Sammlungsmeditation ohne Objekt wird in gewissen Traditionen als Vorbereitung auf die Meditation über die Natur des Geistes geübt.[116]

Sammlung und Versenkung

Wenn der Geist mit Hilfe eines geeigneten Objektes konsequent gesammelt wird, entwickeln sich die fünf Versenkungsfaktoren (jhānanga). Bei ausreichender Stärke der Sammlung tritt die Versenkung (jhāna/dhyāna) ein. Das Kultivieren starker Sammlung ist eine wichtige und hilfreiche Voraussetzung für die Erkenntnismeditation. In den meisten buddhistischen Traditionen wird zuerst Sammlung bis zu einem gewissen Grad entwickelt. Wie tief diese sein muss, bevor man sich der Praxis von Erkenntnis zuwendet, darüber gibt es sehr unterschiedliche Vorstellungen und entsprechend viele verschiedene Zugänge.

Das Verweilen in den Stufen der Versenkung ist sehr angenehm, und Leiden ist nicht mehr spürbar. Dabei bleibt aber das Potenzial für Leiden im Geist erhalten. Die Übung von Sammlung allein führt nicht zu Erkenntnis, die von Leiden zu befreien vermag, und ist letztlich kein Mittel, das aus dem Kreislauf des Daseins herausführt. Sie verleiht der darauf folgenden Erkenntnismeditation jedoch die Tiefe, die notwendig ist, um Befreiung möglich zu machen.

Die fünf Versenkungsfaktoren (jhānanga)

Wenn wir Sammlung praktizieren, entwickeln sich die fünf Versenkungs- oder Jhāna-Faktoren. Je weiter sie entwickelt sind, desto tiefer ist die Sammlung. Eine Beschreibung der Versenkungsfaktoren offenbart einerseits, was geschieht, wenn wir Sammlung üben, und beschreibt andererseits, durch welche Qualitäten sich Sammlung auszeichnet. Die Darstellung der fünf Versenkungsfaktoren ist gewissermaßen eine Zutatenbeschreibung der Sammlung.

- *Angewandte Aufmerksamkeit* (vitakka) und *anhaltende Aufmerksamkeit* (vicāra): Die erste Eigenschaft, die zum Zweck der Sammlung entwickelt werden muss, ist angewandte Aufmerksamkeit (vitakka). Das Wort kommt in unterschiedlichen Zusammenhängen vor und bedarf dementsprechend einer unterschiedlichen Übersetzung. Es kann als Gedanken, Gedankenfassung, allgemeine Untersuchung, Reflexion etc. verstanden werden. Im vorliegenden Zusammenhang lässt sich Vitakka am besten als ›angewandte‹ oder ›gezielte‹ Aufmerksamkeit übersetzen. Es ist jene Qualität, welche die Aufmerksamkeit zum Objekt hinführt. Beim zweiten Faktor handelt es sich um anhaltende Aufmerksamkeit (vicāra). Auch hier gibt es verschiedene Interpretationen. Diskursives Denken, präzise Analyse sind zwei davon. Im Zusammenhang mit Sammlung ist es jene Eigenschaft, welche die Aufmerksamkeit am Objekt behält. Der durch Vitakka hergestellte Kontakt wird gehalten. Vitakka strebt zum Objekt hin, Vicāra hält den Kontakt.

  Folgende Illustrationen veranschaulichen den Prozess von angewandter und anhaltender Aufmerksamkeit: Vitakka wird verglichen mit einer Biene, die zu einer Blume fliegt. Vicāra entspricht dem Erkunden der Blume und dem Auskosten des Nektars durch die Biene. Vitakka ist wie das Anschlagen einer Glocke, Vicāra wie ihr anhaltendes Klingen. Vitakka ist wie das Erfassen eines Tellers, Vicāra wie das Ausreiben dieses Tellers. In der Atembetrachtung bringen wir die Aufmerksamkeit hin zu den Empfindungen des Atmens und bemühen uns auch, daran zu bleiben. Die Aufmerksamkeit soll also das Objekt nicht nur kurz berühren, sondern mit ihm verbunden bleiben. Die Achtsamkeit ›reibt sich‹ sozusagen am Objekt. Dieses achtsame ›Dranbleiben‹ am Objekt, eben Vicāra, führt zur Kontinuität der Sammlung.

- *Interesse, Freude, Entzücken* (pīti): Nehmen Vitakka und Vicāra zu, kommen Interesse, Freude (pīti) auf, welche sich bei wachsender Kontinuität und Fokus zu Entzücken steigern können. Was vielleicht zuvor als langweilig erschien, wie zum Beispiel das Ein- und Ausatmen, wird interessant, ja faszinierend.

  Es werden fünf Arten von Entzücken genannt: prickelndes Entzücken, das Gänsehaut bewirkt, jähes Entzücken wie ein Blitzstrahl, überschwemmendes Entzücken wie die Wellen am Meeresstrand, Entzücken schwebender Leichtigkeit und alles überflutendes Entzücken. Pīti kann sich in der Meditation zuweilen auch als energetisches Phänomen auswirken, etwa als Zucken, Schütteln, Vibrieren und Ähnliches. Von dieser Stufe der Sammlung an wird die Meditation angenehm. Pīti wird zu den Geistesfaktoren gezählt (cetasika), während das nachfolgende Sukha als Gefühlstönung (vedanā) gilt.

- *Glückseligkeit* (sukha): Wird die Sammlung weiter vertieft, schmilzt die Intensität des Entzückens und wird zu Glückseligkeit (sukha). Pīti fühlt sich noch relativ ruhelos an, was an einem gewissen Punkt als störend empfunden wird. Glückseligkeit bringt vermehrt Ruhe mit sich und fühlt sich wesentlich sanfter an – »wie ein König, der ein köstliches Gericht verspeist«, heißt es.

  Pīti schafft Interesse am Objekt, während Sukha dieses genießt. Um die beiden zu unterscheiden, werden folgende Metaphern verwendet: Jemand, der sich in der Gluthitze der Wüste verirrt hat, stößt unversehens auf eine Oase mit einem verlockenden See. Freude und Entzücken, die bei diesem Anblick empfunden werden, entsprechen Pīti. Der Aufenthalt in der Oase, das Trinken und das Baden im See entsprechen Sukha. Die Aufregung hat sich gelegt, und der Genuss des Wassers ist erfüllender. Sukha ist ruhiger und tragender als Pīti. Es vermittelt ein tiefes Gefühl von Ruhe und Geborgenheit.

- *Einsgerichtetheit* (ekaggatā): Vertieft sich die Sammlung weiter, fällt auch die Glückseligkeit weg. Es entsteht Einsgerichtetheit (ekaggatā), eine Unerschütterlichkeit, neben der Glücksseligkeit fast etwas grob ist. Der Geist ist unzerstreut auf das Objekt ausgerichtet. Gefühlsmäßig wird dieser Zustand als völlig gelassen (upekkhā) erfahren. Einsgerichtetheit wird verglichen mit einem Berg oder mit einem Pfahl, der so tief in die Erde eingerammt ist, dass nichts ihn umstoßen kann. Für die Meditierenden drückt sich Ekaggatā als ein

Gefühl von Festigkeit und Unerschütterlichkeit aus. Die Erfahrung der Versenkungsfaktoren bedeutet nicht, dass es sich dabei bereits um Versenkung (jhāna) handelt.

Das Verhältnis der Versenkungsfaktoren (jhānanga) zu den Hemmnissen (nīvaraṇa)

Die Versenkungsfaktoren und die fünf Hemmnisse, stehen in direktem Zusammenhang zueinander. Die Hemmnisse wurden im 7. Kapitel über die unheilsamen Geistesfaktoren beschrieben. Es sind: Verlangen, Ablehnung, Dumpfheit/ Schläfrigkeit, Ruhelosigkeit und Zweifel. Die Hemmnisse erschweren die Entwicklung der Meditation. Die fünf Versenkungsfaktoren wiederum wirken den Hemmnissen entgegen.

Angewandte Aufmerksamkeit (vitakka) wirkt Dumpfheit und Schläfrigkeit (thīna-middha) entgegen. Mit Aufmerksamkeit zum Meditationsobjekt zu gehen erfordert Energie. Dies führt dazu, dass mehr Energie im Geist entsteht und er somit wacher wird. Wir können den Zusammenhang im normalen Leben beobachten. Wenn wir uns müde fühlen und dann laufen gehen, anstatt uns hinzulegen, fühlen wir uns hinterher erfrischt und wach. Solange wir nicht wirklich erschöpft sind, führt der Einsatz von Energie zu vermehrter Wachheit – so auch in der Meditation. Wenn Dumpfheit, Schläfrigkeit oder geistige Starre den Geist umwölken, hilft oft zusätzliches Bemühen, bei dem wir zum Beispiel versuchen, das Meditationsobjekt noch genauer wahrzunehmen oder in den Atempausen zwischen jedem Ein- und Ausatmen andere Körperempfindungen achtsam zu betrachten. Dazu brauchen wir Vitakka.

Anhaltende Aufmerksamkeit (vicāra) hebt die Tendenz zu skeptischem Zweifel auf. Wenn die Aufmerksamkeit kontinuierlich beim Objekt bleibt, kann die Unentschlossenheit, das Hin- und Hergerissensein durch Zweifel, nicht Fuß fassen. Der Zweifel wird hier nicht durch zusätzliche Erwägungen eliminiert, sondern durch Stetigkeit.

Freudiges Interesse und Entzücken (pīti) ist das Gegengewicht zu Hass und Ablehnung. Ist man erfüllt von Freude, besteht kein Interesse daran, unangenehme Geisteszustände wie Abneigung aufkommen zu lassen.

Glückseligkeit (sukha) hebt Ruhelosigkeit und Besorgtheit auf. Sukha vermittelt ein Gefühl von Geborgenheit. Das vorbehaltlose Annehmen wirkt beruhigend, Ruhelosigkeit und Sorgen verschwinden.

Einsgerichtetheit (ekaggatā) neutralisiert Verlangen und Anhaften. Es bewirkt, dass das Bewusstsein ausschließlich auf das Meditationsobjekt ausgerichtet ist. Im Geist besteht gar kein Raum mehr für anderes. Auch die gleichzeitig vorhandene Qualität der Gelassenheit verhindert, dass wir uns für andere Objekte interessieren.

Wird die Sammlung tiefer, verschwinden die Hemmnisse zeitweilig völlig. Der Geist ist einsgerichtet, ruht in einem Zustand tiefen Gleichmuts, großer Ruhe und Klarheit. Ohne Verlangen oder Abneigung, Schläfrigkeit, Ruhelosigkeit oder Zweifel kann die Sammlung weiter vertieft werden, oder der gesammelte Geist kann sich dem Erforschen der wahren Natur der Dinge zuwenden. Dies ist ein großer Nutzen der Sammlung. Wenn die Kraft der Versenkungsfaktoren nachlässt, können die Hemmnisse wieder auftreten.

Die Wirkung der Versenkungsfaktoren auf die Hemmnisse kann aufzeigen, warum die formale Meditation und insbesondere Meditationskurse sich für die Erkenntnis der Ursachen des Leidens besser eignen als der Alltag. Meditationskurse finden unter speziell geschaffenen Rahmenbedingungen statt. Sie sollen vor Ablenkungen, aber auch vor Geschäftigkeit schützen. Die Abgeschiedenheit, die Einfachheit des Tagesablaufes, das stille Sitzen, das langsame Gehen, das Schweigen, die Gemeinschaft Gleichgesinnter schaffen Bedingungen, die Sammlung und Befreiende Erkenntnis in einer Weise unterstützen, welche im Alltag gar nicht möglich ist.

Tatsächlich ist es auch so, dass die Tiefe der Erfahrung und Sammlung nach einem Meditationsretreat im geschäftigen Alltag wieder abnehmen oder gänzlich verschwinden. Trotzdem sind Retreats sinnvoll, weil wir in einer gewissen Zeit wirklich klar sehen und verstehen, wie wir Leiden in uns erschaffen und wie wir dies vermeiden können. Das Verständnis, das wir gewinnen, wenn der Geist klar und gesammelt ist, ist ein ganz anderes als das, was wir mit einem aufgewühlten und unruhigen Geist gewinnen. Die Sammlung mag vergehen, das Wissen nicht. Die gewonnenen Erkenntnisse wirken sich auf unser Fühlen und Handeln im täglichen Leben aus. Deshalb sind Meditationskurse und lange Retreats so wertvoll.

Stufen der Sammlung

Es werden verschiedene Stufen der Sammlung unterschieden. Die erste ist die ›vorbereitende Sammlung‹ (parikamma samādhi). Sie bezieht sich auf die Phase, in welcher der Geist auf das Objekt ausgerichtet ist und die Sammlung entwickelt wird. Wenn die Sammlung an Stärke und Intensität zunimmt, kann das sogenannte ›aufgefasste Bild‹ (uggaha nimitta) entstehen, ein Abbild des Objekts, das auch wahrgenommen wird, wenn das Objekt nicht direkt betrachtet wird.

Nach weiterer Vertiefung der Sammlung wird die ›angrenzende oder Zugangssammlung‹ (upacāra samādhi) erreicht. Es ist die Stufe vor dem Eintritt in die Versenkung. Diese zeichnet sich aus durch Einsgerichtetheit, die länger andauernd anhält. Das sogenannte ›Gegenbild‹ (paṭibhāga nimitta) mag auftreten, und die fünf Hemmnisse sind gänzlich abwesend. Die Atmung kann sehr subtil werden oder zeitweilig anhalten.

Von der Zugangssammlung ausgehend können wir nun die ›volle Sammlung‹ (appanā samādhi) erreichen. Sie entspricht der ersten Versenkung oder Vertiefung (jhāna/dhyāna). Erreicht wird ein Zustand »… losgelöst von sinnenhaften Dingen, losgelöst von unheilsamen Zuständen von Herz und Geist; die mit angewandter Aufmerksamkeit und mit anhaltender Aufmerksamkeit verbundene, aus Abgeschiedenheit geborene, von Entzücken und Glückseligkeit erfüllte erste Versenkung«[117]. Die Praxis von tiefer Sammlung und Versenkung sollte unbedingt unter der Anleitung qualifizierter Lehrender geübt werden. Zur ausführlicheren Information gibt es heute gute Literatur zum Thema.[118]

Bevor die Versenkungsstufen besprochen werden, ein Hinweis zum Begriff der ›momentanen Sammlung‹ (kānika samādhi). In vielen Traditionen geht man davon aus, dass das Erreichen der Versenkung oder zumindest sehr tiefer Sammlung Voraussetzung zum Einstieg in die Erkenntnismeditation ist. Andere Traditionen wiederum finden, diese könne bereits mit bedeutend weniger Sammlung begonnen werden. Insbesondere in den burmesischen Schulen der Vipassanā-Meditation wird nur die momentane Sammlung als Voraussetzung verlangt. Diese wird von manchen Lehrenden als die Fähigkeit beschrieben, während der Dauer von zwanzig Atemzügen vollständig gesammelt zu sein. Die Sammlung wird dann in der Praxis der Erkenntnismeditation parallel weiter vertieft. Dieser

Zugang wird manchmal als ›trockenes Vipassanā‹ bezeichnet, weil nicht vorab die glückvollen Stufen der Versenkung entwickelt werden.

Es mag auch nützlich sein zu wissen, dass die Vorstellungen über die Tiefe und das Aussehen der jeweiligen Sammlungsstufen höchst unterschiedlich sind. In einer der tibetischen Traditionen wird angrenzende Sammlung als die Fähigkeit beschrieben, mehrere Tage und Nächte voll und unzerstreut auf ein Objekt ausgerichtet zu sein, ohne Essen oder Schlaf zu brauchen. Anderswo wird die gleiche Stufe einfach als die Erfahrung der Versenkungsfaktoren wie Entzücken beschrieben. Entscheidend ist in jedem Fall, dass der Geist geschult wird, in wirkungsvoller Weise seine Aufgaben zu erfüllen.

Die Versenkungsstufen (jhāna/dhyāna)

Sind die Versenkungsfaktoren stark genug entwickelt und ist die angrenzende Sammlung erreicht, kann der Zugang zur ersten Versenkungsstufe (jhāna) realisiert werden. Je nach Tradition und Lehrenden und je nach Begabung der Praktizierenden kann dieser Übergang durch verschiedene Methoden herbeigeführt werden. Für manche tritt sie von selbst ein, andere erlangen sie durch gezielte Konzentration auf das Gefühl des Entzückens. Wieder andere wenden sogenannte Resolutionen (adhiṭṭhānā) an. Dabei fasst man innerlich den Entschluss, ›möge ich die erste Versenkung erfahren‹, worauf der Geist in diese eintritt, vorausgesetzt, alle Vorbedingungen sind erfüllt. Es vollzieht sich eine klare Veränderung in der Wahrnehmung. Die äußeren Sinneserfahrungen treten weit zurück, in den höheren Versenkungsstufen verschwinden sie ganz. Der Geist ist völlig nach innen gerichtet und nimmt seine Umgebung nicht mehr wahr.

In der ersten Stufe sind noch alle fünf Versenkungsfaktoren vorhanden. Die ersten zwei, vitakka und vicāra, werden dann zunehmend als grob erlebt, worauf der Entschluss entsteht, eine tiefere Stufe zu erreichen, in der diese zwei Eigenschaften nicht mehr wirksam sind. Diese ist die zweite Versenkungsstufe, erfüllt von Entzücken, Glückseligkeit und Einsgerichtetheit. Auch Entzücken wird mit der Zeit als ruhelos empfunden, und der Entschluss reift, einen Zustand zu erreichen, in dem auch dieses abwesend ist. Es ist die dritte Versenkungsstufe, erfüllt von Glückseligkeit und Einsgerichtetheit. Selbst Glückseligkeit wird letztlich als zu unruhig erfahren, und der Entschluss, auch diese hinter sich zu lassen, reift.

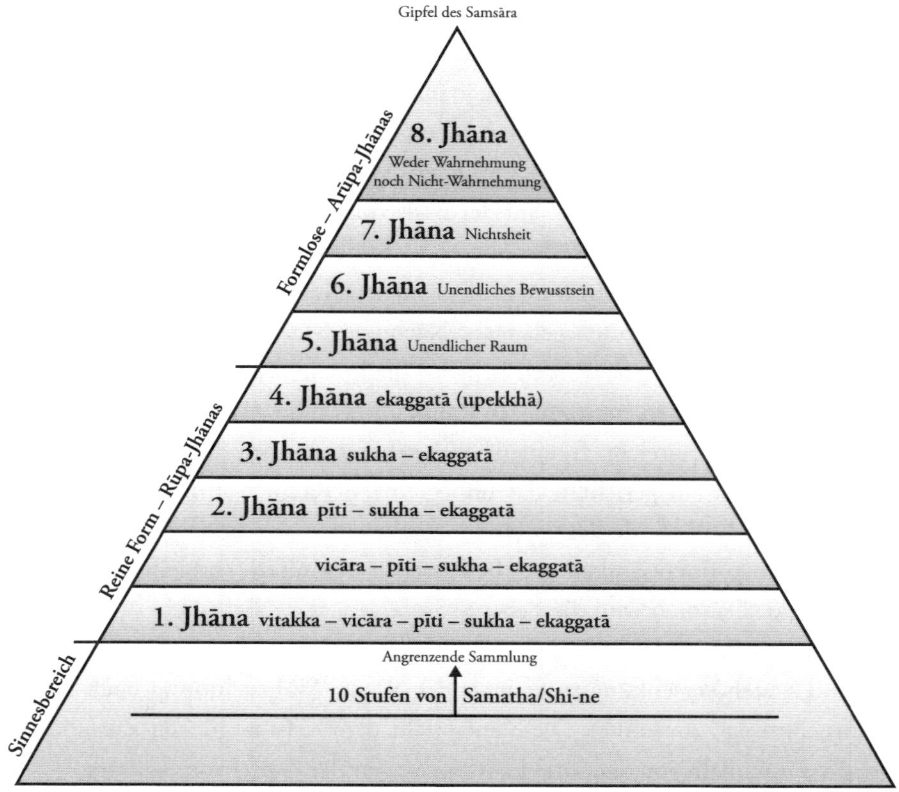

	Die 5 Jhāna-Faktoren	heben	**die 5 Hemmnisse** auf.	
Vitakka	Angewandte Aufmerksamkeit		Thīna-Middha	Müdigkeit
Vicāra	Anhaltende Aufmerksamkeit		Vicikicchā	Zweifel
Pīti	Interesse, Freude		Vyāpāda	Ablehnung
Sukha	Glückseligkeit		Uddhacca-Kukkucca	Ruhelosigkeit
Ekaggatā	Einsgerichtetheit		Kāma-Ccanda	Verlangen

Die Versenkungsstufen

So wird die vierte Stufe erlangt, die frei ist selbst von Glückseligkeit und die alle vorhergehenden Stufen an Tiefe der Ruhe übertrifft. Es ist die Abwesenheit angenehmer Erfahrung, die diese nochmals vertiefte Stille ermöglicht und dem Gefühl von grenzenloser Gelassenheit (upekkhā) Raum gibt. Diese vier Stufen werden Versenkungsstufen der reinen Form (rūpa jhāna) genannt, weil die Sinneserfahrungen nicht gegenwärtig sind. Manchmal ist von einer weiteren Rūpa-

Jhāna die Rede, die zwischen der ersten und zweiten liegt. In diesem Fall wird in der zweiten Stufe nur Vitakka, aber nicht Vicāra, eliminiert.

Die formlosen Versenkungen (arūpa jhāna): Es folgen vier weitere: die höheren formlosen Jhāna. Obschon die vier vorangehenden Versenkungsstufen tiefste Erfahrung von Frieden bedeuten, enthalten sie immer noch einen Anteil ›formgebundener‹ Elemente, weil sie auf der Basis von materiellen Objekten, wie die Kasiṇa, oder aufgrund von Reflexionen oder bestimmten Geisteszuständen, wie Mettā oder Karuṇā, erreicht werden. Der menschliche Geist kann aber zu noch subtileren Sammlungsstufen gelangen. Nachdem Meisterschaft über die vierte Versenkungsstufe erreicht worden ist, wird die innere Wahrnehmung ausgeweitet, bis sie unendlichen, grenzenlosen Raum umfasst. So wird die Stufe des ›grenzenlosen Raumes‹ erreicht. In einem nächsten Schritt wird die Aufmerksamkeit auf das Bewusstsein gerichtet, das unbegrenzten Raum wahrnimmt. Dadurch wird schließlich die Stufe des ›grenzenlosen Bewusstseins‹ erlangt. Nun wird als Nächstes die Aufmerksamkeit vom Bewusstsein weg auf die verbleibende Nichtsheit gelenkt. Dadurch wird die siebente Stufe, jene der ›Nichtsheit‹ verwirklicht. Ist die Meisterschaft dieser Stufe erreicht, kann sich die Aufmerksamkeit der achten und letzten Versenkungsstufe, jener der ›Weder-Wahrnehmung-noch-Nicht-Wahrnehmung‹, zuwenden. Diese entspricht dem tiefstmöglichen Zustand des Friedens innerhalb von Saṃsāra. Es ist sozusagen der Gipfel von Saṃsāra.

Wer die Versenkungsstufen beherrscht, aber die vollständige Befreiung nicht erreicht hat, wird nach dem Tod in den höchsten, subtilsten Lebensbereichen, den Brahma-Bereichen, wiedergeboren und dort Äonen in höchstem Frieden verbringen, bis diese karmische Kraft aufgebraucht ist. Dann werden auch diese Wesen wegen der noch latent vorhandenen Kilesa wieder in einem niedrigeren Lebensbereich geboren – es sei denn, sie hätten mittlerweile die vollständige Befreiung erlangt.

Weil die Versenkungsstufen so angenehm sind und mit der Erfahrung von Erleuchtung verwechselt werden können, ist man in gewissen Traditionen eher zurückhaltend mit der Schulung in den Jhāna, um einem Hängenbleiben in diesen Zuständen vorzubeugen.

Die Versenkungen üben eine außerordentlich starke, reinigende Wirkung auf den Geist aus. Sie schaffen ideale innere Bedingungen, um tief in die wahre Natur der Dinge blicken zu können.

Übersinnliche Kräfte (abhiññā)

Wer alle Jhāna perfekt beherrscht, verfügt über die nötige Grundlage, um die fünf Arten der übersinnlichen Kräfte (abhiññā/abhijñā oder iddhi) zu entwickeln, sollte das erwünscht sein. Wie dabei vorzugehen ist, wird im zwölften und dreizehnten Kapitel der *Visuddhimagga* mit technischer Präzision beschrieben.[119] In diesem Zusammenhang ist das Buch über die Meditationspraxis und das Leben der Inderin Nani Bala Barua (Dipa Ma) sehr interessant.[120]

Es werden fünf Arten übersinnlicher Kräfte unterschieden, und der Vollständigkeit halber werden sie hier aufgezählt:

1. Das Vollbringen von Wundern:
   a) Willenskraft: Man ist eins und wird viele. Man ist unsichtbar. Man kann durch Wände, Mauern und Berge gehen. Man kann in die Erde eintauchen wie in Wasser. Man kann auf dem Wasser gehen. Mit gekreuzten Beinen sitzend fliegt man durch den Raum wie ein Vogel. Man kann Sonne und Mond mit der Hand berühren. Man kann Astralreisen bis in die Brahmabereiche machen, b) andere Erscheinungen annehmen, c) einen mentalen Körper erschaffen, dem eigenen gleich, d) unheilsame Zustände eliminieren, e) Hemmnisse überwinden, f) Abstoßendes als angenehm erfahren, g) den Himmelsraum durchqueren, h) spezielle Kräfte für Monarchen erzeugen, i) durch die Luft fliegen, j) Kräfte für Erfolg in Künsten und Wissenschaften erlangen.
2. Hören über unbegrenzte Distanzen hinweg. Die Verwirklichung des ›himmlischen Ohres‹.
3. Die Gedanken anderer lesen.
4. Das Sterben und Wiedererscheinen der Lebewesen und andere Dinge erkennen. Das ›himmlische Auge‹.
5. Sich an vergangene Leben erinnern.

Die sechste dieser Kräfte ist ›überweltlicher‹ Art und bezieht sich auf die Erkenntnis des Erlöschens der eigenen Fesseln beim Erreichen der vollständigen Befreiung.

Diese Fähigkeiten, die auch ›weltliche‹ Geisteskräfte genannt werden, sind nicht sehr bedeutungsvoll auf dem Weg zur Befreiung von den Kilesa und von allen Formen des Leidens, zur vollen Entfaltung von Weisheit, Liebe und Mitgefühl. Für außergewöhnlich realisierte Menschen, die solche Fähigkeiten in sich zu entwickeln vermögen, können sie aber dazu dienen, für andere Lebewesen von größerem Nutzen zu sein.

Der verwirklichte Achtfache Pfad

Rechtes Bemühen um Rechte Achtsamkeit und Rechte Sammlung – der Schulung von Meditation im Rahmen des Achtfachen Pfades – führt zu vertiefter Rechter Erkenntnis, diese wiederum zu heilsamerer Rechter Gesinnung und diese erneut zu vollkommenerem ethischem Verhalten in dieser Welt. So schließt sich der Kreis des Achtfachen Pfades, in dem jeder Aspekt die anderen fördert bis zur Verwirklichung der vollständigen Befreiung von allen Kilesa, der Stufe des Arahat, der Arahati.

Durch das Kultivieren der heilsamen Geistesqualitäten (sobhana) und das konsequente Praktizieren des edlen Achtfachen Pfades ist es also möglich, die höchsten menschlichen Werte in sich zu kultivieren und zum Wohle vieler zu wirken.

Weitere, außerordentlich praktische Mittel zur inneren Entwicklung sind in der tibetischen Tradition des ›Stufenpfades‹ (*lam-rim*) enthalten.

15

Der Stufenpfad im tibetischen Mahāyāna *(Lam-rim)*

Möge ich ein Beschützer sein für die Schutzlosen,
ein Führer für jene, die unterwegs sind,
ein Boot oder eine Brücke für solche,
die ans andere Ufer gelangen wollen,
eine Lampe für alle, die Licht brauchen,
eine Behausung für jene,
die sich ausruhen möchten.
(Śāntideva)[121]

In der tibetischen Tradition wird häufig das Modell des Stufenpfades (*lam-rim*) verwendet. Im Lam-rim werden alle Aspekte der Praxis beschrieben, die geübt und auf dem Weg zur Erleuchtung eines Buddha verwirklicht werden sollten. ›Lam‹ heißt ›Pfad‹ oder ›Weg‹; ›Rim‹ bedeutet ›Stufe‹, also kann Lam-rim als ›der Stufenpfad‹ oder ›der graduelle Weg‹ übersetzt werden. Bereits bei Śāntideva im Indien des 8. Jahrhunderts findet man Ansätze zu dieser Darstellungsart des Pfades. Die eigentliche Vorlage des Lam-rim ist die *Lampe auf dem Weg zur Erleuchtung* (Bodhipathapradīpa) des indischen Meisters Atīśa, der die Lehren Buddhas um 1042 nach Tibet brachte.

Der Achtfache Pfad soll als eine Art Spirale verstanden werden, wobei mit jeder Runde die einzelnen Bereiche weiter vertieft werden. Lam-rim hingegen ist ein Modell, bei dem am vorteilhaftesten mit den ersten Übungen begonnen wird und die folgenden sukzessive mit eingeschlossen werden. Wie in einer Kette mit vielen Gliedern ist die Stabilität der einzelnen Glieder vonnöten, damit die Kette nicht reißt. Um die Tantras, die im tibetischen Buddhismus einen wesentlichen Teil des Pfades ausmachen, wirkungsvoll praktizieren zu können, muss eine solide Basis vorhanden sein. Diese wird durch die Praxis des Lam-rim gelegt.

In manchen Aspekten der Praxis überschneiden sich die beiden Lehrmodelle des Achtfachen Pfades und des Stufenpfades. Wo dies der Fall ist, wird auf die vorangegangenen Erklärungen verwiesen.

Hören, Reflektieren, Meditieren

In der tibetischen Tradition spricht man von einem bedeutsamen Praxisprozess, der ›Hören, Reflektieren, Meditieren‹ (*thö sam gom*) genannt wird. Zuerst muss Dharma, von kompetenten Lehrenden erklärt, gehört – und auch gelesen – werden. Für ernsthaft Praktizierende ist es von größter Bedeutung, oft und regelmäßig den Belehrungen zuzuhören. Wir sollten niemals eine Gelegenheit ungenutzt verstreichen lassen, um Dharma zu lernen. Anschließend müssen wir das Gehörte überprüfen, kontemplieren und uns (eventuell gar durch Auswendiglernen) gründlich zu eigen machen. Schließlich wird darüber meditiert, bis Dharma vom klaren intellektuellen Verständnis zur echten, transformierenden Verwirklichung geworden ist.

Viele Stufen des Lam-rim bestehen aus Übungen, die man sich in diesem Sinne zu eigen macht. Dasselbe trifft auch für die Belehrungen zu, die über den Achtfachen Pfad und über ›Leiden‹ und ›Ursache des Leidens‹ gegeben werden. Das tibetische Wort ›Gom‹ (bhāvanā) bedeutet so viel wie ›sich angewöhnen‹, ›sich vertraut machen mit‹. Sind die Inhalte einmal verwirklicht, müssen sie auf alle Lebenssituationen angewandt werden.

Die vier Geist-Transformationen

Als Erstes übt man sich in den folgenden vier Kontemplationen:

- Das wertvolle menschliche Leben.
- Vergänglichkeit und Tod.
- Karma und seine Wirkungen.
- Die leidvolle Situation von Saṃsāra.

In dem Maße, wie es den Praktizierenden gelingt, sich diese Sichtweisen über das Dasein zu eigen zu machen, wandelt sich ihre innere Einstellung. Der Geist wendet sich ab von seiner Faszination durch Saṃsāra, hin zu dem, was von Leiden befreit und echtes Glück schafft.

Das wertvolle menschliche Leben

- *Der Wert dieses Lebens:* Als Mensch geboren zu sein ist von außerordentlich hohem Wert, weil hier wie in keinem anderen Daseinsbereich die optimale Möglichkeit besteht, sich in Dharma zu üben und aus dem Kreislauf von Saṃsāra, von Leiden, auszusteigen. Dabei beziehen sich diese Überlegungen ganz spezifisch auf die kostbare Situation von Menschen, die sich auf dem Weg zur Befreiung engagiert haben. Traditionell wird über die sogenannten acht Freiheiten und zehn Ausstattungen reflektiert, die dieser menschlichen Situation eigen sind. Freiheit von acht hemmenden Umständen bedeutet, dass wir nicht in den Höllen leben, nicht im Bereich der hungrigen Geister, nicht als Tier, nicht als charakterloser Mensch, nicht als Deva, nicht mit falschen Ansichten über die Lehre, nicht in Zeiten, in denen diese nicht zugänglich ist, und nicht mit schwerer geistiger Behinderung. Aus offensichtlichen Gründen wird man ohne diese ›Freiheiten‹ nicht praktizieren können oder dies nicht tun wollen.

  Menschen, die sich auf dem Pfad engagieren, verfügen über die zehn Ausstattungen. Fünf beziehen sich auf die Person selbst: ein Mensch zu sein; in einem Land zu leben, in dem die Lehre zugänglich ist; all seiner Sinne mächtig zu sein; nicht in außergewöhnlich unheilsamem Tun verwickelt zu sein und Vertrauen in Lehre und Praxis zu haben. Fünf der Ausstattungen beziehen sich auf äußere Bedingungen und bedeuten, dass Buddha in dieser Welt erschienen ist; dass er die Lehre verbreitet hat; dass sie bis zu uns weitergegeben worden ist; dass sie auch immer wieder praktiziert und verwirklicht worden ist; dass es jene gibt, die aus Mitgefühl die Lehre weitergeben.

  Es heißt, dass es für uns Lebewesen in diesem endlosen Kreislauf des Daseins äußerst schwierig ist, diese Bedingungen alle zu vereinigen. Wenn sie aber vorhanden sind, ist es von großer Bedeutung, sie zu erkennen und zu nutzen, denn nur mit dieser Erkenntnis wird man genügend motiviert sein,

Dharma auf eine Art und Weise zu praktizieren, die tatsächlich transformiert, von Leiden befreit und Glück und tiefen Frieden ermöglicht. Nähere Ausführungen zu diesen achtzehn Punkten sind in verschiedenen Büchern über Lam-rim zu finden.[122]

Nicht alle westlichen Praktizierenden finden diese Argumente überzeugend. Darum mag es für sie sinnvoll sein, sich in zeitgemäßer Weise mit dem Thema auseinanderzusetzen. Die folgende Art, über die wertvolle Situation als Mensch zu reflektieren, kann für manche von Nutzen sein:

Es ist selten und wertvoll, wenn Menschen sich in einer Situation wiederfinden, in der sie mit dem Dharma in Berührung kommen, ernsthaft daran interessiert sind und über die inneren und äußeren Bedingungen verfügen, Dharma auch praktizieren zu können.

Als Erstes muss überhaupt Interesse für Lehre und Praxis da sein. Von all den zahllosen Menschen dieser Erde sind es nur sehr wenige, die ein echtes Interesse am Beschreiten eines Befreiungsweges haben. Auf uns trifft dies aber zu.

Manche sind am Dharma interessiert, verfügen aber nicht über die materiellen Ressourcen, die es ihnen erlauben würden, ihre Zeit für die spirituelle Praxis zu verwenden. Wir aber haben die nötigen Mittel, um an Belehrungen, Kursen und Retreats teilnehmen zu können, wenn wir dies wünschen.

Anderen Menschen wiederum fehlt es an körperlicher oder geistiger Gesundheit, wodurch sie daran gehindert werden, Zugang zur Praxis zu finden oder diese überhaupt zu verstehen. Die meisten von uns sind gesund genug, um teilnehmen zu können, wo immer wir wollen.

In manchen Ländern der Erde sind Lehren über die Befreiung von Herz und Geist nicht bekannt oder es ist gar verboten, solche zu praktizieren. Wir hingegen sind frei zu drucken, zu lesen, zu sprechen und zu praktizieren, was immer uns hilfreich und sinnvoll erscheint.

Wenn wir mit der Praxis beginnen, bedeutet das deshalb, dass wir uns in einer außerordentlich wertvollen und seltenen Situation befinden. Das Wissen darum kann uns anspornen, mögliche Schwierigkeiten zu überwinden und die Situation in bester Weise zu nutzen.

- *Die Seltenheit der optimalen menschlichen Situation:* Wie selten es ist, dass Menschen sich in einer solch außerordentlichen Situation wiederfinden, wie wir sie jetzt haben, wird uns mit folgendem Bild nahegebracht: Auf dem Meeresgrund lebt eine blinde Schildkröte. Auf den Weiten der sieben Meere schwimmt ein goldener Ring, der von Wind und Wellen hier- und dorthin getrieben wird. Alle hundert Jahre steigt die Schildkröte einmal an die Oberfläche hinauf. Die Wahrscheinlichkeit, als Mensch mit allen nötigen Voraussetzungen, den acht Freiheiten und den zehn Ausstattungen geboren zu werden, ist so gering und so selten wie die Wahrscheinlichkeit, dass die Schildkröte mit ihrem Kopf genau durch diesen goldenen Ring auftaucht.

- *Die Ursachen der wertvollen menschlichen Wiedergeburt:* Zu den Ursachen dieser wertvollen menschlichen Situation gehört die Praxis von Großzügigkeit (dāna) und von ethischem Verhalten (sīla/śīla). Durch das Verbreiten der Lehre durch Bücher und andere Medien, durch das Organisieren und Unterstützen von Retreats und Seminaren, das Erschaffen von Dharma-Einrichtungen, das Einladen von Lehrenden und das Initiieren von anderen Dharma-Aktivitäten entstehen die karmischen Voraussetzungen dafür, sich in zukünftigen Leben wieder für Dharma zu interessieren und diesem auch wieder zu begegnen. Äußerlich werden Situationen geschaffen, die Dharma fördern und dieses leichter zugänglich machen. Am wesentlichsten ist es aber, die wertvolle Zeit, die wir jetzt haben, so voll und ganz wie möglich der Praxis in all ihren Formen zu widmen.

Spirituelle Freunde

Damit dies möglich ist, brauchen wir Belehrungen von kompetenter Seite. Der Begriff ›Kalyāṇamitra‹ in Sanskrit oder ›Ge-ue she-nyen‹ in Tibetisch bedeutet so viel wie ›tugendreiche‹ oder ›spirituelle Freunde‹. Dies bezieht sich auf einen Lehrer, eine Lehrerin, die befähigt ist, Dharma zu lehren, weil sie viel darüber weiß, viel praktiziert hat, von ihren eigenen Mentoren, Mentorinnen dazu ermuntert wurde zu lehren und von den Schülern als tatsächlich nützlich erfahren wird.

Nur sehr wenigen ist es möglich, ohne Kontakt mit Lehrenden auf dem Pfad voranzuschreiten. Wir sind auf Menschen angewiesen, die uns klare Anleitungen geben und uns auf Sackgassen und Irrtümer in unserer Praxis hinweisen können. Der persönliche Kontakt mit qualifizierten Lehrenden, die uns inspirieren, ist deshalb sehr wichtig. Diesen Kontakt zu finden ist im Westen allerdings nicht immer leicht. Da mag es hilfreich sein, sich mit mehreren Lehrenden zu verbinden, die in ähnlicher Weise lehren.

Die Kontemplation über Vergänglichkeit und Tod

Als zweite der geisttransformierenden Kontemplationen folgt die Auseinandersetzung mit der eigenen Vergänglichkeit. Nur wenn uns diese ständig und deutlich gegenwärtig ist, sind wir motiviert, unsere wertvolle Situation wirklich zu nutzen und eifrig und nachhaltig zu praktizieren.

Um sich die Zerbrechlichkeit der kostbaren menschlichen Situation nahezubringen, wird zuerst über die Vergänglichkeit der Welt meditiert; dann über die Vergänglichkeit der Lebewesen und damit über unsere eigene. Diese wird unter drei Gesichtspunkten betrachtet: Der Tod ist unvermeidlich. Der Zeitpunkt des Todes ist ungewiss. Wir können nichts mitnehmen, und nur unsere Praxis kann hilfreich sein.

- *Der Tod ist unabwendbar:* Als Erstes wird über die Unabwendbarkeit des Todes nachgedacht. Unser Leben ist vergleichbar mit den Tropfen eines Wasserfalls, der über eine hohe Felswand hinabstürzt – ohne Zögern, ohne Umkehrmöglichkeiten. In kurzer Zeit ist das Ende der Reise erreicht. Genauso ist es mit unserem Leben. Es ist wie die Fahrt durch eine Einbahnstraße; es gibt keine Möglichkeit zu wenden. Der Tod ist unabwendbar und kann nicht aufgeschoben werden.

  Als Nächstes geht es darum, sich wirklich darüber klar zu werden, dass niemand dem Tod entrinnen kann. Eigentlich wissen wir genau, dass alle, wir selbst mit eingeschlossen, sterben werden. Und dennoch gelingt es uns, die Tatsache zu verdrängen oder uns auf irrationale Weise glauben zu machen, wir seien vielleicht doch die Ausnahme. Dabei sind selbst die großen Heiligen, Christus, Buddha, die Mahāsiddhas und Yogis gestorben. Den großen Zen-›Ältesten‹ Hui Neng kann man zwar heute noch als Mumie besichtigen, lebendig ist auch er nicht mehr. Selbst wer übersinnliche Kräfte entwickelt hat, muss sterben. Es gibt keinen Ausweg.

- *Der Zeitpunkt des Todes ist ungewiss:* Dann denken wir über die Ungewissheit des Todeszeitpunkts nach. Selbst wenn uns bewusst ist, dass wir sterben werden, gehen wir doch davon aus, dass es so bald nicht sein wird. Sind wir jung, glauben wir, noch sechzig, achtzig Jahre vor uns zu haben. Doch zu glauben, dass Ältere stets vor den Jüngeren sterben, ist Täuschung. Die einen sterben im hohen Alter, andere schon als Jugendliche. Manche sterben nach langer Krankheit, andere plötzlich, beim Einkaufen. Wieder andere wachen morgens einfach nicht mehr auf. Nāgārjuna sagt: »Töricht sind jene, die glauben, dass sie, wenn sie einschlafen des Nachts, am nächsten Morgen auch wieder aufwachen werden. Wir haben nicht einmal eine Garantie dafür, dass wir nach dem Ausatmen wieder einatmen.«

  Über den Tod zu reflektieren soll uns nicht bedrücken oder entmutigen oder uns das Leben vergällen. Die Zerbrechlichkeit des Lebens ist eine Tatsache, und das Nachdenken darüber bringt uns in Kontakt damit. Erkennen wir dies, erscheint uns der jetzige Moment äußerst wertvoll. Was wir denken, wie wir handeln, ist entscheidend – und zwar jetzt. Wenn wir jemanden treffen, kann es das letzte Mal sein. Was wir getan haben, können wir nicht rückgängig machen. Der Tod verleiht dem Moment Einzigartigkeit. Vor allem aber entsteht ein Gefühl der Dringlichkeit. Wenn wir uns von den Fesseln des Leidens befreien wollen, müssen wir das jetzt tun. Nicht später.

- *Nur unsere Praxis kann uns helfen.* Die letzte Kontemplation besteht darin, uns bewusst zu machen, dass zum Zeitpunkt des Todes nur unsere Praxis helfen kann. Keines unserer Besitztümer können wir mitnehmen. Auch unsere Freunde und Verwandten können unseren Zustand nicht mehr verbessern. Es bleibt uns nur das Dharma.

  Wenn unsere Praxis tief ist, werden wir ohne Anhaften und ohne großes Leiden loslassen können. Wenn unser Vertrauen und unsere Zuflucht gefestigt sind, werden wir zuversichtlich gehen können. Wenn wir aber voller Anhaften und voller Widerstände sind, wird dieser Moment ein leidvoller sein.

Als Letztes wird nun über den Moment des Sterbens reflektiert: Wir können eines natürlichen Todes, durch Krankheit oder durch Unfall oder andere gewaltsame

Einwirkungen sterben. Wir wissen nicht, was in unserem Fall zutreffen wird. Hier eine Schilderung des Sterbeprozesses, wie er in der tibetischen Tradition gesehen wird. Dank tantrischer Praktiken, in denen hochverwirklichte Yogis und Yoginīs den Prozess des Todes willentlich durchlaufen können, verfügt diese Tradition über ein großes Wissen in Bezug auf den Ablauf des Sterbens:

Der Prozess beginnt in dem Moment, in dem die Ärzte alle Hoffnung aufgegeben haben. Wir erleiden körperliche Schmerzen, wir können kaum noch sprechen, der Atem geht schwer. Es wird uns klar, dass uns jetzt niemand mehr helfen kann, und das Einzige, was uns zur Verfügung steht, ist unsere Dharma-Praxis, so wir diese tatsächlich entwickelt haben.

Wenn der Todesprozess beginnt, werden die vier Elemente, die das Bewusstsein unterstützen, ihre Kraft verlieren, die Kontrolle über den Körper geht verloren, und der Geist wird vom Körper getrennt. Während der folgenden Prozesse sind zwei Arten von Anzeichen erkennbar:[123] A. Die äußeren Anzeichen, die von denen beobachtet werden, die mit der sterbenden Person zusammen sind; B. Innere Anzeichen, die von der sterbenden Person selbst wahrgenommen werden.

- Als Erstes versagt die Kraft des Erdelementes. A. Die Kontrolle über den Körper geht verloren. B. Die sterbende Person sieht eine Art Dunst, heißer Luft ähnlich, die über einer Straße aufsteigt. Es ist das Anzeichen, dass das Wasserelement als Nächstes seine Kraft verlieren wird.
- Als Zweites verliert das Wasserelement seine Kraft: A. Der Körper wird wie trockenes Holz. Er verliert seinen Glanz und seine Farbe, und die Feuchtigkeit in Mund und Augen verschwindet. B. Die sterbende Person sieht einen Raum, der mit leichtem Rauch gefüllt zu sein scheint, ein Zeichen dafür, dass das Feuerelement als Nächstes versagen wird.
- Als Drittes verliert das Feuerelement seine Kraft: A. Der Körper wird kalt. Wenn sich diese Kälte vom Kopf zum Herzen hinunter verbreitet, ist dies ein Anzeichen für eine ungünstige bevorstehende Wiedergeburt. Wenn sich die Kälte von den Füßen aufwärts zum Herzen verteilt, wird eine günstige Wiedergeburt folgen. B. Die sterbende Person sieht Funken in der Dunkelheit.
- Zuletzt verliert das Luftelement seine Kraft: A. Der Atem wird schneller, und die Einatemzüge werden flacher. Die Ausatmung wird tiefer, bis die Atmung nach einem langen Ausatmen schließlich aufhört. B. Die sterbende Person sieht ein schwaches, bewegungsloses Licht.

Bis zu dem Moment, an dem die Periode des ›Zwischenzustandes zwischen Tod und Wiedergeburt‹ (*bar-do*) beginnt, verschwinden alle Ängste und Halluzinationen. Die grobe Wahrnehmung der eigenen Person vergeht. Sehr geübte Meditierende werden gesammelt und wach durch die nachfolgenden vier Zustände hindurchgehen, wissend, was ihre Erfahrung ist und welche als Nächste folgen wird.

Da die Person von außen gesehen tot zu sein scheint, möchte man nun den Körper vielleicht beseitigen. Da aber die inneren Erfahrungen an diesem Punkt noch weitergehen, wäre dies, als würde man die Person töten.

Zu diesem Zeitpunkt entwirren sich die Seitenkanäle (nāḍī), und der Zentralkanal wird von seinen Blockierungen befreit. Etwas mehr dazu im folgenden Kapitel, ›Vajrayāna‹, S. 321 ff. Äußerlich werden keine weiteren Anzeichen wahrgenommen.

Die Person erfährt nun ein gleichmäßiges Licht, ähnlich jenem, das sich vor dem Mondaufgang über den Himmel verbreitet. Hier beginnt die sogenannte weiße Zelle (bindu), die zu Lebzeiten im Chakra des Scheitelpunktes wohnt, zum Herzchakra abzusteigen.

Als Nächstes erfährt die Person ein schwaches rotes Licht, ähnlich dem Licht vor dem Sonnenaufgang. Hier beginnt die sogenannte rote Zelle vom Nabelchakra zum Herzchakra aufzusteigen. Sobald diese zwei Zellen sich im Herzchakra treffen, beginnen die nächsten zwei Phasen.

Zuerst entsteht vollständige Dunkelheit, und dann wird die Person bewusstlos. Je länger der Zustand der Bewusstlosigkeit dauert, desto besser ist dies für den nächsten Zustand, den wichtigsten und für die Praxis am geeignetsten.

Die Person erfährt nun einen Raum ohne Form oder Farbe, der aber nicht eine Erfahrung von Leerheit im Sinne von Śūnyatā ist. Das Bewusstsein ist jetzt in seiner subtilsten Form. Für Menschen ohne tiefe Meditationspraxis kommt und geht dieser Zustand und ist von keinerlei Bedeutung. Eine Person, die aber in sehr fortgeschrittenen Praktiken des Tantra geübt ist, kann diesen subtilsten Zustand des Bewusstseins in die Meditation über Leerheit verwandeln. Es heißt, dass durch diese Methode viele Yogis, wie zum Beispiel der tibetische Meister Je Tsongkhapa, Erleuchtung erlangt haben.

Das Bewusstsein verlässt nun das Herzchakra und betritt den Körper des Zwischenzustandes (*bar-do*). Dieser Zwischenzustand ist eine schwierige Phase, in der es keine Freiheit mehr gibt. Die verstorbene Person sucht hilflos, von den eigenen karmischen Neigungen getrieben, einen neuen Körper, um dann den Zyklus der Wiedergeburt ein weiteres Mal zu beginnen.

Die Kontemplation über Vergänglichkeit und Tod soll uns dazu bewegen, die wertvolle Situation als Mensch bestens zu nutzen.

Kontemplation über Karma

Wenn wir unsere wertvolle Situation sehen und verstehen, wie zerbrechlich sie ist, wünschen wir, sie so gut wie möglich zu nutzen. Aus diesem Grunde müssen wir uns darüber klar werden, was tatsächlich nützlich und heilsam ist und was zu Leiden führt. Deshalb folgt als Nächstes die Kontemplation über Karma; die Folgen unserer Handlungen des Denkens, der Rede und des Körpers.

Es wird über die leidvollen Auswirkungen der zehn unheilsamen Taten und über die angenehmen Resultate von heilsamen Handlungen reflektiert. Dieser Prozess wird weiter oben im 8. Kapitel über Karma ausführlich beschrieben. Wir müssen immer und immer wieder die Auswirkungen unseres Tuns reflektieren, damit wir mit unbeirrbarer Klarheit sehen, dass die Macht über unser inneres Glück oder Leid letztlich in unserer eigenen Hand liegt.

Kontemplation über die leidvolle Situation des Saṃsāra

Die Kontemplation über Karma und Wiedergeburt führt zum Nachdenken über die perfide Natur von Saṃsāra. Wie schön und angenehm ein Lebensbereich auch sein mag, am Ende steht immer wieder der Tod. Danach folgt eine neue Geburt in einem anderen, potenziell leidvolleren Bereich. Die Ursache für die endlosen Wiedergeburten im Saṃsāra sind die Kleśa. Solange wir von diesen unentwegt durch den Kreislauf von Leben und Tod getrieben werden, müssen wir immer wieder die drei Arten von Leiden erfahren und uns in den Bereichen des Daseins – oft genug auch in den niedrigen – herumquälen. (Diese Problematik wurde in Kapitel 5 über den Kreislauf von Geburt und Tod erläutert.)

Unter dem Einfluss kontinuierlicher Kontemplation der ›vier Geist-Transformationen‹, das heißt der wertvollen Situation als Mensch, der Vergänglichkeit, der Folgen unseres Tuns und des Leidens von Saṃsāra, beginnen sich unser Herz und unser Geist zu wandeln. Es entsteht der Wunsch nach Abkehr von den Dingen, die Leiden und Saṃsāra verursachen. Es stellt sich die Frage nach einer sicheren Zuflucht, und der Wunsch kommt auf, sein Leben in einer Art und Weise zu gestalten, durch die Glück und innerer Friede entstehen.

Ausrichtung und Motivation

Zuflucht

In Anbetracht der leidvollen Natur des Daseins müssen wir uns fragen, ob denn überhaupt irgendwo sicherer Boden zu finden ist und ob es etwas gibt, das uns helfen kann, uns aus dieser misslichen Lage zu befreien. Es ist die Zuflucht zu den sogenannten drei Juwelen, Buddha, Dharma und Sangha, die dies bewirken kann. Sie vermag unserem Leben Richtung und sicheren Halt zu geben.

Für viele Menschen sind es die Beziehungen zu Partnerinnen, Freunden, Familie, zu denen sie Zuflucht nehmen. Auch Besitz, Vergnügen und Zerstreuung aller Art wendet man sich in der Annahme zu, dort bleibendes Glück zu finden. Gewiss sind viele von uns nicht bereit, darauf zu verzichten, aber wenn wir sie als Zuflucht betrachten, werden wir dann, wenn die Winde der Vergänglichkeit und des Wandels wehen, enttäuscht sein und Frustration, Trauer und Leiden erfahren. Partner und Partnerinnen können sich von uns trennen oder sterben. Besitz mag uns das Leben angenehm machen, aber wenn wir krank sind oder wenn es ans Sterben geht, nützt er uns wenig.

Bei der Zufluchtnahme geht es nicht um ein religiöses Bekenntnis, sondern um eine Auseinandersetzung mit der Frage nach dem, was in diesem unberechenbaren Dasein Schutz bietet und worauf tatsächlich Verlass ist.

Das Wort ›Buddha‹ bedeutet Erwachen, der Buddha war ein vollständig erwachter Mensch. Zuflucht zu Buddha heißt, sich der Entfaltung von Achtsamkeit, Gewahrsein und Erwachen zu widmen, Qualitäten, die zu Befreiender Erkenntnis führen, einer der wesentlichen Eigenschaften Buddhas. Wir erwachen aus dem Verlorensein in Gedanken, Geschichten und Dramen. Wir erwachen aus der Illusion der getäuschten Wahrnehmung. Wir erkennen die Nicht-Selbstexistenz aller Dinge und befreien uns von unheilsamen Identifikationen. Wir nehmen Zuflucht zu unserer Fähigkeit der Befreienden Erkenntnis. In diesem Sinne ist Buddha eine Zuflucht, die uns tatsächlich vor innerem Aufruhr und Leiden bewahren kann. Sie beinhaltet auch Dankbarkeit und Hingabe an den Erleuchteten, der diesen wunderbaren, befreienden Weg ergründet und dargelegt hat.

Zuflucht zu Dharma bedeutet, sich der Wirklichkeit, so wie sie tatsächlich ist, zuzuwenden und anzuvertrauen. Die Soheit der Dinge und unsere Erfahrung dieses Moments enthalten alles, was notwendig ist, um Befreiende Erkenntnis zu ermöglichen. Zuflucht zum Dharma nehmen heißt auch, sich auf jene Lehren und Methoden zu stützen, die uns helfen, die Wirklichkeit klar zu sehen und mit ihr in Übereinstimmung zu kommen. In dem Maß, wie uns dies gelingt, wird Dharma zu einer echten Zuflucht.

Es ist schwer, aus der Täuschung herauszufinden. Verlässliche Führer oder Führerinnen sind für uns alle notwendig. Zuflucht zur Sangha bedeutet, sich mit Gleichgesinnten zu verbinden, und vor allem, uns jenen anzuvertrauen, die den Weg vor uns gegangen sind, die klarer sehen als wir. Im strengeren Sinne ist es die Ariya-Sangha, welche die optimale Zuflucht ermöglicht.

Zufluchtnahme ist eine innere Ausrichtung auf das Wesentliche im Leben. Sie hilft uns, Prioritäten zu klären, und kann unterstützend sein, wenn Entscheidungen zu treffen sind. Zufluchtnahme ist ein Eingangstor zur Dharma-Praxis. Sie muss aber konsequent gepflegt und angewendet werden, um zu einer Lebensgrundlage zu werden.

Zuflucht wird oft in einer formalen Zeremonie genommen. Je nach Tradition und den Lehrenden, die den Ritus leiten, können weitere Bedeutungen und Verpflichtungen dazu gehören. Deshalb ist es am besten, sich zuvor genau über deren Inhalt zu informieren.

Formale Zufluchtnahme geht manchmal auch mit dem Ablegen von Gelübden einher. Dies können die Gelübde der Ordinierten sein oder die fünf oder acht Verhaltensregeln für Laien.

Liebevolle Güte und Mitgefühl

Als Nächstes folgt die Entwicklung von liebevoller Güte (mettā/maitrī) und Mitgefühl (karuṇā). Wie schon im Abschnitt über die Brahmavihāra erwähnt wurde, ist Maitrī der Wunsch, dass alle Lebewesen glücklich sein mögen.

Liebevolle Güte wird oft mittels der Kontemplation über die Güte unserer Mutter und der Mütter im Allgemeinen kultiviert: Unsere Mutter hat uns geboren, für uns viel Mühe auf sich genommen, uns beschützt und mit dem Leben und der Welt vertraut gemacht. Die Praxis besteht darin, ein tiefes Gefühl der Wertschätzung und Dankbarkeit für diese Güte zu entwickeln. Wenn wir begreifen, dass in diesem anfanglosen Kreislauf des Daseins alle Lebewesen zu verschiedenen Zeiten in verschiedenen Formen unsere Mutter waren, wird sich die entstandene Wertschätzung, Dankbarkeit und Liebe auf alle Wesen ohne Ausnahme ausdehnen. Diese Methoden werden unten noch ausführlicher behandelt. Eine andere Vorgehensweise, um liebevolle Güte zu entwickeln, wurde in Kapitel 14, S. 244 ff. beschrieben.

Es heißt, dass liebevolle Güte vollständig entwickelt sei, wenn wir nur noch den einen Wunsch haben, nämlich dass alle Wesen ohne Ausnahme glücklich sein mögen.

Mitgefühl ist der Wunsch, dass alle Lebewesen frei sein mögen von Leiden und den Ursachen des Leidens. Hier wird in ähnlicher Weise reflektiert wie oben, aber das Augenmerk liegt nun auf den Mühen, Sorgen und dem Leiden ›unserer‹ Mütter. Mitgefühl ist eine mächtige und relevante Herzensqualität und wird in einem Text folgendermaßen beschrieben: »Gäbe es eine einzelne Qualität, durch welche wir alle Qualitäten der Erwachten in die Hand bekommen würden, welche würde dies sein? Das große Mitgefühl.«[124]

Drei Reichweiten

In der Mahāyāna-Tradition wird von den ›drei Reichweiten‹ gesprochen. Reichweite oder Perspektive bezieht sich auf die Motivation und Zielsetzung der Praktizierenden. Es werden kleine, mittlere und große Reichweiten unterschieden.

Es gibt Menschen, die in erster Linie praktizieren, um im nächsten Leben bessere und angenehmere Daseinsbedingungen vorzufinden. Dies zu tun ist sehr bedeutungsvoll, denn es heißt, dass gute Qualitäten wie Großzügigkeit, ethisches Verhalten, liebevolle Güte geübt werden, was sowohl auf die Praktizierenden als auch auf ihre Umgebung sehr positive Auswirkungen hat. Diese kleine Motivation reicht aber nicht allzu weit; denn sobald Schwierigkeiten auftauchen, sinkt die Bereitschaft zur Praxis, und die alten, gewohnheitsmäßigen Verhaltensweisen setzen sich wieder durch. Die Absicht, einzig für sein eigenes Wohlergehen in diesem Leben zu praktizieren, sollte ebenfalls als die kleine Reichweite betrachten werden.

Die Praktizierenden der mittleren Reichweite sind bestrebt, so schnell wie möglich Befreiung vom Kreislauf des Leidens zu verwirklichen. Ihre Hingabe ist viel stärker und ausdauernder und wird auch vor Schwierigkeiten und Hindernissen nicht Halt machen. Die heilsame Wirkung ist kraftvoller und nachhaltiger – für die Person selbst wie für ihre Mitwelt.

Die Praxis mit der größten Reichweite haben jene, die nicht nur für die eigene Befreiung arbeiten, sondern motiviert sind, zum Segen aller Lebewesen den Weg zu beschreiten. Unabhängig vom eigenen Wohl und Wehe werden sie ihr Leben durch die Motivation leiten lassen, für möglichst viele von Nutzen zu sein. Dies ist die Art der Bodhisattvas; ihre Motivation ist die des Mahāyāna. Mahāyāna, ›großes Fahrzeug‹, bezieht sich auf ebendiese Motivation, so zu leben und praktizieren, dass viele Lebewesen ins große Fahrzeug unterwegs zur Erleuchtung mit eingeladen werden können.

Die Praxis einer Person, die nur auf ihr eigenes Wohl ausgerichtet ist, wird verglichen mit einem Sonnenstrahl, der durch ein kleines Fenster in einen dunklen Raum fällt und diesen erhellt. Eine nützliche Sache also. Die Praxis von großer oder weiter Motivation hingegen wird verglichen mit der Sonne, die das ganze Universum durchstrahlt und jeden Ort gleichmäßig erleuchtet.

Bodhicitta-Kontemplationen

Von Bodhicitta spricht man, wenn die Haltung der dritten Reichweite voll und ganz verwirklicht ist. ›Bodhi‹ heißt ›Erleuchtung‹, ›citta‹ ›Geist‹. Eine wörtliche Übersetzung wäre also ›Erleuchtungsgeist‹. Es ist der unerschütterliche Entschluss, zum Wohle aller Lebewesen die vollständige Erleuchtung eines Buddha zu erlangen. Dieser Entschluss, mittels der Bodhisattva-Gelübde in Geist und Herz verankert, sollte nicht einfach mit der Eigenschaft von Mitgefühl verwechselt werden. Die Ursache für Bodhicitta ist zwar tatsächlich großes Mitgefühl, die Implikationen dieses Entschlusses sind aber sehr viel weitreichender.

Es werden zwei Arten von Bodhicitta unterschieden. Zuerst bedarf es des ›Anstrebens‹ von Bodhicitta, dann folgt das ›Anwenden‹. Das heißt, dass Bodhicitta selbst zuerst entwickelt werden muss, worauf dann alle Praktiken geübt werden, die zur Verwirklichung der Buddhas führen. Im Folgenden werden deshalb zuerst die Stufen zur Realisation von Bodhicitta erläutert, anschließend die Mittel, um den Entschluss von Bodhicitta umzusetzen, nämlich die sechs Vervollkommnungen (pāramitā).

Es gibt eine Anzahl verschiedener Methoden, um Bodhicitta zu entwickeln. Eine Abfolge solcher Methoden wurde über Mañjuśrī, Nāgārjuna und Śāntideva zu Atīśa, die andere von Maitreya über Asaṅga zu Atīśa überliefert. Sie können unabhängig voneinander oder kombiniert geübt werden. Hier werden sie in Kombination erläutert.

Bodhisattva-Gelübde

In manchen Mahāyāna-Traditionen wird die Praxis von Bodhicitta unterstützt, indem man sich zu den Bodhisattva-Gelübden entschließt. Sie bestehen meist aus einer Anzahl Haupt- und Sekundärregeln.[125] Die wesentlichste davon ist der Entschluss, zum Wohle aller Wesen die Buddhaschaft zu verwirklichen. Śāntideva drückt dies folgendermaßen aus: »So lange der Raum besteht und so lange es lebende Wesen gibt, möge auch ich danach streben, das Leiden der Welt zu beenden.«[126] Motiviert durch diesen Entschluss, schult man Herz und Geist mittels der folgenden Kontemplationen:

Gleichwertigkeit von Freunden, Feinden und Unbekannten

Wenn ein Palast gebaut werden soll, braucht es als Erstes ein starkes Fundament. Das Fundament für Bodhicitta ist die ›Gleichwertigkeit von Freunden, Feinden und Unbekannten‹. Wenn wir tatsächlich zum Wohle aller Wesen wirken möchten, müssen wir zuerst unsere Einstellung gegenüber all diesen Wesen ändern. Anstatt Freunde zu bevorzugen, Feinde zu hassen und die uns Gleichgültigen zu ignorieren, geht es darum, eine gleichmäßig wohlwollende Haltung allen gegenüber zu kultivieren. Dies wird erreicht durch eine Anzahl von Überlegungen, die regelmäßig kontempliert werden.

Wir stellen uns Freunde und geliebte Menschen vor und überlegen, dass sie zu anderen Zeiten unseres Leben uns gleichgültig waren oder wir sie sogar verachteten und dass sie in all den zahllosen früheren Leben zweifelsohne unter verschiedensten Umständen unsere Feinde waren. Deshalb haben wir keinen Grund, uns jetzt mit Anhaften oder Verlangen an sie zu hängen.

Ähnlich verhält es sich mit Ungeliebten und Feinden. Wir machen uns klar, dass es Zeiten gab, zu denen wir sie heiß liebten oder wir ihre Freundschaft pflegten oder sie uns gleichgültig waren. Infolgedessen macht es wenig Sinn, sie nun plötzlich zu hassen.

Genauso verhält es sich mit all denen, die uns unbekannt und gleichgültig sind. Auch sie waren sowohl unsere Freunde als auch unsere Feinde, sei es in diesem Leben oder im Laufe unserer unzähligen Leben in Saṃsāra. Es macht deshalb keinen Sinn, sie nicht zu beachten oder ihnen gegenüber gleichgültig zu sein.

Darüber reflektieren wir so lange, bis alle Wesen uns gleich wichtig und gleich nah sind. Dies muss sich natürlich auch in unserem Alltag entsprechend auswirken. Die Übung gilt als gemeistert, wenn wir niemanden mehr bevorzugen oder benachteiligen.

Dies ist vergleichbar mit der Haltung, die entsteht, wenn wir die Brahmavihāra-Meditationen (Güte, Mitgefühl usw.) systematisch für uns selbst, für Geliebte, Freunde, uns Gleichgültige, Feinde, Gruppen oder alle Wesen kultivieren.

Die Wesen als Mutter sehen

Wenn wir uns die anfanglosen Leben im Saṃsāra vor Augen halten, wird uns klar, dass alle Lebewesen zu verschiedenen Zeiten in unterschiedlichen Daseinsformen unsere Mutter gewesen sein müssen. Über diesen Punkt wird immer und immer wieder reflektiert. Natürlich leuchtet er denen, die von der Folge von Wiedergeburten im Dasein überzeugt sind, besser ein als denen, die daran zweifeln. Aus diesem Grund mag diese Kontemplation für manche Abendländer nicht sehr wirkungsvoll sein. Jene, die sie sinnreich finden, sollten so lange fortfahren, bis sie ganz spontan ›Mutter!‹ denken, wann immer sie einem Menschen oder einem Tier begegnen.

Die Güte der Mutter sehen

Als wir zur Welt kamen, hatte unsere Mutter bereits viele Monate für uns Sorge getragen, uns beschützt, unsere Geburt vorbereitet und alles für unser Kommen bereit gemacht. Als Kleinkind hat sie uns ernährt, gepflegt, gewärmt, getröstet, beschützt. Sie hat uns sprechen gelehrt, uns belehrt, uns unterhalten, für uns gekocht, gewaschen, genäht. Sie hat sich bis in ihre letzten Tage für uns interessiert, sich um unser Wohlergehen gesorgt und uns, wenn nötig, weiter unterstützt. Die meisten Mütter überlegen sich nicht, was und wie viel für sie selbst bei all dem herausschaut.

Einige von uns mögen ihrer Mutter gegenüber auch ablehnende Gefühle verspüren, weshalb diese Meditationen schmerzhafte Emotionen wachrufen können. Hier kann es nützlich sein zu versuchen, vor allem das zu betrachten, was die Mutter tatsächlich an Gutem getan hat, oder sich hauptsächlich der Kontemplation unserer Abhängigkeit von den Lebewesen zu widmen, wie sie im Folgenden beschrieben wird.

Wenn uns, dank der vorhergehenden Kontemplation, geläufig ist, dass alle Lebewesen zu verschiedenen Zeiten unsere Mutter waren, beginnt sich ein Gefühl für die Güte aller Lebewesen in uns zu entwickeln. Schrittweise werden Väter, Verwandte, Freunde, uns gleichgültige und für uns schwierige Menschen sowie Tiere mit einbezogen. Sehr unterstützend kann dabei auch die folgende Kontemplation über unsere Abhängigkeit von den Lebewesen sein:

Unsere Abhängigkeit von den Lebewesen sehen

Wenn wir uns ernsthaft darüber Gedanken machen, was alles geschehen muss, bis wir ein Stück Brot auf dem Frühstückstisch vor uns liegen haben, wird uns klar, wie viel Arbeit und Aufwand von Seiten vieler Menschen und Tiere dazu notwendig ist. Es erfordert Bauern, die pflügen, säen und ernten, Müller, die mahlen, Bäckerinnen, die backen, Transporteure, Verkäuferinnen und die Person, die einkauft und alles bereitstellt. Dabei sind auch Maschinen aller Art vonnöten, Ingenieure, welche diese entwerfen, Fabrikpersonal, das sie aus Metallen herstellen, die wiederum von Grubenarbeitern gefördert werden müssen. Um eine Tasse Kaffee genießen zu können, muss es Plantagen in Brasilien geben; (sehr schlecht bezahlte) Arbeiterinnen müssen den Kaffee anpflanzen und ernten, es braucht Herstellung, Verpackung, Transport und Verkauf der Ware, bis der duftende Kaffee vor uns steht. Eine endlose Kette von Menschen und ihrer Arbeit ist erforderlich für jedes Ding, das wir benötigen, seien es Nahrungsmittel, Kleider, Schuhe, Bücher, Computer, Fahrzeuge oder was immer. In manchen Fällen leben wir gar auf Kosten des Lebens von Menschen und vor allem von Tieren. Wenn wir systematisch, konsequent und ausdauernd über diese Gegebenheiten nachdenken, wird sich zunehmend Wertschätzung für Arbeit und Aufwand der Menschen und Lebewesen einstellen.

Natürlich können wir uns sagen, dass Mütter sich ja die Kinder wünschen, dass Arbeiter aus reinem Eigennutz produzieren, weil sie dafür entlohnt werden, dass Tiere ihr Leben nicht aus Güte hergeben, sondern weil sie machtlos sind und überwältigt werden. Das mag wahr sein, würde aber der Absicht hinter diesen Meditationen nicht dienen. Wenn wir tatsächlich Bodhicitta kultivieren möchten, müssen wir uns dazu entscheiden, die Welt und die Lebewesen aus einem Blickwinkel zu betrachten, der dieser Entwicklung förderlich ist.

Ihre Güte erwidern

Nachdem wir die Güte aller Mütter reflektiert und Wertschätzung für die Lebewesen entwickelt haben, stellt sich ganz natürlich der Wunsch ein, diese Güte zu erwidern. Dies ist ein bedeutsamer Wendepunkt in unserem Verhältnis zu allen Wesen dieser Welt. Wissend, dass sie alle, genau wie wir selbst, nicht leiden, sondern Glück erfahren möchten, beginnen wir uns auf das auszurichten, was sie in diesem Bestreben unterstützen könnte.

Andere und sich selbst als gleichwertig erkennen

Um diese Haltung zu vertiefen, prüfen wir, was sich die Wesen grundsätzlich vom Leben wünschen. Und wir erkennen: Es ist das Gleiche, was auch wir uns erhoffen. Zum Beispiel möchten wir, wenn immer möglich, in keiner Weise Unangenehmes erdulden oder Leiden erfahren. Genau dasselbe trifft für die anderen Lebewesen zu. Wir lieben gutes Essen, eine komfortable Wohnung, schöne Kleidung, eine erfüllende Arbeit, genügend Freizeit, gute Freunde usw. Dabei spüren wir, dass dies Dinge sind, die wir wirklich schätzen. Anschließend machen wir uns bewusst, dass andere Menschen auch genau dies gerne haben. Eigentlich möchten wir immer noch glücklicher sein, egal wie gut es uns schon geht. Genau das möchten auch die anderen. Wir teilen dieselben Hoffnungen und Erwartungen. Die Begründungen für unser Bedürfnis nach Glück sind auch jene der anderen. Deshalb gibt es jeden Grund, uns genauso um ihr Wohlergehen zu kümmern, wie wir dies für unser eigenes Wohlergehen tun.

Śāntideva betont, dass sich unsere Hand um unseren verletzten Fuß kümmert, obschon sie dessen Schmerz nicht spürt. Genauso sollen wir uns um andere kümmern, obschon wir ihr Leiden nicht unmittelbar selbst erfahren. Die Übung gilt als vollendet, wenn wir die Bedürfnisse anderer wahrnehmen, als wären sie unsere eigenen, und sich unsere Art, mit anderen Menschen umzugehen, entsprechend geändert hat; dies nicht nur in der formalen Meditation, sondern genauso auch im Alltagsleben.

Nachteile des Egoismus, Vorteile des Altruismus

Es ist von großem Nutzen, sich ernsthaft über die Eigenschaften und Auswirkungen gewohnheitsmäßiger Haltungen wie jener des Egoismus Gedanken zu machen, deren Nachteile zu erforschen und die Vorteile des Altruismus zu ermitteln.

Wenn wir aus Egoismus handeln, stärken wir die Kleśa wie Verlangen und Abneigung. So werden wir nicht nur unsere spirituellen Ziele nicht erreichen, sondern überhaupt kaum Fortschritte machen, weil unser Denken und Tun dauernd um unser eigenes Wohl kreist. Im ›selbstzentrierten Modus‹ befürchten wir auch ständig, zu kurz zu kommen.

All dies wirkt sich nachteilig auf unser Karma aus. Selbst wenn wir nur unser jetziges Leben betrachten, können wir sehen, wie einengend und mühsam eine selbstzentrierte Haltung ist. Egoismus wird deshalb mit einer chronischen Krankheit verglichen, die an sich schon leidvoll ist, aber noch zusätzliche Beschwerden mit sich bringt. Dabei fällt es uns schwer, nicht immer wieder dem Glauben zu verfallen, durch egoistisches Tun sei uns am besten gedient. So meditieren wir, bis wir verstehen, dass Egoismus nicht zum erhofften Glück führt, sondern zu seinem Gegenteil.

Mit einer altruistischen, auf das Wohlergehen anderer ausgerichteten Haltung nähren wir Eigenschaften wie Offenherzigkeit, Güte und Weisheit, die uns glücklich und frei machen. Durch sie entstehen Gefühle von innerer Fülle, Enthusiasmus und Freude. Obschon unser eigenes Wohlergehen in den Hintergrund rückt, kommen wir in der Praxis voran und werden unsere spirituellen Ziele schneller erreichen. Das heißt, dass selbst von einem streng egoistischen Standpunkt aus gesehen eine altruistische Haltung die nützlichere wäre – ähnlich wie bei einem Bauern, der Gerste pflanzt und erntet und dabei auch noch Stroh gewinnt. Die Gerstenernte entspricht dem Wohle aller, das Stroh unserem eigenen Wohl, das als Nebenprodukt entsteht. Dabei wäre es aber absurd, wenn der Bauer das Land bepflanzen würde, nur um Stroh zu gewinnen. An diesem Punkt ist es wichtig zu verstehen, dass unechter Altruismus, der nur vorgespielt wird, um eine nützliche Wirkung zu erzielen oder sich selbst und andere zu beeindrucken, in keiner Weise die Kraft hat, die hier beschriebenen positiven Wirkungen zu entfalten.

Natürlich fällt es uns meistens leichter, gegenüber liebenswürdigen und befreundeten Menschen in altruistischer Weise zu handeln. Wirklich bedeutsam wird diese Praxis, wenn wir uns mit Menschen befassen müssen, die wir unsympathisch finden oder die uns gar Schaden zufügen.

Die altruistische Haltung wird verglichen mit einem ›wunscherfüllenden Juwel‹, welches die Bedürfnisse und Wünsche der Lebewesen erfüllt.

Śāntideva beschreibt die entgegengesetzten Denkweisen ungeübter und geübter Praktizierender. »Wenn ich dies fortgebe, was hab ich dann selbst noch zu genießen? Solches Selbstinteresse ist dämonisch. Wenn ich dies selber verbrauche, was kann ich dann noch verschenken? Solche Großzügigkeit ist göttlich.«[127] Um eine echte Transformation der inneren Haltung zu bewirken, braucht es Jahre beharrlicher Praxis, da die Selbstzentriertheit tief in uns verwurzelt ist.

Sich selbst mit anderen austauschen

Das Austauschen von sich selbst mit anderen ist eine recht anspruchsvolle Kontemplation, die Śāntideva in seiner *Bodhicaryāvatāra* ausführlich erörtert.[128] Dabei versetzt man sich in die Lage des anderen, um eine gegebene Situation aus dessen Sicht zu betrachten. Wenn wir in Konflikt stehen mit anderen, kann dies helfen, die Gegenseite zu verstehen. Als Abendländerin setzen wir uns an die Stelle von Muslimen. Als Israeli betrachten wir die Dinge aus der Sicht der Palästinenser. Als Arbeitnehmer versetzen wir uns an die Stelle der Arbeitgeber. Wenn wir uns mit unserem Partner streiten, schauen wir die Situation mit seinen Augen an. Wir üben uns in der formalen Kontemplation, um im Alltag vorbereitet zu sein und mit Situationen tatsächlich so umgehen zu können.

Lo-jong-Praxis

Die tibetische Tradition kennt eine weitere Gattung von Lehren und Praktiken zur Transformation von Herz und Geist von einer selbstzentrierten zu einer altruistischen Sichtweise der Welt. Sie sind nicht eigentlich Teil dieser Abfolge von Übungen zur Entwicklung von Bodhicitta, sondern bilden einen eigenständigen Praxiszyklus. Es sind die sogenannten Geistesschulungen (*lo-jong*), die von den Kadampa-Geshes Chekawa, Langri-Thangpa und anderen Meistern in der Überlieferungslinie von Atīśa im 12. Jahrhundert verfasst worden sind. Sie enthalten zahlreiche hervorragende, gut anwendbare Ratschläge zur Praxis. Wenn wir zum Beispiel einer für uns sehr schwierigen Person begegnen, betrachten wir diese als unseren wichtigsten Lehrer und versuchen, entsprechende Wertschätzung für sie hervorzubringen. Diese Vorgehensweise läuft all unseren Instinkten entgegen und verlangt große Entschlossenheit und Hingabe. Dabei ist eine derartige Sichtweise gar nicht so weit hergeholt, wie es den Anschein hat. Eine solche Person gibt uns nämlich vorzügliche Gelegenheiten, Geduld, Vergebung und

Mitgefühl unter schwierigsten Bedingungen zu praktizieren. Nicht nur gewährt sie uns eine wunderbare Chance, auf dem Weg zur Befreiung fortzuschreiten, sondern sie nimmt durch ihr unheilsames Verhalten auch noch negatives Karma auf sich, um uns die Möglichkeit zu geben zu praktizieren. Solche und viele andere Reflexionen machen Lo-jong zu einer anspruchsvollen, aber äußerst wirksamen Praxis – vorausgesetzt, sie wird auch wirklich nachhaltig in den Alltag übertragen. Sie wird unter den Tibetern aufs Höchste geschätzt und verehrt. Es gibt heute sehr gute Bücher zu diesem Thema.[129]

Geben und Nehmen (*tong-len*)

Die nächste Praxis auf dem Weg zu Bodhicitta ist Tong-len. Tong-len heißt ›Geben und Nehmen‹.[130] Es gibt viele Spielarten dieser Übung. Grundsätzlich stellt man sich vor, das Leiden aller Lebewesen auf sich zu nehmen und ihnen anschließend Glück und Wohlergehen zu geben. Wir beginnen damit, unsere Selbstzentriertheit als schwarzen Fleck in der Brust zu visualisieren. Dann stellen wir uns die Lebewesen aller Daseinsbereiche vor: die uns verwandten und bekannten, die uns feindlich gesinnten, die zahllosen uns unbekannten. Wir führen uns ihre vielfältigen Leiden vor Augen und beginnen, mit dem Einatmen ihr Leiden auf uns zu nehmen und absorbieren dieses im dunklen Fleck der Selbstzentriertheit. Dann verbinden wir uns mit unserem eigenen Glück und Wohlergehen und senden dieses, zusammen mit dem Ausatmen, an die vielen Wesen. Wir stellen uns vor, dass diese nun stetig, mit jedem Atemzug, von Leiden befreit und glücklich werden.

Wir üben uns auch darin, ihre Armut auf uns zu nehmen und ihnen unseren Besitz und Reichtum zu geben. Wir stellen uns vor, dass wir ihr negatives Karma auf uns nehmen und ihnen schenken, was immer wir an heilsamem Karma haben. Auch nehmen wir all ihre Unwissenheit auf uns, um ihnen dann alle Weisheit zu geben, über die wir verfügen. Der schwarze Fleck unserer Selbstzentriertheit wird dabei heller und verschwindet schließlich. Zum Schluss stellen wir uns vor, dass die Wesen gesund und glücklich sind, mit einem Geist voller Freude und Frieden. Gesammelt verweilen wir in dieser Vorstellung. Mit etwas Übung können wir Tong-len dann jederzeit und überall, wo wir Menschen begegnen, anwenden. Natürlich wird diese Praxis die Lebewesen nicht wirklich befreien.

Aber sie ist eine unmittelbare Vorbereitung zur tatsächlichen Integration dieser Verhaltensweise ins tägliche Leben. Und genau das ist natürlich der Sinn dieser Übung.

Der vorzügliche Wunsch

Durch die konsequente Praxis der vorhergehenden Übungen entsteht der dringende Wunsch, den Lebewesen möglichst wirkungsvoll zu helfen und sie darin zu unterstützen, sich aus dem Saṃsāra zu befreien. Gleichzeitig müssen wir uns eingestehen, dass unsere Möglichkeiten sehr beschränkt sind. Wir fragen uns, was denn die optimale Lösung wäre, und erkennen, dass es vollständig erwachte Buddhas sind, welche die besten Voraussetzungen haben, die Lebewesen wirkungsvoll zu unterstützen. So entsteht der ›vorzügliche Wunsch‹ (*lhag-sam*), so schnell wie möglich die Erleuchtung der Buddhas zum Wohle aller Lebewesen zu verwirklichen.

Bodhicitta verwirklicht: Der Weg der Bodhisattvas

Auf diese Weise wird Bodhicitta verwirklicht, das Bodhisattva-Gelübde erreicht seine volle Stärke, und die Praxis wird zu jener des Mahāyāna. Aktives Mitgefühl, Enthusiasmus und Hingabe an das Wohlergehen aller Wesen sind zur unaufhaltsamen Kraft auf dem Weg zur Heilung aller lebenden Wesen geworden – die letztliche Konsequenz des Großen Mitgefühls.

Śāntideva schildert die Bodhicitta-Haltung als Wunsch und Bestreben, ein Beschützer zu sein für alle Schutzlosen, ein Führer für jene unterwegs auf dem Weg, ein Boot oder eine Brücke für solche, die ans andere Ufer gelangen möchten, eine Lampe für alle, die Licht brauchen, und eine Unterkunft für jene, die sich ausruhen möchten.[131] Es ist die kostbarste innere Haltung, die uns Menschen möglich ist.

Es wird zwischen konventioneller und letztendlicher (oder weniger treffend: zwischen relativer und absoluter) Bodhicitta unterschieden. Die konventionelle ist die eben beschriebene. Durch sie wird die Selbstzentriertheit beseitigt. Die letztliche Bodhicitta ist die Verwirklichung der Leerheit (śūnyatā). Durch sie wird Selbst-Ergreifen eliminiert.

Pāramitā: Die Vervollkommnungen

Mit der Verwirklichung von Bodhicitta ist die Praxis des ›Anstrebens‹ von Bodhicitta abgeschlossen, und es folgt das ›Anwenden‹ von Bodhicitta. Dies betrifft die Mittel, die angewandt werden müssen, um den Erleuchtungsgeist umzusetzen und Buddhaschaft zu verwirklichen, nämlich die sechs Vervollkommnungen (pāramitā). Es sind dies: Großzügigkeit (dāna/*chin-pa*), Ethisches Verhalten (śīla/*tsül-trim*), Geduldiges Annehmen (kṣānti/*sö-pa*), Enthusiastisches Bemühen (vīrya/*tsön-drü*), Meditation (dhyāna/*sam-ten*), Befreiende Weisheit (prajñā/*sherab*). Diese ›Sechs Pāramitā‹ eines Buddha werden im Folgenden noch ausführlicher beschrieben. Oft werden vier weitere genannt: Geschickte Mittel (upāya/*thab*), Kräfte (bala/*thob*), Gelöbnis, Wunschgebet (praṇidhāna/*mön-lam*), Vollkommenes Wissen oder Ursprüngliches Gewahrsein (jñāna/*yeshe*). Als Upāya gelten alle Geschickten Mittel, die, der Bodhisattva-Motivation entspringend, die Lebewesen auf ihrem Weg zu Glück und Befreiung unterstützen. Bala sind spirituelle Kräfte wie Vertrauen, Bemühen, Achtsamkeit, Sammlung und Erkenntnis, die zur Vervollkommnung gebracht werden. Praṇidhāna sind Vorsätze, Gelöbnisse und Wunschgebete, die zum Wohle der Wesen gefasst werden, wie zum Beispiel das aus Bodhicitta entspringende Bodhisattva-Gelübde. Jñāna wird als das den Erleuchteten eigene vollkommene Wissen um die Gesetzmäßigkeiten aller Dinge beschrieben. Es wird auch als die Verwirklichung des ›ursprünglichen, nicht-dualen Gewahrseins‹ bezeichnet.

Im Theravāda werden zehn Pāramitā genannt, von denen sich fünf mit den oben genannten decken. Es sind: Großzügigkeit (dāna), Ethische Integrität (sīla), Entsagung, Loslassen (nekkhamma), Befreiende Erkenntnis, Weisheit (paññā), Enthusiastisches Bemühen (viriya), Geduldiges Annehmen (khanti), Wahrhaftigkeit (sacca), Entschlusskraft (adhiṭṭhānā), Liebevolle Güte (mettā), Gleichmut (upekkhā).

Das Wort Pāramitā bedeutet ›zum jenseitigen Ufer gelangen‹. Es kann mit ›Vervollkommnung‹ übersetzt werden, der wunderbaren Qualitäten von Herz und Geist, welche die Erhabenheit der Buddhas ausmachen. Der Pfad, auf dem diese Qualitäten bis zur Vollendung kultiviert werden, heißt Pāramitāyāna, das ›Vervollkommnungs-Fahrzeug‹. Es ist der Weg, den Gautama Buddha über Hunderte von früheren Leben gegangen sein soll.

Im Stufenpfad (*lam-rim*) werden vor allem die ersten sechs Pāramitā des Mahāyāna behandelt. Diese werden mit dem menschlichen Körper verglichen. Die ersten fünf – Geben, Ethik, Geduld, Bemühen und Meditation – entsprechen Rumpf und Gliedern. Sie sind verantwortlich für das Tun, Fortbewegen, Arbeiten. Die sechste, Weisheit, entspricht den Augen. Sie sehen, was zu tun ist und wohin gegangen werden soll, was heilsam und befreiend ist.

Zwei Ebenen der Wirklichkeit

Wie in Kapitel 11 in ›Die Sichtweise der Mitte‹, S. 176 ff. bereits erwähnt wurde, werden in der Mādhyamika-Perspektive des Mahāyāna zwei Ebenen oder Aspekte der Wirklichkeit unterschieden; die *konventionelle* und die *letztendliche*. Diese zwei Ebenen werden auch die ›Zwei Wahrheiten‹ genannt. Die konventionelle Wirklichkeit ist die Welt der Erscheinungen, die entsprechend den Gesetzen von abhängigem Entstehen und Ursache und Wirkung entsteht. Die letztendliche Wirklichkeit ist die Art und Weise, in der die Dinge tatsächlich existieren, nämlich leer von Selbstexistenz (śūnyatā). Auf der Ebene der konventionellen Wirklichkeit wird zum Wohle der Wesen praktiziert und gehandelt. Die letztendliche Ebene muss mittels Befreiender Weisheit erkannt und verwirklicht werden.

Diesen beiden Ebenen entsprechend werden die verschiedenen Praxisaspekte in jene von Upāya, Geschickte Mittel oder Methoden, und in die von Prajñā, Weisheit, unterteilt. Upāya bezieht sich auf alles Meditieren, Reden und Handeln, das der mitfühlenden Haltung von Bodhicitta entspringt, also Großzügigkeit, Ethik, Geduld, Bemühen usw., und manifestiert sich in der *konventionellen Wirklichkeit.* Prajñā erkennt die leere Natur aller Dinge, deren *letztendliche Wirklichkeit.*

Diese zwei Aspekte der Praxis werden in vielen tantrischen Bildern dargestellt. Avalokiteśvara, der Buddha des großen Mitgefühls zum Beispiel, hält ein Juwel auf Höhe des Herzens. Er hält es in zweien seiner vielen Hände, wobei die rechte Geschickte Mittel (upāya), die linke Befreiende Weisheit (prajñā) symbolisiert. Dank dem Zusammenwirken der beiden Aspekte wird der Edelstein zum ›wunscherfüllenden Juwel‹, weil jene, die diese beiden Seiten vervollkommnet haben, die spirituellen Wünsche der Wesen in bester Weise erfüllen können.

Die oft dargestellten Hand-Utensilien der tantrischen Buddhas, Vajra und Glocke, stellen ebenfalls die beiden Aspekte von Geschickter Methode und Weisheit dar. Der Vajra symbolisiert Upāya, die Glocke Prajñā. Mitfühlendes Handeln (upāya), also der Vajra, wird als der aktive, männliche Aspekt gesehen, Befreiende Weisheit (prajñā) und damit die Glocke, als empfangender, weiblicher Aspekt. Beide Aspekte müssen zur Blüte gebracht werden. Atīśa betonte, dass Weisheit ohne Geschickte Mittel, aber auch Geschickte Mittel ohne Weisheit nicht genügen und wir beides entwickeln müssen.

Pāramitā der Großzügigkeit (dāna-pāramitā)

Die erste der Pāramitā ist Großzügigkeit, Freigiebigkeit, Offenherzigkeit, Geben (dāna). Es ist Aloba, Nicht-Gier, eine der ›Wurzeln des Guten‹, zur Vollkommenheit entwickelt. Großzügigkeit wird als Erstes gelehrt, weil sie im Dasein eine optimale Ausgangslage schafft und die Praxis in machtvoller Weise fördert. In einem Text wird gesagt: »Für Großzügige ist es leicht, die Erleuchtung zu erlangen.« Wir können materielle Dinge verschenken, aber auch unsere Zeit, Aufmerksamkeit, Zuwendung, Verständnis oder unser Wissen und Können. Auch das Gewähren von Schutz ist eine Form des Gebens.

Von großen Bodhisattvas wird gesagt, dass sie, wenn nötig, sogar ihren Körper hergeben. Nach der Legende warf sich der zukünftige Buddha vor eine Tigerin. Da er seinen Körper opferte, konnte sie überleben und ihre Jungen ernähren.[132] Allerdings wird in den Belehrungen betont, dass dies nur für höchst verwirklichte Bodhisattvas unter bestimmten Umständen angemessen sei. Als die höchste aller Gaben wird die der Belehrungen und der Unterstützung im Dharma gesehen.

Ohne Großzügigkeit wird man unter Armut und schlechten Bedingungen leiden oder gar als hungriger Geist geboren. Das Herz wird eng, und man kann sich nicht öffnen und ausruhen. Umgekehrt wird Großzügigkeit als eine der Ursachen für die Geburt als Mensch gesehen.

Entscheidend für die Wirkung der Großzügigkeit ist auch hier die Absicht. Gibt man, um jemandem zu schaden, um des guten Rufes willen, weil man Dank oder Gegenleistungen erwartet oder in verächtlicher oder demütigender Weise, wirkt dies nicht heilsam auf die Gebenden. Schenkt man aber mit Freude und

Offenheit, aus Verbundenheit mit den Wesen und ohne Erwartungen, wird die Wirkung ›ein erfülltes Leben in Wohlstand‹ sein, und es ›wird zur vollständigen Verwirklichung führen‹, wie es in den Texten heißt.

Großzügigkeit wird zusammen mit der Vervollkommnung der Weisheit vollendet. Dann ist offenbar, dass kein selbstexistenter Geber da ist, dass da nicht wirklich ein Empfänger ist und dass die Gabe selbst leer ist. Ein Tanz der Erscheinungen, in dem das Leben selbst sich aus Verbundenheit Dinge schenkt.

Pāramitā des ethischen Verhaltens (sīla/śīla-pāramitā)

Ethisches Verhalten, heilsame Disziplin, Integrität – Śīla ist die Grundlage für jeglichen Fortschritt auf dem Pfad und wird mit den Füßen verglichen, ohne die man sich gar nicht fortbewegen kann.

Ethisches Verhalten führt zusammen mit Großzügigkeit zum Erlangen der bereits erläuterten ›kostbaren Situation als Mensch‹. Menschen mit reiner Ethik werden mit schönen, wohlriechenden Blumen verglichen, die viele Bienen anziehen. Sie ziehen andere Menschen und auch die Götter und Buddhas an und sind deshalb geachtet, beschützt und gesegnet.

Es gibt zwei Beweggründe für die Praxis von Śīla. Einerseits schützen wir uns selbst vor unheilsamem Karma und den daraus folgenden Leiden. Andererseits möchten wir, aus Mitgefühl, andere vor Leiden bewahren und handeln deshalb mit Sensibilität, Rücksicht und Freundlichkeit. Unsere Handlungen sollen ausschließlich dem Wohl der Lebewesen dienen.

Ethisches Verhalten heißt, sich achtsam an die Gelübde zu halten, die man – nach reiflicher Überlegung – genommen hat. Dies können die Regeln der ordinierten Mönche oder Nonnen sein oder die fünf oder acht Verhaltensregeln für Laien oder, im weiteren Sinne, das Vermeiden der zehn unheilsamen Handlungen von Körper, Rede und Geist, wie sie in Kapitel 8, ›Karma‹, auf S. 137 f. ausführlich beschrieben werden. Es sind dies Töten, Stehlen, sexuelles Missverhalten, Lügen, Verleumdung, verletzendes Reden, Geschwätz, Habsucht, Böswilligkeit und falsche Sichtweisen. Auch der Bodhicitta-Entschluss und die Gelübde der Bodhisattvas werden unversehrt aufrechterhalten. Gleichzeitig heißt ethisches Verhalten auch, Harmonie, Frieden und Eintracht zu kultivieren.

Śīla ist vollkommen, wenn die Verbundenheit mit allen Wesen so tief ist, dass ethisches Handeln völlig spontan wird und jedes Gefühl der Trennung zwischen Handelnden und vom Handeln Betroffenen wegfällt.

Die Pāramitā der Geduld (khanti/kṣānti-pāramitā)

Geduld, Annehmen, Sanftmut ist die dritte Pāramitā. Kṣānti, das geduldige Annehmen von Dingen und Situationen, wird vor allem in unangenehmen, schwierigen Konstellationen praktiziert. Wut und Zorn werden überwunden. Es heißt, Zorn zerstöre die bereits angesammelten Tugenden wieder. Deshalb hat Geduld hier eine besonders wichtige Schutzfunktion. So wie Großzügigkeit Nicht-Haften (alobha) als Grundlage hat, ist die Grundlage von Geduld Nicht-Hass (adosa/adveṣa). In diesem Sinne ist sie nahe verwandt mit liebevoller Güte (mettā/maitrī).

Kṣānti wird verglichen mit der großen Erde, die daliegt, offen zu empfangen und zu geben – Saat und Ernte, Sonne und Regen, Städte und Wälder – und alles zu tragen, was auf ihr schreitet, kriecht, schwimmt und fliegt. Sie ist annehmend, erlaubend und willens zu fühlen. Es ist das Herz, das sich nie mehr verschließt.

Śāntideva illustriert Geduld wie folgt: Vor spitzen Steinen und Dornen könnte man sich schützen, indem man den Boden überall mit Leder bedecken würde. Viel weiser aber ist es, die eigenen Füße mit Leder, mit Schuhen, zu bedecken. So kann man unbesorgt überall hingehen. Kṣānti-Pāramitā ist wie diese Schuhe. Nichts kann mehr stören oder verletzen. Geduld schafft tiefen Frieden und große innere Freiheit.

Geduld wird geübt im Annehmen von Leiden und Schmerzen, die uns im Leben befallen mögen. Geduld brauchen wir, wenn andere uns beschimpfen oder schädigen. Anstelle von Groll oder Rachegefühlen tritt geduldiges Annehmen. Um auf dem Weg voranzukommen, brauchen wir unerschöpfliche Geduld, um all die Hemmnisse und Schwierigkeiten, die uns begegnen, auszuhalten und letztlich zu überwinden. Es verlangt große Geduld, bis all die Tugenden und Erkenntnisse der Erleuchteten verwirklicht sind.

Geduldiges Annehmen und liebevolle Güte sind sehr hilfreich beim geschickten Umgang mit unseren schwierigen, unheilsamen Emotionen wie Ärger, Wut und Hass, aber auch Verlangen, Begierde oder Neid. Statt sich in diesen Gefühlen zu verlieren und entsprechend zu reagieren oder sie zu verurteilen und zu verdrängen, wenden wir uns ihnen achtsam und mit liebevoller Geduld zu. Wir sehen und fühlen sie als das, was sie sind: gewohnheitsmäßige, Leid schaffende, schädliche Reaktionsweisen von Geist und Herz. Wenn wir voll und ganz dafür präsent sind, mit nicht wertender, geduldiger Zuwendung, werden sie keinen Schaden anrichten und, entsprechend ihrer vergänglichen Natur, schließlich ganz von selbst wieder verfliegen.[133]

Geduldiges Annehmen bezieht sich hier auf das Akzeptieren der inneren Erfahrung des Moments. In dem Maße, wie uns dies gelingt, können wir aus einer Position der Klarheit und Gelassenheit auf weise, mitfühlende Art reagieren. Geduldiges Annehmen bedeutet aber keinesfalls, dass alles in Ordnung ist, was auf dieser Welt geschieht, und dass alles blind akzeptiert werden sollte. Im Gegenteil: Geduld und Weisheit erlauben uns, Situationen intelligent zu beurteilen und, wann immer nötig, die erforderlichen Maßnahmen in die Tat umzusetzen.

Kṣānti wird zur Pāramitā, wenn uns nichts mehr erschüttern und verletzen kann und das Herz vollständig in liebevoller Gelassenheit ruht.

Die Pāramitā des enthusiastischen Bemühens (viriya/vīrya-pāramitā)

Freudiges, enthusiastisches Bemühen, Energie, Ausdauer, ist die vierte der sechs Pāramitā. Das Wort Vīrya bedeutet Held. Es ist das heldenhafte Bemühen, in Herz und Geist heilsame Zustände hervorzubringen und zum Wohle vieler zu wirken. Vīrya ist die Freude am Ausüben des Dharma; die Gegenkraft zu Faulheit und Bequemlichkeit. Von diesen gibt es drei Arten; erstens: Zaudern wegen Gefühlen der Unzulänglichkeit oder Entmutigung; zweitens: Faulheit und Trägheit in der Praxis, wenn wir die Tatsache verdrängen, dass unser Leben sehr kurz ist und wir unsere Zeit gut nutzen sollten; drittens, Beschäftigtsein mit tausend Dingen, die uns nicht wirklich weiterbringen, nicht wirklich befreien.

Hier helfen die drei Arten des enthusiastischen Bemühens: Wir praktizieren stetig und ununterbrochen, ähnlich dem Dahinfließen eines großen Stromes, ohne uns von anfänglichen unrealistischen Erwartungen hinreißen zu lassen, um uns später in Entmutigung zu erschöpfen. So wächst die zweite Art, das beharrliche Bemühen um heilsames Verhalten, in welchem wir unsere Handlungen von Körper, Rede und Geist mit den Vervollkommnungen, den Pāramitā, verknüpfen. Als Drittes üben wir uns unermüdlich darin, den Lebewesen zu helfen, wo immer Hilfe gebraucht wird und wir von Nutzen sein können.

Enthusiastisches Bemühen wird verglichen mit dem Gang des großen Elefanten. Völlig unbeirrt durchquert er chaotische Situationen, ohne zu zögern oder sich zu beeilen. Mit unerschütterlicher Stetigkeit verfolgen wir unseren Weg, ohne nach jedem dritten Schritt wieder zwei zurückzufallen. Dazu brauchen wir den Mut des großen Kriegers. »Die Praxis ist so schwierig, als wenn ein Krieger eigenhändig tausend Krieger tausendmal besiegen wollte«, betonte der Buddha. Deshalb brauchen wir auch Enthusiasmus und Freude. So bemühen wir uns ›mit der Begeisterung des großen Liebenden‹.

Vīrya wird gestärkt durch das Gefühl der Dringlichkeit. Angesichts von Vergänglichkeit und Tod sollten wir praktizieren, als stünde unser Haar in Flammen. Diese Dringlichkeit darf aber nicht zu Grimmigkeit führen. Wir können uns mit Freude und Begeisterung ans Werk machen, so wie ein von Sonne, Staub und Hitze geplagter Elefant sich in einen kühlen See wirft.

Zu wissen, wann es genug ist und der Moment der Erholung gekommen ist, gehört ebenfalls zum geschickten Bemühen.

Es wird auch vom vierfachen Bemühen gesprochen. Dieses wurde in Kapitel 14, S. 218 ff. eingehend behandelt.

Die Pāramitā der Sammlung und Meditation (jhāna/dhyāna-pāramitā)

Meditation, Sammlung, Ruhevolles Verweilen, Versenkung, ist die fünfte der Pāramitā. Das Wort ›dhyāna‹ (pāli: jhāna) bezieht sich ursprünglich auf die Versenkungen. In den fernöstlichen Übersetzungen als Ch'an, Son oder Zen hat sich die Bedeutung etwas verändert.

Wer all die Qualitäten von Herz und Geist kultiviert, aber keine Sammlung hat, wird immer wieder vom Wesentlichen abgelenkt und wird schwerlich die Tiefen der Meditation erreichen können. Als Zweck dieser Meditation wird als Erstes das Erreichen von Glückseligkeit und ruhevoller Sammlung genannt, als Zweites das Schaffen der Grundlage für Befreiende Erkenntnis. Als Drittes ist sie ein Mittel, um anderen Lebewesen wirkungsvoll helfen zu können.

Wie schon oben in Kapitel 14 unter ›Rechte Sammlung‹ beschrieben wurde, eignen sich verschiedene Meditationsobjekte zu verschiedenen Zwecken. So neutralisiert die Meditation über die unangenehmen Aspekte des menschlichen Körpers Verlangen und Anhaften. Bei ablehnender Tendenz hilft die Meditation über Liebe und Mitgefühl. Meditation über abhängiges Entstehen hebt die irrtümliche Ansicht über die Selbstexistenz auf. Die Atem-Achtsamkeitsmeditation ist förderlich bei starker emotionaler und gedanklicher Aktivität des Geistes. Zusätzlich werden Meditationsobjekte erwähnt, die im Rahmen des Stufenpfades (*lam-rim*) von Bedeutung sind: ›Andere und sich selbst als gleichwertig erkennen‹ hilft gegen Neid, ›sich mit anderen austauschen‹ gegen Dünkel.

Das Vorgehen zur Verwirklichung von Sammlung, Śamatha, wird hier entsprechend tibetischer Belehrungen kurz erläutert. ›Shi-ne‹, das tibetische Wort für Śamatha, setzt sich zusammen aus ›Shi‹, friedvoll, und ›ne‹, verweilen. ›Friedvolles Verweilen‹ entspricht einer recht genauen Übersetzung des Pāli- und Sanskrit-Begriffes Śamatha.

Bevor mit der Meditation begonnen wird, müssen wir korrekte Anweisungen von kompetenter Seite erhalten. Die Lehrperson muss erreichbar sein, sollten Hindernisse oder Fragen auftauchen. Dann muss ein geeigneter Ort gefunden werden. Dieser sollte ruhig, geschützt und sauber sein, und alles Erforderliche wie Essen und Medizin muss leicht erreichbar sein. Als Körperhaltung wird in Meditationstexten die sogenannte Sieben-Punkte-Haltung des Buddha Vairocana empfohlen. Hier soll nur gesagt werden, dass eine gut zentrierte und aufrechte Sitzweise von großer Hilfe ist.

Die Entwicklung von Shi-ne wird in neun Stufen beschrieben. In Tibet wurde dieser Prozess im ersten Teil des letzten Jahrhunderts auch als Bild dargestellt (siehe Abbildung S. 294).

Der Elefant symbolisiert unseren Geist. Wilde Elefanten können zerstörerisch sein, gezähmte und trainierte Elefanten hingegen sind äußerst gehorsam und nützlich. Dasselbe trifft auf unseren Geist zu. Der Mönch steht für die Person, die meditiert. Sie hält ein Seil und einen Haken in der Hand. Das Seil stellt Achtsamkeit (*dren-pa*) dar, der Haken versinnbildlicht Wachsamkeit (*she-shin*). Die Achtsamkeit behält den Geist auf dem Objekt, die Wachsamkeit hütet den Geist vor ablenkenden Eindringlingen.

Auf der untersten Stufe rennt der Meditierende hinter dem Elefanten, unserem Geist, her. Dieser wird von einem Affen, der Zerstreuung (*gö-pa*), entführt.

Sammlungsmeditation

Der Geist wird von den Objekten der fünf Sinne abgelenkt. Deren Sinnbilder sind auf den unteren zwei Dritteln der Darstellung zu sehen. Der Körper des Elefanten ist schwarz, wodurch die Schläfrigkeit (*jing-wa*) dargestellt wird. Der Elefant (Geist) schenkt dem Meditierenden kaum Beachtung.

Auf der zweiten Stufe ist der Meditierende dem Elefanten näher. Auf der dritten hat er ihm das Seil der Achtsamkeit um den Hals geworfen, und das Tier schaut nun zurück. Das Feuer zeigt die Intensität des notwendigen Bemühens auf den verschiedenen Stufen. Der Hase stellt eine subtile Form von Schläfrigkeit dar, das Einsinken. Es kann auftreten, wenn der Geist gesammelt ist, aber ins Objekt ›einsinkt‹. Hier muss das Bemühen (Feuer) weiterhin stark sein.

Auf der vierten Stufe ist der Elefant (Geist) gehorsamer, und das Seil der Achtsamkeit muss weniger stark verwendet werden. Auf der nächsten wird der Elefant vom Seil und vom Haken geführt, und der Affe folgt hinten nach.

Auf der sechsten Stufe ist der Elefant gehorsam und viel weißer. Auf der siebenten ist der sinkende Geist kaum noch vorhanden, und der Elefant gehorcht von selbst. Bemühen (Feuer) ist von nun an kaum mehr notwendig

Auf der achten Stufe ist der Geist vollständig gesammelt und frei von Zerstreuung oder Einsinken. Auf der neunten Stufe kann er völlig ungestört über sehr lange Zeitspannen hinweg in Sammlung verweilen.

Auf dem zehnten Bild erfreut sich der Meditierende der vollen Sammlung.

Der Weg verzweigt sich hier. Der sogenannte weltliche Weg führt zu weiteren Versenkungsstufen und den übersinnlichen Kräften. Der andere führt zur Meditation über die wahre Natur aller Dinge (śūnyatā). Auf dem letzten Bild sitzt der Meditierende auf dem Elefanten. Das Feuer des notwendigen Bemühens ist wieder sehr stark. Er hält das doppelschneidige Schwert der Befreienden Erkenntnis (vipaśyanā/*lhag-thong*) mit dem er die beiden Fesseln von Kleśa und Karma durchtrennt.

Eine Verknüpfung von Śamatha- und Vipaśyanā-Meditation wird nun kultiviert, um Befreiende Erkenntnis, Weisheit (prajñā/*she-rab*), zu verwirklichen, die letzte der sechs Pāramitā.

Pāramitā der Befreienden Erkenntnis und Weisheit (paññā /prajñā-pāramitā)

Befreiende Erkenntnis, Einsicht oder Weisheit, ist das korrekte Verständnis der wahren Natur aller Dinge (śūnyatā): die Erkenntnis, die Herz und Geist von Unwissenheit und den daraus folgenden Kleśa befreit. Es wird gesagt: »Was immer die verschiedenen Praktizierenden an Glück und Freude erfahren mögen, es entspringt der Befreienden Weisheit.«[134] Obwohl die Natur aller Dinge nur einer Art ist, wird die Erkenntnis dieser Natur von den verschiedenen Traditionen und Schulen auf verschiedenste Weisen angegangen. Wegen der Subtilität und Vielschichtigkeit des Themas kann dieses hier nur grob umrissen werden. Um die Erkenntnis der Leerheit in die Praxis umzusetzen, ist die Führung durch qualifizierte Meister oder Meisterinnen unabdingbar.

Es heißt, dass selbst Praktizierende, die tiefste Versenkung erreicht und die anderen Pāramitā vervollkommnet haben, wie Blinde sind, die ohne Führer eine fremde Stadt kennenlernen möchten, wenn sie keine Weisheit (prajñā) haben. Umgekehrt reicht es auch nicht aus, Befreiende Weisheit allein verwirklicht zu haben, um Buddhaschaft zu erreichen. Weisheit ist vergleichbar mit den Augen einer Person. Sie erlauben ihr, klar zu sehen; aber der Rumpf und die Glieder, die den anderen Pāramitā entsprechen, sind nötig, damit diese Person sich fortbewegen und alle Arten von hilfreichen Tätigkeiten ausführen kann.

Die Eigenschaften aller bedingten, entstandenen Dinge sind Vergänglichkeit (anicca/anitya) und Unzulänglichkeit (dukkha). Sie wurden in Kapitel 3, S. 84 ff. und Kapitel 15, S. 272 f. behandelt.

Die Eigenschaft oder die Natur *aller* Dinge, ob entstanden oder nicht, ist die Leerheit von unabhängiger Selbstexistenz (anattā/anātman oder suññatā/śūnyatā). Genau diese Natur versteht Befreiende Weisheit (prajñā) in korrekter und tiefgründiger Weise.

Der Pāli-Begriff ›anattā‹ und der Sanskrit-Begriff ›śūnyatā‹ bedeuten beide ›leer von unabhängiger Selbstexistenz‹. Der Unterschied liegt darin, dass anattā vorwiegend im Theravāda als Bezeichnung für Nicht-Selbst der Person verwendet wird, während śūnyatā vorwiegend im Mahāyanā als Bezeichnung für die Nicht-Selbstexistenz aller Dinge (einschließlich der Person) verwendet wird.

Eigentlich sind es Synonyme. Personen und alle anderen Dinge des Daseins sind letztlich alle gleich leer.

Die Befreiende Weisheit erkennt die Nicht-Selbstexistenz oder Leerheit in zwei Stufen, nämlich in Bezug auf die Person und in Bezug auf alle Dinge des Daseins.

In der Meditation wird der Körper mit gesammeltem Geist systematisch nach einem Selbst untersucht. Gleichermaßen werden auch die anderen Daseinsgruppen (khandha/skandha) Gefühlstönung, Wahrnehmung, Bildekräfte und Bewusstsein erforscht. Dadurch wird klar und sichtbar, wie sich das scheinbar unabhängig existierende Ich oder Selbst anfühlt. Dieses wird dann in systematischer Weise widerlegt, bis ein befreiendes Durchschauen dieses falschen Selbst stattfindet.

Dies wird möglich, indem man ergründet, ob und wie dieses (scheinbare) Selbst oder Ich innerhalb der fünf Daseinsgruppen (khandha/skandha) oder aber außerhalb von ihnen existiert. Dadurch wird erkannt, dass Ich oder Selbst nur als eine Benennung in Abhängigkeit von den fünf Daseinsgruppen existiert. Dies bedeutet zwar, dass ich existiere und dass es korrekt ist, ›ich‹ zu sagen. Es muss aber gleichzeitig verstanden werden, dass es sich dabei nicht um ein real und unabhängig existierendes Selbst handelt, das schon immer da war, das man erfassen und festhalten kann und das gar von einem Leben zum nächsten zieht. Dies ist vergleichbar mit einem Wagen, der korrekt als Wagen bezeichnet wird, bei dem man aber nirgendwo einen Teil (wie Rad, Achse, Gestell oder Deichsel) findet, von dem man sagen könnte, dies sei nun der Wagen. Wagen ist also leer von Selbstexistenz. Dabei ist Wagen eine korrekte Benennung für eine Ansammlung zweckentsprechend arrangierter Teile. Mehr aber nicht.[135] Die Person bzw. die fünf Daseinsgruppen sind im gleichen Sinne leer von einem unabhängig existierenden Ich oder Selbst. »Wenn man eindeutig erkannt hat, dass dieses Ich eine reine Benennung ist (außerhalb der Logik der vier Kategorien), hat man die wirkliche Bedeutung von Nicht-Selbst verstanden«, schreibt Nāgārjuna.[136]

Genau wie in der Person kein unabhängig existierendes Selbst gefunden werden kann, ist es auch nicht möglich, in den Dingen eine Selbstexistenz zu finden, sei es in den Daseinsgruppen oder in äußeren Dingen wie Person, Haus, Land usw.

Was bedeutet hier Leerheit von unabhängiger Selbstexistenz? Die Dinge existieren in Abhängigkeit von Ursache und Wirkung. Um dies etwas vereinfacht darzustellen, nehmen wir das Beispiel einer Sojabohne: Sie ist rundlich, hart, grün und ungenießbar. Wird sie den richtigen Bedingungen ausgesetzt, so entsteht in wenigen Tagen eine Sojasprosse, welche länglich, weich, weiß und essbar ist. Nichts ist mehr zu finden von der ursprünglichen Bohne. Aus einer Ursache der einen Art (Bohne) wird eine Wirkung, die anderer Art ist (Sprosse). Wie viel Wirklichkeit kann eine solche Bohne oder eine solche Sprosse haben, wenn sie sich in etwas völlig anderes verwandeln kann? Weder die Bohne noch die Sprosse existieren unabhängig, in sich selbst. Das heißt aber nicht, dass Sprossen nicht existieren. Man kann sie pflanzen, verarbeiten und essen, sie können Vitamine liefern und den Hunger stillen. Aber sie existieren in einer Weise, die leer ist von unabhängiger, ›wirklicher‹ Existenz. Erscheinend und doch leer. Unwirklich und doch wirkend.

Die Dinge existieren in Abhängigkeit von ihren Teilen. Eine andere, ebenfalls vereinfacht dargestellte Demonstration ist die folgende: Stellen wir uns einen Rosenkranz (mālā) vor. Hundertacht Perlen sind auf einem Faden aufgereiht zu einer geschlossenen Schlaufe gebunden. Wir behandeln dieses Gebilde, als wäre es ein unabhängig existierendes, homogenes Objekt. Wenn nun der Faden reißt und die Perlen sich auf dem Boden in alle Richtungen hin verstreuen, können wir dann noch von einem Rosenkranz sprechen? Sicher nicht. Was ist aus dem Rosenkranz geworden? Er existiert nur insofern, als seine Teile (Perlen, Faden) in einer spezifischen Art angeordnet sind und in dieser Anordnung als Rosenkranz wahrgenommen werden. Stimmt die Anordnung, dann existiert der Rosenkranz tatsächlich (man kann damit Gebete oder Mantren zählen), aber nur in Abhängigkeit von seinen Teilen und der entsprechenden Wahrnehmung des Ganzen und nur so lange, wie diese Konstellation andauert. Darüber hinaus hat er keine eigene, innewohnende Realität. Er ist ›leer von unabhängiger Selbstexistenz‹.

Alle Dinge des Daseins, seien es Materie oder Geist, Konzepte oder Raum oder was immer, existieren in Abhängigkeit von benennender Wahrnehmung. Leerheit von Selbstexistenz wird auch folgendermaßen sichtbar: Wenn wir eine Rose sehen, sind wir sogleich davon überzeugt, dass eine Rose dort draußen unabhängig und in sich selbst existiert. Dieser Eindruck entsteht durch die aus der Unwissenheit entstandenen Täuschung. Die Rose existiert tatsächlich nur in Abhängigkeit von unserem Geist, der sie wahrnimmt und ihr die Bedeutung ›Rose‹ zuordnet. Damit eine Wahrnehmung korrekt ist, muss die Grundlage der

Benennung die Funktion der ihr zugeordneten Bedeutung erfüllen können. Wir sehen die Farbe Rot in einer bestimmten Anordnung, mit einer länglichen, stachligen, grünen Form darunter. Wenn diese Grundlage unserer Benennung wachsen, erblühen, duften und aussehen kann wie eine Rose und später auch wieder verwelkt, ist es (höchstwahrscheinlich) korrekt, im konventionellen Sinne von Rose zu sprechen. Außerhalb dieses Prozesses von benennender Wahrnehmung und der wahrgenommenen Farbe und Form kann nichts gefunden werden, das Rose per se ist. Sie ist leer von Eigenexistenz. Ein Beispiel einer inkorrekten benennenden Wahrnehmung wäre die längliche, gewundene Form einer Schlange, die fälschlicherweise als Seil wahrgenommen wird.

Normalerweise ist es in dieser Welt so, dass man etwas deutlicher und klarer sieht, je näher man kommt. Wenn man die Dinge des Daseins aber systematisch auf ihre Eigenschaften, ihr Wesen, ihre Natur hin untersucht, muss man feststellen: Je näher man hinschaut, desto weniger findet man. Warum? Weil die Dinge letztlich ohne Essenz sind. Ein oft gebrauchter Ausdruck lautet: »Etwas, auf das man den Finger legen könnte, findet man nicht.« Darum heißt es im *Laṅkāvatāra-Sūtra*: »Die Dinge sind nicht, was sie zu sein scheinen«, nur um dann fortzufahren: »Noch sind sie irgendwie anders.« Im *Diamant-Sūtra* wird beschrieben, wie wir diese Wirklichkeit betrachten sollten: Wie einen Stern in der Morgendämmerung, eine Blase in einem Fluss, ein Wetterleuchten in einer Sommerwolke, eine flackernde Lampe, ein Phantom, einen Traum.[137]

Auch die Leerheit aller Dinge ist leer von Selbstexistenz. Śūnyatā ist nicht eine Art kosmischer Substanz oder mystischer Raum, aus dem alle Phänomene entstehen und in den sie wieder verschwinden. Śūnyatā ist eine Eigenschaft aller Dinge. Als solche ist auch sie selbst leer von Selbstexistenz und in keiner Weise fassbar oder auffindbar. Śūnyatā existiert auch nur in Abhängigkeit der erscheinenden Dinge. Die Dinge und ihre leere Natur verhalten sich zueinander wie zwei aneinanderlehnende Holzstücke: Nimmt man eines weg, fällt das andere. Das eine entspricht den konventionell existierenden Dingen, wie Haus, Person, Geist etc., das andere ihrer Leerheit. Ohne Objekt keine Leerheit dieses Objekts. Ähnlich wie bei einem Gegenstand, dessen Farbe Rot ist. Rot ist gleichzeitig auch Nicht-Grün. Ohne das Rot kann man auch nicht von Nicht-Grün sprechen. Śūnyatā anzuhaften wäre verhängnisvoll. Nāgārjuna schrieb: »Solche, die an die Leerheit glauben, sind unheilbar krank.«[138]

In dem Maß, in dem wir erkennen, wie die Dinge tatsächlich existieren, werden unser Anhaften und damit auch die anderen Kleśa abnehmen. Es ist ähnlich wie bei jemandem, der einen Geldschein von sehr hohem Wert findet, diesen als wertvoll erkennt und fest daran haftet. Später entdeckt er aber, dass er sich wegen massiver Abwertung mit dieser Geldsumme kaum noch etwas kaufen kann. Sobald er dies erkannt hat, schwindet sein Anhaften.

Äußerst wichtig ist es zu verstehen, dass die Leerheit der Dinge nicht bedeutet, dass diese nicht existieren und nicht wirken. Ein fatales Missverständnis wäre es zu glauben, weil sie leer seien, sei auch die karmische Wirkung unseres Tuns unbedeutend. Auch abhängiges Entstehen und Karma (siehe Kapitel 7 und 8) sind ohne Selbstexistenz, was aber nicht heißt, dass sie nicht wirken. Solange Verblendung und die anderen Kleśa in unserem Geiste vorhanden sind, sind wir ihren Auswirkungen unterworfen. Eine oft zitierte Aussage des Meisters Padmasambhava lautet: »Meine Sichtweise ist so weit wie der Raum. Meine Handlungen sind so verfeinert wie Gerstenmehl.«

Da die Dinge in komplexer Abhängigkeit von ihren Teilen, von benennender Wahrnehmung und von Ursache und Wirkung entstehen, können sie nicht anders als von Natur aus leer sein. Diese Abhängigkeit besteht aber auch umgekehrt. Gerade weil sie in sich selbst leer sind, erscheinen sie nach den strengen Gesetzmäßigkeiten von abhängigem Entstehen sowie Ursache und Wirkung. Nāgārjuna schrieb: »Die leere Natur zu erkennen und dennoch die Funktionsweise von Karma und seiner Wirkung korrekt zu verstehen – das ist ausgezeichnet.«[139] Und in einem anderen Text heißt es: »Man sollte nie wegen ›śūnyatā‹ die konventionelle Wirklichkeit vergessen. Vielmehr sollte man verstehen, dass die konventionelle Wirklichkeit und ›śūnyatā‹, die letztendliche Wirklichkeit, Hand in Hand gehen.«[140]

Die Texte des großen indischen Meisters Nāgārjuna sind die unbestrittene Quelle für die Sichtweise der Mitte (mādhyamika).[141] Die verschiedenen Schulen haben diese Sichtweise weiterentwickelt und halten sich an dementsprechend unterschiedliche Belehrungen. Es gibt eine Reihe guter Bücher, die sich ausführlich damit auseinandersetzen.[142]

Das Ganze mag stark vereinfacht durch ein zeitgemäßes Beispiel illustriert werden. Die Wirklichkeit ist vergleichbar mit einem Spielfilm im Kino. Durch ein Zusammenwirken, abhängig von Licht, farbigen Zellophanstreifen mit bestimmtem Ablauf, Klang und einer Leinwand, erfahren die Zuschauer eine scheinbare Realität, und zwar entsprechend ihrem jeweiligen persönlichen Hintergrund. Obschon die Menschen und die Geschichten auf der Leinwand ganz offensichtlich keinen innewohnenden Wirklichkeitsgehalt haben, sind die Zuschauer bewegt, traurig oder fröhlich, aufgeregt oder gelangweilt, glücklich oder leidend. In dem Maße, wie sie mit dem Geschehen identifiziert sind, sind sie gefesselt, in der Geschichte absorbiert und dem Geschehen emotional ausgeliefert. Wenn der Film reißt oder der Projektor am Schluss der Vorstellung abschaltet und die Saallichter angehen, wird allen wieder klar: Es war eine Show, nicht die Wirklichkeit. Die Show ist also ›leer von innewohnender Selbstexistenz‹. Es gibt keinen Grund zur Aufregung oder zum Leiden.

Ganz ähnlich verhält es sich mit der Wirklichkeit dieses Daseins. Je identifizierter und gefangener wir im Geschehen dieses Moments sind, desto mehr sind wir den Geschehnissen ausgesetzt, desto mehr unterliegen wir ihrer Wirkung. Je wacher und tiefer wir erkennen, dass auch dies, in Abhängigkeit von Körper, Geist, Sinneserfahrungen und Gefühlen, nur eine leere Show ist, die uns eine absolut reale Wirklichkeit vorgaukelt, desto mehr innere Freiheit erfahren wir.

Dabei möchten wir uns aber auch nicht einfach irgendeinen Film anschauen, sondern einen, der wertvoll ist und erfreulich. Genauso können wir uns entscheiden, nicht irgendein Leben zu leben, sondern eines, das sinnvoll und hilfreich für viele ist.

Die Natur des Geistes

Der in den tibetischen Traditionen am weitesten verbreitete Zugang zur Verwirklichung der wahren Natur aller Dinge ist Mahāmudrā. In manchen Schulen wird hier von der Erkenntnis der Natur des Geistes gesprochen. Geist wird definiert als das, was ›klar und erkennend‹ oder ›leer und gewahr‹ ist. ›Klar‹ oder ›leer‹ bezieht sich dabei auf die Eigenschaft des Geistes, selbst weder Form noch Farbe zu haben, ähnlich wie der leere Raum. Nur weil der Geist selbst ohne Inhalte ist, kann er die Objekte, die Erfahrungen, mit denen er in Kontakt kommt, wahrnehmen, ähnlich wie bei einer Glasperle, die, nur weil sie selbst durchsichtig und farblos ist, blau leuchten kann, wenn sie auf einem blauen Tuch liegt. ›Klar‹ kann auch damit verglichen werden, dass ein guter Spiegel in sich klar und ohne Inhalt sein muss, damit er die Objekte, die vor ihm auftauchen, widerspiegeln kann.

›Erkennend‹ oder ›gewahr‹ bedeutet, dass der Geist die Fähigkeit hat, wahrzunehmen, gewahr zu sein, zu wissen, bewusst zu sein, vergleichbar mit der Fähigkeit des Spiegels, Dinge zu reflektieren, wiederzugeben. Dabei ist es eigentlich nicht korrekt zu sagen, der Geist habe diese Eigenschaften. Vielmehr machen diese Eigenschaften den Geist aus.

Für manche Schulen ist dies die Definition der konventionellen Wirklichkeit des Geistes. Um die letztendliche Wirklichkeit des Geistes zu erkennen, muss er, wie oben beschrieben, untersucht werden. Auch er existiert in Abhängigkeit von der benennenden Wahrnehmung. Auch wenn konsequent gesucht wird, kann er letztlich nirgendwo gefunden werden.[143]

Gemäß anderen Schulen ist die Fähigkeit wahrzunehmen, gewahr zu sein, die konventionelle Wirklichkeit des Geistes. Sein Leersein bezieht sich aber auf seine Leerheit von Selbstexistenz, also seine letztendliche Natur. Zu diesem Punkt gibt es erhebliche Unterschiede in den Sichtweisen.

Um richtig auf die Natur des Geistes meditieren zu können, ist eine Einführung und eine fortwährende Betreuung durch qualifizierte Meister oder Meisterinnen notwendig. Dabei sind die Vorgehensweisen auch hier vielfältig.

Der in ruhevollem Verweilen (śamatha/*shi-ne*) gefestigte Geist wird auf die Natur des Geistes ausgerichtet, um darin hellwach und unzerstreut zu ruhen. An nichts anhaftend, sondern entspannt und natürlich lässt man sich nieder im offenen Gewahrsein. Ohne sich in Gedanken über Vergangenheit, Zukunft oder Gegenwart zu verlieren, sollen die Denkvorgänge auch nicht verdrängt werden. So wie die Wolken im Himmelsraum nicht verschieden sind vom offenen Raum, sind die Gedanken nicht verschieden von der Natur des Geistes. In gleicher Weise erscheinen sie ganz von selbst und lösen sich auch wieder selbst auf.

Ob die im Geist erscheinenden Gedanken, Gefühle, Objekte und Wahrnehmungen gut sind oder schlecht, heilsam oder unheilsam – es wird kein Unterschied gemacht; denn alles entsteht und vergeht ganz von selbst, nichts hat Selbstexistenz, nichts von dem, was im Geist erscheint, ist verschieden von seiner wahren Natur. So ruht man, wach und frei von Erfassen von Sinneserfahrungen oder Gedanken, frei von Aufgeregtheit oder Trägheit, frei von Ängsten oder Erwartungen, gelassen, ohne festzuhalten oder abzulehnen. Mit dem Segen des Meisters, der Meisterin (*lama*), wird eine Anzahl von Stufen der Verwirklichung durchlaufen. Letztlich wird die Natur des Geistes, die Buddhanatur, vollends erkannt, womit unermessliche Offenheit, Friede und grenzenloses Mitgefühl vollständig erwachen.

Die bekanntesten tibetischen Meditationstraditionen in Bezug auf die Verwirklichung der Natur des Geistes sind Mahāmudrā[144] und Dzogchen.[145] Alle Schulen kombinieren diese Meditationen mit tantrischen Methoden des Vajrayāna, durch welche die Praxis effektiver gemacht wird. Eine kurze Erklärung zu solchen Methoden findet sich im nächsten Kapitel.

Buddhaschaft

Bodhisattvas entwickeln sich durch die Pfade (mārga/*lam*) und die Ebenen (bhumi/*sa*), wie sie im 14. und 15. Kapitel beschrieben wurden.

Es ist die tiefe Erkenntnis der wahren Natur des Geistes und aller Dinge, die letztlich von den zwei Arten von Hemmnissen befreit, den ›Hemmnissen durch Kleśa‹ (kleśa-āvaraṇa) und den ›Hemmnissen zum ungehinderten Gewahrsein‹ (jñeya-āvaraṇa).

Die Vervollkommnung der Pāramitā der Befreienden Erkenntnis oder Weisheit ist die Verwirklichung der Buddhaschaft, das vollständige Erwachen aus Unwissenheit und Täuschung, die Vervollkommnung aller Buddha-Qualitäten und die Verwirklichung der drei Buddhakāya – zum Segen der Lebewesen.

Wie es heißt, sind auf dem Weg der Vervollkommnung der Pāramitā, dem Pāramitāyāna, zahllose Leben (oder drei Äonen) erforderlich, bis Buddhaschaft verwirklicht ist. Die tantrischen Methoden des Vajrayāna werden gelehrt und praktiziert, um diesen Prozess um ein Vielfaches zu beschleunigen.

16

Vajrayāna: Das Ziel ist der Weg

Das Ziel als Weg nehmen,
die Lamas um den Segen bitten,
sich selbst als vollkommen sehen,
die Welt als Buddhaland erkennen,
Glückseligkeit-Leerheit verwirklichen,
den Sitz von Buddha Vajradhara einnehmen,
um den Lebewesen von größtem Nutzen zu sein.

Anders als die bisherigen Kapitel dieses Buches soll dieser Teil über Vajrayāna nicht Anleitung und Unterstützung für Praktizierende bieten, sondern lediglich einen Überblick über die wichtigsten Grundlagen und ein Gefühl für die Genialität und Tiefgründigkeit dieses oft missverstandenen Praxisweges vermitteln. Der Autor dieses Buches fühlt sich nicht bevollmächtigt, höheres buddhistisches Tantra zu lehren. Aufgrund vieler erhaltener Unterweisungen soll hier aber doch eine Zusammenfassung angeboten werden. Ausführlichere Belehrungen von sachkundigen Autoren und Autorinnen zum Thema gibt es mittlerweile in zahlreichen Büchern und im Internet.

Dabei ist es selbst bei den Büchern qualifizierter Meister so, dass die Tantras unmöglich ohne kontinuierliche, persönliche Führung praktiziert werden können. Was für jede ernsthafte Dharma-Praxis gilt, trifft ganz besonders für die Tantras zu: Eine Zusammenarbeit mit kompetenten Lehrenden ist unerlässlich.

Um Sinn und Zweck des in diesem Kapitel erläuterten Pfades zu verstehen, ist es notwendig, die zuvor behandelten Themen über die Bodhicitta-Motivation, die daraus folgenden Praktiken der Pāramitā und das Ziel der Buddhaschaft ansatzweise verstanden oder zumindest gelesen zu haben.

Die neuen Schulen

Im 8. Jahrhundert wurde der Buddhismus in Tibet eingeführt. Diese erste ›Welle‹ von Belehrungen, Texten und Übersetzungen gilt als die ›alte Schule‹ (*nying-ma*). Ihre wichtigsten Gründer waren Padmasambhava, Śāntarakṣita und Kamalaśīla, ihre wichtigste Lehre die des Dzogchen. Nach der Verfolgung durch Langdarma in der Mitte des 9. Jahrhunderts und der anschließenden etwa 150 Jahren dauernden Periode, während derer der Buddhismus nur noch in den Randgebieten Tibets vorhanden war, breitete er sich im 11. Jahrhundert von dort her wieder aus. Dadurch kam es zu einer Art Renaissance: Die Lehren wurden mit erneuter Kraft nach Tibet geholt bzw. gebracht. Diese Belehrungen und neueren Übersetzungen wurden ›neue Übersetzungsschulen‹ (*sar-ma*) genannt; ihre wichtigsten frühen Exponenten waren Atīśa, Marpa Lotsawa, Rinchen Sangpo und andere. Es entstanden die Traditionen der Sakya, Kagyü, Gelug und weitere.

Im Folgenden wird das ›Diamantfahrzeug‹ (vajrayāna) zuerst vom Gesichtspunkt dieser neuen Schulen beschrieben.[146] Am Schluss folgt noch eine Zusammenfassung der von der Nyingma-Schule stammenden Dzogchen-Tradition.

Die drei Fahrzeuge

Innerhalb der tibetischen Tradition spricht man von drei Fahrzeugen oder Yānas. Die Mehrzahl der Lam-rim-Belehrungen erstreckt sich über die ersten zwei Yānas: das Hīnayāna (kleines Fahrzeug) und das Mahāyāna (großes Fahrzeug). Sie zeigen den Weg zur Buddhaschaft mittels des Pāramitāyāna, des Fahrzeuges oder Weges der Pāramitā (siehe Kapitel 15, S. 286 ff.). Manche Lam-rim-Belehrungen schließen auch Vajrayāna, das Diamantfahrzeug, mit ein. Zum vollständigen Praxisweg in der tibetischen Tradition gehört in jedem Fall der Weg des Vajrayāna.

Innerhalb des tibetischen Systems bezieht sich Hīnayāna auf die ersten Stufen des Lam-rim, bis zum und mit dem Praxisaspekt von ›Liebe und Mitgefühl‹ sowie zusätzlich jenem der ›Befreienden Weisheit‹. Von der darauffolgenden Stufe (bodhicitta) an spricht man vom Mahāyāna-Weg, eben weil mit Bodhicitta die Absicht, vollständige Buddhaschaft zu erreichen, entstanden ist. Dieser Weg schließt die Praxis der Vervollkommnung der Pāramitā ein, bis zur Vollendung der Buddhaschaft.

Da dieser Mahāyāna-Weg sehr lange Zeit in Anspruch nimmt, nämlich etwa drei Äonen, ist man – entsprechend der tibetischen Tradition – gut beraten, sich der geschickten Mittel und Methoden des Vajrayāna zu bedienen. Korrekt und konsequent praktiziert, sollen diese den Weg zur vollständigen Erleuchtung erheblich abkürzen.

Die ersten zwei Fahrzeuge, Hīnayāna und Mahāyāna, entsprechen den Belehrungen der Sūtren, den klassischen Belehrungen des Buddha. Das dritte Fahrzeug, Vajrayāna, entspricht dem Weg des buddhistischen Tantra, einer Anzahl von Belehrungszyklen, die sich spezieller Methoden bedienen. Es heißt, dass deren Ursprünge in Dharmakāya- oder Saṃbhogakāya-Formen Buddhas liegen und zu verschiedenen Zeiten den großen Meistern Indiens offenbart worden sind.

Im ersten Fahrzeug (hīnayāna) wird die individuelle Befreiung von allen Kleśas gelehrt, im zweiten Fahrzeug (mahāyāna), wird der Weg zur vollständigen Buddhaschaft dargelegt. Im dritten Fahrzeug (vajrayāna) wird ebenfalls der Weg zur vollständigen Buddhaschaft gelehrt, aber durch die Praxismittel der Tantras.

Der grundsätzliche Unterschied zwischen den Sūtra-Aspekten einerseits und den Tantra-Aspekten, also dem Vajrayāna, andererseits, liegt somit nicht in der Zielsetzung (diese bleibt in beiden Fällen dieselbe), sondern in den angewendeten Mitteln und Methoden (upāya).

Anders als die Methoden der Sūtra-Belehrungen, die sich mit der direkten Transformation des Geistes durch die Praxis von Ethik, Meditation und Weisheit befassen, bedienen sich die Tantras einer Vielzahl komplexer Methoden, wie beispielsweise der ›Umwandlung der Wahrnehmung‹ oder der Arbeit mit den feinstofflichen Körperenergien und anderer mehr; dies im Bestreben, die Buddhaschaft zum Wohle aller Lebewesen in möglichst kurzer Zeit zu erreichen. Auch wird hier (im Gegensatz zum ›Ursache-Fahrzeug‹) vom ›Resultat-Fahrzeug‹ gesprochen: ein Begriff, der sich auf die Tatsache bezieht, dass die eigentliche Natur unseres Geistes bereits erleuchtet ist und somit das Ziel der Praxis uns schon von Anbeginn an innewohnt. Darum heißt es, dass das Ziel als Weg genommen wird.

Der Begriff Vajrayāna bezieht sich auf die Praxis der erwähnten buddhistischen Tantras (*gyü*) und wird deshalb auch Tantrayāna genannt. Das Wort Vajra heißt Diamant und bedeutet ›unzerstörbar‹, was sich auf die grundlegende ›unzerstörbare‹ Natur des Geistes bezieht. Die Begriffe ›Geheimes Mantra‹ (guhyamantra) oder Mantrayāna werden ebenfalls synonym verwendet. Buddhistisches Tantra unterscheidet sich von hinduistischem Tantra, obschon sich zwischen den beiden wahrscheinlich sehr viele Parallelen finden ließen. Dagegen hat das, was bei uns heute als New Age-Tantra verbreitet ist, auch wenn es für gewisse therapeutische Zwecke hilfreich ist, wenig oder nichts mit buddhistischem Tantra zu tun und sollte auch in keinster Weise damit verwechselt werden.

Vajrayāna, der Weg des buddhistischen Tantra, ist ein äußerst anspruchvoller und wirksamer Weg zur vollständigen Erleuchtung, der in seinen fortgeschrittenen Stadien nur von höchstqualifizierten Yogis und Yoginīs praktiziert werden kann. Bis heute findet man hoch oben an den Berghängen des indischen Himalaja, sei es oberhalb von Dharamsala, in Rewalsa (*Tsog-pema*) oder in den Gegenden von Darjeeling, Sikkim, Bhutan, Nepal und auch in Tibet Mönche, Nonnen, Yogis und Yoginīs, die in jahrzehntelanger Praxis die Übungen des Vajrayāna anwenden und verwirklichen. Manche von ihnen haben diese Lehren schließlich auch uns Menschen des Westens zugänglich gemacht.

Der Kagyü-Lama Gendün Rinpoche verbrachte dreißig Jahre im Retreat in seinem Kloster in Tibet und später, nach seiner Flucht, in Indien. Schließlich beauftragte ihn sein Meister, der 16. Karmapa, die Lehren seiner Vajrayāna-Tradition im Westen zu verbreiten. In den zwei letzten Jahrzehnten seines Lebens lebte und lehrte er das Dharma in Frankreich in solch überzeugender und inspirierender Art und Weise, dass bis zu seinem Lebensende eine klösterliche Institution entstand, in welcher etwa alle drei Jahre bis zu hundert Personen die traditionellen Drei-Jahres-Retreats durchlaufen.

Die tantrischen Vorbereitungspraktiken *(ngön-dro)*

Um in die Praxis des Vajrayāna einzusteigen, sollte man bereits konsequent auf dem Weg der unteren zwei Yānas praktiziert und die Stufen oder Praxisaspekte des Lam-rim zumindest ein gutes Stück weit realisiert haben.

Neben den Vorbereitungspraktiken der ›Vier Geist-Transformationen‹ (wertvolles menschliches Leben, Vergänglichkeit, Karma und Leiden des Saṃsāra), welche die Lam-rim-Belehrungen eröffnen, werden die sogenannten außergewöhnlichen, das heißt tantrischen Vorbereitungen geübt: hunderttausend Zufluchtsverse, hunderttausend Niederwerfungen, hunderttausend Hundert-Silben-Vajrasattva-Mantras, hunderttausend Maṇḍala-Darbietungen und hunderttausend Guru-Mantras. Je nach Schule werden diese in verschiedenen Kombinationen und Reihenfolgen praktiziert. Es sind Übungen der Reinigung von Körper, Rede und Geist/Herz, der Ansammlung von Verdiensten durch Vertrauen und Hingabe, durch Darbringung von Gaben und Verehrung der Qualitäten der Erleuchteten. All diese Übungen beinhalten Rezitationen und Visualisationen und sind in vielfacher Hinsicht hilfreich als Vorbereitung für die Praxis der Tantras, wie wir dem Folgenden entnehmen können.

Zuflucht nehmen

Bei der ersten Übung werden die Verse der Zuflucht zu Buddha, Dharma und Sangha hunderttausendmal rezitiert. Dies geht einher mit einer entsprechenden Visualisation und der Reflexion über die Bedeutung der Zufluchtnahme (siehe Kapitel 15, S. 273 ff. über die Zuflucht). Die volle Anzahl Rezitationen wird entweder im Retreat absolviert oder über eine längere Zeitspanne verteilt, aber so, dass täglich eine bedeutende Anzahl Rezitationen ohne einen Tag der Unterbrechung bewältigt wird. Dies bewirkt eine intensive Auseinandersetzung mit der Frage nach der tatsächlichen Bedeutung von Zuflucht und mit dem Verwirklichen oder Auffinden einer echten Zuflucht im eigenen Geist und Herz. Die Zufluchtsverse werden oft zusammen mit Versen, denen die Bodhicitta-Motivation zugrunde liegt bzw. die sie stärken, rezitiert.

Niederwerfungen

Bei der zweiten Übung werden hunderttausend volle Niederwerfungen ausgeführt. Sie können im Zusammenhang mit der Zufluchtnahme oder als Praxis der Reinigung im Angesicht der 35 sogenannten Bekenntnis-Buddhas realisiert werden. Auch hier bilden Visualisation, Rezitation und Reflexion einen wichtigen Teil der Übung. Ein Set von Niederwerfungen beansprucht mindestens zwei, meistens aber mehr Retreat-Monate und wirkt als starke Reinigungspraxis von

Körper, Rede und Geist. Da die Übung anstrengend ist und den ganzen Einsatz von Körper und Geist verlangt, verursacht sie eine nachdrückliche Konfrontation mit Absicht und Motivation, mit Stolz und Hingabe, mit Trägheit und enthusiastischem Bemühen, um nur einige Aspekte zu nennen. Auch diese wie die folgenden Übungen sollten in einer vorher bestimmten Zeitspanne und ohne Unterbrechung vollzogen werden. Dabei stellt man sich oft vor, dass unzählige Lebewesen gleichzeitig mitpraktizieren; hinter, neben und vor einem selbst sind die Verwandten, Freunde, Feinde und jene, die einem gleichgültig sind, ebenfalls mit Niederwerfungen beschäftigt. In ähnlicher Weise wird auch bei den folgenden Übungen verfahren. So werden, in einer den Tantras eigenen Art, die Verdienste vervielfacht und man bleibt immer in Kontakt mit der Grundmotivation, zum Wohle aller zu praktizieren.

Vajrasattva-Mantra

Die nächste Übung, jene der Rezitation von hunderttausend langen, hundertsilbigen Vajrasattva-Mantras, ist eine Reinigungspraxis. Der gerufene und visualisierte Buddha Vajrasattva (*dorje-sempa*) ist die Manifestation der Reinheit, des reinen, ursprünglichen Gewahrseins aller Buddhas. Mit dem Kontakt zu dieser Buddha-Qualität können innere Hemmnisse wie Kleśas, Karma, gebrochene Gelübde und Verpflichtungen (*dam-tsig*) gereinigt und getilgt werden. Die Praxis bringt uns in Kontakt mit den eigenen Buddhaeigenschaften und bewirkt so die Auflösung dieser Hemmnisse. Sie geht zusammen mit der Anwendung der sogenannten vier Gegenkräfte: Reue, Gelöbnis, Erneuerung von Zuflucht und Bodhicitta sowie die Rezitation des Mantras. Praxis und Visualisation folgen einem ähnlichen Muster wie die unten, im Abschnitt ›Entstehungsstufe‹ (siehe S. 317 ff.), beschriebene ›Sādhana‹ von Avalokiteśvara, aber mit dem Hauptgewicht auf innerer Reinigung.

Maṇḍala-Darbietungen

Die nächste Übung ist jene der hunderttausend Maṇḍala-Darbietungen. Ein Maṇḍala stellt in diesem Fall nicht den Aufenthaltsort eines erleuchteten Buddhas (*lha'i-kyil-khor*) dar, sondern ein Abbild des Universums, wie man sich dieses in früheren Zeiten vorgestellt hat. Dieses Abbild etwa in der Größe einer Torte wird mit silbernen Umfassungsringen, Reiskörnern und allerlei wertvollen Steinen aufgebaut. Wesentlich ist dabei, dass man sich das tatsächliche Universum vorstellt, mit all seinen schönsten und angenehmsten Dingen, den wünschenswertesten Objekten der sechs Sinne und allem, was im Dasein als wertvoll erscheint. Dieses wird den drei Juwelen Buddha, Dharma und Sangha dargeboten. Auf einer weiteren Stufe visualisiert man den eigenen Körper mit allen Sinnesorganen und bietet diesen ebenfalls den Buddhas und allen erleuchteten Wesen dar. Dieser Prozess wird hunderttausendmal wiederholt. Wenn diese Praxis mit voller Sammlung, Hingabe und Großzügigkeit vollzogen wird, bewirkt sie eine machtvolle Ansammlung heilsamer Qualitäten, Verdienste und Energien.

Guru-Mantras

Die fünfte dieser Übungen ist die Rezitation von hunderttausend Guru-Mantras. Das Sanskrit-Wort ›Guru‹ und das tibetische Wort ›Lama‹ haben die gleiche Bedeutung. Stellung und Funktion des persönlichen Lehrers, der persönlichen Lehrerin sind in den Tantras von besonderer Wichtigkeit. Reflexionen über die Relevanz der Lehrenden werden deshalb oft schon den Meditationen des Lamrim vorangestellt. Nur durch die Lehrenden und nur dank ihnen erhalten wir Zugang zum Dharma, zur befreienden Praxis des Herzens. Das Vertrauen und die Hingabe an die Lehrenden und ihre Anweisungen ermöglichen unseren Fortschritt auf dem Pfad. Die Lehre vertrauensvoll, gewissenhaft und unermüdlich anzuwenden bringt unermesslichen Segen. Dazu kommt – bedeutend in der Welt der Tantrapraxis – der große Segensfluss, der von Guru zu Schülern und Schülerinnen fließen kann, wenn tiefe Weisheit und echtes Mitgefühl seitens der Lehrenden und große Offenheit und Hingabe seitens der Praktizierenden vorhanden sind. So ist es Teil der tantrischen Prinzipien, den Guru als Buddha wahrzunehmen. Dadurch steigert sich das Vertrauen und die Hingabe der Praktizierenden, und der Segen wird entsprechend stärker.

Gerade für uns Menschen des Westens ist dabei ganz wichtig, dass wir die Hingabe zum Guru richtig verstehen. Gurus müssen hochqualifiziert sein. Es genügt nicht, dass sie charismatisch sind und außerordentlich eloquent, gelehrt und herzberührend sprechen können. Es genügt auch nicht, wenn sie als Ratgeber hilfreich sind und über großes therapeutisches Geschick verfügen. Sie müssen auch Verwirklichung und Authentizität haben, um sich tatsächlich als Lehrende zu eignen. Lange Praxis und Autorisation in einer authentischen Überlieferungslinie sind keine Garantie, aber doch positive Hinweise. Im Bereich der Tantras sind die Ansprüche bezüglich Qualifikation der Lehrenden besonders hoch. Sie werden in vielen Texten ausführlich beschrieben und sollten von den Schülerinnen und Schülern beachtet werden.[147]

Im Tantra ist ›Guru‹ gleichbedeutend mit der letztendlichen Wirklichkeit, mit der ›Innewohnenden Natur des Geistes‹, mit Dharmakāya, mit Rigpa. Das ist hier der Hauptgrund, weshalb der Guru als Buddha wahrgenommen und visualisiert wird. Dies kann in der gewöhnlichen, menschlichen Form des persönlichen Lamas sein oder aber in der Form des Hauptlamas der jeweiligen Schule, wie zum Beispiel Marpa Lotsawa, Sakya Pandita, Je Tsongkhapa oder Longchenpa; oder in der Form der ursprünglichen, innewohnenden Natur, der letztendlichen Form des Guru-Buddha als Vajradhara (*dorje-chang*). Es ist der Guru-Buddha, mit dem Praktizierende eins werden, dessen Natur – die Buddhanatur – sie verwirklichen. Das jeweilige Mantra wird mit entsprechenden Visualisationen und mit Sammlung, Hingabe und Inspiration hunderttausendmal rezitiert.

Im Zusammenhang mit der tantrischen Praxis reicht es nicht, ein Vorbereitungsset von hunderttausend Guru-Mantras absolviert zu haben. Vielmehr ist es notwendig, sich täglich der Guru-Praxis, ›Guru-Yoga‹ (*lama'i nal-jor*), zu widmen, um die Verbindung stetig aufrechtzuerhalten.

Die Grundlagen

Die drei Prinzipien des Pfades

Um tiefer in die Welt der tantrischen Praxis des Vajrayāna eintreten zu können, sollte man die in anderem Zusammenhang schon besprochenen drei Prinzipien des Pfades verwirklicht haben. Es sind dies: Entsagung oder Abkehr von Saṃsāra, die mitfühlende, altruistische Motivation von Bodhicitta und die Erkenntnis der nicht-selbstexistenten Natur aller Dinge (śūnyatā). Im Wesentlichen handelt es sich dabei um die ›drei Wurzeln des Guten‹, wie wir sie im 13. Kapitel, S. 192 ff. und im 14. Kapitel, S. 209 und 211 betrachtet haben. Sie schwächen die drei Wurzel-Kleśa und schaffen eine optimale Voraussetzung für die Praxis der Tantras.

Abkehr von Saṃsāra ist wesentlich, weil gewisse Kleśa, wie zum Beispiel Verlangen, auf gewissen Stufen als Praxis verwendet werden. Ohne Entsagung besteht die Gefahr, sich dort zu verlieren und die Degeneration der eigenen Praxis zu bewirken.

Bodhicitta ist wichtig, weil sie die Weite der altruistischen Motivation erweckt, der Praxis die nötige Dringlichkeit verleiht und uns auf dem langen Praxisweg, der nötig ist, um wirklich vielen Lebewesen von Nutzen sein zu können, unterstützt. Auch ist dieser Pfad, besonders in seinen fortgeschrittenen Praxisphasen, dermaßen anspruchsvoll, dass er nur mit einer sehr tiefen Bodhicitta-Motivation erfolgreich begangen werden kann; einer Motivation, bei der es in diesem Leben wirklich nichts anderes mehr gibt als möglichst bald Buddhaschaft zum Wohle aller zu erreichen.

Die Erkenntnis der nicht-selbstexistenten Natur aller Dinge (śūnyatā) ist unerlässlich, weil man in den Tantras mit den Erscheinungen spielt. Wenn wir uns mit einer ›wirklichen‹ Welt und mit einem selbstexistenten Ich identifizieren, ist es unwahrscheinlich, dass wir uns selbst, wirkungsvoll, als erleuchtete Buddhas sehen können.

Diese drei Prinzipien zumindest im Ansatz verwirklicht zu haben entspricht also den minimalen Erfordernissen für eine wirksame tantrische Praxis.

Eine inspirierende Aussage zu diesen grundlegenden Haltungen der Praxis machte der Sohn eines tibetischen Landadeligen, als er im Alter von dreizehn Jahren gegen den Wunsch seiner Eltern, sein Zuhause verließ, um sich für etwa zwanzig Jahre in die Höhlen und Klausen der Berge seiner Heimat ins Einsiedlerleben zurückzuziehen: Dilgo Khyentse Rinpoche hatte den festen Entschluss gefasst, alles zu verwirklichen, was in diesem Leben mittels der buddhistischen Lehren und vor allem dank der tantrischen Praktiken möglich ist. Er wurde später zu einem der höchstverehrten Lehrer unzähliger tibetischer und westlicher Dharma-Praktizierender, einschließlich des Dalai Lama und anderer Meister. Als Dreizehnjähriger schrieb er:

»Oh, meine geliebten Eltern. Ihr habt mir ein menschliches Leben gegeben, mit seinen Freiheiten und Vorteilen. Ihr habt von Anfang an voller Liebe für mich gesorgt. Da ihr mir zur Begegnung mit einem wahren Meister verholfen habt, verdanke ich es euch, den Weg zur Befreiung gefunden zu haben.

Nachdem ich vom Leben meines vollendeten Meisters gehört, darüber nachgedacht und meditiert habe, bin ich entschlossen, die weltlichen Dinge hinter mir zu lassen und durch einsame und unbewohnte Täler zu streifen.

Vater und Mutter, bleibt in eurem schönen, stattlichen Haus, ich, euer Sohn, sehne mich mehr nach einsamen Höhlen. Ich danke euch für die feinen, weichen Kleider, die ihr mir gabt, doch ich brauche sie nicht, einfacher weißer Filzstoff ist mir lieber.

Meine wertvollen Dinge lasse ich zurück – die Bettelschale, ein Wanderstab und Mönchsgewänder genügen mir. (…)

Euer Sohn wird sich in einsamen Tälern verbergen. Eure lächelnden Gesichter aber und eure liebende Sorge werden mir immer in Erinnerung bleiben. Und wenn ich die Zitadelle der Verwirklichung einnehme, wird eure Güte mit Sicherheit belohnt werden.«[148]

Tantrische Gelübde

Vorbedingung und Teil der tantrischen Praxis des Vajrayāna sind die Gelübde. Um in diese eingeweiht zu werden, ist es notwendig, die drei Kategorien von Gelübden abzulegen. Es sind dies einmal die Vinaya-Gelübde, die Regeln für ordinierte Mönche und Nonnen oder die fünf Verhaltensregeln für Laien.

Zweitens sind es die Bodhisattva-Gelübde, die meistens aus achtzehn Haupt- und einer größeren Anzahl Zweiggelübden bestehen und sich im Wesentlichen auf den unverrückbaren Entschluss beziehen, zum Wohle aller Wesen Buddhaschaft zu erlangen.

Die dritte Kategorie ist jene der tantrischen Haupt- und Nebengelübde. Dabei geht es um die Motivation von Bodhicitta, um Hingabe gegenüber den eigenen tantrischen Lehrern und Lehrerinnen, Respekt gegenüber den Mitpraktizierenden, um die Geheimhaltung der spezifischen tantrischen Anweisungen und um anderes mehr. Man sollte sich darüber im Klaren sein, welche Gelübde man im Laufe einer Initiation auf sich nimmt, bevor man an dieser teilnimmt – eine Vorkehrung, die heute für viele nicht mehr offensichtlich ist.

Initiation/Ermächtigung

Die Initiation ist der eigentliche Einstieg in die tantrische Praxis. Das bei uns gebräuchliche Wort Initiation ist eigentlich nicht korrekt. Eine bessere Übersetzung für den Sanskritbegriff ›abhiṣeka‹ (*wang*) wäre ›Ermächtigung‹. Man wird dazu ermächtigt, dieses spezifische Tantra zu praktizieren und sich selbst in der Form einer erleuchteten ›Meditationsgottheit‹ (*yi-dam*), eines Buddha, zu visualisieren. Je nach Sichtweise könnte man auch sagen, dass man in die eigene Buddhanatur ›eingeführt‹ wird. Dem jeweiligen Tantra entsprechend, können dies zum Beispiel Tārā oder Avalokiteśvara sein, Manifestationen des Großen Mitgefühls. Es kann Mañjuśrī sein, der Weisheitsaspekt aller Buddhas. Es können aber auch Buddhaformen der höheren Tantras sein, wie Kālachakra, Vajrabhairava, Vajrayoginī oder andere.

Ein zentraler Aspekt aller Tantras ist es, auf der Ebene der eigenen Wahrnehmung zu arbeiten und diese systematisch zu transformieren. Das bedeutet, dass man sich darin übt, alle Dinge des Daseins als rein zu sehen. Es geht also um eine Umwandlung unserer Wahrnehmung. Alles Sein, auch das eigene, wird als rein, als schon erleuchtet wahrgenommen. Dem liegt wiederum das wesentliche Prinzip des Tantra zugrunde, ›das Ziel als den Weg zu nehmen‹. Das Endziel dieser Praxis, die Buddhaschaft, wird bereits von Anbeginn an vorausgenommen und zum Weg gemacht. Das bedeutet, dass man sich selbst als vollständig erleuchtet sieht, seine Umgebung als reinen Bereich wahrnimmt und auch sämtliche anderen Lebewesen als vollständig erleuchtete Buddhas sieht.

Tantrische Praxis ist also eine intensive Übung der Umwandlung unserer Wahrnehmung. Dass dies sehr schwierig ist, wenn man die Nicht-Selbstexistenz aller Phänomene noch nicht realisiert hat, scheint offensichtlich. So wird auch klar, warum es eine unumgängliche Voraussetzung ist, Śūnyatā zumindest ›ein gutes Stück weit‹ realisiert zu haben.

Bei einer Initiation oder Ermächtigung geht es also darum, in das Maṇḍala (*lha'i-kyil-khor*) eines Buddha eingeführt zu werden. Dabei handelt es sich bei einem solchen Maṇḍala nicht um eine zweidimensional dargestellte Fläche, wie man sie auf gemalten Thangka-Bildern oft sieht, sondern um die dreidimensionale Realität eines erleuchteten Lebewesens, eines Buddha. Ein Maṇḍala ist also eine Art Lichtpalast, eine archetypische Manifestation des Geistes eines vollständig erleuchteten Wesens. Wenn wir die Nicht-Selbstexistenz dieses Daseins erkannt haben und die Funktionsweise unseres Geistes und seiner karmischen Projektionen der ›Wirklichkeit‹ verstehen, sehen wir, dass auch unsere sogenannte ›normale Realität‹ nichts anderes als eine Manifestation des Geistes ist.

Initiation bedeutet also Eintreten in einen erleuchteten Bereich und Einswerden mit dem Buddha des Maṇḍala: den eigentlichen Einstieg in die tantrische Praxis. Eine Initiation sollte mit der Absicht genommen werden, dieses Tantra praktizieren zu können, nicht weil man hofft, durch die Initiation werde einem irgendein geheimnisvolles Erlebnis zuteil – ein Missverständnis, das nicht nur im Westen weit verbreitet ist. Tatsächlich können aber Initiationen, abhängig vom Vertrauen der Schülerinnen und Schüler und von der Verwirklichung des Lamas, eine Quelle großen Segens sein.

Diese Ermächtigungen wurden ursprünglich fortgeschrittenen Praktizierenden in einem engeren Kreis erteilt. Im Laufe der Zeit wurden sie immer öfter auch an große Menschenmengen gegeben, unter denen die Mehrzahl die erforderlichen Voraussetzungen nicht erfüllt. Aber auch da ist zumindest der Segen des Lamas wirksam.

Die Tantra-Klassen

Initiation bedeutet, in ein Tantra einer bestimmten Klasse eingeweiht zu werden. Wie wir im Kapitel über die Geschichte des Buddhismus in Tibet gesehen haben, wurde dieser in zwei verschiedenen Perioden aus Indien ins Land des Schnees gebracht. Aus der ersten Welle von Belehrungen und Übersetzungen entstand die ›alte Schule‹, die Nyingma mit ihren tantrischen Belehrungen. Ein bis zwei Jahrhunderte später, mit einer zweiten Welle, kamen die Texte und Belehrungen der ›neuen Übersetzungsschule‹ (*sar-ma*) nach Tibet. Diese Tantras werden vorwiegend bei den Sakya, Kagyü und Gelug praktiziert. In Wirklichkeit gibt es natürlich fließende Übergänge zwischen den beiden Übersetzungsschulen, da diese seit vielen Jahrhunderten nebeneinander existieren. Aber grundsätzlich bestehen zwischen alter und neuer Schule doch eindeutige Unterschiede.

Entsprechend der Einteilung der ›neuen Übersetzungsschulen‹ (*sar-ma*) gibt es vier Klassen von Tantras: Kriyā bedeutet Handeln oder Tun, Caryā heißt Verhalten, Yoga bedeutet Vereinigung und bezieht sich nicht auf die körperlichen

Übungen des Hatha-Yoga, sondern auf spezifische Meditationspraktiken; und Anuttarayoga, die höchste der vier Klassen, heißt das ›einzigartige‹ oder ›höchste‹ Yogatantra. In der ersten Klasse liegt die Gewichtung der Praxis vorwiegend auf dem äußeren Verhalten, in der zweiten gleichmäßig auf äußerem Verhalten und innerem Yoga. Im dritten Tantra wird vor allem inneres Yoga betont, während das vierte als das höchste aller Tantras betrachtet wird.

Im Kriyātantra liegt demnach das Gewicht auf den äußeren Formen und auf äußerer Reinheit. Dazu gehören unter anderem sexuelle Enthaltsamkeit sowie vegetarische Ernährung mit Beachtung der Auswahl von Nahrungsmitteln, die nicht schwer verdaulich oder scharf gewürzt sein sollten.

Je höher die Tantra-Klasse, desto mehr liegt das Gewicht auf dem inneren Yoga und auf der schon erwähnten Umwandlung der Wahrnehmung. Im Anuttarayogatantra werden alle Handlungen, selbst jene, welche in den niedrigeren Tantra-Systemen nicht erlaubt sind, gereinigt und in Buddha-Handlungen umgewandelt. Diese Umwandlung ist ein wesentliches tantrisches Prinzip, nach welchem alle Dinge dieses Daseins als rein, als Erscheinung der reinen, grundlegenden, innewohnenden Natur des Geistes gesehen werden.

Jedes einer Vielzahl von Tantras entspricht einer zentralen Buddha-Form, einem Yidam, wie zum Beispiel Tārā, Avalokiteśvara, Mañjuśrī, Vajrapani, Maitreya oder in den höheren Tantras Chakrasambhara, Guhyasamāja, Kālachakra, Vajrayoginī, Vajravarāhi, Hevajra und andere. Ihre Körperfarbe entspricht meist einer der vier Wirkungsweisen der Buddhas: Weiß für friedvoll, Gold für bereichernd, Rot für anziehend und Blauschwarz für furchterregend.

In manchen der Ermächtigungszeremonien werden den Teilnehmenden neben den Gelübden noch zusätzliche Verpflichtungen (samaya/*dam-tsig*) auferlegt. Es kann dies das tägliche Rezitieren einer gewissen Anzahl von Mantras dieser Buddhaform bedeuten, um die Verbindung dazu aufrechtzuerhalten; zum Beispiel dreihundertmal ›Om Mani Padme Hum‹. Es kann sich aber auch um das tägliche Rezitieren und Praktizieren einer ganzen Sādhana, eines Sets von inneren Übungen, handeln. In den niedrigen Tantras sind die Verpflichtungen im allgemeinen geringer bzw. kürzer. Im höchsten Tantra können sie unter Umständen sehr anspruchsvoll sein. Deshalb ist es sinnvoll, sich vor einer Ermächtigung darüber zu informieren, welche die vom Lama auferlegten Verpflichtungen sein werden.

Mit dem Einstieg in die Initiation schaffen wir zum Lehrer, zur Lehrerin eine Verbindung, die sehr wichtig ist. Die Lehrperson wird für uns nicht nur zum persönlichen Dharma-Lehrenden im üblichen Sinne, sondern verkörpert auch die zentrale Buddhafigur des Maṇḍalas (zu der auch wir geworden sind), die der Weisheit aller Buddhas, der Buddhanatur, entspricht. Das konsequente Einhalten der eingegangenen Verpflichtungen erhält und erneuert diese Verbindung zum Guru bzw. zu unserer eigenen Buddhanatur. Sie ist eine Art Kanal der heilsamen Dharma-Energien, der geöffnet und im Fluss behalten wird.

In den Tantras werden zwei Stufen der Praxis unterschieden. In den niedrigeren Tantras kennt man nur die ›Entstehungsstufe‹, in den höheren Tantras gibt es die ›Entstehungs‹- sowie auch die ›Vollendungsstufe‹.

Entstehungsstufe (*kye-rim*)

Die Praxisstufe, auf der die eigentlichen tantrischen Meditationsübungen beginnen, heißt Entstehungsstufe (*kye-rim*). Die Entstehungsstufe wird auch Erschaffungs- oder Kreativitätsstufe genannt. Hier visualisiert man sich selbst als Buddha (*yi-dam*). Dies ist bereits eine recht anspruchsvolle Übung. Dabei geht es nicht nur darum, sich in großem, originalgetreuen Detail als diese Buddhaform zu sehen, sondern auch darum, sich selbst als dieses erleuchtete Wesen wahrzunehmen. Man spricht hier vom Erzeugen des ›Stolzes‹ oder der ›Würde‹, das heißt der Überzeugung, tatsächlich dieser Buddha zu sein. Es heißt, diese Übung sei (zum Beispiel im Falle der Tārā-Praxis) vollbracht, wenn jemand ›Tārā!‹ rufe und die Praktizierende sich spontan nach dem Rufer umwende, weil sie glaube, man habe sie gerufen. Auch hier geht es also wieder um das Prinzip ›das Ziel als den Weg nehmen‹.

Sich als Yidam zu visualisieren ist auch eine Praxis von Śamatha (*shi-ne*), der Meditation der Sammlung. Dabei geht es vor allem darum, ein klares inneres Bild der Form und der Präsenz des Yidam zu entwickeln. Deshalb wird bei diesem Aspekt von ›Klarheit‹ gesprochen. In einer fortgeschrittenen Praxis kann es sich hier zusätzlich um die ›Klarheit‹ eines ganzen Maṇḍala-Palastes handeln.

In manchen Systemen spricht man von der Vervollkommnung von Śamatha, wenn es der Meditierenden gelingt, vier Stunden ohne Zerstreuung die Visualisation von sich selbst als Buddha, als Yidam, klar zu halten, präzise bis auf die kleinsten Details, wie zum Beispiel das Weiß der Augen.

In den niedrigen Tantras geht es zusätzlich darum, mit dem nun gesammelten Geist die visualisierte Form zu untersuchen. Diese Form ist eine Projektion, eine Vorstellung des Geistes, und wird nun durch Vipaśyanā (*lhag-thong*) auf ihre wahre Natur, ihre Nicht-Selbstexistenz, hin analysiert. Bei diesem Praxisaspekt wird von ›Tiefgründigkeit‹ gesprochen.

So werden in den niedrigen Tantras Śamatha und Vipaśyanā, also ›Klarheit‹ und ›Tiefgründigkeit‹ kombiniert. Dazu kommt, dass durch die visualisierte Form des Yidam oder Buddha zahlreiche innere heilsame Aktivitäten vollbracht werden. Deshalb wird gelehrt, dass die Praxis dieser Tantras wirkungsvoller ist und schneller zum Ziel führt als die Praxis der Pāramitās allein.

Ein Aspekt der Yidam-Praxis ist die ›Sādhana‹. Ein Beispiel aus den niedrigeren Tantras kann, stark vereinfacht, folgendermaßen aussehen: Wir beginnen mit der Zufluchtnahme und der Klärung der Bodhicitta-Motivation. Dann wird die Buddhaform (zum Beispiel Avalokiteśvara, das personifizierte große Mitgefühl aller Buddhas) vor uns im Raum aufgerufen und visualisiert und anschließend durch Niederwerfungen, Lobgebete und Darbietungen geehrt. Es werden alle guten, schönen und angenehmen Dinge in diesem Leben als Gaben dargeboten. Anschließend wird durch eine kurze Meditation die eigene Nicht-Selbstexistenz vergegenwärtigt.

Avalokiteśvara

Aus dieser Erfahrung der Leerheit von Selbst heraus entsteht unser Geist in der Form von Avalokiteśvara – an unserer Stelle. Avalokiteśvara mag, je nach Tantra, vier oder eintausend Arme und Hände haben, alle mit einem Auge der Weisheit versehen. Es sind die Hände der Hilfsbereitschaft, durch die er zum Wohle aller Lebewesen spontan und ununterbrochen aktiv ist. Nun werden wieder Lobpreisungen und Gaben, diesmal an Avalokiteśvara an unserer Stelle, dargeboten. Hier kann anschließend die erwähnte Praxis von Śamatha und Vipaśyanā, das heißt von ›Klarheit und Tiefgründigkeit‹, geübt werden.

Dann wird das Mantra rezitiert (in diesem Falle ›Om Mani Padme Hum‹), und heilsame Aktivitäten von Rede und Geist wie die sogenannten ›zwei Handlungen‹ werden ausgeführt (das heißt Darbieten von Gaben an alle Erleuchteten und Empfangen ihres Segens sowie Verströmen großen Mitgefühls an alle Lebewesen), oder die Praxis von Tong-len oder andere werden ausgeübt. Darauf folgt ein meditativer Prozess der Auflösung der Buddhaform (die wir sind), und wir erscheinen wieder in einer einfachen Form von Avalokiteśvara, einer Form, die wir während des Tages beibehalten. Die Sādhana wird durch die Rezitation einer Widmung der Verdienste zur Erreichung der Buddhaschaft zum Wohle aller Lebewesen abgeschlossen.

Die hier beschriebene Praxis, in der man sich selbst als Avalokiteśvara sieht, seine Umgebung als reinen Buddhabereich und alle Lebewesen als Avalokiteśvara wahrnimmt, wird den ganzen Tag durch weitergeübt. Man sieht auch alle Formen als Avalokiteśvara. Alle Geräusche, seien es Stimmen, Klang oder Lärm, werden als Avalokiteśvaras Stimme, als seine Rede, sein Mantra wahrgenommen. Alle Gedanken, selbst die negativen, werden als Avalokiteśvaras reiner Geist gesehen. Alle unangenehmen oder widerlichen Formen sind hier eingeschlossen – auch sie werden als Avalokiteśvaras reine Form betrachtet.

Die fünf Daseinsgruppen (skandha) werden erkannt als die fünf Buddha-Familien, die den fünf Buddha-Weisheiten (der Spiegelgleichheit, der Gleichheit der Wesen, des klaren Unterscheidungsvermögens, der alles vollbringenden Weisheit und der Dharmadhātu-Weisheit) entsprechen.[149]

Einer der wesentlichen Gründe, warum die Wahrnehmung seiner selbst als Buddha geübt wird, ist das Erzeugen der Ursache für das Endresultat des Rūpakāya, nämlich Saṃbhogakāya und Nirmāṇakāya: zwei der drei Aspekte eines vollständig erleuchteten Buddha (siehe Kapitel 12 unter ›Buddha-Qualitäten‹,

S. 183 f.). Es ist auch offensichtlich, dass alle, die mit dieser Sichtweise durch den Tag gehen, sich in äußerst heilsamer und positiver Weise verhalten werden. Zweck der Entstehungsstufe ist unter anderem die Überwindung der ›gewöhnlichen Erscheinung‹ sowie des Ergreifens und Haftens an der ›gewöhnlichen Erscheinung‹.

Als nächsten Praxisaspekt betrachten wir die Vollendungsstufe. Hier muss noch einmal betont werden: Die absolute Hingabe und das unverzagte Bemühen, das dieser anspruchsvolle, fortgeschrittene Teil des Pfades verlangt, ist nur denen möglich, die mehr als das an sich schon äußerst hoch gesteckte Ziel haben, die von Kleśas und Karma befreiende Erkenntnis zu verwirklichen. Dieser Weg bleibt denen vorbehalten, die entschlossen sind, tatsächlich die drei Buddha-Kāyas zu realisieren, um über uneingeschränkte Zeiten für die Lebewesen von größtem Nutzen zu sein.

Methode und Weisheit

Auf dem Mahāyāna-Pfad der Pāramitā geht es um die zwei Aspekte der Praxis: die von Bodhicitta motivierten geschickten Mittel und Aktivitäten zum Wohle aller Lebewesen (upāya/*thab*) einerseits und die Befreiende Erkenntnis und Weisheit (prajñā/*she-rab*) andererseits. Zur Erlangung der Erleuchtung eines Buddha müssen beide vervollkommnet werden.

Die Aktivitäten von Upāya beziehen sich auf die relative oder konventionelle Ebene der Wirklichkeit. Prajñā andererseits erkennt und realisiert die letztendliche Ebene der Wirklichkeit. Beide Aspekte sind gleichermaßen wesentlich auf dem Weg zur Buddhaschaft.

Auch im Vajrayāna können diese zwei Aspekte unterschieden werden: Es ist der (weibliche) Aspekt der Befreienden Weisheit, der zum ›Klaren Licht‹ und schließlich zum Dharmakāya wird. Bewirkt wird dies durch die Erkenntnis der Leerheit, der letztlichen Bodhicitta.

Andererseits ist es der (männliche) Aspekt von Upāya, Geschickter Methode, der sich in der Yidam-Praxis fortsetzt, die zum sogenannten ›Illusorischen Körper‹ und letztlich zu Rūpakāya wird. Dabei manifestieren sich die zwei Aspekte von Rūpakāya (Saṃbhogakāya und Nirmāṇakāya) im Dienst der Lebewesen für unbegrenzte Zeiten, wo immer hilfreich und notwendig, im Dasein. Hier sind es die Motivation und die Aktivität der konventionellen Bodhicitta, die dies bewirken.

Prajñā wird also hier als der weibliche, empfangende Teil betrachtet, wogegen Upāya und Bodhicitta als der männliche, aktive Teil gesehen werden.

Im Rahmen der Praxis der Vollendungsstufe entspricht der ›sehr subtile Geist‹ dem männlichen Aspekt; die Leerheit dagegen, welche dieser erkennt und mit der er verbunden ist, dem weiblichen Aspekt. Die Darstellungen der männlichen und weiblichen Buddhaformen in Umarmung (*yab-yum*) stellen dementsprechend die letztliche Vereinigung dieser beiden Aspekte dar: vollständige Erleuchtung.

Vollendungsstufe (*dzog-rim*)

In den Anuttarayoga-Tantras wird, wie in den niedrigen Tantras, zuerst die Entstehungsstufe geübt. Darauf folgt die Übung der zweiten, der Vollendungsstufe (*dzog-rim*). Diese gibt es in den niedrigeren Tantras nicht. Hier wird vor allem mit dem ›feinstofflichen‹ Energiesystem des Körpers gearbeitet. Vielleicht könnte man sagen: Was auf den Praxispfaden des Sūtra und der niedrigeren Tantras durch unmittelbare Schulung des Geistes erreicht wird, kann im höchsten Tantra durch Arbeiten mit dem ›feinstofflichen‹ Energiesystem bewirkt – und beschleunigt – werden.

Dieses System besteht aus Energiekanälen (nāḍī/*tsa*) und den Energien oder Winden (prāna/*lung*), die darin fließen. Die Kanäle verzweigen sich in energetischen Zentren oder Verzweigungen (chakra/*khor-lo*). In den Kanälen und Verzweigungen befinden sich ›essenzielle Tropfen‹ (bindu/*thig-le*). Dieses Energiesystem ist die Grundlage, durch die tantrische Yogis den sogenannten ›sehr subtilen Geist‹ der ›großen Glückseligkeit‹ hervorbringen können. Dieser ist notwendig, um die weiteren yogischen Praktiken zu meistern.

Bereits in der Entstehungsstufe werden deshalb vorbereitende Übungen im Hinblick auf die Vollendungsstufe praktiziert. Dazu gehören Methoden, die den

Körper und die Energiekanäle geschmeidig machen. Der visualisierte Körper muss als hohl visualisiert werden, die genaue Position der Kanäle und das Verhalten der Energien muss bekannt sein.

In der Mitte des Körpers befinden sich drei Kanäle. Der mittlere ist durch Verknotungen geschlossen, und die Energie fließt in den beiden Nebenkanälen. Ein Zweck dieser Praxis ist es, vereinfacht ausgedrückt, den Zentralkanal zu öffnen, damit die Energien dort fließen können. Der verschlossene Zentralkanal bewirkt die Unwissenheit im Geist (moha). Der Energiefluss in den beiden Seitenkanälen lässt die Wurzel-Kleśa Verlangen, Anhaften (lobha oder rāga) und Ablehnung, Hass (dosa oder pratighā) entstehen. In dem Maße, wie es gelingt, den Energiefluss in den geöffneten Zentralkanal zu bringen, wird Unwissenheit aufgelöst, und Befreiende Weisheit (prajñā/*she-rab*) entsteht.

Die feinstofflichen Prozesse entsprechen also Funktionsweisen des Geistes. Deshalb ist es möglich, durch Arbeit am Feinstofflichen die Funktionen des Geistes zu verändern und im Sinne des Dharma zu kultivieren.

In den hohen Tantras wird von drei Arten von Bewusstsein oder Geist gesprochen: dem ›groben‹, dem ›subtilen‹ und dem ›sehr subtilen‹ Geist. Einer der wichtigsten Punkte der Vollendungsstufenpraxis ist es, den ›sehr subtilen Geist‹ zu erzeugen. Es wird auch vom Geist der ›großen Glückseligkeit‹ (*de-chen*) und von ›Glückseligkeit-Leerheit‹ (*de-tong*) gesprochen. Mittels dieses Geistesaspekts kann vollständige Erleuchtung in *einem* Leben verwirklicht werden.

Sechs Yoga des Nāropa und andere Methoden

Um auf der Vollendungsstufe fortzuschreiten, werden höchst anspruchsvolle yogische Praktiken, wie die ›Sechs Yoga des Nāropa‹, angewendet. Es sind dies: Hitze (*tum-mo*), Illusorischer Körper (*gyu-lü*), Traum (*mi-lam*), Klares Licht (*ö-sel*), Zwischenzustand (*bar-do*) und Bewusstseinstransfer (*pho-wa*). In manchen Tantras werden Vier Glückseligkeiten (*ga-shi*) und Vereinigung (*sung-jug*) anstelle von Traum und Zwischenzustand genannt.[150]

Vereinfacht gesagt, dient Tum-mo, das oft erwähnte, aber häufig missverstandene Yoga des inneren Feuers, dazu, die Energien (*lung*) in den Zentralkanal und letztlich in das Herzchakra eintreten, verweilen und sich auflösen zu lassen.[151] Es entstehen ursprüngliches, makelloses Gewahrsein und die sogenannten ›Vier Glückseligkeiten‹ oder ›Vier Leerheiten‹. So wird über verschiedene Stufen das Klare Licht verwirklicht. Dieses ist die innewohnende Natur des Geistes. Sie wird am Ende des Sterbeprozesses von allen Lebewesen erfahren (wie im Abschnitt über Vergänglichkeit und Tod beschrieben), wird aber von niemandem bewusst erkannt, außer von sehr fortgeschrittenen tantrischen Praktizierenden. Dazu werden vor allem sogenannte Mutter-Tantras benutzt, die sich besonders zur Realisation des Klaren Lichtes eignen. Durch die Praktiken der Vollendungsstufe wird dieses Klare Licht nun erfahrbar gemacht. Es hat die Macht, den Geist von allen Kleśas und von den ›Hemmnissen zum ungehinderten Gewahrsein‹ (jñeya-āvaraṇa), den letzten Hindernissen auf dem Weg zur Buddhaschaft, zu reinigen.

Aus der Erfahrung des Klaren Lichtes heraustretend, manifestieren Yogis und Yoginīs sich nun in der Form des Yidam, welchen sie auf der Entstehungsstufe praktiziert haben (siehe oben), und realisieren so den Illusorischen Körper. Dieser ist die Ursache für die Erzeugung des Nirmāṇakāya eines Buddha. Zu diesem Zweck werden sogenannte Vater-Tantras praktiziert, die sich besonders dazu eignen, den Illusorischen Körper zu verwirklichen.

Der Weisheitsaspekt (prajñā) wird durch das Klare Licht zur Vollendung gebracht. Dieses bildet letztlich die Ursache für die Verwirklichung von Dharmakāya, dem ›Wahrheitskörper‹ eines Buddha (siehe Kapitel 12, S. 183 f.).

Durch den Illusorischen Körper wird die Methode (upāya), die speziell der Hilfe für alle Lebewesen dient, zur Vollendung gebracht. Er ist der Keim, die Ursache, für die Verwirklichung von Rūpakāya, den beiden ›Formkörpern‹ eines Buddha.

In einem weiteren anspruchsvollen Praxisschritt, der sogenannten ›Vereinigung‹, wird das Klare Licht mit dem Illusorischen Körper verbunden. Nicht nur Karma und die Kleśas werden dadurch entwurzelt, sondern auch die ›Hemmnisse zum ungehinderten Gewahrsein‹ (zur vollständigen Buddhaschaft) sind überwunden. Vollständige Erleuchtung wird erlangt, die drei Kāya eines erleuchteten Buddha sind verwirklicht.

Eine wichtige Praxis ist jene der ›Neun Integrationen‹[152]: Dies ist eine Methode, um die Prozesse von ›Tod‹, ›Zwischenzustand‹ und ›Wiedergeburt‹ in Dharmakāya, Saṃbhogakāya und Nirmāṇakāya zu verwandeln. Dies wird während der

Phasen von ›Schlaf‹, ›Traum‹ und ›Wachzustand‹ geübt. Diese sind den drei Prozessen von ›Tod‹, ›Zwischenzustand‹ und ›Wiedergeburt‹ ähnlich und dienen somit als Vor-Übungsfeld.

Die Praktiken der sexuellen Vereinigung sollen hier noch kurz erwähnt werden. Sie können unter bestimmten Umständen von fortgeschrittenen Yogis und Yoginīs auf der Vollendungsstufe (*dzog-rim*) angewendet werden. Sie nutzen Verlangen als unterstützendes Mittel, um mit den Prāṇa-Energien in den Kanälen und Verzweigungen zu arbeiten.

Der tantrische Pfad der Vollendungsstufe ist zugleich tiefgründig und anspruchsvoll. Er eignet sich wohl nur für Praktizierende mit einer nachhaltigen Motivation, innerhalb von langjährigen Retreats und unter Anleitung eines verwirklichten Meisters bzw. einer Meisterin.

Dieses Kapitel kann und soll den Reichtum, die Vielschichtigkeit und die Möglichkeiten des Vajrayāna nur andeuten. Das Ziel dieses Pfades ist großartig und wunderbar: die Buddhaschaft zum Wohle aller Lebewesen.

Dzogchen – die große Vollendung

Das ursprüngliche Klare Licht nicht erkennend,
wandern wir im Kreislauf des Daseins umher,
gepeinigt von Karma und Leidenschaften.
Lass deinen erschöpften Geist ruhen
in der innewohnenden Großen Vollendung.
Der siegreiche Longchenpa kennt sie;
um seinen Segen bitten wir.
(Nyoshul Khen Rinpoche) [153]

Die Dzogchen-Tradition entstammt der Nyingma-Schule. Diese kennt neun Yānas (Fahrzeuge): Shrāvakayāna, Pratyekabuddhayāna und Bodhisattvayāna; Kriyā, Caryā und Yoga sowie Mahāyoga, Anuyoga und Atiyoga. Die ersten zwei Fahrzeuge werden zum Hīnayāna gezählt, die folgenden zum Mahāyāna. Die ersten drei Kategorien betreffen die Sūtra-Belehrungen, ähnlich wie dies oben dargelegt wurde. Die nächsten sechs entsprechen in etwa den vier Tantra-Klassen der ›neuen Übersetzungsschulen‹ (*sar-ma*). Die ersten drei gehören zu den ›äußeren Tantras‹, die anderen drei zu den ›inneren‹. Hier werden Tantras wie Guhyagarbha, Hayagrīva, Vajravārāhī, Vajrakīlaya und andere praktiziert.

Die letzte Klasse, Atiyoga oder Mahā Ati, ist nur im System der Nyingma-Schule zu finden, wobei essenzielle Aspekte davon auch von Praktizierenden der anderen tibetischen Schulen angewendet oder in ihr eigenes Praxissystem integriert werden. Atiyoga bedeutet ›besonderer Yoga‹ und ist ein Synonym für Mahāsandhi, was in tibetisch Dzogpa Chenpo oder kurz Dzogchen heißt. Dzogchen kann als ›Große Vollendung‹ übersetzt werden: ein spezielles System der befreienden Gewahrseinspraxis, das den Tantras zugeordnet wird. Auch hier wird das Prinzip ›das Ziel ist der Weg‹ angewendet. Es wird davon ausgegangen, dass wir bereits erleuchtet sind, dass wir dies aber infolge von Kleśas und Karma nicht erkennen können. In der Praxis des Dzogchen geht es deshalb nicht darum, den Zustand der Erleuchtung zu erreichen, sondern zu der bereits innewohnenden

Großen Vollendung (*dzog-chen*) zu erwachen. Der Begriff Dzogchen bezieht sich darauf, dass jegliche bedingte Erfahrung des Daseins innerhalb der grundlegenden, innewohnenden Natur vollkommen ist und dass alle Erfahrungen ohne Ausnahme in dieser grundlegenden Natur enthalten sind. Es gibt heute sehr gute Bücher zur Tradition des Dzogchen.[154]

Dzogchen ist ein äußerst direkter Zugang zur Erkenntnis der Natur des Geistes. Das Thema des ›groben‹ und des ›sehr subtilen Geistes‹, auf der Vollendungsstufe der Anuttarayogatantras von größter Wichtigkeit, ist hier ebenso bedeutsam, wird aber sehr viel direkter angegangen. Auf welche Weise ist aber ganz und gar abhängig von der unmittelbaren Belehrung und Anweisung eines authentischen Meisters oder einer Meisterin. Im Vajrayāna wird ganz besonderes Gewicht auf den Segensfluss gelegt, der von Guru zu Schülern und Schülerinnen fließt, wenn echte Verwirklichung seitens der Lehrenden und große Offenheit und Vertrauen seitens der Praktizierenden vorhanden sind. Direkte Übertragung auf der Basis des Segens geschieht dann, wenn die ›Kanäle der Hingabe‹ weit offen sind.

Im Dzogchen wird von ›Grund‹ (*shi*), ›Pfad‹ (*lam*) und ›Resultat‹ (*dre*) gesprochen.

Dies kann, vereinfacht, wie folgt dargestellt werden: [155]

Grund (*shi*): (Drei Eigenschaften: Essenz (*ngo-wo*): leer. Natur (*rang-shin*): wahrnehmend. Manifestation (*thug-che*): spontan, mitfühlend.)

Pfad (*lam*):
- Sichtweise (*ta-wa*)
- Meditation, Praxis (*gom-pa*):
  - Durchtrennen (*thek-chö*)
  - Direkt Überqueren (*thö-gel*)
- Handeln (*chö-pa*)

Resultat (*dre*): (Vollständige Erkenntnis des ›Grundes‹)

Grund *(shi)*

Der ›Grund‹ ist die allem zugrunde liegende ›Buddhanatur‹ (tathāgatagarbha), auch ›Dharmakāya‹, der ›Natürliche Zustand‹, die ›Innewohnende Natur‹, die ›Erleuchtete Essenz‹ oder die ›Ursprüngliche Reinheit‹ genannt. Es ist die Grundlage aller Dinge, von Saṃsāra und von Nirvāṇa.

›Grund‹ hat drei innewohnende Eigenschaften, nämlich Essenz (*ngo-wo*), Natur (*rang-shin*) und Manifestation oder Energie (*thug-je*). Der Grund ist in seiner Essenz ›leer‹ – was auch als ›ursprüngliche Reinheit‹ bezeichnet wird.

Gleichzeitig ist die Natur des Grundes aber ›wahrnehmend‹ – wobei man von ›spontaner Präsenz‹ spricht.

In seiner Manifestation ist er ›unbehinderte, mitfühlende Energie‹.

Pfad *(lam)*

Infolge von Unwissenheit und Täuschung erkennen die Lebewesen den ›Grund‹ nicht und sind deshalb durch Kleśa und Karma in die endlosen Leiden des Saṃsāra verwickelt. ›Pfad‹ bezieht sich auf das Erwachen aus dieser Unwissenheit zur Erkenntnis des Wesens des Grundes. Den ›Grund‹ vollständig erkennen heißt das ›Resultat‹ oder die ›Frucht‹ verwirklichen.

Der ›Pfad‹ hat drei Aspekte oder Methoden, um die Täuschung aufzulösen: ›Sichtweise‹ (*ta-wa*), ›Meditation‹ (*gom-pa*) und ›Handeln‹ (*chö-pa*). Dadurch wird das, was schon immer vorhanden ist, enthüllt.

›Sichtweise‹ (ta-wa)

Der Pfad beginnt mit der folgenden ›Sichtweise‹: Die Wirklichkeit ist, wie oben erwähnt, in ihrer Essenz leer und ursprüngliche Reinheit; ihre Natur ist wahrnehmend und spontane Präsenz; ihre Manifestation unbehinderte, mitfühlende Energie.

Meditation (gom-pa)

Der zweite Aspekt ist jener der ›Meditation oder Praxis‹. Auch im Dzogchen wird Śamatha und anschließend Vipaśyanā praktiziert. Diese werden hier allerdings etwas anders definiert als in anderen Traditionen. Sie gelten als dualistische Meditationen und werden als hilfreiche Vorbereitungsübungen gesehen.

Es werden drei Kategorien unterschieden, nämlich die Geist-Kategorie (*sem-de*), die Raum- Kategorie (*long-de*) und die Essenzielle Kategorie (*men-ngag-de*). Diese können hier nicht weiter erörtert werden. Innerhalb der Letzteren gibt es im Wesentlichen zwei Praxiszugänge, ›Durchtrennen‹ (*theg-chö,* spr.: *tektschö)* und ›Direkt Überqueren‹ (*thö-gel*).

- Durchtrennen (*theg-chö*) heißt direktes ›Durchtrennen zur Ursprünglichen Reinheit‹. Innerhalb des Geistes werden der konzeptuelle, dualistische Geist (citta/*sem*) einerseits und der nonduale Geist (cittata/*sem-nyid*) andererseits unterschieden. Der Erste ist der gewöhnliche, dualistische Geist, der seine wahre Natur nicht kennt, Karma schafft usw. Der Zweite ist ›Geist-Essenz‹ (vidyā/*rig-pa*). Er entspricht in seinem Wesen dem ›Grund‹, der die oben erwähnten Eigenschaften von Essenz (*ngo-wo*), Natur (*rang-shin*) und Manifestation oder mitfühlender Energie (*thug-je*) hat. Es ist diese Geist-Essenz, die durch die Lamas, durch die Lehrenden direkt aufgezeigt wird. Theg-chö ist die ›Meditation‹, welche praktiziert wird, um hellwach in dieser ›Geist-Essenz‹ (vidyā/*rig-pa*), also im Zustand der Nichtdualität, zu ruhen. Streng genommen kann hier nicht mehr von Meditation gesprochen werden. Es gibt nichts anzunehmen, zu verwerfen oder zu verbessern, kein Bemühen, aber auch nicht die geringste Zerstreuung. Die Übung besteht darin, für zunehmend längere Perioden in dieser ›Präsenz‹ zu verweilen.

  Mipham Rinpoche sagt: »Präsent seit allem Anfang, ist sie weder abhängig von Entwicklung noch von Unterschieden persönlicher Befähigungen. Möge dieser vitale Punkt der Natur des Geistes – schwer zu glauben, da scheinbar so einfach – erkannt werden durch die Macht der persönlichen Belehrungen der Meister. Mögen wir spontan vollkommen sein, in der Natur des Nicht-Tuns, jenseits von Tätigkeit und Untätigkeit.«[156]

›Theg chö‹ ist eine Praxis, die im Westen auf große Aufmerksamkeit stößt, wahrscheinlich wegen der Direktheit und Unmittelbarkeit ihrer Methodik. Meist ist diese Praxis gemeint, wenn von ›Dzogchen-Meditation‹ die Rede ist. Als Zugang braucht es aber die ›Anweisung des direkten Aufzeigens der Natur des Geistes‹ und die weitere Unterstützung qualifizierter Lehrender.

- Direkt Überqueren (*thö-gel*): Der zweite Praxiszugang, das ›Direkt Überqueren zur Spontanen Präsenz‹, ist eine geheime Methode, die sechs Punkte der ›unvermittelten Verwirklichung‹ umfasst und das Verweilen in der ›Spontanen Vervollkommnung‹ des ursprünglichen Buddha (Samantabhadra) ermöglicht.

Handeln (chö-pa)

Der dritte Aspekt des Pfades, nach ›Sichtweise‹ und ›Meditation‹, ist ›Handeln, Verhalten, Aktivität‹ (*chö-pa*). Gemeint ist das äußere Verhalten von Dzogchen-Praktizierenden im Lichte der Sichtweise und der Meditation. Die Meditation wird in jeden Aspekt des täglichen Lebens getragen. Es ist eine dynamische Seinsform, die sich nach den Gegebenheiten der jeweiligen Situation und den Bedürfnissen der anwesenden Lebewesen richtet, von Bodhicitta motiviert wird und sich durch ungehinderte, mitfühlende Energie (*thug-je*) ausdrückt.

Der große Meister Padmasambhava, der die Lehren des Dzogchen aus Indien nach Tibet brachte, gab die erinnerungswürdige Empfehlung: »Eure Sichtweise soll so weit sein wie der Raum, eure karmischen Handlungen jedoch so fein wie Gerstenmehl.« Heilsames Tun, konsequente Praxis und die Aktivitäten der Bodhisattvas machen ›Handeln‹ aus.

Resultat *(dre)*

Das Resultat oder die Frucht (*dre*) im Dzogchen ist, wie erwähnt, die vollständige Erkenntnis des ›Grundes‹, der ›Innewohnenden Natur‹ und damit auch die Verwirklichung der drei Buddha-Kāya.

Die ›leere Essenz‹ (*ngo-wo*), ursprüngliche Reinheit, wird erkannt als Dharmakāya.

Die ›wahrnehmende Natur‹ (*rang-shin*), spontane Präsenz, enthüllt sich als Saṃbhogakāya.

Die ›ungehinderte Manifestation‹ (*thuk-che*) ist Nirmāṇakāya, die mitfühlenden Buddha-Aktivitäten zum Segen der Lebewesen. Wie S. H. Dilgo Khyentse Rinpoche sagt: »Gleich der Sonne, die ungehindert ins All strahlt, wird dein Mitgefühl auf alle Wesen scheinen.«[157]

Das Ziel ist erhaben, und der Weg ist anspruchsvoll! Jetsün Milarepa, der bedeutendste Yogi in der Geschichte Tibets, hatte den größten Teil seines Lebens meditierend in Höhlen verbracht und die höchste Stufe der Erleuchtung auf dem tantrischen Weg verwirklicht. Als einer seiner Schüler, der lange Zeit unter seiner Anleitung praktiziert hatte, Abschied von ihm nahm, bat er Milarepa um einen letzten Ratschlag auf den Weg. Der Yogi stand auf, drehte sich um, hob seine Baumwollrobe an und zeigte dem überraschten Schüler seinen Hintern. Dieser war über und über mit Schwielen und Hornhaut bedeckt – vom fortwährenden Sitzen in der Meditation! Die Botschaft war klar.

Epilog zum Vajrayāna

Die große Stärke des Vajrayāna liegt in der Vielzahl der Methoden, der geschickten Mittel zur Unterstützung, Vertiefung und Beschleunigung der Praxis. Upāya und Prajñā werden kombiniert beziehungsweise gleichzeitig kultiviert. Dazu gehört die Arbeit mit feinstofflichen Energien und Kanälen zur Erzeugung des ›sehr subtilen Geistes‹ und tiefster Erfahrungen der Leerheit. Typisch im Vajrayāna sind die Vorgehensweise, die das Ziel als den Weg nimmt, aber auch die direkte ›Einführung in die Natur des Geistes‹ durch Meister oder Meisterinnen. Dem entspricht auf der Seite der Praktizierenden die Hingabe, welche die Segensströme der Lamas zur Wirkung bringt. Dadurch werden viele dieser Entfaltungsprozesse erst erweckt, dann vertieft und schließlich zur Vollendung gebracht.

Es sei hier noch einmal erwähnt: Angesichts der Tiefgründigkeit dieser Lehren und der hohen Anforderungen, die ihr Praktizieren stellt, kann die vorliegende Darstellung lediglich eine vereinfachte Vorstellung, eine Ahnung von ihrer Essenz vermitteln. Diese kann nur durch Praxis erfahren werden.

Es heißt, dass schon allein das respektvolle und wertschätzende Zuhören, Lernen und Wissen über diese Lehren und Praktiken große spirituelle Verdienste erwecke. Wie viel mehr wird dann ihre tatsächliche Praxis bewirken! Mögen diese Lehren für lange Zeit lebendig bleiben und vielen auf dem Weg zur Befreiung und Erleuchtung helfen, zum Wohle der Lebewesen!

17

Schlusswort und Widmung

Wir wollen diese Lehren in die Praxis umsetzen,
sonst sind wir wie Kranke, die nur medizinische Texte lesen.
(Śāntideva) [158]

Es gibt eine wunderbare Fülle von verschiedenen Belehrungen und Zugängen zum Dharma, hilfreich und abgestimmt auf die Neigungen und Bedürfnisse verschiedenster Menschen. Dabei ist es wichtig, darauf zu achten, uns durch die große Vielfalt der Methoden nicht entmutigen zu lassen, sondern sie als Inspiration und Chance zu sehen. Es ist erstaunlich, ja wunderbar, dass es dies alles auch heute noch gibt: intakte Überlieferungslinien buddhistischer Traditionen; die lebendige Lehre, vermittelt von authentischen Meistern, Meisterinnen, Lehrenden aus Ost und West; Menschen, die diese Lehren tatsächlich leben.

Die Lehren sind unendlich tiefgründig und reich – und doch geht es immer um das unmittelbare Hier und Jetzt. Was zählt, ist, dass wir das Gehörte, das Gelesene, das Gelernte auch wirklich umsetzen. Śāntideva rät uns, so zu praktizieren als wäre unser Haar in Flammen: mit großer Dringlichkeit – und auch zu praktizieren wie ein Elefant, der sich, von Hitze und Staub geplagt, in einen kühlen See wirft: voller Enthusiasmus.

Was immer aber unser Weg, unsere Praxis und unsere Verwirklichungen sein mögen; von Bedeutung werden sie dann, wenn sie nicht nur für uns selbst befreiend sind, sondern auch hilfreich für unsere Welt. Wenn wir lernen, alle anderen so wichtig zu nehmen wie uns selbst, dann wird die Praxis unser Leben verändern und für unsere Mitwelt nützlich sein.

Die Bodhisattva-Vision aus alter Zeit ist heute noch von gleicher Bedeutung:

> Die Lebewesen sind zahllos – wir werden sie alle befreien.
> Die inneren Konflikte sind unerschöpflich – wir wollen sie alle beenden.
> Erkenntnisse sind unermesslich – mögen wir sie alle verwirklichen.
> Der Weg der Buddhas ist groß – wir werden ihn bis zum Ende gehen.

Mögen diese Lehren für lange Zeit lebendig bleiben und zahllosen Menschen helfen, sich von Kummer und Leiden zu befreien. Mögen die Menschen Unbeschwertheit, Freude und Verbundenheit erfahren und Befreiung und Erleuchtung erlangen, zum Wohle aller Lebewesen!

Anhang

Übersicht über die Geistesfaktoren im Theravāda und Mahāyāna

Übersicht über die 52 Geistesfaktoren (cetasika) im Theravāda-Modell

Sieben allgegenwärtige Geistesfaktoren (sabbacittasādhārana)

1	Kontakt	phassa	
2	Erfahrungsmäßige Gefühlstönung	vedanā[1]	
3	Unterscheidung, Wahrnehmung	saññā	
4	Intention, Absicht	cetanā	
5	Einsgerichtetheit	ekkagatā, samādhi	
6	Psychische Energie	jīvit'indriya	
7	Zuwendung der Aufmerksamkeit zum Objekt (nicht beeinflussbar, nicht sati)	manasikāra	

Sechs ›gelegentliche‹ (besondere) Geistesfaktoren (pakinnaka)

1	Angewandte Aufmerksamkeit	vitakka	V
2	Anhaltende Aufmerksamkeit	vicāra	V
3	Entscheidung, Entschlossenheit	adhimokkha	
4	Bemühen	viriya	E, S
5	Interesse, Freude, Entzücken	pīti	E, V
6	Wunsch, zu tun	chanda	

14 unheilsame Geistesfaktoren (akusala)

1	Unwissenheit, Verblendung	moha	W
2	Skrupellosigkeit (betrifft die Person selbst)	ahirika	
3	Skrupellosigkeit (betrifft andere)	anottappa	
4	Ruhelosigkeit, Aufgeregtheit	uddhacca	H
5	Anhaften, Verlangen	lobha	W, H
6	Falsche Sichtweise	diṭṭhi	
7	Dünkel, Einbildung	māna	
8	Ablehnung, Hass	dosa	W, H
9	Neid, Eifersucht	issā	

10 Geiz	macchariya	
11 Besorgnis	kukkucca	H
12 Trägheit, Dumpfheit	thīna	H
13 Schläfrigkeit	middha	H
14 Zweifel	vicikicchā	H

25 ›wunderbare‹ Geistesfaktoren (sobhana/kusala)

19 universale (heilsame) Geistesfaktoren (sobhanasādhāraṇā):

1 Vertrauen	saddhā	S
2 Achtsamkeit, Gewahrsein	sati	E, S
3 Schamgefühl (betrifft die Person selbst)	hiri	
4 Gewissenhaftigkeit (betrifft andere)	ottappa	
5 Nicht-Anhaften	alobha, (dāna)	W
6 Nicht-Ablehnung, Nicht-Hass	adosa (mettā)	W, B
7 Gleichmut, Gelassenheit	tatramajjhattatā (upekkhā)	E, B
8 Ruhe (in Bezug auf die psychischen Aspekte)	kāyapassaddhi	
9 Ruhe (in Bezug auf die geistigen Aspekte)	cittapassaddhi	E
10 Beweglichkeit (in Bezug auf die psychischen Aspekte)	kāyalahutā	
11 Beweglichkeit (in Bezug auf die geistigen Aspekte)	cittalahutā	
12 Flexibilität (in Bezug auf die psychischen Aspekte)	kāyamudutā	
13 Flexibilität (in Bezug auf die geistigen Aspekte)	cittamudutā	
14 Gefügigkeit, Sanftheit (in Bezug auf die psychischen Aspekte)	kāyakammaññatā	
15 Gefügigkeit, Sanftheit (in Bezug auf die geistigen Aspekte)	cittakammaññatā	
16 Geschicktheit (in Bezug auf die psychischen Aspekte)	kāyapāguññatā	
17 Geschicktheit (in Bezug auf die geistigen Aspekte)	cittapaguññata	
18 Aufrichtigkeit (in Bezug auf die psychischen Aspekte)	kāyujjukatā	
19 Aufrichtigkeit (in Bezug auf die geistigen Aspekte)	cittujjukatā	

Drei Unterlassungen (virati):

1 Rechtes Reden	sammā vācā	
2 Rechtes Tun	sammā kammanta	
3 Rechter Lebenserwerb	sammā ājīva	

Zwei Grenzenlose (appamaññā):

1 Mitgefühl	karuṇā	B
2 Mitfreude	muditā	B

(Eine) Nicht-Täuschung (amoha):

1 Nicht-Verblendung, Befreiende Weisheit	paññindriya	W, S

In der Lehre werden die Geistesfaktoren oft in bestimmten Gruppen und Zusammensetzungen genannt. Es sind Gruppen, auf die in Meditation und Praxis besonders geachtet werden soll. Es sind entweder Eigenschaften, die nach Möglichkeit vermieden werden sollen, oder Qualitäten, die gefördert und entwickelt werden sollen. Sie sind in obiger Liste entsprechend markiert.

Legende

E	Sieben Erleuchtungsfaktoren (bojjhanga)
S	Fünf Spirituelle Fähigkeiten (indriya)
V	Fünf Versenkungsfaktoren (jhānanga) (inkl. Glückseligkeit (sukha)) Die kultivierte Form von Einsgerichtetheit (ekkagatā) wird zu V, E und S.
B	Vier göttliche Verweilungen (brahmavihāra) oder vier Grenzenlose (appamaññā)
H	Fünf Hemmnisse (nīvaraṇa) (Nr. 4 und 11 sowie Nr. 12 und 13 der ›Unheilsamen‹ zählen als je ein Hemmnis)
W	Wurzeln (mūla): drei heilsame und drei unheilsame Wurzeln.

Übersicht über die 51 Geistesfaktoren (caitta) im Mahāyāna-Modell

Fünf allgegenwärtige Geistesfaktoren (sarvatraga)

1	Erfahrungsmäßige Gefühlstönung	vedanā	
2	Unterscheidung, Wahrnehmung	saṃjñā	
3	Vorsatz, Absicht	cetanā	
4	Kontakt	sparśa	
5	Aufmerksamkeit	manasikāra	

Fünf objektermittelnde Geistesfaktoren (viniyata)

1	Aspiration, Anstreben	chanda	
2	Wertschätzung	adhimokṣa	
3	Achtsamkeit, Gewahrsein	smṛti (pāli: sati)	
4	Sammlung	samādhi	
5	Intelligenz	prajñā	

11 heilsame Geistesfaktoren (kuśala)

1	Vertrauen	śraddhā	
2	Schamgefühl (betrifft die Person selbst)	hrī	
3	Gewissenhaftigkeit (betrifft andere)	apatrapā	
4	Nicht-Anhaften	alobha	W
5	Nicht-Ablehnung, Nicht-Hass	adveṣa	W
6	Nicht-Verblendung	amoha	W
7	Bemühen, Energie	vīrya	
8	Ruhe, Geschmeidigkeit, Leichtigkeit	praśrabdhi	
9	Wertschätzung für Heilsames und Wachsamkeit gegen Unheilsames	apramāda	
10	Gleichmut	upekṣā	
11	Gewaltlosigkeit, Mitgefühl	avihiṃsā (karuṇā)	

26 unheilsame Geistesfaktoren (kleśa)

Sechs Wurzeln (mūlakleśa):

1	Unwissenheit, Verblendung	moha, avidyā
2	Falsche Sichtweise	dṛṣṭi
3	Anhaften, Verlangen	rāga
4	Ablehnung, Hass	pratighā
5	Dünkel, Einbildung	māna
6	Zweifel	vicikitsā

20 Sekundäre (upakleśa):

Aus Ablehnung, Hass:

1	Zorn	krodha
2	Rache	upanāha
3	Trotz, Arglist	pradāsa
4	Neid	īrṣyā
5	Boshaftigkeit, Grausamkeit	vihiṃsā

Aus Anhaften, Verlangen:

1	Geiz, Habgier	mātsarya
2	Selbstzufriedenheit	mada
3	Erregung, Überschwang	auddhatya

Aus Unwissenheit, Verblendung:

1	Heuchelei, Verheimlichung	mrakṣa
2	Trägheit, Dumpfheit	styāna
3	Vertrauenslosigkeit, Misstrauen	āśraddhya
4	Faulheit	kauśīdya
5	Vergesslichkeit	pramāda
6	Unachtsamkeit	musitā smṛti

Aus Anhaften und Unwissenheit:

1	Vortäuschung, Scheinheiligkeit	māya
2	Unehrlichkeit, Schmeichelei	śāṭya

Aus allen drei:

1	Skrupellosigkeit (betrifft die Person selbst)	āhrīkya
2	Skrupellosigkeit (betrifft andere)	anapatrāpya
3	Falsches Verständnis	asaṃprajanya
4	Zerstreuung	vikṣepa

Vier veränderbare Geistesfaktoren (aniyata):

1	Schläfrigkeit	middha
2	Reue	kaukṛtya
3	Allgemeine Untersuchung, Auswahl	vitarka
4	Präzise Analyse	vicāra

Anmerkungen

1 Dr. Jon Kabat-Zinn, *Gesund und stressfrei durch Meditation*, O. W. Barth Verlag. Die Continentale Krankenversicherung a. G. verlieh den ›Continentale Förderpreis für Naturheilkunde 2000‹ für die Studie *Achtsamkeitsmeditation als präventiver Beitrag zur Gesundheit* an Dipl. Psych. Marcus Majumdar und Priv.-Doz. Dr. Dr. Harald Walach, Universität Freiburg.

2 Dai-o Kokushi, Rinzai-Zenmeister (1235–1308), Ausschnitt aus *On Zen*.

3 Hans Wolfgang Schumann, *Handbuch Buddhismus, Die zentralen Lehren: Ursprung und Gegenwart*, Diederichs, 2000; zur Datierung des Buddha, S. 146.

4 Ca. 270–235 v. u. Z.

5 Buddhagosa/Nyanatiloka, *Der Weg zur Reinheit (Visuddhimagga)*, Jhana Verlag, 2002.

6 Anuruddhācariya/Nārada Mahāthera, *A Manual of Abhidhamma*, Abhidhammattha Sangaha, Buddhist Publication Society (BPS), Kandy, Sri Lanka. Anuruddha/Bhikkhu Bodhi, *A Comprehensive Manual of Abhidhamma*, (BPS), Kandy, Sri Lanka.

7 Siehe Damien Keown, *Lexikon des Buddhismus*, Patmos, 2003, (›Achtzehn Schulen‹, S. 5)

8 Buddhagosa/Nyanatiloka, *Der Weg zur Reinheit (Visuddhimagga)*, Jhana Verlag, 2002.

9 Dogen Zenji, *Shobogenzo. Die Schatzkammer der Erkenntnis des wahren Dharma*, Theseus, 2000.

10 Gampopa, *Der kostbare Schmuck der Befreiung, Eine Einführung in den buddhistischen Weg*, Theseus, 1996

11 Tsong-ka-pa, *The Great Treatise on the Stages of the Path to Enlightenment*, Volume 1 – 3, Lam Rim Chen Mo, Snow Lion Publications, 2002.

12 Lankavatara-Sutra, *Die makellose Wahrheit erschauen. Die Lehre von der höchsten Bewusstheit und absoluten Erkenntnis*, O. W. Barth/Scherz Verlag, 1996.

13 *Lotus Sutra, Das große Erleuchtungsbuch des Buddhismus*, Übersetzung M. von Borsig, Herder Spectrum, 1984.

14 *Avatamsaka-Sutra, Alles ist reiner Geist*, O. W. Barth/Scherz, 2002.

15 Stephen Batchelor, *Nāgārjuna – Verse aus der Mitte. Eine buddhistische Vision des Lebens*, Theseus, 2002.

16 Shantideva, *Die Lebensführung im Geiste der Erleuchtung*, (J. Koss), Theseus, 2004. Dalai Lama, *Der Friede beginnt in dir.* (Kommentar zur Bodhicaryavatara), Herder Spektrum, 2001. Shāntideva, *Anleitungen auf dem Weg zur Glückseligkeit. Bodhicaryāvatāra*, O. W. Barth, 2005.

17 Herbert V. Guenther, *Life and Teachings of Naropa*, Shambala, 1995. Thrangu Rinpoche, *The Life of Tilopa and the Ganges Mahamudra*, Zhyisil Chokyi Publications, 2003.

18 Maha Bua Nanasampanno, *Ein Leben innerer Werte*, WaldDhamma aus Wat Pa Baan Taad, 1999 (wird nur kostenlos verteilt).

19 Buddhadāsa Bhikkhu, *Kernholz des Bodhibaums. Suññatā verstehen und leben lernen*, Buddhistische Gesellschaft München, 2001.

20 Ajahn Chah, *Food for the Heart, The Collected Teachings of Ajahn Chah*, Wisdom, MA. Ajahn Chah/Kornfield/Breiter, *Ein stiller Waldteich*, Theseus, 1996.

[21] Ajahn Sumedho, *The Mind and the Way. Buddhist Reflections on Life,* Wisdom MA, 2005. Ajahn Sumedho, *Teachings of a Buddhist Monk,* Buddhist Publication Group, GB, 2000.

[22] Amaravati Monastery, Great Gaddesden, Hemel Hempstead, Herts. HP1 3BZ, England. Kloster Dhammapala, Am Waldrand, 3718 Kandersteg, Schweiz.

[23] Jack Kornfield, *Frag den Buddha und geh den Weg des Herzens,* Ullstein, 2004. *Das Tor des Erwachens* (*After the Ecstasy the Laundry*), Ullstein, 2004.

[24] Maha Ghosananda, *Wenn der Buddha lächelt, Frieden finden – Schritt für Schritt,* Herder, 1997.

[25] Mahasi Sayadaw, U Janaka Sayadaw, *Der Weg zum Nibbana. Drei Abhandlungen über Vipassana-Meditation,* M. Zeh Verlag, 2004. Sayadaw U Pandita, *Im Augenblick liegt alles Leben. Buddhas Weg der Befreiung,* Barth/Scherz, 1999.

[26] Amy Schmidt, *Dipa Ma. Furchtlose Tochter des Buddhas,* Arbor, 2004.

[27] Joseph Goldstein, Jack Kornfield, *Einsicht durch Meditation. Die Achtsamkeit des Herzens,* Arbor, 2006. Joseph Goldstein, *Ein Dharma,* Goldmann, 2004. Joseph Goldstein, *Vipassana Meditation, Die Praxis der Freiheit,* Arbor, 1999. Bhante Sujiva, *Die Praxis der Einsichtsmeditation. Eine detaillierte Darstellung der Vipassana-Meditation,* M. Zeh Verlag, 2006.

[28] Sharon Salzberg, *Metta Meditation, Buddhas revolutionärer Weg zum Glück (Geborgen im Sein),* Arbor, 2003; *Ein Herz so weit wie die Welt,* dtv, 2002.

[29] Fred von Allmen, *Die Freiheit entdecken. Grundlagen buddhistischer Einsichtsmeditation für den Westen,* Arbor, 2000.

[30] William Hart, *Die Kunst des Lebens. Vipassana-Meditation nach S. N. Goenka,* dtv, 2006.

[31] *Avatamsaka-Sutra, Alles ist reiner Geist,* O. W. Barth/Scherz Verlag, 2002.

[32] Master Sheng-Yen, *Attaining the Way,* Wisdom, 2006. Sheng-Yen/John Crook, *Hege die Äste, um die Wurzeln zu schützen,* O.W. Barth/Scherz, 1996.

[33] *Lotos-Sūtra, Sūtra von der Lotosblume des wunderbaren Gesetzes,* Verlag Lambert Schneider, 1992. *The Lotus Sutra,* (Burton Watson Translator) Columbia University Press, USA, 1994.

[34] Kusan Sunim, Martine Batchelor, Stephen Batchelor, *The Way of Korean Zen,* Floating World Editions, 2005. Martine Batchelor u. Dalai Lama, *The Path of Compassion, The Chinese Brahma's Net Sutra, The Bodhisattva Precepts,* Altamira Press, 2004.

[35] Dogen Zenji, *Shobogenzo, Die Schatzkammer der Erkenntnis des wahren Dharma,* Theseus, 2000.

[36] Tsültrim Allione, *Tibets weise Frauen, Zeugnisse weiblichen Erwachens,* Theseus, 2001.

[37] Ma gcig, *Gesänge der Weisheit,* Garuda Verlag, 1998.

[38] Longchenpa, *Kindly Bent to Ease Us,* Vol. 1–3, Dharma Publishing Berkeley, 1975. Longchenpa, *You Are the Eyes of the World,* Lotsawa, 1987.

[39] Milarepa, *Milarepas gesammelte Vajra-Lieder,* 2 Bde. Theseus, 1997. *Milarepa. Tibets großer Yogi,* O. W. Barth, 2004.

[40] Gampopa, *Der kostbare Schmuck der Befreiung, Eine Einführung in den buddhistischen Weg,* Theseus, 1996.

[41] Dilgo Khyentse Rinpoche, *Erleuchtete Weisheit. Die Einhundert Ratschläge des Padampa Sangye,* Theseus, 2003.

42 Ma gcig, *Gesänge der Weisheit*, Garuda Verlag, 1998.

43 Tsültrim Allione, *Tibets weise Frauen. Zeugnisse weiblichen Erwachens*, Theseus, 2001.

44 Dilgo Khyentse Rinpoche, *Die sieben tibetischen Geistesübungen. Das Herzstück buddhistischer Praxis,* O. W. Barth Verlag/Scherz, 1996. Pema Chödrön, *Beginne, wo du bist, Eine Anleitung zum mitfühlenden Leben,* Aurum, 2006. Regine Leisner, *Das Denken umwandeln,* Verlag Buddhistische Gemeinschaft Chödzong e. V. 1997. Jamgön Kongtrul, *Der große Pfad des Erwachens. Ein Kommentar zu der Mahayana-Lehre der sieben Punkte der Geistesübung,* Theseus, 1995.

45 Tsong-ka-pa, *The Great Treatise on the Stages of the Path to Enlightenment*, Volume 1 – 3, Lam Rim Chen Mo, Snow Lion Publications, 2002.

46 Österreichische Buddhistische Religionsgesellschaft, Fleischmarkt 16, 1010 Wien, www.buddhismus-austria.at.

47 Stephen Batchelor, *Awakening of the West. The Encounter of Buddhism and Western Culture,* Parallax Press, 1999.

48 Rick Fields, *How the Swans Came to the Lake. A Narrative History of Buddhism in America,* Shambhala Publications, 1992.

49 Jan Nattier, »Visible and Invisible: The Politics of Representation in Buddhist America«, in: *Tricycle, the Buddhist Magazine* 5/1. Jan Nattier ist Professorin für Buddhistische Studien (›Buddhist Studies‹) an der Indiana University. Siehe auch »Buddhism Comes To Main Street«, von Jan Nattier in: *The Wilson Quarterly*, Spring 1997.

50 Fred von Allmen, *Mit Buddhas Augen sehen*, Kapitel: Bodhisattvas am Werk, Theseus, 1997.

51 Buddha, *Samyutta Nikāya* 22, 86, 23 sowie *Majjhima Nikāya* 29, 7.

52 XIV. Dalai Lama, *Die vier edlen Wahrheiten, Die Grundlage buddhistischer Praxis,* Fischer, 2000. Frank Zechner, *Die vier edlen Wahrheiten des Buddha, Einführungen in den Buddhismus,* Oktopus, Wien, 2005.

53 Stephen Batchelor, *Buddhismus für Ungläubige*, Spirit Fischer, 2006.

54 Buddha, *Samyutta Nikāya* 1, 67. Übersetzung: Vimalo Kulbarz, *Der Dharma für den Westen,* Roseburger Schriftenreihe, 2005.

55 Buddha, *Samyutta Nikāya*, 22, 63.

56 Shwe Zan Aung. Aus Lama Anagarika Govinda, *Die psychologische Haltung der frühbuddhistischen Philosophie*, Rascher Verlag, 1962.

57 Jack Kornfield/Paul Breiter, *Ein stiller Waldteich, Die Erkenntnismeditation von Ajahn Chah,* Theseus, 1996.

58 Buddha, *Samyutta Nikāya*, 15, 3. Gekürzte Version.

59 Buddha, *Dhammapada* 1, 13.

60 Śāntideva, *Bodhicaryāvatāra* 5, 28.

61 Die Listen mit allen Geistesfaktoren beider Systeme findet sich im Anhang.

62 *Puggala-Paññati 55.* Übersetzung: Nyanatiloka Mahathera, *Buddhistisches Wörterbuch*, Beyerlein und Steinschulte, 1999, → issā.

63 Geshe Rabten, *Der Geist und seine Funktionen. Erklärungen eines tibetischen Meditationsmeisters,* Edition Rabten, 2003. Yeshe Gyaltsen, Guenther/Kawamura, *Mind in Buddhist Psychology*, Dharma Publishing, USA.

[64] Buddha, *Dhammapada 1.*

[65] Buddha, *Dhammapada 1.*

[66] Kürzere Grundlage der Achtsamkeit (*Dren-pa nyer-shag chung-ua).* Gampopa, *The Jewel Ornament of Liberation*, (Übers. H. V. Guenther), Rider, London, 1970, S. 83. Neu: Shambala, 2001.

[67] »Mahākarunāpundarīkasūtra«, aus: Gampopa, *Der kostbare Schmuck der Befreiung*, (Übers.: Lama Sönam Lhündrup), Theseus, 1996, S. 82.

[68] Buddha, *Samyutta Nikāya 12, 20* (Nidāna Samyutta).

[69] Buddha, *Dhammapada* 1.

[70] Geshe Rabten, *Schatz des Dharma. Ein tibetischer Meditationskurs*, Edition Rabten, 1997, S.118

[71] Siehe auch: Nyanatiloka Mahathera, *Buddhistisches Wörterbuch*, Beyerlein und Steinschulte, 1999, → paccaya.

[72] Buddha, *Samyutta Nikāya* 15, 3.

[73] Buddha, *Culla-Vagga* 9, 1.

[74] Buddha, *Majjhima Nikāya* 28.

[75] Buddha, *Udāna* 8, 3.

[76] Buddha, *Samyutta Nikāya* 4, 43, 13. (Asankhata-Samyutta) Dieses enthält auch eine ganze Liste von Synonymen für Nibbāna. *Samyutta Nikāya* 38, 1.

[77] Buddha, *Udāna*, 8, 1.

[78] Buddha, *Anguttara Nikāya*, 4, 198.

[79] Buddha, *Majjhima Nikāya* 26, 20.

[80] Buddhaghosa/Nyanatiloka, *Der Weg zur Reinheit (Visuddhimagga)*, Jhana Verlag, 2002.

[81] Buddhadasa Bhikkhu, *Handbook for Mankind*, Sublime Life Mission, 5/1 Atsadan Road, Bangkok, Thailand.

[82] Nyanatiloka Mahathera, *Buddhistisches Wörterbuch*, Beyerlein und Steinschulte, 1999, → visuddhi.

[83] Buddha, *Samyutta Nikāya* 22, 59.

[84] Buddha, *Majjhima Nikāya* 29, 7.

[85] Gampopa, *Der Kostbare Schmuck der Befreiung. Eine Einführung in den buddhistischen Weg*, (Übers.: Lama Sönam Lhündrup), Theseus, 1996. S. 268.

[86] Gampopa, *Der kostbare Schmuck der Befreiung. Eine Einführung in den buddhistischen Weg*, Theseus, 1996, S. 239–261. Gesche Rabten, *Schatz des Dharma. Ein tibetisch-buddhistischer Meditationskurs*, Edition Rabten, 1997, S. 281.

[87] ›Hemmnis zum ungehinderten Gewahrsein‹ oder ›Hemmnis zur Allwissenheit‹: Dies sind Neigungen, begründet auf Vorstellungen innewohnender Selbstexistenz, woraus die Erscheinung von Selbstexistenz hervorgerufen wird sowie auch die Unfähigkeit, die zwei Wirklichkeiten (konventionelle und letztendliche) gleichzeitig wahrzunehmen. Nur vollständig Erleuchtete, Buddhas, haben auch dieses Hemmnis überwunden. Tsong-Khapa. *Tantra in Tibet*, George Allen & Unwin, 1977.

[88] Gampopa, *Der Kostbare Schmuck der Befreiung*, (Übers.: Lama Sönam Lhündrup), Theseus, 1996. S. 268.

89 Gampopa, *Der Kostbare Schmuck der Befreiung*, Theseus, 1996. S. 268.

90 Gampopa, *Der Kostbare Schmuck der Befreiung*, Theseus, 1996. S. 277.

91 Stephen Batchelor, *Presentation at the 2. European Vipassana Teacher Conference*, CH-Beatenberg, 2005. Mit freundlicher Genehmigung des Autors.

92 Geshe Rabten, *Schatz des Dharma*, Edition Rabten, 1997, S. 293–294.

93 Buddha, *Dhammapada* 14, 183.

94 Geshe Rabten, *Der Geist und seine Funktionen, Erklärungen eines tibetischen Meditationsmeisters*, Edition Rabten, 2003. Yeshe Gyaltsen, Guenther/Kawamura, *Mind in Buddhist Psychology*, Dharma Publishing, USA.

95 Bhadanta Anuruddhācariya, Abhidhammattha Sangaha, *A Manual of Abhidhamma*, Buddhist Publication Society, Kandy Sri Lanka, 1975, S. 17 u. 104. Neu: Narada Thera, *A Manual of Abhidhamma*, Abhidhammatha Sangaha by Bhadanta Anuruddhācarya, Buddhist Publication Society, Pariyatti Editions, Kandy, Sri Lanka, 2000, ISBN: 1928706029.

96 Siehe auch: Bhadanta Anuruddhācariya, Abhidhammattha Sangaha, *A Manual of Abhidhamma*, Buddhist Publication Society, Kandy Sri Lanka, 1975, S. 112–113, → virati‹.

97 Geshe Rabten, *Der Geist und seine Funktionen, Erklärungen eines tibetischen Meditationsmeisters*, Edition Rabten, 2003. Yeshe Gyaltsen, Guenther/Kawamura, *Mind in Buddhist Psychology*, Dharma Publishing, USA.

98 Siehe Liste im Anhang sowie: Geshe Rabten, *Der Geist und seine Funktionen. Erklärungen eines tibetischen Meditationsmeisters*, Edition Rabten, 2003. Yeshe Gyaltsen, Guenther/Kawamura, *Mind in Buddhist Psychology*, Dharma Publishing, USA.

99 Buddha, *Dīgha Nikāya* 16.

100 Buddha, *Samyutta Nikāya* 7, 6 & 1, 23.

101 Nyanatiloka Mahathera, *Wort des Buddha*, Beyerlein und Steinschulte, 2000.

102 Fred von Allmen, *Mit Buddhas Augen sehen*, Theseus, 1997, Kap. ›Die Macht des Wortes‹. Marshall B. Rosenberg, *Gewaltfreie Kommunikation. Eine Sprache des Lebens*, Junfermann, 2004.

103 GRCA-NRC Golden Starfish Award. http://www.grca-nrc.org/Starfish.htm

104 Arnold Kottler, *Mitgefühl leben. Engagierter Buddhismus heute*, Fischer, 2002. Bernard Glassman/Peter Cunningham, *Zeugnis ablegen. Buddhismus als engagiertes Leben*, Theseus 2001. Joana Macy/Molly Young, *Die Reise ins lebendige Leben. Strategien zum Aufbau einer zukunftsfähigen Welt*, Junfermann, 2003. Website von Buddhist Peace Fellowship: www.bpf.org. Website von Franz-Johannes Litsch: www.buddhanetz.org. Website von Zen Peacemaker Europa: www.peacemaker.ch.

105 Atthasālinī. (Abhidhamma-Kommentar).

106 H. Gunaratana Mahathera, *Die Praxis der Achtsamkeit. Eine Einführung in die Vipassana-Meditation*, Werner Kristkeitz Verlag, 2000. Sayadaw U Pandita, *Im Augenblick liegt alles Leben. Buddhas Weg der Befreiung*, Barth/Scherz, 1999. Bhante Sujiva, *Die Praxis der Einsichtsmeditation. Eine detaillierte Darstellung der Vipassana-Meditation*, M. Zeh Verlag, 2006. Joseph Goldstein, Jack Kornfield, *Einsicht durch Meditation, Die Achtsamkeit des Herzens*, Arbor, 2006. Joseph Goldstein, *Ein Dharma*, Goldmann, 2004. Joseph Goldstein, *Vipassana Meditation. Die Praxis der Freiheit*, Arbor, 1999. Christina Feldman, *Meditation ist die Sprache der Stille*,

Roseburger Schriftenreihe, 2001. Fred von Allmen, *Die Freiheit entdecken. Grundlagen buddhistischer Einsichtsmeditation für den Westen,* Arbor, 2000. Fred von Allmen, *Mit Buddhas Augen sehen, Buddhistische Meditation und Praxis,* Theseus, 1997. Hans Gruber, *Kursbuch Vipassanā, Wege und Lehrer der Einsichtsmeditation,* Fischer Spirit, 2001.

107 Buddha, *Majjhima Nikāya* 10. Auch: *Dīgha Nikāya* 22. Siehe auch: *Die Lehrreden des Buddha aus der Mittleren Sammlung, Majjhima Nikāya,* (Kay Zumwinkel), Jhana Verlag, 2001. Nyanaponika Thera, *Geistestraining durch Achtsamkeit,* Beyerlein und Steinschulte, 2000. Thich Nhat Hanh, *Umarme deine Wut,* Theseus, 2006.

108 Nyanatiloka Mahathera, *Buddhistisches Wörterbuch,* Beyerlein und Steinschulte, 1999, → āyatana.

109 Buddha, *Samyutta Nikāya* 46, 6. *Majjhima Nikāya* 118. Nyanatiloka Mahathera, *Buddhistisches Wörterbuch,* Beyerlein und Steinschulte, 1999. → bojjhanga.

110 Buddhaghosa/Nyanatiloka, *Der Weg zur Reinheit (Visuddhimagga),* Jhana Verlag, 2002. Amadeo Solé-Leris, *Die Meditation, die der Buddha selber lehrte,* Herder Spektrum, 1994.

111 Buddha. Nyanatiloka Mahathera, *Buddhistisches Wörterbuch,* Beyerlein und Steinschulte, 1999, → Brahmavihāra.

112 Sharon Salzberg, *Metta Meditation, Buddhas revolutionärer Weg zum Glück,* (*Geborgen im Sein*), Arbor, 2003. Marie Mannschatz, *Lieben und Loslassen. Durch Meditation das Herz öffnen,* Theseus, 2002. Ayya Khema, *Liebe ohne Geheimnis,* Jhana Verlag, 2000. Acharya Buddharakkhita, *Metta,* Schirner, 2004. Sayadaw U Indaka und Ariya Ñani, *Metta. Die Praxis der liebenden Güte als Grundlage zur Vipassana-Meditation,* M. Zeh Verlag, 2005.

113 Christina Feldman, *Compassion, Listening to the Cries of the World,* Rodmell Press, Berkeley CA, 2005.

114 Sharon Salzberg, *Metta-Meditation. Buddhas revolutionärer Weg zum Glück,* Arbor Verlag. (Neuauflage von *Geborgen im Sein,* Krüger.)

115 Geshe Rabten, *Echoes of Voidness,* Translated and Edited by Stephen Batchelor, Wisdom Publications, London, 1983, S. 113.

116 9. Karmapa, Wangchug Dorje, *The Mahamudra Eliminating the Darkness of Ignorance,* Library of Tibetan Works and Archives, Dharamsala, India, 1989, S. 51.

117 Buddha, *Majjhima Nikāya* 43, 18.

118 Buddhagosa/Nyanatiloka, *Der Weg zur Reinheit (Visuddhimagga),* Jhana Verlag, 2002. Ayya Khema, *Die vier Ebenen des Glücks,* Droemer/Knaur, 2004. Amadeo Solé-Leris, *Die Meditation, die der Buddha selber lehrte,* Herder Spektrum, 1994.

119 Buddhaghosa/Nyanatiloka, *Der Weg zur Reinheit (Visuddhimagga),* Jhana Verlag, 2002. Oder: Nyanatiloka Mahathera, *Buddhistisches Wörterbuch,* Beyerlein und Steinschulte, 1999, → abhiññā, → iddhi.

120 Amy Schmidt, *Dipa Ma, Furchtlose Tochter des Buddha,* Arbor, 2004: In unbekannten Sphären zu Hause, S. 89.

121 Shāntideva, *Bodhicaryāvatāra* 3, 18 – 19.

122 Gampopa, *Der kostbare Schmuck der Befreiung,* Theseus, 1996. XIV. Dalai Lama, *Gesang der inneren Erfahrung, Lam-rim Belehrungen,* Dharma Edition, Hamburg, 1998. Tsong-kha-pa,

The Great Treatise on the Stages of the Path to Enlightenment, Volume 1 – 3, Lam-rim Chen-mo, Snow Lion Publications, 2001, 2002, 2004.

123 Geshe Rabten, *Das Buch vom heilsamen Leben, vom Tod und der Wiedergeburt*, Herder Spektrum, 2002. Sogyal Rinpoche, *Das tibetische Buch vom Leben und vom Sterben. Ein Schlüssel zum tieferen Verständnis von Leben und Tod*, O. W. Barth, 2003. Geshe Rabten, *Preliminary Practices*, Library of Tibetan Works and Archives, Dharamsala, India, 1976, Seiten 12 – 15. Lati Rinpoche/Jeffrey Hopkins, Yang-Dschen-Gawe-Lodrö, *Stufen zur Unsterblichkeit*, Diederichs Gelbe Reihe, Bd.41, 1994.

124 Chenresi kyi togpa jöpa.

125 Geshe Thubten Ngawang: *Die Regeln des Bodhisattva-Gelübdes*. dharma edition, Hamburg, 1998. Martine Batchelor, *The Path of Compassion. The Bodhisattva Precepts*, Altamira Press, 2004. Geshe Sonam Rinchen, *The Bodhisattva Vow*, Snow Lion Publications, USA, 2000.

126 Shāntideva, Bodhicaryāvatāra 10, 55. Shāntideva, *Die Lebensführung im Geiste der Erleuchtung, Bodhisattvacharyavatara*, Theseus, 2004. Dalai Lama, *Der Friede beginnt in dir* (Belehrungen zu Shāntidevas *Bodhicaryāvatāra*), Herder Spektrum, 2002.

127 Shāntideva, *Bodhicaryāvatāra*, 8, 125.

128 Shāntideva, *Die Lebensführung im Geiste der Erleuchtung, Bodhicaryāvatāra*, Theseus, 2004, 8. Kapitel, Verse 140-165. Shāntideva, *Anleitungen auf dem Weg zur Glückseligkeit*, Bodhicaryāvatāra, O. W. Barth, 2005.

129 Pema Chödrön, *Beginne wo du bist. Eine Anleitung zum mitfühlenden Leben*, Aurum, 2006. Regine Leisner, *Das Denken umwandeln*, Verlag Buddhistische Gemeinschaft Chödzong e.V. 1997. Dilgo Khyentse Rinpoche, *Die sieben tibetischen Geistesübungen. Das Herzstück buddhistischer Praxis*, O. W. Barth/Scherz, 1996. Namkha Päl, *Sonnenstrahlen des Geistestrainings*, Theseus, 1997. Jamgön Kongtrul, *Der große Pfad des Erwachens. Ein Kommentar zu der Mahayana-Lehre der sieben Punkte der Geistesübung*, Theseus, 1995. Geshe Rabten & Geshe Ngawang Dhargyey/Brian Beresford, *Advice from a Spiritual Friend*, Wisdom Publications (MA) 2001.

130 Pema Chödrön, *Tonglen, Der tibetische Weg mit sich selbst und anderen Freundschaft zu schließen*, Arbor, 2001.

131 Shāntideva, *Bodhicaryāvatāra* 3, 18 – 19.

132 Buddha, *Sutta-pitaka, Khuddaka-nikāya, Jātaka*. J. S. Speyer, The Jātakamālā of Āryashūra, Motilal Banarsidass, Delhi. Auch: *Once the Buddha Was a Monkey. Arya Sura's Jatakamala*, University of Chicago Press, 2006.

133 Fred von Allmen, *Mit Buddhas Augen sehen*, Theseus, 1997, Kap.: Schwierige Emotionen: Gift – und Futter für die Weisheit.

134 *Saptashatikaprajñāpāramitā*.

135 *Milindapañha (Die Fragen des Königs Milinda). Ein historisches Gipfeltreffen im religiösen Weltgespräch*, O. W. Barth Bei Scherz, 1998.

136 14. Dalai Lama, *Introduction to Buddhism*, Tibet House, New Delhi, 1965, S. 28.

137 *The Diamond Sutra: Transforming the Way We Perceive the World*, by Mu Soeng, Wisdom Publications, 2000. *The Diamond Sutra and the Sutra of Hui Neng* (Shambala Classics) by A. F. Price

& Wong Mou-Lam, Shambala, 2005. Thich Nhat Hanh, *Das Diamant Sutra. Der Diamant der die Illusion durchschneidet*, Theseus, 2005.

138 Stephen Batchelor, *Nāgārjuna – Verse aus der Mitte. Eine buddhistische Vision des Lebens*, Theseus, 2002. *The Fundamental Wisdom of the Middle Way: Nagarjuna's Mulamadhyamakakarika*, von Jay L. Garfield, Oxford University Press, 1995. Khenpo Tsültrim Gyamtso, *The Sun of Wisdom: Teachings on the Noble Nagarjuna's Fundamental Wisdom of the Middle Way*, Shambala Publications, 2003.

139 *Bodhisattvapatheyashāstra.*

140 Matrceta/Ashvagosha, Varnanārhavarnanastotra, aus: *Tsong Khapa, The Graded Course to Enlightenment*, Tibet House, New Delhi, 1971.

141 Stephen Batchelor, *Nagarjuna – Verse aus der Mitte. Eine buddhistische Vision des Lebens*, Theseus, 2002. Khenpo Tsultrim Gyamtso, *Taghelle Weisheit: Erforschung der Wirklichkeit, Nagarjuna und der Mittlere Weg*, Otter, 2005. Jay L. Garfield, *The Fundamental Wisdom of the Middle Way: Nagarjuna's Mulamadhyamakakarika*, Oxford University Press, 1995.

142 Khenpo Tsultrim Gyamtso, *Gesang zur Leerheit*, Khampa-Buchverlag, 2001. Khensur Jampa Tegchok u. a., *Leerheit und Abhängiges Entstehen. Die Essenz der buddhistischen Philosophie*, Diamant Verlag, 2004.

143 Geshe Rabten, Mahamudra, *Der Weg zur Erkenntnis der Wirklichkeit*, Edition Rabten, 2002.

144 Gendün Rinpoche, *Herzensunterweisungen eines Mahamudra-Meisters*, Theseus, 1999. Drikung Kyabgon Chetsang Rinpoche, *Die Praxis von Mahamudra*, Otter, 2000. Karmapa Wangtschug Dordsche, *Mahamudra,* (…) Theseus, Teil 1 – 2 (1999), Teil 3 (1992). Khenchen Könchog Gyaltsen, *Der fünfteilige Mahamudra-Pfad*, Otter, 2005. Tsele Natsok Rangdröl/Tulku Urgyen Rinpoche, *Lamp of Mahamudra*, Rangjung Yeshe Publications, 2004. Geshe Rabten, *Mahamudra. Der Weg zur Erkenntnis der Wirklichkeit*, Edition Rabten 2002. 9th Karmapa Wang-ch'ug Dor-je/Beru Khyentse Rinpoche, *The Mahāmudrā – Eliminating the Darkness of Ignorance*, Library of Tibetan Works and Archives (LTWA) Dharamsala, 1989.

145 Siehe nächstes Kapitel ›Vajrayāna, Dzogchen‹.

146 Lama Thubten Yeshe, *Wege zur Glückseligkeit – Einführung in Tantra*, Diamant Verlag. Lama Tsong Khapa/Dalai Lama/J. Hopkins, *Tantra in Tibet, Wisdom.* Continuation.: Lama Tsong Khapa/Dalai Lama/J. Hopkins, *Deity Yoga. Heart of Mantra and Great Exposition of Secret Mantra*, Pts. 2 & 3, Wisdom Publications. Deity Yoga, Dalai Lama/Tsong-ka-pa Snow Lion Publications, 1987. Geshe Kelsang Gyatso, *Das klare Licht der Glückseligkeit. Die Praxis des Mahamudras im Vajrayana*, Tharpa, 2004.

147 S. E. Dagyab Kyabgön Rinpoche, *Buddhistische Orientierungshilfen,* Chödzong Publikationen, 1991, Kapitel 10. ›Die Rolle des buddhistischen Lehrers‹. S. E. Dagyab Kyabgön Rinpoche, *Buddhismus im Westen.* Schriften der DBU/Chödzong Publikationen, Kapitel: Zusammenarbeit zwischen Lehrer und Schüler.

148 Matthieu Ricard, *Das Licht Tibets, Leben und Welt des spirituellen Meisters Khyentse Rinpoche*, Verlag Zweitausendeins, Frankfurt M., 1998. Seiten 26/27.

149 Die fünf Daseinsgruppen (khandha/skandha), wenn frei von Kleśa und Karma, werden zu den fünf Buddhas, die den fünf Buddha-Weisheiten entsprechen. Die fünf Buddhas sind die fälsch-

licherweise als Dhyāni-Buddhas bezeichneten fünf Jinas oder Tathāgatas. Form-Skandha (rūpa) wird zur ›Spiegelgleichen Weisheit‹ des Akṣobhya, Gefühlstönung-Skandha (vedanā) zur ›Weisheit der Wesensgleichheit‹ des Ratnasaṃbhava, Wahrnehmung-Skandha (saṃjñā) zur ›Unterscheidenden Weisheit‹ des Amitābha, Bildekräfte-Skandha (saṃskāra) zur ›Allesvollbringenden Weisheit‹ des Amoghasiddhi und Bewusstsein-Skandha (vijñāna) zur ›Dharmadhātu-Weisheit‹ des Vairocana. Je nach Tantra variieren die Zuordnungen der Buddhas. Das Prinzip bleibt dabei dasselbe.

150 Glenn H. Mullin, *The Six Yogas of Naropa*, Snow Lion Publ., 2005. Thrangu Rinpoche, Kerry Moran, Marcia Binder Schmidt, *Songs of Naropa: Commentaries on Songs of Realization*, Rangjung Yeshe Publications, 2004 Garma C. C. Chang, *Teachings and Practice of Tibetan Tantra (on the Six Yogas of Naropa and Teachings on Mahamudra)*, Dover Publications, 2004.

151 Lama Thubten Yeshe, *Inneres Feuer. Eine Meditationsübung aus den Sechs Yogas von Naropa*, Diamant Verlag, 2001.

152 Neun Integrationen: G. Kelsang Gyatso, *Das klare Licht der Glückseligkeit. Die Praxis des Mahamudras im Vajrayana*, Tharpa, 2004., S. 121. Lati Rinpoche/Jeffrey Hopkins, Yang-Dschen-Gawe-Lodrö, *Stufen zur Unsterblichkeit*, Diederichs Gelbe Reihe, Bd. 41, 1994.

153 Von Nyoshul Khen Rinpoche (Khenpo Jamyang Dorje). Aus: Fred von Allmen, *Mit Buddhas Augen sehen. Buddhistische Meditation und Praxis*, Theseus, 1997, S. 7.

154 Tulku Urgyen Rinpoche, *Regenbogenbilder*, Arbor, 2003. Tulku Urgyen Rinpoche, *Die Worte des Buddha*, Arbor, 2004. Tsoknyi Rinpoche, *Furchtlose Einfachheit, Der Dzogchen Weg zu einem Leben in Freiheit*, Otter, 2006. Tsoknyi Rinpoche, *Carefree Dignity. Discourses on Training in the Nature of Mind*, Rangjung Yeshe Publications, 2004. Marcia Binder Schmidt, *Das große Dzogchen Handbuch*, Arbor, 2005. Nyoshul Khenpo & Surya Das, *Der Buddha im Inneren*, Arbor, 2005. Chögyi Nyima Rinpoche, *Present Fresh Wakefulness*, Rangjung Yeshe Publications, 2004. Keith Dowman, *Der Flug des Garuda. Vier Dzogchen-Texte aus dem tibetischen Buddhismus*, Theseus, 1994. S. H. Dalai Lama, *Dzogchen. Die Herz-Essenz der Großen Vollkommenheit*, Theseus, 2003. Lama Surya Das, *Der Achtfache Pfad* (Awakening the Buddha Within), *Lehrbuch zur Erleuchtung*, Krüger, 1999. Namkhai Norbu, *Dzogchen, der Weg des Lichts. Die Lehren von Sutra, Tantra und Ati Yoga*, Diederichs Gelbe Reihe, 1998.

155 Nach: Namkhai Norbu, *The Cristal and the Way of Light, Sutra, Tantra and Dzogchen*, Routledge and Kegan Paul, 1986, S. 136/137.

156 Mipham Rinpoche, »Prayer of the Ground, Path and Fruit.« Aus: Nyoshul Khenpo/Surya Das, *Natural Great Perfection. Dzogchen Teachings and Vajra Songs*, Snow Lion Publications, Ithaka, NY, 1995.

157 Matthieu Ricard, *Das Licht Tibets. Leben und Welt des spirituellen Meisters Khyentse Rinpoche*, Verlag Zweitausendeins, Frankfurt M., 1998, Seiten 26/27.

158 Śāntideva, *Bodhicaryāvatāra* 5, 109.

159 Nyanatiloka Mahāthera, *Buddhistisches Wörterbuch*, Beyerlein und Steinschulte, 1999; er führt nur fünf ›Allgegenwärtige Geistesfaktoren‹ auf, was seine Liste auf 50 verkürzt. Weggelassen werden Vedanā und Saññā.

160 Zu *Acht Verse der Geistestransformation* von Langri-Thangpa Dorje Senge: Geshe Rab-

ten/Geshe Ngawang Dhargyey/Brian Beresford, *Advice from a Spiritual Friend*, Wisdom Publications (MA) 2001, *Thought Transformation in Eight Stanzas*, by Langri-Thangpa Dorje Senge.

161 Zu *Sieben Punkte der Geistesschulung* von Geshe Chekawa: Pema Chödrön, *Beginne, wo du bist, Eine Anleitung zum mitfühlenden Leben*, Aurum, 2006. Weitere Literaturhinweise in Kapitel 15 zur Lo-jong-Praxis‹, Anm. 44.

Register praxisrelevanter Begriffe

Die auf der gleichen Zeile stehenden Begriffe in Deutsch, Pali, Sanskrit und/oder Tibetisch sind Synonyme. Die Seitenzahlen beziehen sich oft nur auf einen der synonymen Begriffe. Die Seitenzahlen in Klammer weisen auf ganze Kapitel zum jeweiligen Begriff hin.

Darstellung:	pāli/sanskrit	sanskrit (pāli)	*tibetisch*
Beispiel:	avijjā/avidyā	avidyā (avijjā)	*marigpa*

Glossar

Zur Aussprache der Begriffe in Pāli, Sanskrit und Tibetisch

In der Theravāda-Tradition der buddhistischen Länder Südostasiens und Sri Lankas wird auf die Schriften des Pāli-Kanons zurückgegriffen; daher sind die Textverweise hauptsächlich in der Pāli-Sprache gehalten.

Die Traditionen des nördlichen Buddhismus basieren vorwiegend auf den in Sanskrit niedergeschriebenen Lehren und Schriften. Deshalb werden Textverweise, die auf nördliche Traditionen Bezug nehmen, zum größten Teil in Sanskrit wiedergegeben. Für Pāli und Sanskrit wird die international gebräuchliche Schreibweise verwendet.

Buchstabe	Wort-Beispiel	Deutsche Aussprache
ā = aa	samādhi	= samaadhi
ī = ii	sīla	= siila
ū = uu	rūpa	= ruupa
c = tsch	citta	= tschitta
j = dsch	dor-je	= dordsche (wie im engl. ›joy‹)
ñ = ny	prajñā	= pradschnyaa (wie in sp. mañana)
ś = sch	śraddhā	= schraddhaa (sch mit gesenkter Zungenspitze)
ṣ = sch	kṣānti	= kschanti (wie in Schuh)
y = j	indriya	= indrija
v = w	vedanā	= wedanaa
ṛ	suhṛllekha	= wie ›er‹ in Bäcker
ṃ ṅ	Asaṅga	= nasal, wie in Ring
ṭ ḍ ṇ ḷ ḍh ṭh		= Zunge gegen den Gaumen gepresst.
dh th kh ch ḍh ṭh ch		= aspiriert, wie in Rathaus, Bankhaus usw.

Die tibetischen Begriffe sind phonetisch dargestellt.

Abhängiges Entstehen: Siehe Paṭicca samuppāda

Abhidhamma/Abhidharma: Kompendium der buddhistischen Phänomenologie bzw. Psychologie und Philosophie. Obschon es sich hier nicht um Lehrreden handelt, werden diese Texte dem Buddha zugeschrieben und sie zählen zur kanonischen Literatur. → Tipitaka.

Ācāriya/Ācārya (thai: Ajahn, burm.: Ashin, tib. *lob-pön*): Spiritueller Lehrer/Lehrerin.

Achtfacher Pfad (aṭṭhaṅgika magga/aṣṭaṅgika mārga): Von Buddha gelehrter, umfassender spiritueller Übungsweg. Er beinhaltet die Praxisbereiche Rechte Erkenntnis, Rechte Gesinnung, Rechtes Reden, Rechtes Tun, Rechter Lebenserwerb, Rechtes Bemühen, Rechte Achtsamkeit und Rechte Sammlung.

Ālaya-vijñāna: ›Speicherbewusstsein‹, enthält die Eindrücke und die → saṅkhāra/saṃskāra, der → Yogācāra-Sichtweise entsprechend.

Ānanda: Vetter und langjähriger Diener und Begleiter Buddhas. Er hatte den Großteil der von Buddha gehaltenen Lehrreden mitangehört. Wurde nach dem Tod von Buddha und Mahākassapa als Ältester der ordinierten Sangha (Mönchs- und Nonnengemeinschaft) betrachtet.

Ānāpānasati: Achtsamkeits- und Erkenntnismeditation des Ein- und Ausatmens.

Anattā/Anātman: Nicht-Selbst. Ohne unabhängiges, selbstexistentes ›Ich‹ oder ›Selbst‹.

Anuttarayogatantra: Höchste der vier tantrischen Klassen (Kriyā, Caryā, Yoga, Anuttarayoga), entsprechend den ›neuen Übersetzungsschulen‹ (→ *sar-ma*) im tibetischen → Vajrayāna. Zweithöchste Klasse (Yoga, Anuttarayoga, Atiyoga), entsprechend der → *Nying-ma*-Schule.

Ariya/ārya: Wird oft als ›edel‹ oder ›nobel‹ übersetzt. Bezieht sich im buddhistischen Kontext auf Individuen, die mindestens die erste Stufe der Erleuchtung erlangt haben. Sie sind die ›Ariya-Sangha‹.

Arahat, Arahati: Auch Arahant/Arahanti (sanskr.: Arhat, Arhati) Vollständig von allen → Kilesa/Kleśa Befreite/r. Erleuchtete/r.

Āryadeva (3. Jh.): Bedeutender Gelehrter der → Mādhyamika-Schule des indischen Mahāyāna. Schüler und Nachfolger von → Nāgārjuna.

Asaṅga: Indischer Meister und Gelehrter des Mahāyāna. (4. Jh.). Verfasser wichtiger Texte entsprechend der Schule des → Yogācāra, als deren Begründer er gilt. Bruder von Vasubandhu.

Aśoka: Kaiser des indischen Reiches (ca. 3. Jh. v. u. Z.) Kaiser Aśoka trug maßgebend zur Etablierung und Verbreitung des Buddhismus in Indien bei.

Atīśa: Einer der letzten bekannten buddhistischen Meister Indiens (ca. 980–1055). Atīśa Dīpaṃkāra Śrījñāna verbrachte die letzten dreizehn Jahre seines Lebens in Tibet, wo er den Buddhismus in einer zweiten Ausbreitung einführte bzw. wiederbelebte. Er begründete die → Kadampa-Tradition. Sein bekanntestes Werk ist die *Lampe des Weges zur Erleuchtung* (Bodhipathapradīpa).

Avalokiteśvara: Buddha des Großen Mitgefühls.

Avijjā/avidyā: Unwissenheit, Verblendung. Synonym: moha

Bhikkhu/Bhikṣu (tib.: *gelong*): Vollordinierter buddhistischer Mönch. Buddhistische Mönche befolgen 227 oder mehr Regeln (je nach Schule) und leben im Zölibat. Sie sind nicht zu verwechseln mit sogenannten Mönchen in manchen Zen-Traditionen, die bestimmte Regeln einhalten, aber nicht im Zölibat leben. Auch in der tibetischen Tradition gibt es → Lamas (Lehrer), die bestimmte Gelübde einhalten und mönchsrobenähnliche Gewänder tragen, jedoch nicht im Zölibat leben, sondern verheiratet sind. In ihrer eigenen Kultur werden sie nicht mit Mönchen verwechselt, im Westen aber oft schon.

Bhikkunī/Bhikṣunī (tib.: *Gelongma*): Vollordinierte buddhistische Nonne. Buddhistische Nonnen befolgen über 300 Regeln (je nach Schule). In den Ländern des Theravāda (Südostasien und Sri Lanka) ist die Überlieferungslinie der Bhikkunī seit langem unterbrochen. Darum wird in diesen Ländern die Bhikkunī-Ordination zum Teil noch nicht anerkannt. Die Überlieferungslinie ist in etlichen anderen buddhistischen Ländern noch intakt. Nonnen in der Theravāda-Tradition dürfen meist nur acht oder zehn Gelübde ablegen.

Bodhgayā: Ort der Erleuchtung Buddhas. Der ›Baum der Erleuchtung‹ steht in Bodhgayā, im heutigen Staat Bihar, in Nordindien.

Bodhi: Vollständige Erleuchtung: Befreiung von allen täuschenden und quälenden Eigenschaften von Geist und Herz (→ kilesa/kleśa) und Vervollkommnung aller wunderbaren inneren Qualitäten (→ pāramitā). Es gibt auch anfängliche, nicht endgültige Stufen der Erleuchtung.

Bodhicitta: Altruistische, uneigennützige Haltung des Mitgefühls: Der unerschütterliche Entschluss, zum Segen aller Lebewesen die vollständige Erleuchtung eines Buddha zu erlangen.

Bodhidharma (ca. 470 – 543): Indischer Meister, der 479 nach China zog. Er wird als der 28. indische ›Älteste‹ nach Shakyamuni Buddha (Siddhārtha Gautama) und als erster ›Ältester‹ des → Ch'an (Zen) in China betrachtet.

Bodhisatta/Bodhisattva: Ein Mensch, ein Lebewesen, welches → Bodhicitta vollständig entwickelt hat.

Brahmavihāra: Ort des Verweilens der Brahma-, der höchsten Götter. Bezieht sich auf vier Qualitäten: Liebevolle Güte (→ mettā/maitrī), Mitgefühl (→ karuṇā), Mitfreude (→ muditā) und Gleichmut (→ upekkhā/ upekṣā).

Buddha: Erwachte/r, vollständig Erleuchtete/r. Kann sich auf den historischen Buddha Siddhārtha Gautama, auf andere Buddhas oder auf die höchste Verwirklichungsstufe beziehen. → Gautama.

Buddhaghosa (ca. 5. Jh.): Südindischer Gelehrter, der eine prägende Wirkung auf den Theravāda-Buddhismus ausübte. Autor vieler Kommentare und Texte, wie *Pfad zur Reinheit* (visuddhimagga), einer Zusammenfassung der Lehren Buddhas, der in den Theravāda-Ländern Südostasiens und in Sri Lanka große Bedeutung zukommt.

Cetasika/Caitta: ›Geistesfaktoren‹ oder ›Geistesfunktionen‹. Eigenschaften von → Geist und Herz.

Citta: Geist. Der nichtmaterielle Aspekt eines Lebewesens. In den buddhistischen Kulturen werden unter Geist auch Gefühle, Emotionen und andere Geisteszustände verstanden, und damit sowohl Denken wie auch Fühlen. Der Begriff kann also niemals nur als Geist im westlichen Sinne, das heißt als Verstand, Intellekt etc. verstanden werden, sondern immer im weiteren Sinne von → Geist/Herz. Deshalb wird hier oft die Formulierung ›... von Geist und Herz‹ verwendet.

Chah: Ajahn Chah Subhaddo (1918 – 1992) Meister der Thai-Wald-Tradition. Lehrer von Ajahn Sumedho und der Mönche und Nonnen seiner Tradition im Westen.

Ch'an: Buddhistische Meditationsschule Chinas. Gründer → Bodhidharma, 479 aus Indien nach China ausgewandert. Spätere Ch'an-›Älteste‹ waren:

2. Huiko (ca. 485–553), 3. Sengtsan (6. Jh.), 4. Taoshin (580 – 651), 5. Hungjen (600 – 674), 6. Hui Neng (638 – 713). Aus dem Ch'an entstand in Korea das Son, in Japan das → Zen.

Candrakīrti (8. Jh.): Indischer Meister und Gelehrter des → Mādhyamika. Autor von *Eintritt in die Sicht der Mitte* (Madhyamakāvatāra) und anderer in Tibet hochgeschätzter Werke.

Cittamātra: → Yogācāra.

Dalai Lama: Tibetische Meister einer der wichtigsten Inkarnationslinien Tibets seit 1391. Sie gehören der Schule der → Gelugpa an. Der Titel bedeutet ›Ozean der Weisheit‹ und wurde dem dritten Dalai Lama 1578 vom Mongolenfürst Altai Khan verliehen. Der heutige Dalai Lama, Tenzin Gyatso, ist der vierzehnte und gilt als Oberhaupt der Tibeter im Exil.

Dāna: Großzügigkeit, Geben. Eine der sechs bzw. zehn Vervollkommnungen. → Pāramitā.

Dhamma/Dharma: Buddhas Lehre der Erkenntnis und Befreiung. Auch universelle Ordnung und ihre Gesetzmäßigkeiten.

dhamma/dharma: Alle Dinge des Daseins, alle Phänomene (entstanden oder nicht, bedingt oder unbedingt).

Dharmakāya: → Kāya.

Dhyāni-Buddha: Meditationsbuddha.

Dogen Zenji: Japanischer Zen-Meister (1200 – 1253), der die Soto-Schule des Zen aus China nach Japan brachte. Gründer des Klosters Eihei-ji, neben Soji-ji das wichtigste Kloster des Soto-Zen. Dogens Hauptwerk ist das *Schatzkammer-Auge der wahren Lehre* (Shobogenzo).

Dukkha: Leiden, Unzulänglichkeit; Unfähigkeit, bleibende Befriedigung oder Erfüllung zu vermitteln. Im Theravāda: Charakteristik aller entstandenen, bedingten Dinge des Daseins. Im Mahāyāna: Charakteristik aller Dinge, wahrgenommen mit einem Geist, der noch von → Kilesa/Kleśa verblendet ist.

Dzogchen: Vom tibetischen, ›Dzog-pa chen-po‹ (mahāsandhi), die Große Vollendung (auch Ati-Yoga, Außergewöhnlicher Yoga). Eine Weisheitstradition, die vorwiegend in der ältesten tibetischen Schule der → Nyingma, aber auch von Angehörigen der anderen Schulen praktiziert wird. Die wichtigsten Meister dieser Überlieferungslinie sind Garab Dorje, → Padmasambhava und → Longchenpa.

Erleuchtungsfaktoren (bojjhanga/bodhyaṅga): Sieben Qualitäten von Herz und Geist, die Erleuchtung ermöglichen: Achtsamkeit, Erforschen, Bemühen, Freude, Ruhe, Sammlung, Gelassenheit.

Fesseln ans Dasein (saṃyojana): Die zehn Fesseln sind der Glaube an ein Selbst, Zweifel, Glaube an eine befreiende Wirkung von Ritualen, Verlangen, Hass, Verlangen nach Feinkörperlichkeit, Verlangen nach Unkörperlichkeit, Dünkel, Ruhelosigkeit, Unwissenheit. Sie werden durch die sukzessiven Stufen der Erleuchtung überwunden.

Gampopa (1079 – 1153): Tibetischer Meister und Gelehrter aus Dagpo und Schüler des großen Yogi → Milarepa. Gilt als einer der Begründer der → Kagyü-Traditionen Tibets. Er verband die klösterliche Tradition mit jener des yogischen Mahāmudrā. Eines seiner bekanntesten Werke ist der *Juwelenschmuck der Befreiung*, ein Text im Stil des → Lam-rim.

Gautama: Siddhatta Gotama/Siddhārtha Gautama, der historische Buddha. Sohn des Königs Suddhodhana und der Königin Māyādevi aus Kapilavastu im kleinen Königreich der Śākya (pāli: Sakya od. Sakka) im Süden des heutigen Nepal. Seine Ziehmutter war Mahāpajāpati, die Schwester der bald nach der Geburt Siddhārthas verstorbenen Königin Māyādevi. Er heiratete Yaśodharā und hatte einen Sohn, Rāhula. Im Alter von 29 Jahren verließ er den Hof und erreichte 35-jährig im heutigen Bodhgayā die vollständige Erleuchtung. Er lehrte während 45 Jahren, gründete den Mönchsorden und später den Nonnenorden. Er starb im Alter von etwa 80 Jahren in Kusinara/ Kuśinagara.

Geist/Herz: In den buddhistischen Kulturen werden unter ›Geist‹ auch Gefühle, Emotionen und andere Geisteszustände verstanden, und damit sowohl Denken wie auch Fühlen. Es kann also irreführend wirken, wenn nur der Begriff Geist (im westlichen Sinne von Verstand, Intellekt etc.) gebraucht wird. Deshalb wird in diesem Buch oft der Doppelbegriff ›Geist/Herz‹ oder ›Geist und Herz‹ verwendet.

Gelugpa: Eine der vier bedeutendsten tibetischen Schulen oder Traditionen der

Gegenwart begründet durch den großen Meister und Gelehrten → Tsongkhapa (1357 – 1419).

Geshe: Von *ge-ue she-nyen* (kalyāṇamitta/kalyāṇamitra). ›Spiritueller Freund‹. Titel für Gelehrte, verliehen nach langjährigen, tiefgründigen Dharma-Studien in der tibetischen → Gelug-Tradition.

Guru: Spiritueller Lehrer, spirituelle Lehrerin (tib.: *Lama*).

Hemmnisse (nīvaraṇa): Fünf unheilsame Qualitäten, die → Geist und Herz hemmen und trüben. Sie verhindern Sammlung und Klarsicht: Sinnesverlangen, Ablehnung, Trägheit und Schläfrigkeit, Ruhelosigkeit und Sorge, Zweifel.

Hīnayāna: Das ›kleine Fahrzeug‹. Bezog sich ursprünglich innerhalb des Mahāyāna-Systems auf die Praxisstufe derer, welche die altruistische Motivation von → Bodhicitta noch nicht verwirklicht hatten. Später wurde der Begriff zu einer meist abschätzig verwendeten Bezeichnung für Traditionen, die nicht dem → Mahāyāna-Buddhismus angehören.

Hui-neng: Der sechste chinesische ›Älteste‹ des → Ch'an (638 – 713). Er führte das Element der ›unmittelbaren Erleuchtung‹ ein. Sein Hauptwerk ist das *Plattform-Sūtra*.

Jhāna/Dhyāna: Steht für tiefe, konzentrative Versenkungsstufen der → Śamatha-Meditation. → Versenkungsfaktoren. Dhyāna-Pāramitā ist eine der sechs bzw. zehn Vervollkommnungen. → Pāramitā. ›Dhyāna‹ bezieht sich in gewissen Traditionen allgemein auf ›Meditation‹, heißt chinesisch → Ch'an und japanisch → Zen.

Kadampa: Tibetische Schule oder Tradition die durch den indischen Meister → Atīśa und seine tibetischen Schüler entstand. Drom-Tönpa sowie die Kadampa-Geshes Potowa, Chekawa und Langri-Thangpa sind vor allem durch ihre Texte und Praktiken der Geist- und Herz-Transformation (*lo-jong*) bekannt. (*Acht Verse der Geistestransformation* von Langri-Thangpa[160]; *Sieben Punkte der Geistesschulung* von Geshe Chekawa Yeshe Dorje[161]). Die Kadampa-Schule beeinflusste die drei späteren tibetischen Schulen, vor allem die → Gelugpa, die sich als direkte Nachfolger der Kadampa betrachten. Die

Kadampa sind nicht zu verwechseln mit der Schule der ›Neuen Kadampa‹, einer Gruppe ehemaliger Gelugpa.

Kagyüpa: Eine der vier wichtigsten tibetischen Schulen oder Traditionen der Gegenwart. Die Überlieferungslinie geht zurück auf die indischen Meister Tilopa und Nāropa, den tibetischen Meister und Übersetzer → Marpa, den großen Yogi → Milarepa und den gelehrten Meister → Gampopa. Es gibt etwa acht Kagyü-Schulen: Shangpa, Dagpo, Karma, Drigung, Drugpa, Barom, Tselpa, Phagdru. Im Westen ist die Karma-Kagyü die bekannteste. Ihr Oberhaupt ist der → Karmapa.

Kamma/Karma: Gesetzmäßigkeit von Ursache und Wirkung aller Aktivitäten des Körpers, der Rede und des Geistes, entsprechend der dahinterliegenden Absicht.

Karmapa: Meister einer der wichtigsten Inkarnationslinien Tibets seit dem 1. Karmapa Düsum Khyenpa (1110 – 1193). Oberhaupt der Karma-Kagyü-Schule. Zur Zeit gibt es zwei proklamierte 17. Karmapas als Nachfolger des bekannten 16. Karmapa Rigpe Dorje (1924 – 1986): Karmapa Urgyen Trinle Dorje (geb. 1985), gestützt durch die Karma-Kagyü-Regenten Tai Situ Rinpoche und Gyaltsap Rinpoche, bestätigt durch den XIV. Dalai Lama; sowie Karmapa Thaye Dorje (geb. 1983), gestützt durch Shamar Rinpoche, den ältesten der vier Karma-Kagyü-Regenten.

Karuṇā: Mitgefühl. Einer der vier → Brahmavihāra.

Kassapa/Kāśyapa (Mahākassapa/Mahākāśyapa): Einer der wichtigsten Schüler Buddhas, der nach Buddhas Tod als ›Ältester‹ der ordinierten Sangha betrachtet wurde. Deshalb wird er im Zen als der erste ›Älteste‹ (oder Patriarch) verehrt.

Kāya: Vollständig erleuchtete Buddhas haben die drei Kāya (trikāya) verwirklicht. 1. Dharmakāya ist der vollständig befreite und erleuchtete Geist der Buddhas; geprägt von Vollkommenheit und unerschütterlichem inneren Frieden. 2. Saṃbhogakāya ist die reine Manifestationsform der Buddhas, die verwirklichten → Bodhisattvas ständig mit Belehrungen und Hilfe zur Seite steht; eine Form, die so lange fortdauert, bis alle Wesen vom Leiden befreit sind. 3. Nirmāṇakāya (tib.: *tul-ku*) sind die Verwandlungen des Saṃbhogakāya in sich in diesem Dasein manifestierende, physische Formen, die auf mannigfaltige Weise dem Wohle der zahllosen Lebewesen dienen. Die beiden letzteren, Saṃbhogakāya und Nirmāṇakāya, werden unter dem Begriff Rūpakāya, Formkörper, zusammengefasst.

Khandha/Skandha: ›Daseinsgruppen‹ oder ›Aggregate‹ eines Lebewesens. In allen physisch-materiellen Daseinsbereichen sind es fünf: Körperlichkeit (rūpa), Gefühlstönung (vedanā), Unterscheidungsvermögen (saññā/saṃjñā), Bildekräfte (saṅkhāra/saṃskāra), Bewusstsein (viññāṇa/vijñāna). In unerleuchteten Lebewesen sind es ›Daseinsgruppen des Anhaftens‹ (upādānakkhandha).

Khanti/Kṣānti: Geduldiges Annehmen. Eine der sechs bzw. zehn Pāramitās.

Khenpo: Gelehrtentitel der → Kagyü- und → Nyingma-Traditionen Tibets.

Kilesa/Kleśa: Täuschende, quälende, unheilsame Geistesfaktoren oder Geistesfunktionen, einschließlich der unheilsamen Emotionen.

Koan (jap.): Lehrepisode bzw. paradoxe, nicht lösbare Frage, welche auf die letztendliche Natur der Wirklichkeit hindeutet. Dient als Mittel der Meditation in den Zen-Traditionen Chinas, Koreas und Japans. (chin.: kung-an, kor.: kong-an).

Lama: Spiritueller Lehrer in der tibetischen Tradition. (sanskr.: Guru)

Lam-rim: Stufenpfad. Belehrungen und Texte des tibetischen Buddhismus, welche die fortschreitenden Stufen des spirituellen Weges bis zur vollständigen Erleuchtung beschreiben.

Longchenpa (1308 – 1364): Tibetischer Meister und Gelehrter der → Dzogchen-Tradition der → Nyingma-Schule.

Machig Labdrön (11. Jh.): Tibetische Meisterin und Yoginī. Schülerin des indischen Meisters Padampa Sangye; sie lehrte die im tibetischen Buddhismus heute weit verbreitete Praxis des Chö, der auf Leichenfeldern geübten yogischen Praxis des ›Durchschneidens‹.

Mādhyamika, Madhyamaka: Die ›Sichtweise der Mitte‹. Durch → Nāgārjuna und → Āryadeva begründete indische Mahāyāna-Schule, die auch in Tibet, China und Japan zu großer Bedeutung gelangte. Die konventionelle, erscheinende Wirklichkeit des abhängigen Entstehens ist in ihrer letzten Natur leer von unabhängiger Selbstexistenz. Die Erkenntnis dieser ›Leerheit‹ (śūnyatā) befreit von Verblendung und von Leiden. Das korrekte Verständnis von abhängigem Entstehen und Karma weckt auch verantwortungsvolles und mitfühlendes Handeln in der Welt. Mādhyamika bezeichnet eigentlich die Anhänger dieser Sichtweise, Madhyamaka die Sichtweise selbst.

Mahāmudrā: Wörtlich ›Das Große Siegel‹. Fortgeschrittene, direkte Gewahrseins-Meditationspraxis zur Verwirklichung der Buddhaschaft, in der Tradition des tibetischen → Mahāyāna und → Vajrayāna nach den Schulen der → Sakya, → Kagyü und → Gelug.

Mahāsiddha: Realisierte tantrische Yogis und Yoginīs – vor allem bekannt aus dem Indien des 8. bis 12. Jahrhunderts, wie Chatrapa, König Indrabhūti und seine Schwester Lakshmīnkarā, Virupa, später auch Tilopa, Nāropa und viele andere. Bekannt für seine spirituellen Gesänge (doha) ist der Mahāsiddha Saraha.

Mahasi Sayadaw (1904 – 1982): Burmesischer Mönch, Gelehrter und Meister der Vipassanā-Meditation in der Überlieferungslinie von Mingun Jetavan Sayadaw. Lehrer von Anagārika Munindra, der diese Form der Vipassanā-Meditation in Indien einführte, von wo sie Joseph Goldstein, Sharon Salzberg und andere in den Westen brachten.

Mahāyāna: Traditionen des nördlichen Buddhismus, in denen das → Bodhisattva-Ideal stark betont wird.

Maṇḍala: In der → Vajrayāna-Tradition gebräuchliche zwei- oder dreidimensionale Darstellungen des Wesens vollkommen erwachter Buddhas. Gewisse Maṇḍalas stellen auch das Universum symbolisch dar.

Mañjuśrī: Buddha der Befreienden Erkenntnis und Weisheit.

Mantra: Anrufung, in Verbindung treten mit einer bestimmten Buddha-Form und -Qualität, durch Rezitation ihres/seines Namens. Letztlich: Das essenzielle Wesen vollkommen erwachter Buddhas auf der Klangebene.

Marpa Lotsawa (1012 – 1097): Tibetischer Meister und Übersetzer, der mehrmals nach Indien und Nepal reiste und von dort Texte und Belehrungen über ›Mahāmudrā‹ und die ›Sechs Yoga‹ aus der Überlieferungslinie von Tilopa und Nāropa mitbrachte. Er ist der ›Urvater‹ der tibetischen Kagyü-Schulen.

Māyādevi (auch Mahāmāyā): Königin Māyā, Mutter des Buddha, Gemahlin von Suddhodhana, dem König des → Sakya- oder Śākya-Stammes.

Meditationsbuddha: Die fünf Daseinsgruppen (khandha/skandha), wenn frei von Kleśa und Karma, werden zu den fünf Buddhas, die den fünf Buddha-Weisheiten entsprechen. Die fünf Buddhas sind die fälschlicherweise als Dhyāni-Buddhas bezeichneten fünf Jinas oder Tathāgatas. Form-Skandha (rūpa) wird zur ›Spiegelgleichen Weisheit‹ des Akṣobhya, Gefühlstönung-Skandha (vedanā) zur ›Weisheit der Wesensgleichheit‹ des Ratnasaṃbhava, Wahrnehmung-Skandha (saṃjñā) zur ›Unterscheidenden Weisheit‹ des Amitābha, Bildekräfte-Skandha (saṃskāra) zur ›alles vollbringenden Weisheit‹ des Amoghasiddhi und Bewusstsein-Skandha (vijñāna) zur ›Dharmadhātu-Weisheit‹ des Vairocana. Je nach Tantra variieren die Zuordnungen der Buddhas. Das Prinzip bleibt dabei dasselbe.

Mettā/Maitrī: Liebe, liebevolle Güte. Einer der vier → Brahmavihāra.

Milarepa (1052 – 1135): Der in Tibet wohl berühmteste Yogi und Dichter, Schüler des → Marpa, Lehrer von → Gampopa.

Moggallāna/Maudgalyāyana (Mahāmoggallāna/Mahāmaudgalyāyana): Einer der zwei Hauptschüler des Buddha. Er war unter anderem bekannt für die Beherrschung der übersinnlichen Kräfte (abhiññā/abhijñā).

Muditā: Mitfreude, freudige Wertschätzung. Einer der vier → Brahmavihāra.

Nāgārjuna (2. Jh.): Einer der bedeutendsten Meister des indischen Buddhismus. Begründer der Mahāyāna-Schule des → Mādhyamika, der ›Sichtweise der Mitte‹. Das wichtigste seiner vielen Werke ist die *Mūla-Madhyamaka-Kārikā.*

Nāropa (1016–1100): Indischer → Mahāsiddha, Schüler des Tilopa, Lehrer des → Marpa. Überlieferungshalter der ›Sechs Yoga des Nāropa‹. Zeitgenosse des → Atīśa.

Nichiren (13. Jh.): Begründer der japanischen Nichiren-Schule. Er lehrte, dass die Praxis der Lehre Buddhas von nun an durch die Rezitation des Titels des *Lotos-Sutra* (›Nam Myoho Renge Kyo‹) ersetzt werden solle.

Nibbāna/Nirvāṇa: Das Ungeborene, Un-Bedingte. Befreiung, Erlösung von → Geist und Herz. Erlöschen der täuschenden und quälenden unheilsamen Geistes- und Herzenszustände (→ kilesa/kleśa). Das Ende des Leidens.

Niguma: Gefährtin des indischen → Mahāsiddha → Nāropa. Begründerin einer im tibetischen Buddhismus auch heute noch praktizierten Überlieferungslinie, der ›Sechs Yoga des Nāropa‹.

Nirmāṇakāya (tib.: *tul-ku*): → Kāya

Nyingmapa: Erste und älteste der vier buddhistischen Schulen Tibets, gegründet im 8. Jh. durch die indischen Meister → Padmasambhava und Śāntarakṣita.

Padmasambhava (8. Jh.): In Tibet verehrt als Guru Rinpoche. Bedeutender tantrischer Meister, der den Buddhismus erstmals in Tibet einführte. Er gründete um 775 das Kloster Samye.

Pajāpatī/Prajāpatī (Mahāpajāpatī): Schwester von Königin → Māyā, der Mutter des Prinzen → Siddhārtha Gautama (Buddha) und Ziehmutter des Prinzen. Sie war die ›Älteste‹ der → Sangha der Nonnen.

Pāli-Kanon: Sammlung aller Lehrreden Buddhas in der → Pāli-Sprache entsprechend der → Theravāda Tradition. Die sogenannten Mahāyāna-Sūtras sind darin nicht enthalten. → Tipiṭaka.

Paññā/Prajñā (auch paññindriya): Befreiende Erkenntnis der wahren Natur aller Dinge, Erkenntnis der letztendlichen Wirklichkeit. Weisheit. Eine der sechs oder zehn Vervollkommnungen. → Pāramitā.

Pāramitā, Pāramī: Vervollkommnung, Vollkommenheiten, Vollendung heilsamer Geistes- und Herzenseigenschaften. Es gibt unterschiedliche Listen von sechs und von zehn Pāramitās.

Paramitayana ist der Weg der → Bodhisattva, auf dem die Pāramitā bis zur vollständigen Erleuchtung der Buddhas vervollkommnet werden.

Parinibbāna/Parinirvāṇa: ›Zustand‹ der vollständig erleuchteten Buddhas oder der völlig Befreiten (→ arahat, arahati) nach dem Tod.

Paṭicca samuppāda/Pratītya-Samutpāda: Abhängiges, bedingtes Entstehen, Entstehen in Abhängigkeit von Ursachen und Bedingungen. Die Kette des abhängigen Entstehens zeigt, wie alle Wesen in einem sich ständig neu erschaffenden Prozess vielseitiger Bedingtheit entstehen und vergehen. Zusammen mit der Lehre über die Nicht-Selbstexistenz aller Dinge das Herzstück der buddhistischen Lehre.

Praxis: Das fortwährende Kultivieren von positiven, heilsamen und befreienden Geistes- und Herzensqualitäten. Bezieht sich im engen Sinn auf die formelle Übung der Meditation, im weiteren Sinn auf die Umsetzung der Lehre in unserem ganzen Leben.

Retreat: Klausur. Periode intensiver Meditation, in der sich eine einzelne Person oder eine ganze Gruppe im Schweigen und unter Einhaltung gewisser Verhaltensrichtlinien voll und ganz der Meditation und der inneren Entwicklung widmet.

Rinpoche: ›Wertvoller‹. Tibetischer Titel für reinkarnierte Meister (*Tul-ku*) und andere hohe Lamas.

Rinzai (chin.: Lin Chi-I-hsüan ode Lin-chi; gest. 867): Meister des chinesischen → Ch'an, dessen Tradition im 13. Jh. nach Japan gelangte und dort als Rinzai-Schule des → Zen bis heute floriert.

Sakya/Śākya (auch: Sakka): Volk oder Stamm des → Siddhārtha Gautama, des Buddha, im Gebiet des heutigen Südnepal.

Śākyamuni: Der Weise vom Stamm der Śākya.

Sakyapa: Schule des tibetischen Buddhismus, gegründet im 11. Jahrhundert. Sachen Künga Nyingpo (1092 – 1158) war das erste Oberhaupt der Sakyapa.

Samādhi: Sammlung, Konzentration, Einsgerichtetheit. Man unterscheidet ›momentane Sammlung‹ (kānika samādhi), ›angrenzende Sammlung‹ (upacāra samādhi) und ›volle Sammlung‹ oder Versenkung (appanā samādhi). Samādhi im Sinne von Rechter Sammlung (sammā samādhi) ist auch eine der fünf → Spirituellen Fähigkeiten (indriya), einer der sieben → Erleuchtungsfaktoren (bojjhanga) und ein Glied des Achtfachen Pfades.

Samatha/Śamatha: Meditation des ›Ruhevollen Verweilens‹ (*shi-ne*). Verwandt mit ›samādhi‹ nach buddhistischer Definition: Sammlung, Konzentration, Versenkung.

Saṃbhogakāya: → Kāya.

Saṃsāra: Daseinskreislauf von Leben und Sterben, Geburt und Tod. Entsprechend der buddhistischen Kosmologie werden alle Lebewesen ohne Unterlass, getrieben durch → Kilesa/Kleśa und → Kamma/Karma, in den Bereichen des Daseins wiedergeboren – so lange, bis sie vollständige Befreiung erlangt haben.

Sangha: Buddhistische Gemeinschaft der Gleichgesinnten. Bezieht sich traditionell auf jene, welche die anfängliche Stufe der Erkenntnis des Unerschaffenen (→ nibbāna) bzw. der Erkenntnis der Leerheit (→ śūnyatā) verwirklicht haben, aber auch auf die Gemeinschaft der ordinierten Mönche und

Nonnen. Im weiteren Sinne meint Sangha die Gemeinschaft aller Praktizierenden.

Saṅkhāra/Saṃskāra: Alle entstandenen, erschaffenen Dinge des Daseins. Auch: die vierte der fünf Daseinsgruppen oder Aggregate (→ khandha/skandha), die ein Lebewesen ausmachen – nämlich die der Bildekräfte. Auch: das zweite Glied der Kette des abhängigen Entstehens.

Sāriputta/Śāriputra: Einer der zwei Hauptschüler Buddhas, bekannt für großes Wissen und Weisheit.

Sar-ma: Die ›neuen Übersetzungsschulen‹, die man der sogenannten Periode der späteren Verbreitung des Buddhismus in Tibet (*ten-pa chi-dar*; seit dem ausgehenden 10. Jh) zurechnet → Kadam, → Kagyü, → Sakya, → Gelug. Wichtige frühe Exponenten waren der indische Meister → Atīśa und der tibetische Übersetzer Rinchen Sangpo (958–1055). Die frühere Verbreitung des Buddhismus (*ten-pa nga-dar*; ca. 7.–9. Jh.) entspricht der ›alten Schule‹: → Nyingma.

Sati/Smṛti: Achtsamkeit, Gewahrsein. Waches, unmittelbares Verweilen im gegenwärtigen Moment. Die Wurzel des Begriffs ist ›erinnern‹.

Satipaṭṭhāna/Smṛti-Upasthāna: Grundlagen oder Objekte der Achtsamkeit. Die traditionellen vier Grundlagen der Achtsamkeit sind: Körper (kāya), Gefühlstönung (vedanā), Bewusstsein/Bewusstseinsfaktoren (citta), Geistesobjekte (dhamma).

Satipaṭṭhāna Sutta: Buddhas Lehrrede von den vier Grundlagen der Achtsamkeit zum Zwecke der befreienden Erkenntnis.

Sayadaw (spr.: Sayado): Ehrentitel für buddhistische Mönche in Burma.

Śāntideva (685–763):Verfasser eines der bedeutendsten Texte des indischen → Mahāyāna, des *Bodhicaryāvatāra*, eines 1000 Verse langen Lehrtextes über Weg und Praxis der → Bodhisattva.

Sīla/Śīla: Ethische Integrität, moralisches Verhalten. Eine der sechs bzw. zehn Vervollkommnungen. → Pāramitā.

Skandha: → Khandha.

Soka Gakkai: Hierarchisch organisierte, laizistische Tradition, die aus der Nichiren-Schule Japans entstanden ist. Ihr internationaler Zweig ist vermutlich die größte nicht asiatisch-ethnische buddhistische Organisation im Westen.

Soto: Japanische → Zen-Schule. Wurde vom japanischen Meister → Dogen Zenji im 13. Jh. von China nach Japan gebracht.

Spirituelle Fähigkeiten (indriya): Fünf Qualitäten von → Geist und Herz die zu wirksamen spirituellen Kräften (bala) entwickelt werden: Vertrauen, Bemühen, Achtsamkeit, Sammlung, Weisheit.

Suññatā/Śūnyatā: Leerheit von unabhängiger Selbstexistenz. Nicht-Selbstexistenz, Substanzlosigkeit, Nicht-Ergreifbarkeit, ›Leerheit‹. Die konventionelle, erscheinende Wirklichkeit des abhängigen Entstehens ist in ihrer letzten Natur leer von unabhängiger Selbstexistenz (suññatā/śūnyatā). Die korrekte Erkenntnis dieser ›Leerheit‹ befreit von Täuschung und Leiden.

Sutta/Sūtra: Lehrrede. Lehrrede Buddhas. Im → Mahāyāna wird von ›Sūtrayāna‹, dem Pfad der Sūtra-Belehrungen, im Unterschied zu Tantrayāna oder → Vajrayāna gesprochen.

Tantra: In Indien entstandene Formen der Meditationspraxis. Es gibt sowohl hinduistische wie buddhistische Tantras. Bei den buddhistischen Tantras handelt es sich um geschickte Mittel und Wege, welche die vollständige Erleuchtung der Buddhaschaft als Ziel haben. Bei den sogenannten ›Höheren Tantras‹ wird mit den feinstofflichen, psycho-energetischen Gegebenheiten des menschlichen Körpers und Geistes, wie Prāṇa (*lung*), Nāḍī (*tsa*), Chakra (*khor-lo*) und Bindu (*thig-le*) gearbeitet. Die buddhistischen Tantras sind ein wesentlicher Bestandteil des tibetischen Buddhismus. Die dort gebräuchliche Bezeichnung → Vajrayāna (auch: Tantrayāna) ist ein Synonym für buddhistische Tantras. Diese sind nicht zu verwechseln mit New Age Tantra.

Tārā: Weibliche Form der Erleuchtung. Buddha des großen Mitgefühls, Beschützerin der Lebewesen.

Thera, Mahāthera: Ehrentitel in der → Theravāda-Tradition Sri Lankas für buddhistische Mönche, die seit mehr als zehn bzw. seit zwanzig Jahren ordiniert sind. Therī, Mahātherī war der entsprechende Titel für Nonnen in der Zeit, als es noch die volle Nonnenordination im Theravāda gab.

Theravāda: Buddhistische Tradition Südostasiens (Burma, Thailand, Kambodscha und Teile von Laos, Vietnam und Malaysia) sowie Teilen Sri Lankas. Sie entstand einige Jahrhunderte nach Buddhas Zeit aus den frühen Schulen des Buddhismus in Indien und Sri Lanka. Sie stützt sich vorwiegend auf die Pāli-Texte und Kommentare.

Tipiṭaka/Tripiṭaka: ›Die drei Körbe‹. Kanon der buddhistischen Schriften in drei Teilen: → Vinaya (Disziplin); → Sutta/Sūtra (Lehrreden) und → Abhidhamma/Abhidharma (Phänomenologie).

Tradition: Überlieferungslinie oder Schule. Die Mehrzahl der buddhistischen Traditionen unterscheiden sich in ihren grundlegenden Lehren nicht allzu stark voneinander. Sie sind jedoch kulturell verschiedenartig geprägt, beziehen sich auf spezifische Traditionsgründer und Hauptlehrende, verwenden oft unterschiedliche Praxis-Methoden, setzen bisweilen andere Schwerpunkte, halten es verschieden mit dem Zölibat und verwenden stark voneinander abweichende Rituale.

Theg chö: Das direkte ›Durchtrennen zur Ursprünglichen Reinheit‹, zur ›Essenz des Geistes‹ (vidyā/*rig-pa*). Oft ist dieser spezifische Meditationsaspekt der → Dzogchen-Tradition gemeint, wenn im Westen von ›Dzogchen-Meditation‹ gesprochen wird.

Tsongkhapa (1357–1419): Bedeutender tibetischer Meister, Gelehrter und Reformator. Gründer der → Gelugpa-Schule, einer der vier wichtigsten Traditionen des tibetischen Buddhismus.

Tulku (sanskr.: Nirmāṇakāya → Kāya): Titel anerkannter Wiedergeburten verstorbener Meister im tibetischen Buddhismus.

U Ba Khin (1899–1971): Burmesischer Meister der Vipassanā-Meditation in der Überlieferungslinie des Ledi Sayadaw und Lehrer von S. N. Goenka, der diese Form der Vipassanā-Meditation im Westen bekannt gemacht hat. Sayaji U Ba Khin war ein Laie, Regierungsbeamter, Familienvater und Gründer des International Meditation Centre in Yangon, Burma.

Upāya: Geschickte Mittel zur Vertiefung und Entfaltung der spirituellen Praxis. Fähigkeit, andere Wesen durch methodisches Geschick zur Befreiung zu führen. Wirken der → Bodhisattva, das sich aus Mitgefühl manifestiert. Upāya vervollständigt zusammen mit Prajñā (→ paññā), der Erkenntnis der letztlichen Wirklichkeit, die Praxis, die zur Buddhaschaft führt. Eine der sechs bzw. zehn Vervollkommnungen. → Pāramitā.

Upekkhā/Upekṣā: Gleichmut, heitere Gelassenheit, inneres Gleichgewicht. Einer der vier → Brahmavihāra. Eine der sechs bzw. zehn Vervollkommnungen. → Pāramitā.

Vajrayāna: Tantrische Tradition des tibetischen Buddhismus. Weg der → Bodhisattva zur vollständigen Erleuchtung eines Buddha. → Tantra.

Vedanā: Die ›Gefühlstönung‹ oder ›Erfahrungsqualität‹ jeder Wahrnehmung des Körpers, der Sinne, des Denkens und der Emotionen und Gefühle auf der Skala von glückselig/angenehm über neutral bis zu unangenehm/schmerzhaft. Auch: die zweite der fünf Daseinsgruppen (khandha/skandha) oder Aggregate, die ein Lebewesen ausmachen. Auch: das siebte Glied der Kette des abhängigen Entstehens.

Versenkungsfaktoren (jhānanga): Die fünf Versenkungsfaktoren sind Eigenschaften von Geist und Herz, die in Zuständen tiefer Sammlung und Konzentration präsent sind: Angewandte Aufmerksamkeit (vitakka), anhaltende Aufmerksamkeit (vicāra), Entzücken (pīti), Glückseligkeit (sukha), Einsgerichtetheit (ekaggatā). → Samatha. → Jhāna.

Vihāra: Ort des Verweilens, Aufenthaltsort. Kann sich auf ein Kloster beziehen, das heißt auf den Aufenthaltsort der Mönche oder Nonnen, oder auf den (geistigen) Ort des Verweilens der höchsten Götter, wie in ›Brahmavihāra‹, oder einfach auf eine Unterkunft.

Vijñānavāda: → Yogācāra – auch Cittamātra genannt.

Vinaya: Einer der drei ›Körbe‹ des → Tipiṭaka, der kanonischen Literatur von Buddhas Lehrreden. Vinaya behandelt die Regeln der Mönche und Nonnen.

Viriya/Vīrya: Energie, Bemühen, Ausdauer, Enthusiasmus. Eine der sechs bzw. zehn Vervollkommnungen. → Pāramitā.

Vipassanā/Vipaśyanā (*lhag-thong*)**:** Erkenntnismeditation. Diese Meditationsform wird sowohl in der Theravāda-Tradition als auch im → Mahāyāna – unter verschiedenen Namen – als zentrale Meditation zum Zweck der Befreienden Erkenntnis der wahren Natur aller Dinge, praktiziert.

Yogācāra (syn.: Cittamātra, Vijñānavāda): Von → Asaṅga und anderen begründete ›Nur-Geist‹- oder ›Nur-Bewusstsein‹-Schule des indischen Mahāyāna, der zufolge alles Wahrnehmbare ›nur Geist‹ ist. Sie hatte maßgebenden Einfluss auf die Entwicklung des chinesischen und japanischen Buddhismus, auf manche tantrischen Schulen des → Vajrayāna und sogar auf gewisse → Theravāda-Schulen Südostasiens.

Yogi/n, Yoginī: Praktizierende der Meditation. In der tibetischen Tradition kann sich Yogi, Yoginī (*naljorpa, naljorma*) auch auf einen Status mit entsprechenden Verhaltensgelübden beziehen. In der burmesischen Tradition werden Meditierende (auch Laien) in intensiven Retreats oft Yogi genannt.

Zen (chin.: Ch'an, kor.: Son): Stammt ursprünglich vom Sanskritwort ›Dhyāna‹ (Meditation, Versenkung). Die Dhyāna- oder Ch'an-Schule in China legt großen Wert auf die Praxis der Meditation. Im 13. Jahrhundert kam sie nach Japan, wo sie seither als Zen-Tradition floriert.

Schriftliche Grundlagen dieses Buches

Die Hauptquellen für das Material dieses Buches sind die im Kapitel ›Mündliche Quellen‹ genannten Belehrungen, die ich in den vergangenen Jahrzehnten erhalten habe. Darüber hinaus waren die folgenden Bücher eine große Hilfe für Zitate und Informationen. Sie werden hier entsprechend den Traditionen oder Sachgruppen aufgelistet:

Theravāda

Buddhaghosa/Nyanatiloka, *Der Weg zur Reinheit* (Visuddhimagga), Jhana Verlag, Oy-Mittelberg, 2002.

Kulbarz Vimalo, *Der Dharma für den Westen. Die Buddhalehre und ihre Anwendung im täglichen Leben,* Roseburger Schriftenreihe, Haus der Stille, 2005.

Murcott Susan, *First Buddhist Women: Poems and Stories of Awakening* (Translations and Commentary on the Therigatha), Parallax Press, Berkeley/CA, 2006.

Narada Thera, *A Manual of Abhidhamma. Abhidhammatha Sangaha,* by Bhadanta Anuruddhacarya, Buddhist Publication Society, Pariyatti Editions, Kandy, Sri Lanka, 2000, ISBN 1928706029.

Nyanaponika Mahathera, *Geistestraining durch Achtsamkeit,* Beyerlein & Steinschulte, Stammbach, 2000 (und weitere Bücher und Übersetzungen von Nyanaponika Mahathera).

Nyanaponika Thera, *Abhidhamma Studies, Researches in Buddhist Psychology,* BPS, Kandy SL. (Dtsch.: Nyanaponika/Bodhi, *Abhidhamma-Studien, Die buddhistische Erforschung des Bewusstseins und der Zeit,* T. Zeh Verlag, Berlin, 2006.)

Nyanatiloka Mahathera, *Buddhistisches Wörterbuch,* Beyerlein und Steinschulte, Stammbach, 1999.

Salzberg Sharon, *Metta-Meditation. Buddhas revolutionärer Weg zum Glück (Geborgen im Sein),* Arbor, Freiburg, 2003.

Solé-Leris Amadeo, *Die Meditation, die der Buddha selber lehrte,* Herder Spektrum, Freiburg, 1994.

›Wheel Publications‹ der BPS (Buddhist Publication Society, Kandy, Sri Lanka): Nyanaponika Thera: *The Threefold Refuge* (Nr. 76). *The Four Sublime States* (Nr. 6). *The Five Mental Hindrances* (Nr. 26). *Mudita, Unselfish Joy* (Nr. 170). Vanamoli Thera, *The Practice of Loving-kindness* (Nr. 7). *Collected Essays, Three Basic Facts of Existence* (Nr. 186/187). Piyadassi Thera: *Seven Factors of Enlightenment* (Nr. 1). *Dependent Origination,* (Nr. 155/156). Ledi Sayadaw, *Manual of Insight* (Nr. 31/32). Bhikkhu Bodhi: *The Noble Eightfold Path* (Nr. 308/311). *Dana – The Practice of Giving* (Nr. 367/369). Mahathera H. Gunaratana, *The Jhanas in Theravada Buddhist Meditation.* (Nr. 352/353).

Pāli-Kanon

Buddha, Verse zum Aufatmen, Die Sammlung Udana, (F. Schäfer), Beyerlein und Steinschulte, Stammbach, 1998.

Dhammapada, Die Weisheitslehren des Buddha, (M. B. Schiekel), Herder Spektrum, Freiburg, 2005, und viele weitere Übersetzungen des Dhammapada.

Die Lehrreden des Buddha aus der Angereihten Sammlung, Anguttara Nikaya, (Nyanaponika Thera), Aurum (neu: Kamphausen), Bielefeld, 1993.

Die Lehrreden des Buddha aus der Mittleren Sammlung. Majjhima Nikaya, (K. Zumwinkel), Jhana Verlag, Oy-Mittelberg, 2001.

Die Lehrreden des Buddha, Gruppierte Sammlung, Samyutta Nikaya, (Geiger, Nyanaponika, Hecker), Beyerlein und Steinschulte, Stammbach, 1997.

The Long Discourses of the Buddha: A Translation of the Digha Nikaya (Teachings of the Buddha), (Maurice Walsh), Wisdom Publications, Somerville/Ma, 2005.

Mahāyāna

Gampopa, *Der kostbare Schmuck der Befreiung,* Übersetzung Lama Lhündrub, Theseus, Berlin, 1996.

Geshe Ngawang Dhargyey, *Tibetan Tradition of Mental Development (Lam-rim),* Paljor Publications, India, 2002 sowie andere Publikationen der LTWA (Library of Tibetan Works and Archives, Dharamsala, India).

Geshe Rabten, *Das Buch vom heilsamen Leben, vom Tod und der Wiedergeburt,* Herder Spektrum, Freiburg, 2002.

Geshe Rabten, *Der Geist und seine Funktionen, Erklärungen eines tibetischen Meditationsmeisters,* Edition Rabten, Le Mont-Pèlerin, 2003.

Geshe Rabten, *Preliminary Practices,* Library of Tibetan Works and Archives, Dharamsala, India, 1976.

Geshe Rabten, *Schatz des Dharma,* Edition Rabten, Le Mont-Pèlerin, 1997.

Sgam.Po.Pa, *The Jewel Ornament of Liberation,* Übersetzung Herbert V. Guenther, Rider, London, 1970.

Yeshe Gyaltsen, Guenther/Kawamura, *Mind in Buddhist Psychology,* Dharma Publishing, Somerville, USA.

Bodhicāryavatāra:

Shantideva, *Die Lebensführung im Geiste der Erleuchtung,* (J. Koss), Theseus, Berlin, 2004.

Dalai Lama, *Der Friede beginnt in dir,* (Kommentar zur Bodhicaryavatara), Herder Spektrum, Freiburg, 2001.

Shantideva, *Anleitungen auf dem Weg zur Glückseligkeit,* Bodhicaryavatara, O. W. Barth, Frankfurt/M., 2005.

Shantideva, *A Guide to the Bodhisattva's Way of Life,* (Übersetzung Stephen Batchelor), LTWA, Dharamsala, India, 1997, bzw. Snow Lion Publications, Ithaka/NY, 1992.

Shantideva, *Entering the Path of Enlightenment,* (M. Matics), Macmillan Company, London, 1970.

Shantideva, *The Bodhicaryavatara* (K. Crosby & A. Skilton), Oxford University Press, 1996.

Vajrayāna

G. Kelsang Gyatso, *Clear Light of Bliss, Mahamudra in Vajrayana Buddhism,* Wisdom, London 1982.

Nyoshul Khenpo/Surya Das, *Der Buddha im Inneren,* Arbor, Freiburg, 2005.

Patrul Rinpoche, *Die Worte meines vollendeten Lehrers,* Arbor, Freiburg, 2001.

Tsoknyi Rinpoche, *Carefree Dignity,* Rangjung Yeshe Publications, 2004.

Tsoknyi Rinpoche, *Fearless Simplicity,* Rangjung Yeshe Publications, 2004. (Dtsch.: Tsoknyi Rinpoche, *Furchtlose Einfachheit, Der Dzogchen-Weg zu einem Leben in Freiheit,* Otter, München, 2006.)

Tulku Urgyen Rinpoche, *Regenbogenbilder,* Arbor, Freiburg, 2003.

Geschichte

Batchelor Stephen, *The Awakening of the West, The Encounter of Buddhism and Western Culture,* Parallax, Berkeley/CA, 1999.

Bapat B. V., *2500 Years of Buddhism,* Publications Division, Gov. of India, New Delhi, 1976.

Conze Edward, *A Short History of Buddhism,* Unwin Paperbacks, 1980/Oneworld Publications, Oxford, 2000.

Fields Rick, *How the Swans Came to the Lake. A Narrative History of Buddhism in America,* Shambhala, Boston/MA, 1992.

Nachschlagwerke

Lexikon des Buddhismus, Damien Keown (bearbeitet und übersetzt von Karl-Heinz Golzio), Patmos, Düsseldorf, 2003.

Lexikon der östlichen Weisheitslehren, hrsg. von Ingrid Fischer-Schreiber, Franz-Karl Ehrhardt, Kurt Friedrichs, Michael S. Diener, O. W. Barth, Bern – München – Wien, 1994.

Und viele andere Bücher und Übersetzungen.

Zu Fred von Allmen und Renate Seifarth

Fred von Allmen wurde 1943 in Bern geboren. Er arbeitete als freischaffender Fotograf und beteiligte sich an einer Reihe von Ausstellungen. Nach ausgedehnten Reisen in Europa und Afrika begegnete er 1970 in Indien dem tibetischen Lama Geshe Rabten, der für ihn zum Hauptlehrer wurde und dem er später an dessen neue Wirkungsorte Rikon und Mont-Pèlerin in der Schweiz folgte. Dort widmete er sich ausgedehnten Studien der buddhistischen Psychologie und Philosophie sowie der überlieferten Lehrtexte. Fred von Allmen erhielt Initiationen und Belehrungen von Lamas aller vier tibetischen Traditionen. Seine wichtigsten Lehrer der ersten fünfzehn Jahre waren Ehrw. Geshe Rabten, S. H. Dalai Lama, Ehrw. Geshe Champa Lodrö und viele andere Gelugpa-Meister. In späteren Jahren lernte er von Meistern der Dzogchen-Tradition wie S. H. Dilgo Khyentse Rinpoche, Nyoshul Khen Rinpoche, Drubwang Tsoknyi Rinpoche und anderen.

In die insgesamt sieben Jahre in Asien fielen auch zahlreiche Vipassanā-Retreats bei Sri S. N. Goenka, Anagārika Munindra und anderen Lehrern der Theravāda-Tradition in Indien, Sri Lanka und Burma.

Ab 1981 verbrachte Fred von Allmen über drei Jahre im Retreat am Zentrum der Insight Meditation Society in Barre MA, (USA) bei Lehrenden der Theravāda-Tradition wie Joseph Goldstein, Jack Kornfield, Sharon Salzberg, Christina Feldman, Christopher Titmuss und anderen. Insgesamt verbrachte er etwa sieben Jahre im Retreat.

Ende 1984 begann er, nach entsprechendem Training, mit seiner eigenen Lehrtätigkeit. In seinen Kursen lehrt er die Vipassanā-Meditation mit einer Mahāyāna-Motivaton. Bis zur Jahrtausendwende leitete er Vipassanā-Retreats und buddhistische Workshops in Europa, Asien und den USA. Heute ist er vor allem in der Schweiz und in Deutschland tätig. Er ist Mitbegründer und Co-Leiter des Meditationszentrums Beatenberg in den Berner Alpen. Es ist ihm ein Anliegen, die Lehre auch zu Bereichen wie Alltag, Studium und soziale Verantwortung in Beziehung zu setzen.

Viele seiner persönlichen Retreats verbrachte er in Einsiedeleien. Auch praktiziert er weiterhin unter der Leitung von Lamas der tibetischen Dzogchen- und Gelugpa-Traditionen sowie Lehrenden der Vipassanā-Meditation. Fred ist verheiratet und lebt in der Schweiz. Er ist Autor von *Die Freiheit entdecken*, Arbor Verlag und *Mit Buddhas Augen sehen,* Theseus Verlag.
www.fredvonallmen.ch

Renate Seifarth widmet sich seit 17 Jahren dem buddhistischen Geistes- und Herzenstraining. Während dieser Zeit verbrachte sie über fünf Jahre im Retreat, davon zweieinhalb Jahre in den Waldklöstern Thailands und in Burma. Ihr Schwerpunkt liegt auf der Vipassanā- und Mettā-Meditation. Zu ihren wichtigsten Lehrern gehören Fred von Allmen, Joseph Goldstein, Stephen Batchelor und Ajahn Maha Boowa. Ihr liegt eine kreative Auseinandersetzung der östlichen Lehre mit den Herausforderungen des Alltags im Westen am Herzen.
www.renateseifarth.de

Kontaktadresse

Information über Meditationskurse:

Meditationszentrum Beatenberg
CH-3802 Waldegg-Beatenberg
Schweiz
www.karuna.ch
www.fredvonallmen.ch